MODERNISMO
FRENTE A
NOVENTA Y OCHO

Retrato del autor

Foto Archivo Espasa-Calpe

GUILLERMO DÍAZ-PLAJA

MODERNISMO FRENTE A NOVENTA Y OCHO

UNA INTRODUCCIÓN A LA LITERATURA ESPAÑOLA DEL SIGLO XX

PRÓLOGO DE GREGORIO MARAÑÓN

ESPASA-CALPE, S. A.
MADRID
1979

Edición especialmente autorizada para
SELECCIONES AUSTRAL

—

Depósito legal: M. 37.611–1979
ISBN 84–239–2065–8

Impreso en España
Printed in Spain

Acabado de imprimir el día 20 de noviembre de 1979

Talleres gráficos de la Editorial Espasa-Calpe, S. A.
Carretera de Irún, km. 12,200. Madrid-34

PRÓLOGO

I

La preocupación intelectual representa en la vida el equivalente masculino de la preocupación, fundamentalmente femenina, de la elegancia. Suelen olvidarlo los clasificadores de los motivos vitales según los sexos, ejercicio antiguo y provechoso al que se alude, texto abajo, en este libro. Claro es que el varón no queda excluido de la aspiración a lo elegante, que es uno de los más poderosos motivos del progreso humano; y, por ello, surge invariablemente al día siguiente de la ruina y del caos y con gracioso y leve gesto, señala a la humanidad embrutecida el camino de la civilización. Que la mujer puede sentir, en la misma medida que el hombre, la preocupación intelectual, es de sobra sabido. Ningún ser humano tiene, en suma, en ninguno de sus aspectos, un sentido exclusivamente femenino ni masculino puesto que todos salimos del mismo molde bisexual, como en estas páginas se recuerda: y no se trata de un concepto un tanto arbitrario, de ensayista original, como se creyó cuando Weininger lo lanzara a la circulación, sino rigurosa verdad biológica, hoy universalmente aceptada e indiscutida.

Pero admitido el que la heterosexualidad es sólo un acento, y no más, sobre la bisexualidad común, es indudable el sentido agudo, femenino, de la elegancia, suave, alada, imprecisa, frente al sentido grave, masculino, razonador, concreto de la preocupación intelectual.

Este cotejo entre la preocupación de la elegancia, a la que Isabel la Católica daba suprema categoría, y la preocupación intelectual, nos aclara el que ambas se parezcan en su perennidad. Los temas intelectuales, como éste de las generaciones, que el libro de Díaz-Plaja desarrolla de un modo magistral, tendrán eter-

namente actualidad, aun siendo siempre semejantes a sí mismos, como la tienen también los más parciales aspectos de la preocupación por la elegancia, aunque la línea general de ésta sea la misma desde que el hombre empezó a sentirse hombre hasta el día de hoy. Y esto se explica porque el interés por la elegancia, que representa la superación de la forma hacia el ideal de la belleza; o por la divina fluctuación del pensamiento, dependen, en cada instante, de su contraste con la actualidad. Cada día que pasa, hace que esos valores, eternos en su esencia, renazcan con apariencias nuevas.

He aquí el ejemplo de la generación del 98. Es sólo un aspecto limitado del eterno tema de la evolución del pensamiento a través de los tiempos y de la influencia recíproca entre la idea y la generación. Y esa limitación se contrae aquí, todavía más, a un pequeño grupo de hombres, en horas que ya empiezan a ser lejanas. Nada de ello obsta para que la bibliografía sobre la famosa generación y su influencia sea incontable. Cada nueva coyuntura importante de la vida española, la hace revivir; y la actual no podía menos de incitar a una nueva hornada de artículos y de monografías. Algunos de los publicados últimamente sugirieron a los críticos de plantilla la consabida observación de que habían «agotado el tema». Era fácil prever que no. El argumento de la generación del 98 no es una anécdota que se cuenta y se archiva, sino un hecho vivo, lleno de resonancias, que se renuevan cada vez que se le hace sonar, como una onza de oro, sobre el mármol de la actualidad; la cual, por no ser nunca igual, arranca ecos distintos a la misma moneda.

II

Lo que da interés singular a la nueva contribución de Guillermo Díaz-Plaja es, en primer lugar, la personalidad del autor, que se halla en el momento de la plenitud de sus talentos, de escritor, de investigador y de maestro. Pertenece Díaz-Plaja a la especie del intelectual puro que la evolución de los tiempos parece que va a aniquilar; y que por eso mismo tiene cada día un valor más acendrado, y, en ocasiones, heroico.

Y esto nos lleva a la primera de las meditaciones que sugiere el libro que ahora, frente a un mar otoñal maravilloso, acabo de leer. ¿Qué lugar —nos preguntamos—, qué lugar tiene el intelectual en la vida moderna, jadeante de quehaceres inaplazables, henchida de necesidades prácticas cuya solución requiere todo nuestro empuje y nuestra inventiva? Porque pocas cosas caracterizan la evolución de la sociedad humana como la aparente limitación del prestigio intelectual. Hasta el siglo XIX, el mundo se ha nutrido del pensamiento de unas docenas de escritores y pensadores, cuyas ideas, cuyas frases, con su firma al pie, servían de guía o de justificación para cuanto se hacía o se intentaba. Mas he aquí que va a hacer más de un siglo que no hay nuevos platones ni aristóteles, ni dantes, ni descartes, ni Padres de la Iglesia como San Agustín, que añadan su autoridad a la de aquellos grandes faros de la inteligencia. El libro farragoso de cualquier novelista norteamericana, tiene, es cierto, en un solo año, muchos más lectores de los que tuvo nunca Séneca; pero cuando el tren entra en la estación de llegada y abandonamos sobre el asiento la novela que habíamos comprado, para acortar el viaje, en la estación de salida, ya no volvemos a recordar nunca el nombre de la autora; ni una sola de sus frases volverá a nuestros labios, como un reflejo, sin que la llamemos, en cada momento de dolor o de dicha, como vuelven todavía los versos de Horacio o de Fray Luis. Esas alas, que hacen que el pensamiento vuele por el vasto espacio de los tiempos, en las que va escrito con letras luminosas, un nombre insigne, ya no las tiene el pensamiento actual; y no por culpa suya; es que la vida es así, y como es la tenemos que aceptar.

De modo que cuando el hombre de hoy siente que se desborda su pensamiento y recogido ante un papel blanco, se dispone a escribir, le falta, casi siempre, por alta que sea su categoría, ese supremo estímulo que es la esperanza de ser oído lejos, en la lejanía del tiempo: que la lejanía geográfica sólo tiene secundario interés. Pero esta decadencia es aparente. El intelectual, en la sociedad de hoy, parece haber perdido, a pesar del posible éxito momentáneo, la rectoría y el renombre permanentes; pero el pensamiento sigue moviendo al mundo desde sus centrales anónimas. Jamás se extinguirá la egregia dinastía de los hombres que viven dedicados, con acérrimo amor, al culto de pensar y de decir. No hablo del que escribe por escribir, oficio que naturalmente se extiende, como el de hacer zapatos, a medida que la humanidad es más copiosa; sino al intelectual puro, cuyo fin es la fruición de crear ideas o hermosas palabras; y que sirve a ese fin, con un desinterés soberano, de riguroso sacerdote, aun cuando, como éste, tenga que vivir, austeramente, de su altar.

El tremendo auge de las necesidades materiales, de los inventos que amplían la dinámica y los sentidos del ser humano, ha obligado a la llama del pensamiento a esconderse detrás de las inquietudes de cada día, y allí está brillando, a intervalos, apenas advertida de los que no la sirven con su sacerdocio o con su devoción. Pero los millones y millones de gente que ignoran que la lucecita sigue ardiendo, viven, sin embargo, de su tenue fuego y de su balbuciente resplandor. Ellos mismos no lo saben, pero es así. Y porque es así, cuando veo que un hombre inteligente y lleno de aptitudes, en lugar de inscribirse en la cucaña o la rebatiña de la vida de acción, escribe, en la paz de su soledad, sobre un tema tan soberanamente romántico como las generaciones literarias, le saludo, aunque vaya a pie y sin escolta, con el máximo respeto.

III

De cómo Díaz-Plaja desarrolla el tema de las generaciones, nada puedo decir yo, fuera de mi cordial conformidad y de mi aplauso. Con relación a los otros libros que conozco sobre este mismo problema hay, sin embargo, en el de Díaz-Plaja algunos aspectos interesantes que comentar.

Uno, es la historia, sabiamente recogida y analizada, de los antecedentes no sólo literarios, sino humanos de la generación del 98. Esto era necesario presentárselo al lector actual, exhumando los textos de la época previa; y no sólo los de los hombres representativos, sino la opinión del plumífero de categoría media o el gesto de los transeúntes que se conserva, para el que sepa encontrarlo, en las columnas anodinas de revistas y periódicos populares. Sólo por este estudio tendría el libro que comento máximo interés.

IV

Pero el comentario principal es el que plantea el tema estricto del libro, a saber, la diferencia, y el antagonismo, entre la generación del 98 y el Modernismo. Convencen los argumentos a favor de que ambas inquietudes colectivas se han considerado, acaso por falta de perspectiva cronológica, como si fueran una sola. Aunque, a veces, cuando se ahonda en lo que los médicos llamamos el diagnóstico diferencial, llegamos a zonas en las que se presiente una raíz común.

Mas hay una diferencia esencial entre las dos actitudes, la del noventayochista y la del modernista, que basta para separarlos, no sólo como entes vitales, sino como generadores de inquietud, y por lo tanto de progreso, en la vida subsiguiente de España; y esa diferencia, que Díaz-Plaja se cuida de señalar desde la primera página de su libro, es que la generación modernista representaba una simple modalidad estética, retórica; mientras que la generación del 98 no fue sólo una generación literaria, sino que su obra estaba llena de profundo, de trascendente sentido político.

Esta generación no sólo hizo ensayos, novelas, dramas o versos (de éstos, pocos), sino que realizó un formidable esfuerzo científico; e hizo, además, política, la mejor, la más eficaz, la que no surge de la fuente inexorablemente limitada y transitoria de la vida oficial, sino del manantial perenne del pensamiento y de la conducta de los hombres.

Esto es lo que, sin duda alguna, da una categoría no igualada por las demás, a la generación del 98. Mejor dicho, esto es lo que la da categoría de generación. Porque si hablamos con sinceridad, todas las pautas de orden cronológico, temático, antropológico, etc., que se han propuesto para caracterizar a las generaciones, y que en este libro se examinan, con interesantes aportaciones originales, todas estas pautas, tienen un valor muy parcial. Y la prueba es que, cuando surge una generación «de verdad» —no encuentro otro adjetivo más exacto— como lo fue la del 98, todo el mundo la reconoce aunque puedan discutirse sus límites, su sentido y su calidad; mientras que las otras, las artificiosamente creadas con esta o con la otra receta, las que pudiéramos llamar generaciones artificiales, tienen una realidad pasajera, que en breve tiempo se desvanece y olvida.

V

La del 98 fue una generación verdadera, porque en ella se unió al hecho cronológico indudable (aunque sus límites pueden dilatarse o estrecharse a capricho), una reacción política, en su sentido noble y general; en su sentido, no de querer derribar, actuar, susti-

tuir y mandar, sino sólo criticar dura y libremente —sin libertad no hay posibles generaciones eficaces— no a un gobierno sino a un modo de vida nacional, cuyas raíces se disecaron valerosamente, sin dengues tradicionalistas, hasta lo más profundo de nuestra Historia.

Por esto, porque tuvo un ímpetu político y no sólo una preocupación literaria, es por lo que me parece imprescindible para su comprensión el no olvidar, al lado de los grandes literatos de la generación noventayochista, a todos los demás que no fueron escritores solamente o que fueron, decididamente, otras cosas. Obsérvese ahora, y esto es fundamental, que la emoción política de los hombres representativos de la generación no tuvo, como después se ha dicho, una determinada tendencia dentro de la actualidad española. Ninguno de estos grandes movimientos generacionales la ha tenido. Lo esencial es la emoción, la inquietud; y el signo de ésta no sólo puede ser distinto de unos individuos a otros, sino que en el mismo individuo ese signo puede cambiar. Y esto es lo que diferencia radicalmente a la política de las generaciones verdaderas, llena de santa contradicción —la cual, exige la libertad— frente a la política de partido en la que, todos piensan, dentro de cada grupo, lo mismo; y su orgullo consiste, como antes se decía, simplificando una frase de Gambetta, en «no cambiar de camisa», operación pasiva y no pulcra, para la cual la libertad no hace ninguna falta.

Unamuno y Ganivet fueron liberales moderados. En un ambiente menos ñoño y pacato que el de España, hubieran pasado por hombres de derecha. Baroja fue y ha sido siempre un estupendo individualista y, por ello, hasta los huesos, español. Azorín, izquierdista en las horas de mozo, evolucionó hacia una amplia, moderada, posición conservadora, por lo que le zarandeó la crítica de los necios, de la izquierda y de la derecha. La misma evolución pero mucho más rotunda, si se quiere escandalosa, porque así lo exigía su temperamento, acaeció en Maeztu, revolucionario, encorajinado, durante toda su juventud, hasta entrada la madurez —de «mi paso por los infiernos», le oí calificar, varias veces, esta época—; y en la segunda mitad de su vida, peregrino a la inversa del mismo camino, recorrido, con la misma noble sinceridad, que le llevó hasta el previsto martirio. En Antonio Machado, la preocupación liberal idealista, de su juventud, se acentuó, dentro de normas permanentes, tan clásicas como sus versos, hasta que murió, fuera de España. Su contradicción fue su hermano, Manuel, que era como una parte de sí mismo. Todos los grandes escritores que he nombrado gozan hoy de esa forma editorial de la inmortalidad que son las Obras Completas; *y, en ellas, lo que más conmueve es seguir la evolución de sus pensamientos, unas veces en parábolas de regularidad solemne, otras, en círculos contradictorios, pero siempre girando en torno de una preocupación central que era el amor a España.*

Sólo he citado a los hombres de letras representativos de la generación. Iguales consideraciones podrían aplicarse a los de segunda fila. Pero la generación tuvo, además, sus ensayistas decididamente políticos, como Macías Picavea, cuyo libro, por certero y honrado y por bien escrito, merecería que los críticos de hoy le leyeran y estudiaran como los de Unamuno o Ganivet. Y tuvo, en fin, políticos de acción, como Costa, una de las figuras más típicas del pensar de la época; y, sin embargo, casi nunca nombrada cuando se habla de la generación del 98; figura cuya eficacia ha sido tal, que aun hoy, a pesar de que la «consigna» retórica de la política es la contraria de la suya, es decir, abrir de nuevo el arca del Cid, en la política práctica las normas son, en gran parte, una adaptación actual de las que predicó aquel aragonés de conciencia intacta. Yo recuerdo una larga conversación, que en una casa donde nos reunió el azar, pocos días antes de la revolución, tuve con José Antonio Primo de Rivera, una de cuyas más altas virtudes era su reacción de generosa cordialidad frente a los que no pensaban como él o tenían en el escaparate otra etiqueta que la suya. Me refirió, con verbo entusiasta, sus proyectos —él los llamó sus «sueños»— sobre una reorganización de la vida española; y cuando terminó yo le dije, y bien sabe Dios que como el mejor elogio: «Todo eso a lo que más se parece es a la política de Costa.» Algún día contaré lo que él me respondió.

Para completar el sentido político de la generación del 98 hay que añadir dos observaciones más. Una, el que buena parte de ese sentido político, de apariencia pesimista pero lleno de crítica constructiva, porque estaba imbuida de Historia, se encuentra, casi idéntico, en un hombre que murió el año antes de nuestra pérdida colonial, pero que debe considerarse como uno de los más genuinos precursores y profetas del 98. Me refiero a don Antonio Cánovas del Castillo (1). *Gabriel Maura, denominado «el bautista de la gene-*

---

(1) Como escribo sin libros, no recuerdo si Melchor Fernández Almagro, máximo conocedor de Cánovas y del 98, ha tratado de la relación entre uno y otra.

ración del 98», está dentro de su círculo a pesar de la cronología y de otras cosas; no poco de lo que ha escrito, lo hubiera escrito también —y con estilo no muy diferente— Cánovas, de haberle dejado aquel asesino demente vivir diez años más. La otra observación es que, en la práctica gubernamental, el prototipo del sentido político del 98, del recogimiento de España en sus realidades modestas, fue otro político español inmediato al desastre, don Raimundo Fernández Villaverde.

Ambos ejemplos demuestran que el espíritu de las auténticas generaciones brota espontáneamente, como sembrado por mano misteriosa, en diversos sectores humanos que pueden no tener nada que ver entre sí. Una generación, como un ser humano cualquiera, no puede comprenderse bien sin tener en cuenta no sólo a ella, sino a sus padres y a sus hijos.

VI

Hablemos ahora de otros aspectos de la generación noventayochista. Hubiera sido ésta una más de las que se han querido crear y han muerto apenas bautizadas, si en su sentido renovador no hubiera cabido la preocupación científica. Sobre esto he escrito varias veces, y recientemente en mi libro acerca de Cajal. Cajal, por su edad, por sus inquietudes políticas y sociales, por los matices de su españolismo, por su literatura y por los modos de su obra científica es, quizá, el más puro representante de la generación del 98. El hundimiento colonial le sorprendió, no en los cafés de Madrid, sino de soldado, en Cuba; y allí, en el meollo de la tragedia, surgieron, a la vez, su preocupación y su genio; porque el talento nace con el individuo, pero al genio lo crea una circunstancia. La influencia directa, personalísima, y por lo tanto muy 98, de Cajal en el progreso de la Medicina y de todas las ciencias biológicas, desde su tiempo hasta hoy, no hay para qué encarecerla. Y no sólo sobre la Biología, sino sobre todas las actividades científicas. Sus Reglas y Consejos al Investigador, *base y símbolo de su eficacia, las dictó desde una tribuna no precisamente biológica, la de la Real Academia de Ciencias Exactas, Físicas y Naturales. Y el instrumento permanente de esa eficacia fue la* Junta de Ampliación de Estudios *de la que fue iniciador y alma, y cuyo espíritu, con las naturales adaptaciones a los tiempos nuevos, persiste en la obra, absolutamente digna de admiración, del actual* Consejo de Investigaciones Científicas.

Con la Medicina resurgieron, pues, por los mismos días en que el pensamiento de los literatos y ensayistas del 98 inquietaba al mentalmente sosegado español, las otras ciencias, y muy particularmente las filológicas e históricas, que son hoy una de las cimas permanentes que, desde lejos, se ven sobresalir del panorama hispánico. Con mayor o menor violencia de la cronología, pero, en el fondo, con indudable razón, se ha incluido en la generación del 98 —lo mismo que a Ortega y Gasset y a Pérez de Ayala— al señero patriarca de ese renacimiento de nuestra Historia dentro de las normas modernas, don Ramón Menéndez Pidal; a propósito de cuya insigne obra no está de más observar, como una más de las vitales inquietudes, a veces con dejo de contradicción, de la generación que comentamos, que ha sido él el que ha vuelto a abrir el arca del Cid que cerraron otros de su tiempo; si bien, no para convertir al condotiero castellano, como antaño se hacía, en tema de frases hechas para arengas o editoriales de periódico, sino para algo más trascendente que es conocerle, lo cual equivale a quererle y no abusar de él; porque no se abusa nunca de lo que, en verdad, se ama y se respeta.

Tampoco suele citarse, en muchos de los arqueos publicados sobre el debe y el haber de la gran generación, o, por lo menos, no se le cita con su categoría justa, a uno de sus más puros e insignes representantes, a don Manuel Bartolomé Cossío, que dio forma perdurable a una de las preocupaciones características del 98, la del Greco. *Su libro es no sólo un monumento de sensibilidad y de arte, sino la piedra angular de la lucida floración de críticos e historiadores de las Bellas Artes, que, aun hoy, constituyen uno de los aspectos más lucidos de nuestra actividad intelectual. En todos ellos está Cossío presente, como Cajal en los hombres de ciencia, incluso en los que le olvidan.*

VII

Pero aún hay, creo yo, algo más, que define a la generación del 98, y es su admirable honorabilidad y desinterés. Nada hay en el mundo que ejerza una influencia duradera sin tener recta la columna vertebral. No quiero insinuar, con esto, crítica alguna, en el vidrioso aspecto de la ética, a las demás generaciones que, antes y después del 98, se han sucedido, con varia fortuna, pero sin lograr mantener un eco permanente en la vida de España. Lo que afirmo es que aquellas virtudes tuvieron, en la generación del 98, singular calidad y sobre todo sentido colectivo; y esto es lo esencial; porque lo que importa no es que haya algunas personalidades íntegras, sino que casi todas lo sean, como una cosa natural. Tuvieron, en fin, aquellos hombres un claro acento de lo que constituye la gran virtud del varón eficaz que es la gravedad, virtud esencialmente masculina, opuesta a la femenina de la frivolidad, tan común en la fauna de los plumíferos.

Todos los grandes representantes de la generación, los mismos que, como tales, cita Díaz-Plaja —Unamuno, Ganivet, Baroja, Azorín, *Maeztu, Antonio Machado—, fueron o son hombres no sólo de inmaculado desinterés, sino de intachable gravedad de conducta. A otro de los que se olvidan, al glorioso catalán Maragall, le admiramos hoy, tanto por sus versos como por su vida, pura como la de un santo. Uno solo de ellos, Maeztu, ocupó un cargo público en la segunda etapa de su vida; una Embajada, que puede ser siempre, y en él lo fue, una noble misión intelectual.*

VIII

Todo esto da idea de estructura recia, permanente e inconfundible, en la generación del 98. Lo esencial para que una generación cualquiera pueda lograr su misma categoría, es algo que no depende de la voluntad de los hombres, a saber, la influencia, la sacudida de una gran coyuntura histórica. Esta influencia, triste y a la vez fecunda, existió en aquella fecha. Después, no ha vuelto a suceder nada de su magnitud hasta la revolución de 1936. Estos días he leído en una gran publicación extranjera un cotejo entre las dos generaciones: 1898-1936. De las que, en medio de ambas, se han ido sucediendo, nada dice el autor y, en realidad, nada hay que decir; porque todas han vivido de la sustancia del 98, incluso las que la han querido negar. De la generación del 36 nada puede decirse todavía, porque las circunstancias han impuesto que la falte la condición esencial para que la generación exhiba su almd y pruebe, ante la Historia, su categoría: la libertad.

IX

Mucho contribuye a definir el problema el libro de Díaz-Plaja y, sobre todo, su delicada disección para separar el grupo del 98, del grupo modernista, que, por tener tantos planos de contacto, enturbiaba y confundía no pocos aspectos de la cuestión. Ahora se ve bien que el movimiento modernista, lleno de extraordinarios escritores —esta vez abundantes poetas, algunos ya inmortales— aparece como una magnífica fase más de nuestra historia literaria. Y a su lado queda, toda exenta, sobre el fondo de la Historia de España, la generación del 98, a la que no se puede poner un mote efímero porque tiene el sentido perdurable que distingue a las grandes obras humanas, el eternismo, *que dijo el gran rector de la generación, don Miguel de Unamuno.*

Vale la pena de esforzarse en comprender bien todo esto, al hilo de la sagacidad de Díaz-Plaja. En definitiva, lo esencial no es el tema sino el noble ejercicio de querer interpretar mejor, en cada tiempo nuevo, las preocupaciones de siempre. El cenáculo de los hombres, hombres en su sentido profundo, que absortos en su juego de ideas parecen ajenos al caudaloso vivir, es, ahora como siempre, el que, sin saberlo ellos ni los otros, está señalando el nuevo camino.

G. Marañón.

Saint-Jean-de-Luz, agosto 1951.

PROPÓSITO

Cualquier obra es menesterosa de justificación —de explicación, por lo menos— cuando se atreve a sumarse a la selva profusa de las letras actuales. Adelanta, pues, este libro un ademán humildísimo para explicar —antes que cierta crítica lo anote— lo que no es, lo que ni siquiera se propone ser. No es la obra que el lector tiene entre sus manos una historia sistemática del Modernismo o del Noventa y Ocho aun cuando, naturalmente, contiene agrupados por zonas temáticas muchos datos viejos y nuevos para reconstituir su perfil cronológico.

Lo que se propone, sencillamente, es analizar un período capital de nuestras letras, aproximadamente entre 1875 y 1925, que por su calidad, riqueza y ambición representa, a nuestro juicio, medio Siglo de Oro.

Este período —bien lo sabe el lector— puede, en términos generales, agruparse bajo las dos rúbricas que titulan el libro. Acontece, empero, que una de las dos denominaciones —Noventa y Ocho— continúa extraordinariamente viva en la atención general, mientras la otra —la de Modernismo— ha dejado de ser estudiada, por lo menos en la medida que su importancia merece. Más todavía —y más injustamente—: la noción de Noventa y Ocho arrastra y absorbe, en muchos trabajos críticos, la idea de Modernismo.

Lo que sucede tiene una sencilla explicación: la problemática del Noventa y Ocho, de índole extraestética, sigue vigente y sus escritores mantienen su alto papel de oráculos; mientras el Modernismo, actitud meramente estética, ha dejado de tener —por imperativo de los cambios del gusto literario— una presencia real en las letras hispánicas y ha pasado a ser para la crítica de hoy la Cenicienta de este período.

Lo cual conduce a un error de visión al que este libro se propone acudir señalando, por lo menos en el momento de producirse, la paridad en importancia de ambas actitudes que, lejos de constituir un todo confuso, deben ser sistemáticamente discriminadas para que se extraiga claramente la raíz definitiva de su perfecta diferenciación.

Si en las páginas de este libro el Modernismo es estudiado con mayor detención es porque la historiografía de esta escuela literaria necesita de más puntual ordenación, frente al Noventa y Ocho tan ampliamente estudiado ya. De uno y otro se buscan aquí los perfiles exentos para la necesaria y ya aludida tarea discriminadora, que si bien en líneas generales es innecesaria —¿quién confundiría el «tono» de una meditación de Unamuno con el de una evocación de Juan Ramón Jiménez?—, presenta en la realidad una riqueza de actitudes y de temática que convenía precisar en lo que tienen de significativas y de radicalmente distintas. Naturalmente que la proximidad geográfica y cronológica que preside la vida de los escritores que se estudian en este libro no puede por menos de producir zonas de pasajero contagio y aun, en algún caso, posiciones semejantes, siquiera sea en el común desdén hacia fórmulas anteriores. Con todo, procediendo por «actitudes predominantes», la discriminación sistemática puede establecerse.

Discriminación, a nuestro juicio, urgente y necesaria, ya que creemos que sólo un estudio demorado como el que aquí se acomete puede servir de base introductoria al estudio de la literatura española del siglo XX.

G. D. P.

Madrid, junio de 1951.

El contenido doctrinal de este libro fue ofrecido por primera vez a la Universidad de San Marcos de Lima, en un cursillo desarrollado en agosto-septiembre de 1951.

PRÓLOGO PARA ESTA SEGUNDA EDICIÓN

EL MODERNISMO, CUESTIÓN DISPUTADA

Cuando en 1951 se publicó el libro MODERNISMO FRENTE A NOVENTA Y OCHO *(que hoy —largamente agotado— se reedita), la posición discriminadora que lo preside, ya desde su título, pareció sorprender. Llegaba, en efecto, cuando una serie de obras magistrales —que podrían aparecer ejemplarmente presididas por el libro de Pedro Laín Entralgo— había cuajado un concepto unitario en torno a uno de los polos del título bivalente que acabamos de consignar.* La Generación del Noventa y Ocho, *abarcaba, en efecto, toda la complejidad del fin-de-siglo y del Novecientos español. A ella pertenecían, indiscriminadamente, tanto Unamuno como Benavente, tanto Baroja como Valle-Inclán. La complejidad de este conglomerado humano era notada objetivamente por el propio Laín Entralgo que serió las «indefiniciones» (geografía, social, cronológica, temática y de convivencia) del grupo propuesto* (1) *como contrapartida evidente a las zonas de «comunidad» —encuadre histórico, recuerdos infantiles, proyecciones vitales de cuya existencia deriva el concepto generacional que desea configurar el autor.*

El planteamiento bipolar que representó mi libro no era, como no dejó de consignarse, una novedad absoluta ya que aparece en

---

(1) Por ejemplo, en cuanto a la temática, escribe «No hay actitudes ni temas rigurosamente privativos de la Generación del 98. No todos aquellos críticos de la España oficial ni todos los escritores modernistas pertenecen al grupo estricto de los hombres del 98. Viceversa: no todos los hombres del grupo del 98 son críticos de la España oficial ni comulgan en el Modernismo. Valle-Inclán y Benavente apenas hacen crítica directa de aquella España; Unamuno y Baroja no son precisamente escritores modernistas; Valle Inclán vive poco el paisaje de Castilla, y Ganivet se declaró incapaz para el paisaje; etc., etc. *La Generación del Noventa y Ocho*, Madrid, 1943, pág. 67.

una obra de Valbuena Prat de 1930 (2) *y se repite sistematizado por Pedro Salinas en un famoso artículo de 1935* (3). *El propio Laín Entralgo se ve forzado a admitir:* a) *«un grupo de literatos cuya obra está muy directamente afectada por la situación histórica de España de que el Desastre es símbolo: Unamuno, Ganivet, "Azorín", Maeztu, Antonio Machado. En menor medida Baroja»,* y b) *«otro grupo de escritores más próximos a la condición de "literatos puros" y más influidos por el Modernismo: Valle-Inclán, Benavente, Manuel Machado. No lejano de ellos en la actitud, sí en valía, Francisco Villaespesa»* (4).

No repetiremos ninguno de los conceptos que, a lo largo de más de trescientas cincuenta apretadas páginas, apoyadas en un millar de notas constituyen el esfuerzo discriminador que, con la necesaria cautela, pero con indisimulada tenacidad, se propone este libro (5). *Intentaremos, en cambio, resumir la historiografía del tema desde la fecha de su aparición, especialmente en cuanto constituyen actitudes enfrentadas a las tesis que el libro sostiene.*

Dos años después de su publicación, es decir, en 1953, Juan Ramón Jiménez dedicó uno de los cursos que dictaba en la Universidad de Puerto Rico al Modernismo (6). *Bien podría decirse que toda su doctrina se siente como motivada por su deseo de rebatir mis conclusiones. El libro, según carta que me dirigió, le parecía «absurdo». En una correspondencia que mantuvo en 1952 con José Luis*

---

(2) *La poesía española contemporánea.* Asigna al grupo modernista a Rubén Darío, Rueda, Villaespesa, Carrère, Marquina, Tomás Morales, Manuel Machado, Díez Canedo y Valle-Inclán; al grupo noventa y ocho a Antonio Machado, Unamuno y «Alonso Quesada». Aparte, estudiado como «novecentista», Juan Ramón Jiménez.

(3) *El concepto de generación literaria aplicada a la del Noventa y Ocho,* en *Revista de Occidente,* diciembre de 1935.

(4) *La Generación del Noventa y Ocho,* pág. 69. El tema se repite. *Azorín* alude al grupo de *los tres* —formado por él, Maeztu y Baroja—; «a un lado los tres —comenta Laín—, resueltos a intervenir en la vida de España; al otro los literatos puros, secuaces del Modernismo y capitaneados por Valle-Inclán y Benavente» (ed. cit., pág. 308).

(5) *Modernismo «frente» a Noventa y Ocho,* no, como llegó a creer Juan Ramón Jiménez, *Modernismo «contra» Generación del Noventa y Ocho.* (En su libro *El Modernismo,* Madrid, ed. Aguilar, 1962, pág. 61.)

(6) Los apuntes tomados de la voz del poeta por su esposa Zenobia se han publicado por la Editorial Aguilar. *El Modernismo* (notas de un curso), Madrid, 1962. Tienen el enorme interés de su espontaneidad, y el lógico inconveniente de su desorden, de la presencia de elementos divagatorios y de algunos errores. Véase puntual reseña de todo ello de Agnes Money *Juan Ramón Jiménez y el Modernismo,* en *La Torre,* Universidad de Puerto Rico, núm. 43, julio-septiembre de 1943.

Cano (7) *explica su posición disconforme. Veamos de exponerla: su punto de partida podría ser el de unas famosas declaraciones suyas, publicadas en 1935, según las cuales «lo que se llama modernismo no es cosa de escuela ni de forma, sino de actitud»* (8). *La posición es perfectamente lícita —cada cual es muy dueño de aceptarla—. Pero historiográficamente es un concepto inválido. Lo que entre los años 1895 y 1915 funcionó en Europa y América es susceptible de precisarse y el deber del crítico es llegar a estas precisiones en la medida de lo posible, es decir, admitiendo la complejidad de los fenómenos, la evidencia incluso, de ciertos contagios entre producciones sincrónicas, pero al mismo tiempo estableciendo la presencia de actitudes predominantes que configuran de modo preciso claras situaciones estéticas. Si el Modernismo es una* actitud, *«un movimiento general de busca, de liberación, de restauración», dentro del cual «Lorca, Neruda, Alberti o Vallejo son tan modernistas como Rubén Darío, Antonio Machado o yo»* (9), *debemos prescindir, resueltamente, de este inútil rótulo, para utilizar el más expresivo y castizo de «cajón de sastre». Destruir un concepto perfectamente precisado por la historiografía anterior, alegando que se trata de «esquemas profesorales», no tiene sentido cuando la misión de la crítica es, justamente, la de establecer las agrupaciones derivadas de ciertas coherencias estéticas* (10).

El curso de 1953 lo abre, en efecto, Juan Ramón Jiménez con la frase «El Modernismo no es una escuela; bajo él caben todas las ideologías y todas las sensibilidades». Y en una nota-programa del curso que antecede al texto estenografiado previene el poeta de que

---

(7) Se ha reproducido en *La Torre*, de la Universidad de Puerto Rico, núm. 40, oct.-dic. 1962. Especialmente aludido mi libro en las páginas 145-147.

(8) «Era el encuentro de nuevo —continúa— con la belleza sepultada durante el siglo XIX por un tono general de poesía burguesa. Eso es el Modernismo: un gran movimiento y libertad hacia la belleza.» (*La Voz*, Madrid, 18 de marzo de 1935.)

(9) Sigue hablando Juan Ramón Jiménez en su carta a J. L. Cano (revista cit., págs. 148 y 149).

(10) Casi me avergüenza recordar que se trata, ni más ni menos, de la aclimatación a nuestros usos poéticos (de España y de América), de las conquistas técnicas llevadas a cabo por el parnasianismo y el simbolismo europeos y de sus repercusiones temáticas. Este concepto tiene su más completa vigencia, puesto que se trata de una terminología aceptada también para la arquitectura —desde Gaudí al funcionalismo—, la pintura —del impresionismo a los primeros «fauves»—, la música, etc. Es, pues, un concepto historiográfico perfectamente válido.

se trata de un «nuevo punto de vista poético español y americohispano, de un partícipe y testigo de este movimiento desde sus comienzos hasta el día» (11). *Insiste en que no es una «cuestión poética», sino un «movimiento jeneral, teolójico, científico y literario», pero reconoce más abajo que «se determinará que el llamado Modernismo poético en España Americohispania fue una réplica del parnasianismo. El simbolismo viene después»* (12). *Pero el parnasianismo es inseparable del simbolismo, como influencia general europeizante que el fin de siglo opone al retoricismo posromántico* (13) *como un intento de reformar la musicalidad del poema y de dotarlo de mayor sinceridad. Tanto una como otra tendencia llegan tardíamente. El propio Rubén, en 1899, comprobaba la distancia que media entre la realidad española y esas inquietudes europeas. «No existe en Madrid ni en el resto de España, con excepción de Cataluña, ninguna agrupación,* brotherhood, *en que el arte puro o impuro —señores preceptistas— se cultive, siguiendo el movimiento que en estos últimos tiempos ha sido tratado con tanta dureza por unos, con tanto entusiasmo por otros. El formalismo tradicional, por una parte; la concepción de una moral y de una estética especiales, por otra, han arraigado el españolismo que, segun don Juan Valera, no puede arrancarse "ni a veinticinco tirones". Esto impide la influencia de todo soplo cosmopolita, como asimismo la expan-*

---

(11) La idea de establecer el Modernismo como una pura actitud polémica e indeterminada procede de Federico de Onís, para quien es «la forma hispánica de la crisis universal de las letras y del espíritu que inicia hacia 1885 la disolución del siglo XIX y que se había de manifestar en el arte, la ciencia, la religión, la política y gradualmente en los demás aspectos de la vida entera con todos los caracteres, por lo tanto de un hondo cambio histórico cuyo proceso continúa hoy». *Antología de la poesía española e hispanoamericana*, Madrid, 1934, pág. XV. Juan Ramón Jiménez reconoce el magisterio absoluto de Onís (que asistió a su curso universitario) en *El Modernismo*, ed. cit., págs. 248 y sigs.

(12) Ed. cit., págs. 50 y 51. La utilización de «modernista» en sentido de «novedoso» es un vulgarismo de ínfima calidad, cuya vigencia es perceptible en los más indoctos. «Cuando yo fui —recuerda Juan Ramón Jiménez— a Madrid a publicar mis primeros libros no solamente oí llamar modernista a Rubén Darío, sino a Benavente, a Baroja, a *Azorín*, a Unamuno. "Ese tío modernista", oí decir de Unamuno.» (Ed. cit., pág. 53.)

(13) Se trata de un curioso pero mediocre ademán estético que quiso superar el desorden —artístico y moral— del arrebato romántico, y que surge a mediados del siglo con los Cervino, Baralt, Romea, etc., y cuya figura final expresiva sería Núñez de Arce. Véase Alonso Cortés: *El lastre clasicista en la poesía española del siglo XIX*, en «Homenaje a Huntington», Wellesley, Massachusetts, 1952, págs. 8 y sigs. En Hispanoamérica el fenómeno cobró especial amplitud y grandilocuencia.

sión individual, la libertad, digámoslo con la palabra consagrada, el anarquismo en el arte, base de lo que constituye la evolución moderna o modernista» (14).

Rubén Darío denuncia la escasa documentación del escritor español en lo que se refiere a las corrientes extranjeras (15) *y la atroz propensión al chiste que caricaturiza los movimientos de la aristocracia intelectual, motejándolos de equívocos* (16).

Ahora bien: lo que era una realidad en 1899, por lo que se refiere a la intelectualidad española (17), *no sería justo prolongarlo a los años subsiguientes. La proyección de una conciencia estética modernista puede seguirse a través de toda la primera etapa de la producción de Valle-Inclán, que culmina en la prosa con las* Sonatas *(1902-1905), en el verso con* La marquesa Rosalinda, *y realiza su gran esfuerzo teórico codificador en* La lámpara maravillosa (18). *Análogo sentido de responsabilidad y de documentación hallamos en el primer Juan Ramón Jiménez desde* Laberinto *hasta* Ninfeas; *y un parecido sentido de cohesión artística y de posición mental hallamos en la poesía de Manuel Machado. Aproximar estos puntos a los de Unamuno, Baroja o Antonio Machado, que combatieron sin piedad y sin descanso la estética del Modernismo, del que se sentían temperamentalmente tan alejados, me parece una actitud meramente polémica apoyada en una visión apasionada, parcial y «desde dentro». La sobrestimación nostálgica del Modernismo en el Juan Ramón de sus últimos años, en el Juan Ramón que mandaba destruir*

---

(14) *España contemporánea*, en ob. cit., t. III, págs. 300 y 301, Madrid, Afrodisio Aguado, 1950.

(15) «Yo anoto. Difícil es encontrar en ninguna librería obras de cierto género como no las encargue uno mismo. El Ateneo recibe unas cuantas revistas de carácter independiente, y poquísimos escritores y aficionados a las letras están al tanto de la producción extranjera.» (Ídem, pág. 302.)

(16) «Demás decir que en todo círculo de jóvenes todo se disuelve en chiste, ocurrencia de más o menos pimienta, o frase caricatural que evita todo movimiento grave.» (Ídem.) «A Valle-Inclán le llaman decadente porque escribe en una prosa trabajada y pulida de admirable mérito formal. Y a Jacinto Benavente, modernista y esteta, porque si piensa lo hace bajo el sol de Shakespeare y si sonríe y satiriza lo hace como ciertos parisienses que nada tienen de estetas, ni de modernistas. Luego, todo se toma a guasa.» (Ídem, págs. 302 y 303.)

(17) Queda el caso de Rueda, caso delicado y difícil, por aunar una torrencialidad posromántica a evidentes atisbos de musicalidad «modernista».

(18) Véase para esta importante cuestión mi libro *Las estéticas de Valle-Inclán*, Madrid, ed. Gredos, 1965.

sin piedad sus libros más típicamente «modernistas», carece de viabilidad en el terreno único para el que se acuñan estos conceptos, es decir, en el plano didáctico.

No es válido un concepto indeterminado cronológicamente hasta el punto de que no tendría fronteras iniciales, ya que se enlaza a la sensibilidad ochocentista (Bécquer, Rosalía de Castro) —menospreciando el evidente antirromanticismo y antirrealismo que los modernistas manifestaron—, ni tampoco límites finales, puesto que, según hemos visto, se pretende que el Modernismo sería todavía una escuela vigente (19).

Tampoco puede ser eficaz una denominación conceptual tan amplia que obliga a su formulador a admitir un Modernismo «exterior» personificado en Rubén Darío y uno «interior» que asumiría Unamuno (20). *Mucho más cuando la crítica tiende a valorar cada vez más, por debajo de los tópicos superficiales, la honda angustia vital que ofrece el poeta de Nicaragua* (21). *Hablar del «Modernismo» de Unamuno parece un juego dialéctico referido a quien proclamó, una y otra vez, «no Modernismo, eternismo»; hizo de su torpeza retórica un argumento y preferiría Querol a Ma-*

---

(19) Sigo la explanación entusiasta de las tesis de Juan Ramón Jiménez en el libro de R. Gullón: *Direcciones del Modernismo* (Madrid, ed. Gredos, 1960). Más extremosamente todavía en la «Introducción» de *Literatura española contemporánea*, por R. G. y G. D. Schade (Nueva York, Scribners Sons, 1965): «El Modernismo opera en Occidente desde Rusia hasta la Pampa... Parnasianos y simbolistas, exotistas e indigenistas, hijos de la noche y torres de Dios, mesiánicos y sonámbulos, todos, en su jugosa variedad contribuyen a que el "siglo modernista" sea como es» (págs. 3 y 4). Análoga actitud en el libro de Rafael Ferrés *Los límites del Modernismo* (Madrid, 1964), que combate mis tesis por fragmentos sueltos —actitud sexual, neogongorismo—, sin la correcta explanación de sus respectivos contextos.

(20) Constantes referencias en el curso sobre *El Modernismo:* «Unamuno: espiritual, místico, vida interior (versos bien elaborados, poco arquitectónicos): forma muy difícil para él. Rubén Darío (mayor perfección externa) domina forma» (pág. 67). «Unamuno no tuvo, al principio, suficiente comprensión (de) Rubén Darío. (Unamuno no era sensorial, no era ascético, duro, seco; mezcla de vasco y castellano. La mezcla de Darío era tema sensual diferente: exaltaba todas las razas en sí mismo.) Rivalidad entre Unamuno y Rubén» (pág. 79). «Unamuno, en el *Rosario de sonetos líricos*, tiene ya un extraordinario concepto poético muy diferente del de Rubén Darío. Trabaja en sus oposiciones y no se ocupaba de vida exterior» (pág. 134).

(21) Véase, por ejemplo, el libro de Julio Ycaza Tejerino *Los nocturnos de Rubén Darío y otros ensayos*, Madrid, Ediciones Cultura Hispánica, 1964.

nuel Machado (22). *Lo mismo podríamos decir de Baroja, cuyo menosprecio de la «superficialidad modernista» era proverbial* (23), *y de Antonio Machado, cuyo proceso de «interiorización» hacia la hondura filosófica lo aleja del Modernismo desde 1902 y le convierte en el valer antitético de Juan Ramón Jiménez en la bolsa de valores de la poesía española del siglo XX* (24).

El problema es, pues, no ya de negar un dualismo que al propio Juan Ramón le parece indiscutible (25), *sino de poner a cada una de sus vertientes el rótulo que mejor le convenga.*

Y si es evidente que, a partir del libro de Laín Entralgo (1943), el concepto Noventa y Ocho *pareció querer absorber a la mentalidad «modernista» a partir de 1953, con Juan Ramón Jiménez aspira a polarizar en el Modernismo no ya la literatura española de fin-de-*

---

(22) Véase mi artículo *Unamuno antimodernista,* en *La Nación,* de Buenos Aires, 26 de diciembre de 1964, reproducido en mi libro *Las lecciones amigas,* Buenos Aires, «El Puente», 1966. Sobre la inhabilidad de Unamuno para el verso, véase el capítulo correspondiente en Díez Echarri-Franquesa: *Historia de la literatura española,* Madrid, ed. Aguilar.

(23) He desarrollado el tema en mi libro ya citado *Las estéticas de Valle-Inclán,* Madrid, Gredos, 1965.

(24) Empeñarse en hallar briznas de Modernismo en los primeros poemas de Antonio Machado, los más de ellos eliminados de sus ediciones posteriores, es olvidar su radical disidencia de la «actual cosmética» y del «nuevo Gay-trinar». Para un estudio general de las actitudes frente al Modernismo, pueden consultarse los estudios de J. M. Martínez Cachero. *Algunas referencias sobre el antimodernismo español,* en *Archivum,* Oviedo, III, 1953, págs. 311-333; *El antimodernismo del poeta Emilio Ferrari,* ídem, IV, 1954, págs. 368-384; *Más referencias sobre el antimodernismo español,* ídem, V, 1955, págs. 131-135; *Salvador Rueda y el Modernismo,* en *Boletín de la Biblioteca Menéndez Pelayo,* Santander, XXXIV, 1958, págs. 41-61.

(25) Maragall, desde su excelente observatorio litoral, estudia bien estos dos conceptos:

«Es un poeta —le decía a Unamuno—, es el poeta castellano de nuestro tiempo, poeta al revés, o al menos, al revés nuestro; poeta de dentro a fuera. Porque a nosotros, es la luz, son los campos, son los montes, son los actos y los gestos humanos los que se nos meten dentro y nos mueven, y nos vuelven a salir con palabras con el ritmo que ellos mismos han promovido en nosotros; pero en el poeta genuinamente castellano, en usted, todo empieza dentro; allí está su luz, allí sus campos, allí sus montes, allí su humanidad toda, y Dios mismo; y de allí sale originariamente el verbo inflamado para dominar, para hacer servir a su expresión, campos y montes y sol y estrellas y los gestos humanos y los actos y el alma del universo. ¿Quién tiene razón? ¿Razón en poesía? La tiene usted, la tenemos nosotros, cada uno tiene su razón: su razón poética, cuando se es poeta.» *Epistolario Unamuno-Maragall,* 24 de abril de 1907. En *Modernismo frente a Noventa y Ocho* he desarrollado el tema de los valores geográficos correlativos: Mediterraneísmo y castellanismo.

siglo y de las primeras décadas del XX, sino nada menos que la entera centuria en que nos hallamos (26). *En un término medio de equidad se encuentra nuestro punto de vista que intenta, por una parte, establecer la dualidad de las actitudes, limitando la cohesión generacional de una y otra a las dos primeras décadas del siglo XX. Prolongar el concepto de «Modernismo» es, en cualquier caso, excesivo, puesto que se trata de una —pasajera— «moda estética».*

La dificultad —más aparente que real— estriba en la heterogeneidad de los dos conceptos en juego, partiendo de la magistral distinción de Dámaso Alonso: «Modernismo es ante todo, una técnica; la posición del 98 —digámoslo en alemán, para más claridad—, una Weltanschaung» (27).

Que existe una heterogeneidad evidente entre una estética y una conducta no puede dudarse. Por ello he señalado en mi libro que el Modernismo, como moda, ya pasó, mientras el Noventa y Ocho, como problemática subsiste. Pero esto no significa forzosamente que los modos expresivos del Noventa y Ocho no comporten una estética necesariamente alejada —por vía de eficacia y de sobriedad— de los circunloquios evasivos de la retórica modernista. Precisamente frente al Modernismo es cuando se advierte de modo preciso que el Noventa y Ocho es, por el hecho de ser una Weltanschaung, *un modo de hacer que comporta un estilo determinado y distinto, al servicio de la hondura, y por ello en contraste con el predominio de la sensorialidad exterior.*

Pero para culminar la complejidad de la cuestión planteada debemos hacer notar que, por paradójico que parezca, la visión interior, de dentro a fuera, conduce a la visión realista, mientras que lo sensorial, partiendo de la realidad en torno, la transfigura. Y así cuando J. M. Castellet (28) divide también en dos vertientes *la poesía española contemporánea, asignando a una de ellas el nombre de* tradición simbolista *y a otra el de* actitud realista, *nos ofrece un cuadro de distancias esquematizables como sigue:*

---

(26) En la carta-programa que dirige al decano de Humanidades de la Universidad de Puerto Rico, Juan Ramón Jiménez habla, en efecto, de un «siglo modernista».

(27) «Quiere esto decir que "Modernismo" y "actitud del 98" son conceptos incomparables, no pueden entrar dentro de una misma línea de clasificación, no se excluyen mutuamente.» (*Poetas españoles contemporáneos*, Madrid, ed. Gredos, pág. 91.)

(28) Castellet: *Veinte años de poesía española*, Barcelona, ed. Seix y Barral, 1960.

<table>
<tr><th>tradición simbolista</th><th>actitud realista</th></tr>
<tr><td colspan="2">el poeta</td></tr>
<tr><td>es un ser privilegiado, un solitario, un encantador de palabras, un artista mágico</td><td>«el poeta no es más que un hombre entre los demás, que participa con ellos en una misma empresa social, cantándole la vida del hombre desde una perspectiva histórica»</td></tr>
<tr><td colspan="2">la experiencia</td></tr>
<tr><td>«absoluta, válida más allá en sí misma»</td><td>«síntoma y expresión de otra experiencia, lo real y personal que el poeta comparte con otros hombres»</td></tr>
<tr><td colspan="2">método de abstracción de la experiencia</td></tr>
<tr><td>mítico simbólico</td><td>histórico narrativo</td></tr>
<tr><td colspan="2">comunicación lingüística</td></tr>
<tr><td>«busca alcanzar al lector a través de la musicalidad y la sugestión sensorial de las palabras»</td><td>«restituye a las palabras la función comunicativa de un significado inmediato y real»</td></tr>
<tr><td colspan="2">poesía</td></tr>
<tr><td>«esotérica y enigmática»</td><td>«lenguaje coloquial y llano»</td></tr>
</table>

Para toda la estética esquematizada en la columna de la izquierda propone Castellet el mote de simbolista *y no hay demasiados inconvenientes en aceptarla puesto que el simbolismo es ingrediente capital del Modernismo. Uno y otro mote podrían, todavía, reunirse en otro que conviene a ambos: esteticismo en el sentido de literatura fin-de-sí misma* (29)*, girando en torno de la individual perfección, frente al noventayochismo que podría significar la actitud realista ya que todos y cada uno de los elementos caracterizadores que figuran en la columna de la derecha convienen a sus escritores. En cuanto a la aparición «tardía» de la «actitud realista», según Castellet, se produciría en la tercera década del siglo, claro está que los años finales del XIX y primeros del XX nos*

(29) En su excelente libro *La Littérature symboliste* (París, 1942), A. M. Schmit escribe: «El orgullo de los simbolistas consiste en respetar las reglas de una ética del perfecto literato, que nunca dejan de precisar... El simbolísmo es, ante todo, *literatura.*»

ofrecerían textos abundantísimos (30), *y el mismo antólogo los encuentra primero en Unamuno, cuya «aversión al simbolismo» proclama en uno de sus epígrafes, y después en Antonio Machado, cuya revalorización del realismo y su sentido de lo colectivo le enfrentan, como hemos dicho, al esteticismo egocéntrico juanramoniano y le colocan como figura clave y señera de las posteriores promociones poéticas españolas.*

GUILLERMO DÍAZ-PLAJA.

Barcelona, mayo de 1966.

---

(30) La clara actitud dialéctica del libro de Castellet está montada sobre la teoría de que la «actitud realista» va predominando en valor de significación sobre la «tradición simbolista», y esto hasta el extremo de aconsejar al antólogo a suprimir pura y simplemente a Juan Ramón Jiménez, que en el ámbito que la antología se propone (1939-1959) «a causa de la pérdida de vigencia histórica de la obra que publicó en los últimos veinte años» (pág. 21). Recordemos que estos poemas silenciados son los que bajo el título de *Animal de fondo* y *Estación total* condujeron al poeta a una gigantesca concepción poética del Cosmos y, en fin de cuentas, al Premio Nobel, otorgado en 1953.

Miguel de Unamuno

Foto Archivo Espasa-Calpe

PRIMERA PARTE

PROLEGÓMENOS HISTORIOGRÁFICOS

ELABORACIÓN DEL CONCEPTO DE «MODERNISMO»

I

UN «CLIMA» LITERARIO

SENSACIÓN DE AGOTAMIENTO

Hacia 1890 se produce un evidente bache en la producción poética española. Muerto Bécquer, agotado el hontanar poético de Zorrilla, sólo quedan la grandilocuencia de Núñez de Arce y de sus epígonos y la dulzona ironía de Campoamor y sus seguidores. El naturalismo, en pleno hervor polémico, apenas deja margen al fervor lírico. La mediocridad de los poetas del momento —como Grilo— hace más desolador el panorama literario.

No escapa, naturalmente, el problema a la mirada penetrante del mejor crítico del momento: *Clarín*. En su folleto *Apolo en Pafos* (1887), entre burlas y veras analiza la situación, comenzando por negar que la boga del naturalismo haya puesto de moda lo prosaico; en la Europa naturalista —añade— existen poetas que, como Leconte de Lisle, demuestran la supervivencia de la poesía.

«En España, Erato, no hay poetas nuevos... porque no los hay; porque no han nacido. Nuestra generación joven es enclenque, es perezosa, no tiene ideal, no tiene energía; donde más se ve su debilidad, su caquexia, es en los pruritos nerviosos de rebelión ridícula, de naturalismo *enragé* de algunos infelices. Parece que no vivimos en la Europa civilizada..., no pensamos en nada de lo que piensa el mundo intelectual; hemos decretado la libertad de pensar para abusar del derecho de no pensar nada. ¿Cómo ha de salir de esto una poesía nueva?»

«No tenemos poetas jóvenes, porque no hay jóvenes que tengan nada de particular que decir... en verso. Para los pocos autores nuevos que tienen un pensamiento y saben sentir con intensidad y originalidad la vida nueva, basta la forma reposada y parsimoniosa de la crítica o, a lo sumo, la de la novela... El arrebato lírico no lo siente nadie... Ahí no se llega...» (1).

En 1894, el gran crítico José Ixart, después de pasar revista al teatro europeo de fin de siglo, se pregunta a su vez:

«¿Qué ensayos nuevos, qué arriesgadas tentativas, qué copia de producción original podemos oponer en España a las novedades extranjeras, interesantes por su misma temeridad? Sólo las pocas obras de costumbres contemporáneas que apunto en el sumario. Fuera de ellas, no hay nada más: ni renacimiento de teatro poético, ni misticismos, ni idealismo alguno. Estamos todavía del lado de allá de esas literaturas novísimas y empezamos ahora a discutir mal, y a interpretar a veces peor, lo ya discutido en todas partes; esto es, las que todo el mundo llama a estas horas las "nuevas tendencias" del drama de asunto contemporáneo» (2).

Varios años más tarde, un joven escritor, del que ha de hablarse mucho, Ramiro de Maeztu, denuncia análoga desolación.

«Del mismo modo que no existe un partido político que arrastre en pos de sí a la multitud, no hay un literato de renombre que acierte a hablar al alma de los españoles contemporáneos. Legajos medievales han ahogado a Menéndez Pelayo; las imágenes históricas han desorientado a Castelar; Sellés, apenas escribe; Gaspar, tampoco; ni Palacio Valdés. Pereda se encastilla en el verdor de la montaña, sin advertir que sus tipos van desapareciendo a medida que la piqueta del minero allana la comarca; la señora Pardo Bazán, requerida al mismo tiempo por sus lecturas naturalistas y por sus creencias ortodoxas, no sabe con quién ir; Ganivet, ha muerto cuando más lo necesitábamos; Benavente murmura deliciosos *requiescat* ante las «figulinas» que Madrid exhibe en su bohemia política y en su aristocracia agonizante, pero no vislumbra la nueva España que se está inculcando» (3).

---

(1) *Apolo en Pafos*, Madrid, 1887.
(2) *El arte escénico en España*, vol. I, pág. 294.
(3) *Hacia otra España*, Madrid-Bilbao, 1899; pág. 206.

El «fin de siglo».

Pero dentro de esta sensación de fatiga, al llegar el último decenio se diría que surgen síntomas de una inquietud que van creando un concepto nuevo: el concepto de «fin de siglo», como una entidad espiritual independiente.

«Que la época denominada sarcásticamente "fin de siglo" —escribe un crítico— tiene caracteres propios, es indudable; lo son, entre otros: invasión de procedimientos científicos en la literatura (en la novela sobre todo); vago regreso a la religiosidad, decadencia de los caracteres, libertad de análisis y de manifestación.»

«Para mí no es el Modernismo el menosprecio de lo antiguo, sino el gusto y el *derecho* a lo moderno... Modernistas son en arquitectura las construcciones de hierro; en música, las obras de Wagner; Morelli y Muncaksi, en pintura...» (4).

Otro articulista, N. Sentenach, nos da una vívida nota de esta confusión apasionante de las ideas y de las formas, en las que se mezclan las fórmulas del primitivismo y del impresionismo, y de una especial modalidad orientalista:

«Pero la reacción hacia lo alto, la higiene estética de que hablábamos, constituye una crisis, una fiebre que domina el arte en estos momentos; a todo se extiende un movimiento que hemos dado en llamar "Modernismo", un afán de caracterización que toca en lo extravagante, gozándose ya en reproducir aquel candor de lo primitivo y casi pueril (decadentistas), ya de lo perceptible sólo para algunos desdichados seres de sensibilidad exaltada e hipnótica (impresionismo), ya también adquiriendo aceptación hasta por autores tan importantes: Fortuny, Pierre Loti *(sic)* y Alma Tadema, aquel sorprendente juego estético con que deslumbraron los japoneses en la primera exposición universal a que concurrieron, especie de orientalismo moderno..., momentos de avaro eclecticismo, de síntesis hirviente, que prepara, sin duda, el arte para sus florecimientos en la venidera centuria» (5).

---

(4) M. de Palau: *Acontecimientos literarios*, Madrid, 1896; página 133.

(5) *Nuestro siglo estético*, en *La Ilustración Española y Americana*, 22 de septiembre de 1897.

La palabra «Modernismo».

Un vocablo nuevo, el vocablo «Modernismo», se repite ya en estos textos. Es muy difícil fijar exactamente la fecha de su primera aparición. Es curioso, con todo, seguir la ruta de su incorporación al Diccionario de la Real Academia Española, en cuya 13.ª edición (1899) aparece por primera vez definido así:

«Afición excesiva a las cosas modernas con menosprecio de las antiguas, especialmente en artes y literatura.»

Revisando las Actas de las Sesiones de la docta Corporación (6) encontramos, con fecha 20 de junio de 1895, la siguiente referencia:

«Sobre *Modernismo* hubo empeñada discusión entre el señor Núñez de Arce, según el cual era conveniente admitir esta voz en el léxico de la Academia, y los señores Madrazo, Menéndez Pelayo y Castelar, que opinaban lo contrario.

Siendo ya las diez, se suspendió este debate...»

Revisados los índices lexicográficos, hemos encontrado la propuesta que sirvió de base a esta discusión. Es una papeleta presentada por don Esteban Oca, correspondiente de la Academia en Logroño. La definición sometida a juicio decía así:

«Manera de obrar o proceder que se presenta afectadamente como cosa moderna y como superior a todo lo pasado. Manía por lo moderno, como si nada antiguo fuese bueno» (7).

Como ya se ha anotado, la primera sesión resultó infructuosa. No así la siguiente, de 27 de junio del mismo año. Atendamos al libro de Actas:

«Leída de nuevo la cédula de *Modernismo*, cuya discusión que-

---

(6) Debo las máximas facilidades a mi ilustre amigo don Julio Casares, secretario perpetuo de la Real Academia Española. Una vez más le expreso mi gratitud.

(7) En nota añade, a falta de la obligada autoridad que correspondería: «Recuerdo haber oído esta palabra bastantes veces y la he leído en los periódicos.» La voz, en efecto, circulaba ya abundantemente y va abriéndose paso en todas direcciones. En la *Revista Moderna* de 18 de agosto de 1899 leemos un anuncio que dice así: «Pepita Sevilla, bailadora de tangos *modernistas*, en el Salón Bleu.»

dó pendiente en la junta anterior, opusiéronse a que esta palabra fuese admitida por la Academia los señores Castelar, Pidal (don A.), Fernández y González, Fabié y Madrazo, aduciendo, en apoyo de su opinión, las siguientes razones:

La voz había nacido fuera de España, su uso era demasiado reciente, empleábase con muy vario sentido, porque aún no tenía uno bien determinado; lo que con ella se quería dar a entender más generalmente no lograba todavía ejercer sino muy limitada influencia en las artes y en la literatura españolas; importaba poco que ciertas enfermedades del espíritu careciesen de definición académica; definir el flamante Modernismo en el Diccionario, donde no estaban definidos otros sistemas filosóficos, políticos y literarios más divulgados y antiguos, parecería grave inconsecuencia; esta Corporación, como todas las de igual clase, debía ser fiel a unas tradiciones y no admitir los neologismos hasta que a ello le obligara la fuerza incontrastable del uso.

El señor Núñez de Arce, principal mantenedor de la opinión contraria, sostuvo que el vocablo "Modernismo" se empleaba en España y en toda Europa, y era necesario para denominar una tendencia del gusto literario y artístico, mala en su concepto y pasajera tal vez, pero no incapaz de dejar profunda huella en la historia, y cuyo nombre, como el de tantas otras cosas malas o de no larga vida, tenía derecho a entrar en el Diccionario de la lengua castellana.

Terció en el debate el señor Menéndez Pelayo, manifestando que la palabra "Modernismo" no era tan nueva en nuestro idioma, puesto que ya la había empleado Cadalso en una de sus *Cartas;* que estaba formada por ley de derivación, no rara en ninguna de las lenguas romances, y que, a su juicio, no había inconveniente en definirla si se la define en su sentido más propio y general.»

Escribió en segunda sesión la siguiente definición:

«*Modernismo,* m. Afición excesiva a las cosas modernas, con menosprecio de las antiguas, especialmente en artes y literatura.»

Conformóse con esta definición el señor Núñez de Arce, pero otros señores siguieron rechazando ardorosamente una voz no suficientemente amparada, a su parecer, por la autoridad de Cadalso, y siendo ya más de las diez y media puso el señor presidente a votación nominal la cédula del señor Menéndez Pelayo, que resultó aprobada por 15 votos contra 11. Emitieron los afirmativos los señores Campoamor, Núñez de Arce, Saavedra, Casa-Valencia, Menéndez Pelayo, Benot, Castro y Serrano, Silvela, Colmeiro, Liniers, Palacio, García Ayuso, Sellés, Viñaza y el infrascrito secretario, Manuel Tamayo y Baus (8).

La referencia es, como se ve, interesantísima, ya que permite reconstruir el grado de apasionamiento del debate, excepcional en el tono mesurado y señorial de las sesiones académicas. La definición aceptada es, naturalmente, una fórmula de compromiso, de la que no pudo desaparecer un matiz despectivo. En esta forma aparece en la 14.ª edición del Diccionario (1914). Pero en la siguiente, la 15.ª, correspondiente a 1925, hay una rectificación importante en una papeleta comunicada por don Miguel Asín, que añade una coletilla, todavía más perturbadora, a la definición antigua, que queda ahora así, y así ha pasado a las ediciones de 1939 y de 1947:

«Afición excesiva a las cosas modernas, con menosprecio de las antiguas, especialmente en artes, literatura y *religión*.»

Efectivamente, existía un movimiento religioso con el nombre de *Modernismo*, que nada, o muy poco, tiene que ver con el movimiento literario que estamos estudiando (9).

Sin embargo, alguna relación onomástica existe. En unas declaraciones del poeta Juan Ramón Jiménez, se alude a este fenómeno religioso. «El Modernismo —dice— no fue solamente una tendencia literaria; el Modernismo fue una tendencia general. Alcanzó a todo. Creo que el nombre vino de Alemania, donde se producía un movimiento de tipo reformador por los curas llamados modernistas. Y aquí, en España, la gente nos puso este nombre de modernistas por nuestra actitud. Era el encuentro de nuevo con la belleza, sepultada durante el siglo XIX por un tono general de

(8) Por la lista marginal del Acta podemos conocer los nombres de los once académicos que votaron en contra: fueron Barrantes, Castelar, Catalina, Madrazo, Pidal (don A.), Balaguer, Mir, Commelerán, Fabié, Fernández y González y el marqués de Pidal.

(9) El modernismo religioso fue condenado por el papa Pío X en su Encíclica *Pascendi Dominici*, de 7 de septiembre de 1907.

Coinciden curiosamente ambos Modernismos, el estético y el religioso, en su postura antitradicional, en la sustitución de los dogmas por actos de sinceridad interior, en la predicación de un agnosticismo, en la valoración de las formas intuitivas por encima de las racionales, el culto al misterio como campo de la intimidad efusiva... ¿Coincidencia casual? ¿Signo de los tiempos?

poesía burguesa. Eso es el modernismo: un gran movimiento de entusiasmo y de libertad hacia la belleza (10).

La *Enciclopedia Espasa* (11) acepta la definición académica de 1899, si bien trata aparte —como es natural— del modernismo artístico y, muy extensamente, del religioso. El criterio del redactor del artículo es negativo. «Cuando el afán de renovarse buscando algo nuevo y original llega al límite, suele caerse en la extravagancia, y entonces nacen las escuelas llamadas modernistas que, por lo general, son caricaturas del verdadero arte y prueba completa de decadencia» (12).

El redactor de la *Enciclopedia* diserta a continuación —y en esto no le falta la razón— sobre el hecho de que siendo el modernismo basado en normas distintas a las clásicas, inmutables, del arte eterno, han de variar con el tiempo y, por tanto, no es posible aplicar el mismo nombre a las formas que sean modernas el día de mañana.

El hecho es tan evidente que no necesita comentario. La voz «modernismo» contiene un germen de relatividad. Equivalente a arte o a literatura «moderna» es lógico que evolucione a compás de la «modernidad» misma. Si —a pesar de ello— se ha salvado, ha sido, precisamente, por haber perdido su real sentido y haber quedado adscrita —en el terreno literario— a un determinado y concretísimo período.

Y esto es así contra toda lógica y aun descontado el evidente matiz irónico o despectivo de la palabra. Pero es también exacto que el vocablo ha quedado totalmente incorporado a la tradición historicoliteraria y como rótulo aplicable a este período dentro de la literatura hispanoamericana. Otras voces igualmente de intención mordaz —*estetismo, decadentismo, emotivis-*

---

(10) Entrevista con el poeta de *La Voz*, de Madrid, 18 de marzo de 1935. Rep. en *El concepto contemporáneo de España, Antología de ensayos*, Buenos Aires, ed. Losada; págs. 24-25.

(11) La *Enciclopedia Espasa*, esfuerzo realmente impresionante en la Barcelona de los primeros años del siglo, es un excelente archivo de noticias sobre el Modernismo, ya que surge en uno de los medios más apasionados y sensibles a este fenómeno artístico-literario. Ello da a sus artículos, y sobre todo al que estamos reseñando, el carácter vivamente polémico que los caracteriza.

(12) La *Enciclopedia* presenta algunos ejemplos de lo que llama la extravagancia modernista y, al mismo tiempo, parodias de la escuela debidas a *Melitón González* y una severa admonición contra la misma, extraída del *Prontuario de Hispanismo y Barbarismo* del P. Mir.

mo— fueron, en cambio, desechadas. Los vocablos específicamente escolásticos como *parnasianismo* y *simbolismo*, que prevalecieron para las demás literaturas europeas, no se popularizaron en España y quedaron sólo al servicio de los técnicos capaces de discriminar los dos aspectos —el de la «forma» y el del «matiz»— de la nueva escuela. Tampoco han servido, al correr del tiempo, los vocablos *finisecular* y *novecentista*, que dislocan, por decirlo así, un movimiento que el Modernismo entiende agrupado y coherente (13).

Por supuesto, los diccionarios actuales, aun aceptando la definición académica, la acompañan de la correspondiente definición historicoliteraria. Véase, por ejemplo, el excelente diccionario *Vox*, revisado por Samuel Gili Gaya (14):

«*Modernismo*. m. Afición excesiva a las tendencias, gustos, etc., modernos, especialmente en artes y literatura. Corriente literaria de principios del siglo actual, cuyo principal representante fue Rubén Darío» (15).

Finalmente, desde el punto de vista historiográfico, la voz *modernismo*, si bien imprecisa en algún aspecto, como veremos en los capítulos de este libro destinados precisamente a dibujar con algún rigor su contorno, es palabra no sólo aceptada en este sentido por todo el mundo hispánico, sino por la crítica de lengua no española. Así, por ejemplo, Erwin K. Mapes habla de «*the Modernista* (sic) *movement*» (16). En general, de lengua inglesa utiliza el vocablo específico «*modernist*» (17).

---

(13) El tema será desarrollado convenientemente al ocuparse de la Retórica Modernista.

(14) Barcelona, 1945. Véase análogamente: RAMÓN ESQUERRA: *Vocabulario Literario*. Barcelona, ed. Apolo, 1938.

(15) Añade, lógicamente, la tercera acepción: «Tendencia de algunos católicos que introducen innovaciones inadmisibles y condenadas por la Iglesia en los estudios sagrados, en la disciplina eclesiástica y en la acción política del catolicismo.»

(16) Por ejemplo, en *Recent research on the modernista poets*, en *Hispanic Review*, 1936, págs. 47-54. En cambio, el *Dizionario letterario Bompiani delle opere e dei personaggi* (Milano, 1947) no trae el *Modernismo* entre los «movimenti spirituali» europeos. Es necesario, para obtener una información, consultar las voces «Decadentismo», «Simbolismo», «Parnassianesimo», «Satanismo», etc. Insisto en el carácter comprensivo de todas estas tendencias dentro de la voz española.

(17) *Hispanic Review*, 1935, pág. 36: «the Modernist Movement», «Modesnist developments».

En los capítulos correspondientes al análisis de las tendencias conocidas con el mote general de *Modernismo*, intentaremos un sistemático despliegue de los conceptos que agrupa este discutido y, a la postre, vencedor vocablo.

MODERNISMO, CONCEPTO EPILOGAL.

Porque el Modernismo —ya lo iremos viendo— es una actitud en cierto modo epilogal y, por tanto, integradora. A la manera como nos gusta decir que no existe el Renacimiento, mientras la totalidad de las actitudes del milenio grecorromano no se reducen a fórmulas o clisés manieristas que encierran, por decirlo así, una síntesis vital y estética del período que refleja, del mismo modo el Modernismo sería la posibilidad de valorización —en un cierto sentido y momentos dados— de todos los «hallazgos» de la Historia, de la Poesía y del Arte.

El ámbito mental del Modernismo sobrepasa, pues, cualquiera de los rótulos anteriormente propuestos.

Ciertamente que en esta zona imprecisa es donde con mayor facilidad aparecen signos confusos. Existen, indudablemente, hacia la última década del XIX, unas formas de inquietud no configuradas, en el sentido que después denominaremos —en España— Noventa y Ocho y Modernismo.

Para estas formas no precisadas, podría reservarse la denominación de «fin de siglo» (18).

Como hemos visto, los elementos más dispares integran este momento espiritual; pero ya esta disparidad nos alecciona de un fundamental dualismo que va a orientar —primero confusamente, después con mayor claridad— el nuevo estado de espíritu en dos tendencias: una de carácter *ético*, basada en un retorno a la integridad, en una concepción educativa y austera del arte, entendido, además —de acuerdo con la preocupación sociológica dominante—, como un instrumento de mejoría de la humanidad, y otra de carácter *estético*, que se dirige a la consecución de un arte cada vez más complejo, refinado y orientado hacia la sensación.

Como ya hemos indicado y veremos en seguida, abundan las zonas de confusión entre ambas tendencias.

---

(18) Me resisto a utilizar el famoso mote «decadentismo», a pesar de su evidente y momentánea popularidad.

EL «DIAGNÓSTICO» DE MAX NORDAU.

Pero antes de seguir adelante, veamos de presentar al lector un cuadro general de la inquietud espiritual europea del fin de siglo. En el año 1902 (muy importante, como veremos, en la historia del Modernismo), se publica la edición española de la famosa obra de Max Nordau, *Degeneración* (19).

Cierto que la intención del autor no es en modo alguno laudatoria; pero es también evidente que, por una parte, y en tanto que diagnóstico, es un amplio catálogo de las actitudes que, de un modo o de otro, pueden incluirse bajo el rótulo de «Modernismo» y, por tanto, contribuyen paradójicamente a dar a comprender la amplitud y la profundidad de la revolución iniciada. Por otra parte, la traducción española, aparecida nueve años después de la edición original de la *Entartung* (Berlín, 1893), indica que las «lacras» que Nordau señala se han apoderado ya de nuestra literatura.

Nada mejor, pues, que un análisis de tan famoso libro para hallar concentrados todos los elementos ambientales que estamos estudiando.

La traducción de la obra se debe nada menos que a la pluma de Nicolás Salmerón, quien escribió para ella un significativo prólogo. Se propone Nordau, según Salmerón, «estudiar a la luz psiquiátrica y con el método de investigación positivista, las manifestaciones estéticas y literarias de un complejo estado de alma contemporáneo, delicado y sutil, producto de los excesos patológicos de una civilización refinada y complicada en sumo grado» (20). A Salmerón le interesa, naturalmente, calibrar la repercusión española de este estado de espíritu.

«Cuanto dice Nordau de los "prerrafaelistas" y de los "simbolistas" —escribe— tiene exacta aplicación a la juventud literaria española; la debilidad de espíritu, innata o adquirida, y la ignorancia, la predisponen fatalmente al misticismo; la exageración monstruosa de su "yo", de su amor propio, su imposibilidad de atención, la convierten en egotista. Nuestra vida intelectual, empo-

---

(19) Madrid, librería de Fernando Fe.—Sáenz de Jubera, Hermanos, 1902; dos vols. en 4.° mayor.
(20) Página 5.

brecida y estrecha, no puede producir más que afiliados a esos bandos y camarillas de que habla Nordau» (21).

Por supuesto, y como ya era de temer, Salmerón cree que nuestros escritores, sumidos aún en los «limbos» del Romanticismo, sin una educación intelectual rigurosa, «petrificado el espíritu nacional por el sombrío dominio del fanatismo religioso», no llegan a alcanzar plenamente las actitudes espirituales, producto, en fin de cuentas, de una civilización «maravillosamente desarrollada, llena de refinamientos delicados». «También ellos —dice— creen representar el porvenir, se tienen por furibundos anarquistas, proclaman la soberanía del "yo", arremeten contra los "viejos moldes", tienen en sus almas de creyentes rebeldías de ateo, sueñan con Ibsen, repiten las frases "profundas" de Nietzsche, adoran a Tolstoi, glorifican a Wagner, pero todo esto permanece en estado pasivo, no se traduce en obras estéticas ni literarias...» (22).

Parte Nordau del concepto «fin de siglo», concepto que, según él, debería sustituirse por el de «fin de raza», y que incluye una conciencia crepuscular que pugna desesperadamente por el goce, por muy amoral o brutal que sea. La artificiosidad y el *snobismo* dominan; un falso afán de exotismo y de refinamiento decoran los salones; un anhelo de policromías inesperadas —violentas o pálidas— se difunde; gusta a la vez lo refinado y lo zolesco; se juega al infantilismo... Todo ello es debido, según Nordau, a «estigmas» somáticos: locura moral, impulsividad, indolencia, emotividad extraordinaria, adinamia, abatimiento, falso misticismo, sugestionabilidad, hipersensibilidad somática y, en suma, histerismo.

Este «cuadro clínico» es producto, en gran parte, de «intoxicaciones» —bebidas, tabaco, opio, *haschisch*— de la vida de las grandes ciudades; de la fatiga que imprime la vida moderna y la conduce hasta los límites del agotamiento.

Establecido, pues, lo que Nordau denomina «diagnóstico» y «etiología» del «fin de siglo», se inicia el estudio sistemático e individual de los aspectos fundamentales del estado de espíritu que se propone estudiar:

---

(21) Página 20.
(22) Página 13.

a) *Misticismo*, al que, naturalmente, analiza como una forma de la histeria y que nosotros designaremos con el vocablo entrecomillado para distinguirlo del concepto recto de tan noble idea. Para Nordau, «misticismo» es «un estado de alma en el cual se cree percibir o presentir relaciones ignoradas e inexplicables entre los fenómenos, en el cual se reconocen en las cosas indicaciones de misterios y se les considera como símbolos mediante los cuales algún poder oscuro trata de revelar, o por lo menos de hacer que se sospechen, toda clase de cosas maravillosas que se esfuerza uno por adivinar, las más de las veces en vano». Todas las formas de la alucinación son frecuentes al «místico»; las asociaciones de vocablos se producen con disparatada lógica y se padece una fundamental falta de atención.

Estudia Nordau el «prerrafaelismo» como una forma de «misticismo», en tanto que rebelión contra el «método racionalista en la interpretación del mundo», enlazado por ello con el romanticismo. Su teorizador, Ruskin, «un Torquemada de la estética», al que llama confuso y falso, es el responsable de la «derivación mística» al modo «primitivo», lo que permite a los poetas la insistencia balbuciente, el falso infantilismo, la vaguedad imprecisa.

El «simbolismo» es también para Nordau una manera de «misticismo»: la manera francesa. Los «degenerados», agrupados bajo el mote simbolista —Rollinat, Haraucourt, Morice, Moréas, etc.—, tienen las características taras: vanidad egolátrica, emotividad, confusión mental, adinamia. Los temas religiosos se reflejan extrañamente en sus poesías y surgen inquietudes renovadas, resueltas inconformidades con el mundo de la realidad científica. Por lo demás, esta superación del racionalismo tiene su vertiente en la preceptiva. No hace falta definir, ni siquiera nombrar. «Nombrar un objeto —ha dicho Mallarmé— es suprimir las tres cuartas partes del goce de un poema, que consiste en la alegría de adivinar poco a poco; sugerirlo, he aquí el ideal soñado. El perfecto empleo de este misterio es lo que constituye el símbolo; evocar poco a poco un objeto para mostrar un estado de alma, o, inversamente, escoger un objeto y desprender de él un estado de alma por medio de una serie de descifraciones.» Nordau se extiende en las taras fisiológicas y psíquicas de poetas simbolistas que, como Verlaine, ofrecen evidente campo de estudio.

Como una forma especial de confusionismo «místico», estudia Nordau las *correspondencias* entre sonidos y colores, tan características del simbolismo y tan arraigadas en la poética posterior.

Llevando el amplio concepto de «misticismo» a una coordenada distinta, entiende Nordau que deben incorporarse al mismo las doctrinas de Tolstoi con su falso idealismo evangélico, así como toda la inmensa gama del fanatismo wagneriano, considerado también, naturalmente, como una forma de histeria y degeneración.

En resumen, el «misticismo», mote vago en el que caben personalidades distintas como las de Wagner, Tolstoi, D. G. Rosetti y Verlaine, se caracterizaría por una cierta incoherencia de pensamiento, obsesión, excitabilidad erótica y una vaga religiosidad.

b) *Egotismo.*—Bajo este epígrafe agrupa Nordau ciertos «degenerados» que participan de muchas de las taras somáticas de los «místicos», pero cuyo carácter fundamental es una sobrevalorada conciencia del «yo», y con ella una exasperada tendencia a negar el «no yo», el yo de los demás. «El egotista es un Robinsón Crusoe intelectual que, según su idea, vive solo sobre una isla y es, al mismo tiempo, un débil impotente para dominarse. La ley moral universal no existe, pues, para él.» Es un inadaptado en la sociedad.

Nordau considera como característica también del estado de «degeneración» la teoría, puesta en boga por los parnasianos, según la cual la obra literaria debe de cuidar sólo la belleza sensual del vocablo, sin ocuparse del mensaje ideológico de las palabras, que no deben traducir estados del alma. Sus lemas son impasibilidad y perfección. El poeta deja de interesarse por el mundo: he aquí la famosa «torre de marfil», es decir, la versión estética del egotismo (23). No hay bien ni mal; hay sólo belleza o fealdad. Ahora bien: según Nordau, esta afirmación oculta la realidad de que el mal es la base de su actuación y que existe en sus seguidores una decidida tendencia hacia la abyección y hacia la inmoralidad, verdaderas fuentes de su «degenerado» placer estético. Cierto que, para ello, el artista, rehuyendo la lúcida vigilancia de la conciencia, tiende a refugiarse en la inconsciencia o en los embrutecedores paraísos artificiales. Baudelaire es un ejem-

---

(23) Se trata, en realidad, de una agravación del egocentrismo romántico, como veremos en su lugar.

plo característico. El deseo de una sensación nueva llévale al masoquismo, al goce de lo horrible y de lo putrefacto.

La herencia de Baudelaire ha impregnado —nota Nordau— todas las direcciones «decadentes» y «estetas» de la literatura francesa: lascivia de Catulle Mendès, satanismo de Richepin, erotismo místico de Verlaine, escenografía diabólica de Villiers de l'Isle Adam, de Barbey d'Aurevilly, de J. Péladan, de Huyssmans, que en su personaje *Des Esseintes* crea el «decadente» arquetípico. Nordau completa el cuadro con una amplia exposición de la estética de Wilde.

Los últimos capítulos —que interesan menos a nuestro estudio— están dedicados a Ibsen, a Nietzsche y a Zola, como constitutivos de otros tantos aspectos de «degeneración», como venimos estudiando (24).

Dos magisterios difusos.

Analizando el amplio cuadro «patológico» de Max Nordau y dejando para otro lugar de nuestra obra el análisis de los «conductores» estéticos del período que estudiamos, cumple, para completar esta serie de «datos ambientales», señalar la presencia difusa, pero muy persistente, de dos escritores del Norte: Ibsen y Carlyle.

El teatro de Ibsen fue muy popular en España. Influyeron en ello las compañías extranjeras, sobre todo italianas, que recorrieron nuestro país (25). En general, su paso fue más frecuente

---

(24) El libro de Nordau fue muy leído. Como una secuela suya se publicaron algunos libros que, como los de Silva Uzcátegui *(Historia crítica del Modernismo, Psicopatología del soñador)*, insisten en los mismos puntos de vista.

(25) Véase el artículo de Halfdan Gregersen «Visiting Italians interpreters of Ibsen in Barcelona and Madrid», en *Hispanic Review*, 1935, 166-169; trae curiosas noticias sobre el particular. Para el tema general véase del mismo autor: «Ibsen and Spain. A study of comparative Drama, Harvard University Press», 1936. Reconoce Gregersen la primacía de Cataluña: «He find that the Catalans —dice un crítico de la obra—, impatient with the backward cultural traditions of Madrid, were the firsts to welcome the works of the new dramatic genius.» *Hispanic Review*, 1936, pág. 386. Gregersen anota la obra llena de rasgos ibsenianos del mal conocido Enrique Gaspar, estudiado, sin

—y más fecunda su influencia— en Barcelona que en Madrid. En 1888, con motivo de la Exposición, vino por primera vez a la Ciudad de los Condes Sara Bernhardt; en 1889, Novelli; en 1890, la Duse. Traían las obras de éxito europeo de Dumas, Sardou y los clásicos siempre actuales: Shakespeare, Goldoni, etcétera (26).

En su visita de 1892 a España, Novelli no incorporó todavía a su repertorio las obras renovadoras, con gran indignación de algunos críticos.

La primera traducción española de Ibsen fue *Espectres,* versión en lengua catalana, publicada en la revista *L'Avenç,* 15 y 31 de diciembre de 1893, pero su popularidad no llega hasta los últimos años del siglo. En 1894, Ernesto Novelli puso la versión italiana. En 1899, Teresina Mariani presentó *Casa de muñecas,* también en italiano, y en 1900, *Hedda Gabler.* El éxito de Ibsen está asegurado.

«El autor de *Brand* —escribía *Zeda*— es, sin duda alguna, el dramático más ilustre de este siglo, y nada tiene de hiperbólico colocarle al lado de los más célebres de todos los tiempos, desde Esquilo hasta Schiller» (27).

Otra figura descollante como «elemento ambiental» de este período es la de Carlyle. Carlyle está unido a todo el fin de siglo europeo. Nosotros lo encontramos ligado, no sólo a los grupos que después constituirán el Noventa y Ocho, como Unamuno (28), sino también a los del Modernismo.

Rafael Urbano desarrolla la estética de Carlyle —la especial mística de Carlyle— en el proceso de la creación poética (29), y Gregorio Martínez Sierra halla el rastro del pensador inglés en

---

embargo, por la Pardo Bazán en este aspecto. También sería un discípulo de Ibsen, sobre todo del Ibsen de *Casa de muñecas,* Gregorio Martínez Sierra. Sobre el libro de Gregersen véase la excelente recensión de Pedro Henríquez en la *Revista de Filología Hispánica,* 1940, páginas 58-64.

(26) V. Bohigas Tarragó: «Las compañías dramáticas extranjeras en Barcelona.» *(Pubs. del Instituto del Teatro.)* Barcelona, 1947.

(27) Ibsen: «La dramática escandinava», en *El Diario del Teatro,* Madrid, 1895; núm. 32.

(28) La influencia de Carlyle en Unamuno ha sido estudiada en un trabajo de Carlos Clavería, *Cuadernos Hispanoamericanos,* julio-agosto 1949; págs. 51-87.

(29) «El cardo silvestre», en *Renacimiento,* vol. II, 1907; páginas 37 y 55.

la actitud estética de Maragall (30). «Con Carlyle, el británico soñador silencioso, creemos en la maravilla inmortal», leemos en la revista modernista *Renacimiento* (1907).

Los instrumentos de penetración.

Queda por hacer una referencia al instrumento «físico» de penetración, la fuente directa donde se bebieron las nuevas actitudes. Ya que —no hace falta reiterarlo— la atmósfera fin de siglo es una atmósfera que se produce fuera de España. El cauce de ingreso a nuestros medios intelectuales es doble:

a) El de las revistas, de las que —por su importancia— se hace inmediata referencia en capítulo aparte.

b) Las editoriales, que en la última década del XIX y en la primera del XX realizan una labor portentosa de traducciones e incorporaciones, creando así una atmósfera de europeísmo cultural extraordinariamente importante y de trascendencia análoga, si no mayor, a las de la *Revista de Occidente*, o, en América, el *Fondo de Cultura Económica*, de Méjico.

Recordemos rápidamente:

1. *La España Moderna.*—Además de la excelente revista de este nombre, dirigida por José Lázaro, surgen con este sello editorial docenas de libros de suma importancia: las obras más significativas de Nietzsche y de Schopenhauer; casi toda la producción de Ruskin; el *Diario íntimo*, de Amiel; los volúmenes más importantes de Taine, además de numerosos sociólogos y juristas —Spencer, Tarde, Sombart, Wundt, Kropotkin, Carlyle, Emer-

---

(30) «Para mí, este cimiento común, este lazo de unión, más moral que intelectual o sentimental, está en la rectitud de conciencia, en la sinceridad absoluta, no sólo de las manifestaciones exteriores, sino valerosamente en la intimidad del alma consigo misma, y acaso también en la agudísima percepción de la hermosura de la Naturaleza; a partir de aquí son las dos almas como dos ríos, que, nacidos de la entraña del mismo monte, vanse uno a la derecha y otro a la izquierda para volverse a encontrar acaso, corridos tiempos y pasadas tierras, en la misma región de serenidad; pero el alma de Juan Maragall ha llegado a esta cuna saboreando el gozo del camino, con los ojos abiertos de par en par a toda belleza, complaciéndose en oír sonar y en hacer sonar por cuenta propia la maravillosa música de las palabras. Y Carlyle no logra la serenidad de espíritu, la paz de conciencia, sino por medios ásperos y por camino doloroso, negándose a sí mismo toda dulzura.»

son, Max Müller, Renan, Stirner— estrechamente ligados al movimiento literario.

El catálogo de *La España Moderna* es, para la época que se produce, sencillamente asombroso.

2. *Daniel Jorro.*—También realizó una excelente labor introductora. Editó las *Estéticas*, de Hegel y de Lips, y numerosas obras de filosofía con orientación moderna.

3. *B. Rodríguez Serra.*—Editor más modesto, pero de excelente orientación. Para los estudiosos del Modernismo, es imprescindible su *Biblioteca Mignon*, en delicados tomitos ilustrados. En esta *Biblioteca* aparecieron las *Églogas*, de Marquina.

También publicó Rodríguez Serra la primera edición de *Aventuras, inventos y mixtificaciones de Silvestre Paradox*, de Baroja.

Editó, además, *Biblioteca de Filosofía y Sociología*, de la que nos interesa destacar las traducciones de Schopenhauer *(Metafísica de lo bello)*, Nietzsche *(El origen de la tragedia)*, Emerson *(El hombre y el mundo)*. Editó también *El Héroe* y *El Discreto*, de Gracián, con prólogo de Arturo Farinelli.

4. *Maucci.*—Mucho menos selecto, y aun exageradamente populachero en ocasiones, Maucci publicó obras tan interesantes para nuestra investigación como *¿Qué es el arte?*, de Tolstoi. Las obras compiladas de Rubén Darío tuvieron, a través de Maucci, su primera difusión continental. Los *Parnasos* de poesía americana fueron, si poco seleccionados, muy leídos.

5. *Lizcano y Compañía.*—Editorial barcelonesa más modesta. Publicó traducciones de Tolstoi, Gorki, Zola; en su catálogo figuran *Las Diabólicas*, de Barbey d'Aurevilly, y *A Reliquia*, de Eça de Queiroz, traducción de Bargiela y Villaespesa.

Pero más que los libros, las revistas nos pueden dar las líneas de penetración de la nueva estética. Veamos de revisarlas en una rápida ojeada.

II

EL MODERNISMO A TRAVÉS DE LAS REVISTAS

Intentamos ofrecer al lector una reconstrucción histórica del ambiente que preside los orígenes del Modernismo en España. Nada más difícil: historia no solidificada, todavía los contornos aparecen débiles e indecisos. Quisiéramos —por nuestra parte— acudir a lo más vivo y palpitante: dar el latido exacto de la época que estudiamos. Para ello, vamos a extractar algunas de sus revistas. «Todo genuino movimiento literario —ha escrito un crítico—, todo amanecer, todo "crevar de albores" —por decirlo con la imagen matinal del cantor de *Mio Cid*—, ha tenido indefectiblemente su primaria exteriorización en las hojas provocativas de alguna revista. Y, recíprocamente, puede volverse la oración por pasiva y afirmar que todo escritor o todo período sin expresión previa en revistas, no merece ser tomado en cuenta, salvo excepciones. La revista anticipa, presagia, descubre, polemiza.»

Más todavía: las revistas agrupan, para aumentar su poder, su corporeidad, a los escritores incipientes. El escritor triunfante deja de trabajar en equipo. Así conviene estudiar las revistas para comprender una coherencia de actitudes que, un día, habrá de romperse.

El esfuerzo ha sido, en parte, ya realizado muy estimablemente por Guillermo de Torre (1) y por Germán Bleiberg (2). Sus datos son, para nosotros, insuficientes; al investigar estas publicaciones se ha intentado buscar preferentemente el aspecto

---

(1) «La generación española de 1898 en las revistas del tiempo», en *Nosotros*, Buenos Aires, octubre de 1941; núm. 67, págs. 3-38.

(2) «Algunas publicaciones literarias hacia 1898», en *Arbor*, Madrid, diciembre de 1898.

noventayochista. El propósito de este libro es, justamente, discriminar dentro del confuso rótulo de Generación del Noventa y Ocho sus estrictos límites cronológicos y estéticos; y, una vez realizado este primer paso, proceder a deslindar la cronología y la estética del Movimiento Modernista.

Así procederemos a una nueva —y rápida— revisión de aquellas revistas de los últimos años del siglo XIX y principios del XX, que representan una actitud en pro —o en contra— del Modernismo o que, sencillamente, sirven para caracterizar de algún modo la época que las vio nacer.

«GERMINAL».

Germinal es una revista —mal impresa y confusamente redactada— característica de los momentos de indiscriminación juvenil, en los que unos grupos de espíritus rebeldes se agrupan frente a un enemigo común: los valores del pasado. Comenzó a publicarse *Germinal* en 30 de abril de 1897, y la dirigía Joaquín Dicenta; su tendencia política era republicana avanzada. Pero junto a los Salmerón, los Fuente, los Zamacois, vemos a los Benavente, los Valle-Inclán, los Baroja.

Maeztu colabora con poesías. Unas veces, sin perder de vista sus preocupaciones sociales, como en los versos que figuran al pie de una reproducción de un cuadro de Primitivo Armesto, titulado *Pescadores de sardinas*. La poesía de Maeztu dice así:

Aúpa la red... Hincad el duro remo
en el rugiente mar.
Jugad la vida y desafiad las olas,
porque no tenéis pan.

Aúpa la red... ¡Que el cielo airado cruja
en bronca tempestad!
¡Vuestro amplio pecho, vuestro férreo brazo
sus iras domará!

Aúpa la red... Y si rastrero empuje
os hace zozobrar,
caeréis luchando, triunfador el gesto,
colérica la faz (3).

(3) 23 de julio de 1897. Recuérdese la preocupación sociológica de la época en la literatura y el arte. («Y aún dicen que el pescado es caro.»)

Otras veces sus composiciones poéticas, como la titulada «A una Venus gigantesca», tienden a lo estético-pasional:

necesito...
enroscarme a tu cuello triunfante,
hundir la cabeza en el mar de tu pelo...
... y si diosa, en crueldad infinita
sonriendo te alejas y no me levantas,
¡perecer como hierba marchita
que al sol ve partir a quemar a otras plantas! (4).

Desde el punto de vista que perseguimos, a nosotros nos interesa destacar a dos de sus redactores: Benavente y Valle-Inclán. Valle-Inclán firma con el seudónimo de *Bladamín* (precedente, sin duda, de *Bradomín*) un *Cuento de Sangre: El Rey de la Máscara;* Baroja, alguno de sus relatos primerizos... El resto lo tienen los polemistas republicanos o los periodistas al uso, como Antonio Palomero.

Villaespesa, que firma con sus dos apellidos, Villaespesa Martín, publica unos versos titulados *Aspiración* (22 octubre 1897).

Del mundo por el vasto panorama
veloz cruza mi libre pensamiento.
¡Alas para volar le presta el viento
y luz para brillar, la roja llama!...

En el mismo número, Felipe Trigo comenta *El hogar*, de Sudermann, como una pugna entre la Naturaleza y la Norma.

En abril de 1897, *Germinal* cesa para dejar paso a *El País.*

«VIDA NUEVA».

En la revista *Vida Nueva,* que empieza a publicarse en 12 de junio de 1898, apreciamos también una confusa agrupación de valores. Es una revista de gran formato y correcta presentación, que fue leidísima, pero vivió menos de un año. He aquí unas palabras de Ramiro de Maeztu comentando la aparición de la revista:

(4) 13 de agosto de 1897. El poema está escrito, sin duda, bajo la influencia del poema de Baudelaire *La géante.* Éste es el único momento francamente modernista de la vasta producción literaria de Maeztu.

«Una pléyade de afamados escritores, comprendiendo la necesidad de renovación que siente España, ha traducido estas ansias en la creación de un semanario: *Vida Nueva,* que en poco tiempo ha alcanzado una buena tirada. Ese intento más bien merece elogios por su buen propósito, que por sus buenos logros... ¡Aún pesan mucho las ideas viejas sobre los intelectuales formados en Madrid!» (5).

«... Toda esa literatura parece un canto funeral... Y ¿cómo van a cantar esos literatos la nueva España?» (6).

Por sus colaboradores, *Vida Nueva* no puede ser considerada como una revista de grupo. Intervencionistas en política, tiene rasgos característicamente noventayochistas. Para combatir el patrioterismo publica una sección titulada «Españolería cargante». Por sus páginas desfila toda la plana mayor de la época: Menéndez Pelayo, Perez Galdós, Campoamor, Eusebio Blasco, Balart... Pero también los jóvenes. «Venimos a propagar y defender *lo nuevo,* lo que el público ansía, *lo moderno,* lo que en toda Europa es corriente y aquí no llega por vicio de la rutina y tiranía de la costumbre. Y con esto queda sentado que *Vida Nueva* será, no el periódico de *hoy,* sino el periódico de *mañana*», leemos en su primer número. *Vida Nueva* es, en este sentido, memorable. Es uno de los hitos —clave— de la Generación del Noventa y Ocho. Aquí se publicaron los artículos más explosivos de Maeztu. Y, en el número 3 (26 de junio de 1898), se publica —recentísima la herida del desastre— el tan citado como poco conocido artículo de Unamuno «¡Muera Don Quijote!», del que copio este párrafo:

---

(5) «Sólo un escritor —añade Maeztu—, Pérez Galdós, ha desentrañado del burbujeo de los gérmenes la España capitalista que se nos echa encima. En su libro *Mendizábal* abundan los brochazos en que los ojos del novelista más se han fijado en la patria de hoy que en la de nuestros abuelos. Para mal de todos, llega Galdós a la epopeya nueva —la industrialización del sueldo—, después de haber invertido largos años en el cultivo de la Historia, en los amores de la libertad, en el ansia de verdad naturalista y en el neomisticismo..., y llega sin calor, no tan sólo sin calor de corazón, que es lo de menos, sin calor de pensamiento, que es lo trascendental.»

(6) El párrafo se reproduce en el libro de Maeztu *Hacia otra España,* Bilbao-Madrid, 1899; págs. 260 y sigs. La tesis del escritor se complementa (véase pág. 337) con la idea de que sólo los escritores litorales —vascongados y catalanes— tienen posibilidades en el futuro de España.

«España, la caballeresca España histórica, tiene, como Don Quijote, que renacer en el eterno hidalgo Alonso el Bueno, en el pueblo español, que vive bajo la historia, ignorándola en su mayor parte, por su fortuna. La nación española —la nación, no el pueblo—, molida y quebrantada, ha de curar, si cura, como curó su héroe, para morir. Sí, para morir como nación y vivir como pueblo.» Más adelante, en otro número, un nuevo artículo de Unamuno titulado «Renovación», pero transido de pesimismo. «No creo quede ya otro remedio que sumergirnos en el pueblo, inconsciente de la historia, en el protoplasma nacional, y emprender en todos los órdenes el estudio que Joaquín Costa ha emprendido en el jurídico. Hay que aprender a desengañarse de Segismundo, que soñó historia, y vivir del alcalde de Zalamea. El especial anarquismo que caracteriza espontáneamente a nuestro pueblo puede y debe ser la base firme de una autoridad que llegue aquí a ser fecunda; autoridad interior y no impositiva. Sólo los burros pueden creer que la autoridad exige palo, o sea dictadura.»

En *Vida Nueva*, en suma (núm. 1 de enero de 1899), se publicó, después de su muerte, el último artículo de Ángel Ganivet.

Pero ¿y respecto al Modernismo? Por de pronto, Rubén Darío colabora desde el momento de su llegada (abril de 1899); Juan Ramón Jiménez publica algunos de sus primerísimos versos (26 de marzo de 1899):

Semejaba el salón un diamante
en faceta de mágicos colores.
Bullicioso conjunto, luz radiante,
perfumes de mujeres y de flores...

y traduce unos poemas de Ibsen.

No nos resistimos, a pesar de haberlos reproducido también Germán Bleiberg, a publicar unos versos posteriores (publicados en 3 de diciembre de 1899), que con el título de «Las amantes del miserable» publica también Juan Ramón Jiménez, que los incluye, por cierto, en su libro *Ninfeas:*

Hace un frío tan horrible
que hasta el cielo se ha vestido con la ropa más compacta...
Cae la nieve en incesante lagrimeo,
como llanto sin consuelo de algún alma dolorida;
de algún alma que en los aires vaga triste, sin hallar dulce reposo;

de algún alma que no quiere deslizarse de la tierra,
donde viven sus amores más sagrados,
y le envía su recuerdo
en los copos blanquecinos de la nieve.

El problema de la exigencia artística en el teatro, preocupa. J. Verdes Montenegro señala que, ante la boga del género chico, «cuanto la dramática produce de más elevado y sugestivo tiende a refugiarse en el libro» (7 de agosto de 1899). Por su parte, Benavente rechaza el divorcio entre el pueblo y el arte. «¿Que el don teatral es un don aparte del don artístico? Mentira» (8 de enero de 1899). Se anuncian estrenos de Maeterlinck y se discute apasionadamente el tema wagneriano.

Para la historia de la crítica, anotemos un artículo de Salvador Rueda sobre Martínez Sierra (6 de noviembre de 1899) y uno de P. González Blanco sobre Valle-Inclán (3 de diciembre de 1899). Se discute *La España negra,* de Verhaeren.

Cataluña es objeto de especial atención en *Vida Nueva.* Se comenta la erección de la estatua del Greco en Sitges y se publica un artículo sobre Rusiñol, firmado por F. Miquel y Badía (27 de noviembre de 1898) y otro sobre el estreno de *L'alegria que passa,* firmado por J. Torrendell. En relación con las luchas sociales de Barcelona encontramos un elogio de Pedro Corominas, entonces encarcelado (26 de marzo de 1899), y (en 9 de julio) un tremebundo poema leído en Reus en el *meeting* para la revisión del proceso de Montjuich por un joven poeta de veinte años que vivía en la Ciudad Condal y que se llamaba Eduardo Marquina.

«Revista Nueva».

Más interesante todavía para conocer los orígenes del Modernismo es la *Revista Nueva,* que dirigía Luis Ruiz Contreras. *Revista Nueva* era una publicación de pequeño formato que editaba decenalmente cuadernos de 32 páginas. Empezó a publicarse en 15 de febrero de 1899. Colabora el bloque indiviso de los escritores del momento: noventayochistas y modernistas. Pero la revista es ya preferentemente literaria. Sus redactores eran Rubén Darío, Jacinto Benavente, Bargiela, Baroja (que se separó después), Rueda, Unamuno, Maeztu, etc. Abierta a las corrientes europeas, los nombres de Ibsen, Francis Jammes, Rémy de Gourmont, Réclus, Bloy, circulan por sus páginas, así como los de los americanos Lugones, Icaza...

En *Revista Nueva* (núm. 4) se publica por primera vez *Adega*, el cuento de Valle-Inclán que ha de transformarse en *Flor de Santidad* (7). Baroja publica interesantes artículos sobre Nietzsche (núm. 1), al que ataca; y un comentario lleno de curiosidad sobre la audición coloreada (8). Felipe Trigo comenta (volumen II, pág. 219) el «emotivismo» de Llanas Aguilaniedo (9). Darío da sus *Dezires, leyes y canciones* (5 de julio del 99).

De interés especial es el artículo de Salvador Rueda, *Dos palabras sobre técnica literaria*, dedicado a Unamuno (15 de julio de 1899), en el que explana la tesis de la dureza del idioma castellano: «su acentuación absorbente; el acento tónico principal ahoga los secundarios, dando a cada vocablo una individualidad muy marcada dentro de la frase...» Unamuno publicó en *Revista Nueva* un ensayo acerca del tema.

Queda por hacer una referencia a Luis Ruiz Contreras, curioso tipo literario, cuyo papel no sobrepasa a su misión de animador material de la *Revista Nueva*. Como crítico se permitía muchas reservas con sus propios compañeros de equipo. En sus *Memorias de un desmemoriado*, ataca despiadadamente a Juan Ramón Jiménez (10). Esto no le impide reclamar el papel, perfectamente inmerecido, de jefe de grupo (11).

---

(7) Para las transformaciones de *Adega* hasta convertirse en *Flor de Santidad*, véase el excelente trabajo de J. Romo Arregui en *Cuadernos de Literatura Contemporánea*, número dedicado a Valle-Inclán.

(8) Volumen I, 1899, pág. 79.

(9) Véase el capítulo correspondiente a la aparición de este escritor.

(10) Aludiendo a los dos primeros libros de Juan Ramón Jiménez (*Ninfeas* y *Almas de violeta)*, escribe: «Uno está impreso con tinta morada; otro, con tinta verde. ¿Por qué? Sí; ustedes imaginan la intención, sobre todo los que sean algo "modernos y regeneradores"; pero lo que yo quiero decir es: ¿por qué un joven de verdadero talento, un poeta de alma, cae como cualquier "ninfeo" en esas vulgaridades?» (*Memorias de un desmemoriado*, vol. II, pág. 199.)

(11) «... también aquí tenemos nuestro rinconcito de pequeños Griffis y Moreas; también aquí desciframos la poética novísima que ha hecho perder el juicio y el tiempo a escritores de tanto fuste como Rubén Darío, Ricardo Jaimes Freyre y Guillermo Valencia, los cuales (el primero sobre todo), importaron desde sus lejanos países a esta humilde tierra la estéril y nebulosa locura galaica (ya de segunda o tercera mano en París).» (Ídem íd.)

En cuanto a la polémica surgida en sus páginas Maeztu-*Clarín*, se recoge en otro lugar y transparenta el apasionamiento que despertaban estas pugnas en aquellos tiempos.

«MADRID CÓMICO».

Añadamos, para completar el cuadro de la época, una referencia a publicaciones no juveniles. Como periódico popular, *Madrid Cómico* es, lógicamente, el bastión del gusto dominante. Sus colaboradores artísticos —Cilla, Sancha, Leal da Cámara— nos dan la galería de los predilectos en magníficas caricaturas de portada: Sinesio Delgado, Echegaray, López Silva, Ramos Carrión, la Pardo Bazán, etc. El humorismo literario corre a cargo de Pérez Zúñiga, Luis Taboada, Luis Bonafoux... La poesía sigue por la pluma de Eusebio Blasco. La crítica está en manos de *Clarín*, que durante mucho tiempo dirigió la revista.

Frente al Modernismo, ni por la época, ni por su público, podía esperarse otra cosa que una oposición. Sin embargo, en 1898 Jacinto Benavente llega a ser redactor jefe, y, poco después, director. Con lo que la batalla está ganada —aparentemente— para los jóvenes. Luego veremos que esto no es así, y que el grupo auténticamente juvenil se separa para fundar *La Vida Literaria*, dirigida, esta vez sin trabas, por Benavente.

Sin embargo, y como muestra del interés que despierta el mero movimiento, en el número correspondiente a 17 de febrero de 1900 aparece un artículo de Enrique Gómez Carrillo (12) titulado *El Modernismo*, escrito desde París, en el que abre una encuesta sobre las siguientes bases:

«1.ª ¿Qué es el Modernismo *actual* en literatura y arte?

2.ª ¿Existe hoy una corriente intelectual y estética comparable a las corrientes modernistas (simbolistas, prerrafaelistas, decadentistas, impresionistas) que en el transcurso de estos diez años han modificado el gusto y la moda en Inglaterra, Alemania, Bélgica, Francia?

---

(12) Enrique Gómez Carrillo, nacido en 1873, en Guatemala, vivía habitualmente en París, donde colaboraba en los Diccionarios de Garnier. Enviaba sus crónicas a *El Liberal* de Madrid. Como introductor de noticias literarias relativas a las nuevas tendencias, su papel es de primera fuerza. Véase su libro *El modernismo* (1905).

3.ª ¿Cuáles son los representantes del Modernismo? ¿Quiénes son sus enemigos más terribles?

4.ª La lengua española, ¿ganará o perderá con las modificaciones que en ella introduce el modernismo?, y

5.ª La nueva generación, ¿es superior a la generación de nuestros padres, los hombres que, como Pereda, son hoy ilustres ancianos?»

«En Francia y en Inglaterra la colaboración del público con un escritor es muy común..., yo no espero tanto... Si en las épocas en que Zorrilla y Galdós tuvieron veinte años, un escritor hubiera reunido y publicado las opiniones de cien contemporáneos sobre las tendencias literarias que tales autores representaron, tendríamos hoy elementos para estudiar el estado de alma de la generación romántica y de la generación realista.»

Sin embargo, se equivocaría quien creyese que este interés significaba una capitulación de los grupos adversos. Las más feroces burlas siguen apareciendo.

En 24 de marzo de 1900 aparece una sangrienta sátira, firmada por Agustín R. Bonnat, con el título de *¡Oh, el Modernismo!*, en la que se parodia a un joven afecto a la nueva tendencia que acude al despacho del director del periódico. He aquí algunos momentos del «ingenioso» diálogo:

GODÍNEZ.—Rompamos con todo lo viejo, rutinario y anticuado que en nuestro país exista, despreciemos las reputaciones adquiridas, odiemos las obras que han conseguido renombre y sepultemos en el olvido a esa turba de escritores que nos dan la castaña.

DIRECTOR.—Y diga usted, y esto no es contradecirle, ¿qué nos queda entonces?

GOD.—¿Cómo qué nos queda? Nos queda la luz, lo nuevo, lo exótico, lo que hasta ahora no se ha explotado, lo moderno, ésa es la palabra; quedamos nosotros, quedo yo.

DIR.—¡Bravo, joven! ¿Qué harán ustedes?

GOD.—Todo.

DIR.—¡Bravo otra vez!

GOD.—Escribiremos novelas, verdaderas novelas, *chorreando* psicología por todos los capítulos, no como aquellas que escribían Galdós, Pereda, Palacio Valdés y tantos otros; no, señor. Mire usted: yo tengo pensada una que, créalo usted, va a ser una preciosidad.

DIR.—Lo creo. ¿Qué asunto?

GOD.—Unos amores es lo único viejo que tiene. Describo las relaciones entre la *Pingajos* y el *Posturas*.

DIR.—Bonitos personajes.

GOD.—También andan mezclados entre ellos un príncipe italiano y una *cocotte* francesa. ¡Pero qué bien! ¡Oh! He de lograr pintar el alma de la *Pingajos* tal como yo la imagino; he de dar a conocer las *exquisiteces* del *Posturas,* porque ¡si viera usted qué interesantes son esos tipos! Los anhelos y vaguedades de alma femenina en ella y los arranques viriles en él me inspiran páginas ternísimas.

DIR.—¡Ah, claro! Han de ser ideales los arranques viriles del *Posturas* y los anhelos de la *Pingajos.* Son dos tipos verdaderamente sentimentales. ¿Y en poesía?

GOD.—¡Oh, mi lenguaje favorito! Mire usted: he inventado catorce medidas nuevas para el verso.

DIR.—¡Hola!

GOD.—Sí, señor; es tan antiguo eso de octosílabos, de endecasílabos y alejandrinos. Mire usted: tengo una composición en verso de diecinueve sílabas, alternando con otros de tres sílabas, que ya verá, ya verá; es una combinación que uso mucho para llorar desengaños.

DIR.—Pero ¿parece verso?

GOD.—Diré a usted: al principio, no, pero eso es lo de menos; yo no escribo para el vulgo.

Pocas semanas más tarde, Julio Poveda firma otra sátira que lleva por título *Los críticos impresionistas:*

«Un chiquillo comienza el bachillerato, se examina y le suspenden. Diciendo atrocidades de los profesores, marcha a tomar un ajenjo —¡ah!, los niños de que hablo suelen tomarlo después de cenar. ¡Siempre rompiendo moldes!...— y a escribir un maravilloso artículo satirizando a la gramática, a la retórica, a la lógica..., a todas esas antiguas idioteces que *todavía* respetan los malos escritores y que están llamadas a desaparecer de la literatura en unión del pobrísimo e insoportable idioma castellano» (13).

De esta manera se hacía cada vez más honda la fosa que separaba el grupo de saineteros de *Madrid Cómico* —E. del Palacio, Celso Lucio, Pérez Zúñiga, Ramos Carrión, etc.— de las nuevas promociones literarias.

En enero de 1901, con el título de *Lilialerías* (14), se publica una sátira contra unos versos de Juan Ramón Jiménez.

---

(13) *Madrid Cómico,* 26 de mayo de 1900, pág. 267.

(14) Como es sabido, los modernistas eran llamados, por burla, *liliales,* por haber usado algunas veces este adjetivo o por figurar con frecuencia los lirios en los dibujos prerrafaelistas. Todavía en 1907 Gre-

«La Vida Literaria».

La Vida Literaria aparece por primera vez en 7 de enero de 1899. Se considera sucesora de *Madrid Cómico.* Su primer director es Jacinto Benavente. Es una revista de transición hacia un público más selecto. No faltan, sin embargo, las caricaturas, «chascarrillos» y otras concesiones.

Es interesante hacer notar la casi total ausencia del tema político. Más: el arrogante desdén con que se evita su tratamiento.

«¡Vida literaria! Ya veo iracundos o desdeñosos, según el temperamento, a los regeneradores de última hora. ¿Literatura? ¿Arte? Buena ocasión; cuando todos claman, como el maestro de los tiempos difíciles de Dickens: ¡Hechos, hechos!; cuando hemos decretado la muerte del idealismo, causa de todas las desventuras españolas... (15).

Pero aquí, como dicen los chulos, buenos o malos, no somos más que artistas y escritores. Preferible es que hagamos arte y literatura bien intencionados a que nos metamos a regenerar en donde no nos llaman.

Abierta para toda manifestación de Arte queda *La Vida Literaria,* sin preferencia por nombres ni escuelas: viejos y jóvenes, reaccionarios o liberales, idealistas o positivistas.»

Posición, pues, netamente estética, y por ello *modernista,* aunque con una amplia receptividad para cuanto signifique belleza.

---

gorio Martínez Sierra (en la revista *Renacimiento,* pág. 361) se defiende de este equívoco remoquete, cuya paternidad atribuye a *Gedeón,* otra revista antimodernista —muy popular— que no descendemos a comentar. En los satíricos de la época, como Pérez Zúñiga, el antimodernismo era obligado. *Melitón González* llegó a escribir un *Tenorio modernista.*

(15) Número del 14 de enero de 1899. Es interesante este párrafo, que sigue inmediatamente, y que se prestaría a un comentario, aquí impertinente, sobre los tópicos de la literatura «regeneradora». «¡Oh, sí! Hemos vivido en plena idealidad. En nombre de muy altos ideales ha sido gobernada España por una política al día, propia para Ayuntamiento de cabeza de partido; en nombre del ideal hemos enviado a gobernar y a administrar colonias a generales arruinados por el *baccarat* y a derrochadores de dotes; en nombre del ideal hemos sostenido un presupuesto de guerra y de marina para encontrarnos... con que todo era ideal. Sí, no hay duda: el ideal nos ha perdido. ¡Muera el ideal!»

He aquí a este propósito lo que se dice respecto a Jacinto Benavente y su criterio director: «Benavente no siente el *rabioso* exclusivismo de escuela que domina a los demás. Puede producirse bueno en todas las escuelas. De Guimerá, por ejemplo, asegura que su obra genial está en el teatro romántico, y así se admira. Y románticos, ideístas, impresionistas, todos, todos, bajo la dirección de Benavente hubieran tenido en esta casa propio hogar, y en estas columnas, albergue franco sus obras.»

Deben a Benavente la publicidad de su nombre y el haber nacido en la vida literaria muchos jóvenes que sin su apoyo hubieran tardado, quién sabe el tiempo, en darse a conocer.

La indulgencia sin debilidad debe presidir el examen de *lo nuevo. ¡Lo nuevo!* Benavente escribe: «Los que salís ya del templo desengañados..., no sonriáis desdeñosos al neófito ferviente, ni pretendáis que rece en vuestro coro con fórmulas de ritual. Dejad que su aspiración sea mayor que sus fuerzas» (16).

Como se ve, la revista está llena de interés. La ilustran Garnelo, Torres García, Ricardo Marín, Ramón Casas, Walter Appleton, Alejandro de Riquer, Isidro Nonell, etc. Colaboran como escritores: Rubén Darío, Bernardo G. Candamo, Martínez Sierra, Alberto Ghiraldo, Camilo Bargiela, Manuel Machado, dentro de la tendencia modernista; *Clarín,* Palacio Valdés, A. Palomero, E. Blasco, E. Zamacois, Unamuno, Maeztu, Federico Urales, González Serrano, etc., como colaboradores independientes.

Baroja publica una tremenda diatriba, de la que destacamos estas palabras:

«El arte actual nace de lo subconsciente e impresiona también lo subconsciente. Nace sólo a la inspiración, estado no presidido por el yo, que consiste en el libre ejercicio del automatismo cerebral y produce, cuando impresiona enérgicamente, un estado de contemplación; en el cual ni se atiende, ni se reflexiona, ni se deduce; en el cual el yo, absolutamente perdido, está fuera de su centro.

Desde que la Humanidad perdió el sentido claro de la belleza, del amor, de la vida que dio la Grecia; desde que nació el cristianismo y se quiso interpretar más que ver la naturaleza, la subconsciencia, ese demonio que todos tenemos en nosotros mismos, se fue apoderando de la vida.

---

(16) Número del 13 de abril de 1899.

Esa subconsciencia es como la parte del Dios-Naturaleza que late en el universo entero unido en el misterio a la chispa del Dios-Ideal de nuestra personalidad.

El arte actualmente camina más que nunca a la inconsciencia, a la sensualidad. El triunfo de la música, el arte más sensorial, lo demuestra. El arte camina hacia la inconsciencia, y la inconsciencia se llama también muerte» (17).

Interesa mucho el movimiento modernista catalán, representado por los dibujantes arriba citados. Rusiñol envía un cartel cuando el grupo pretende presentar *Interior*, de Maeterlinck; se publican las *Prisiones imaginarias*, de Corominas.

Se sigue el movimiento literario europeo: Sardou, Vielé-Griffin, destacando el estreno de *Cyrano de Bergerac*, de Rostand, y publicando el *Cyrano en España*, de Rubén Darío. Asimismo se presta atención al estreno de *Casa de muñecas*, de Ibsen.

«JUVENTUD».

Muy interesante también para estudiar los orígenes del Modernismo, la revista *Juventud;* efímera de vida (doce números), descuidada de aspecto, tiene el interés de que, siendo inspirada por el grupo noventayochista —*Azorín,* Baroja, Maeztu—, es campo de la polémica modernista. Es interesante señalar que el primer número se publicó en 1 de enero de 1901. Manuel Machado publica un artículo titulado «El Modernismo y la ropa hecha».

«Modernista. La palabreja es deliciosa. Representa sencillamente el último gruñido de la rutina contra los pobres y desmedrados innovadores. De modo que aquí no hay nada moderno, pero hay Modernismo. Y por Modernismo se entiende... todo lo que no se entiende. Toda la evolución artística que de diez años, y aún más, a esta parte ha realizado Europa, y de la cual empezamos a tener vagamente noticia.»

Manuel Machado pasa revista a los valores del simbolismo francés y demuestra el valor que tienen para la poesía española, que, creyendo ser fiel a las normas eternas, es fiel a las de la Academia y a las de Moratín, «que era un afrancesado».

---

(17) 18 de mayo de 1899.

En *Juventud* —y valga el ejemplo como síntoma general de la publicación— hemos leído uno de los más furibundos artículos de Maeztu contra la crítica contemporánea:

«Aquí no se ha hecho crítica. Nadie tomará por crítico a Revilla. Fueron sus lucubraciones perfectamente idiotas. A Menéndez Pelayo, inapreciable como sabio, como erudito, como desenterrador, le falta sensibilidad. Su crítica es compendio de las ya hechas por otros. Si fuera verdad eso de los modelos eternos de belleza, se acercarían sus resúmenes a la perfección... Pero eso es falso. No hay modelos eternos. Shakespeare, según Voltaire, fue un salvaje borracho; Víctor Hugo, según Taine, un miliciano nacional en delirio. La crítica, de ser algo, es una incesante revisión de valores, un sí, un no, un grito, un puntapié o un aplauso...» «Pero, en último término, lo esencial es el gusto. No sé si había leído la *Divina Comedia* el escritor que dijo al morir: "*Me joroba el Dante.*" Ese hombre fue un crítico. De no haberla leído, hizo una frase; si la leyó, fue sincero...» «... Pero no sólo el carnerismo y la estulticia dificultan la crítica en España. Ya estorba, sobre todo, la falta de honradez. *Clarín* pudo ser crítico porque tenía algún talento; no lo fue porque carecía de honradez artística, porque era padre de familia y lo que más le interesaba era el pan de sus hijos. El mundo literario en España es una recua de sinvergüenzas que viven del Estado, del *chantage* o unos de otros, y son borrachos, mercaderes, estetas o libertinos, que necesitan dinero a diario para satisfacer sus vicios y se lo procuran engañando al público con la mutua adulación en letras de molde... Es natural que la recua procure cocear al espíritu independiente y al hombre sobrio que puede vivir sin repugnancia, como puedo yo hacerlo, con tres pesetas al día, y que encuentra en esta sobriedad la independencia necesaria para escribir de balde en *Juventud* y llamar congrio al congrio y abedul al abedul. Verdad que en mí los instintos predominantes son los de comprensión y de justicia, mientras dominan en otros los del cerdo: comer, beber, procrear y nutrir a los cochinillos.»

«ARTE JOVEN».

Con el título de *Arte Joven* se edita en Madrid una interesantísima y efímera revista, de la que se publican tres números: un número preliminar, el primero y el segundo (10 y 31 de marzo, 15 de abril de 1901). Como director literario figura Francisco de A. Soler, el director de *Luz* (18). Como director artístico, nada menos que Pablo Ruiz Picasso (19). Es una revista en gran formato (38 por 26 centímetros), con excelentes dibujos de este artista, de Nonell y de Ricardo Marín, que entonces figuraba en la vanguardia modernista. Se vendía al precio de cinco céntimos.

El manifiesto preliminar proclama su deseo de crear un periódico *sincero y libre*, «huyendo siempre de lo rutinario, de lo vulgar, y procurando romper moldes». La crónica de arte, firmada por Soler, ataca a Acebal y al público madrileño que silbó a Vincent d'Indy y aplaude las obras de Bretón y «pide con entusiasmo la repetición de algún chotis indecente». Si aplaude a Wagner es porque está de moda, ya que «ahora esto de hablar de arte y de blasonar de *modernista* está a la orden del día».

En el número preliminar figura también un fragmento de *El patio azul*, de Rusiñol. Un poeta, Alberto Lozano, expone su estética:

Yo soy en Arte un místico, que tiene
trazas de ateo porque altivo niega
autoridad a todos y se burla
de antiguas teorías y modernas...

En el mismo número figuran unas *Oraciones panteístas*, de Bernardo G. Candamo, y *Cortejo*, de Ramón de Godoy, que colaboran en números sucesivos. En el número primero figuran tres sonetos de Unamuno *(Al Destino, Muerte, Niñez)*, y una *Orgía macabra*, de Pío Baroja. En una pintoresca *carta* de Ramón Raventós «a los intelectuales madrileños» da cuenta del estreno del *Till Eulens-*

---

(18) La gran revista barcelonesa del Modernismo. Véase el capítulo referente a la aportación de Cataluña.

(19) La revista anuncia, como fruto de la colaboración de ambos directores, la aparición de un libro titulado *Madrid*, algunas de cuyas ilustraciones se anticipan en la revista.

piegel, de Strauss. Una de las notas del número 1 se refiere a que *Arte Joven* no gusta a los gomosos ni a los señoritos de Madrid, lo que —dice— «nos satisface inmensamente».

En el número 2, Francisco de A. Soler ataca la afición a los toros y la insensibilidad de la sociedad española. Bernardo G. Candamo elogia el *Diario de un enfermo*, de J. Martínez Ruiz, y Camilo Bargiela la *Inducciones*, de Pompeyo Gener. *Azorín*, todavía sin este seudónimo, escribe: «El arte es libre y espontáneo. Hagamos que la vida sea artística. Propulsores y generadores de la vida, los artistas no queremos ni leyes ni fronteras.»

En el mismo número 2, Ramón de Godoy y Sola escribe unas «Impresiones de arte. La torre de marfil y el arte por el arte», en las que defiende la aristocracia del espíritu frente a la estupidez de la vida moderna y propone al artista abroquelarse dentro de la propia alma; y «allí, encerrado en su torre de marfil, que bien puede ser para él templo sagrado, oficiar ante el ara desierta ante el infinito mundo, y elevar la sagrada hostia de su transido corazón hacia la eterna forma de la eterna belleza».

«Gente Vieja».

Uno de los fenómenos que denotan la progresiva importancia que adquiere el modernismo es la encuesta que acerca del mismo publicó el semanario de Madrid *Gente Vieja* (20). Por una parte, la iniciativa del periódico, con su enorme valor de beligerancia para el nuevo credo; beligerancia reconocida justamente por esa «gente vieja» que está al otro lado de la barricada; por otra parte, la cantidad de respuestas recibidas —cuarenta y dos— y la calidad de muchas de ellas, a través de las cuales puede observarse todavía amplitud de opiniones, algunas contradictorias y muchas hostiles, pero tendiendo a ir perfilando un concepto historicoliterario cada vez más definido.

El trabajo premiado con el lema *Pax in lumen* resultó ser de don Eduardo López Chavarri. Helo aquí en sus líneas fundamentales:

---

(20) El título de la encuesta es: *¿Qué es el Modernismo y qué significa como escuela dentro del arte en general y de la literatura en particular?* El Jurado calificador estaba integrado por don Manuel del Palacio, don Benito Pérez Galdós y don Jacinto Benavente. La convocatoria fue lanzada en el número de *Gente Vieja* correspondiente al 10 de enero de 1902.

«Apenas nació el Modernismo, don Hermógenes le dio por muerto.

Y quisieron acabar de enterrarlo comerciantes, modistas, peinadoras y hasta las criadas de servir. Hoy apenas existe jefe de Negociado que no sepa burlarse de *los modernistas,* ni chulo de género chico que no crea un deber el hacer chistes con la palabreja...

El Modernismo, en cuanto movimiento artístico, es una evolución y, en cierto modo, un renacimiento.

No es precisamente una reacción contra el naturalismo, sino contra el espíritu utilitario de la época, contra la brutal indiferencia de la vulgaridad. Salir de un mundo en que todo lo absorbe el culto del vientre, buscar la emoción del arte que vivifique nuestros espíritus fatigados en la violenta lucha por la vida, restituir al sentimiento lo que le roba la ralea de egoístas que domina en todas partes...: eso representa el espíritu del Modernismo.

El artista, nacido de una generación cansada por labor gigantesca, debe sentir el *ansia de liberación,* influida por aquel vago malestar que produce el vivir tan aprisa y tan materialmente. No podía ser de otro modo: nuestro espíritu encuéntrase agarrotado por un progreso que atendió al instinto antes que al sentimiento: adormecióse la imaginación y huyó la poesía. Tal es la aspiración donde nació la nueva tendencia de arte, tendencia que puede ser considerada, en último término, como una palpitación más del romanticismo.

El origen del Modernismo enseña la verdad de lo dicho. Nació en Inglaterra con las doctrinas artísticas de Ruskin.

Es característica del arte moderno la *expresión:* hacer de la obra de arte algo más que un producto de receta; hacer un trozo de vida; dar a la música un calor sentimental en vez de considerarla como arquitectura sonora; pintar el alma de las cosas para no reducirse al papel de un fotógrafo; hacer que la palabra sea la emoción íntima que pasa de una ciencia a otra. Se trata, pues, de la *simplicidad,* de llegar a la mayor emoción posible sólo con los medios indispensables para no desvirtuarla; en definitiva, se buscan los medios para el fin, y no lo contrario, o sea la fórmula de *conseguir el efecto por el efecto.*

Pero el espíritu contemporáneo, solicitado por infinitas contradicciones, lleno de dudas y vaguedades, necesita medios de expresión muy diferentes. El verdadero artista, para reflejar los variados matices del sentimiento actual, ha de recurrir a nuevas fórmulas: palabras o giros peculiares de lenguaje, contrastes determinados de color, especiales sucesiones armónicas... Aquí estaba el peligro; pues los que no tienen personalidad propia ni suficiente talento para conseguir la independencia, no podrán hacer sino imitar, y como nada más se imita que la "manera", nació de aquí la consiguiente *afectación* de estilo, que trajo consigo la serie de *modernistas-caricatura,* errantes por libros y revistas minúsculas. Éstos han considerado como fin lo que sólo era procedimiento, erigiendo como ideal el *efecto a todo trance:* fue una especie de *neomayerbeerismo* que se reveló en las artes plásticas por la exageración de factura en las fórmulas impresionistas, puntillistas, complementarias, etc., y en la literatura por los parnasianos y "exuberantes" a lo D'Annunzio, es decir, por lo contrario de la simplicidad sincera a que tiende el arte *expresivo,* por el triunfo de la sensación sobre el sentimiento...

El reflejo de la corriente moderna en España no ha podido menos de dejarse sentir hondamente. Nos encontramos en circunstancias especiales de miseria espiritual que pueden favorecer un renacimiento, si así lo permite la suerte. En pintura se nota más pronto la emancipación: Pinazo, Sorolla, Rusiñol, Casas, Mir... lo prueban de modo cumplido...

En cuanto a la poesía, ¿por qué ha de ser *modernista* solamente lo gongorino y decorativo, en vez de lo poético sincero? Quien conozca las admirables impresiones de Juan Maragall, las de Apeles Mestres, no pocas de Marquina, de Vicente Medina (por no citar sino a los modernos) dirá si esta poesía es una logomaquia incoherente o una fuente fresquísima de bellezas.

Dejemos que se acojan al Modernismo los que intenten decir algo propio. En medio de todas las "exageraciones" que muchos imputan a la "escuela", se ve que hay animación, que hay lucha, que hay vida. Exagerada o prudente, impetuosa o parca, vale más esto que vivir consumiéndose en la propia nada, signo de solemne tontería. ¡Y morirse por tonto debe ser lo más lastimoso del mundo!»

Veamos, para completar en algo nuestra visión crítica, algunas opiniones de los colaboradores de *Gente Vieja.*

He aquí la de otro escritor, después muy conocido, José Deleito y Piñuela;

«... Pues bien; la acracia, la anarquía, esto es, a mi entender, el *Modernismo* que hoy impera en la vida del arte; fenómeno complejo, de tendencias diversificadas y múltiples, pero que presenta como marca típica la exaltación del elemento individual...

Todo el Modernismo lleva el sello de la decadencia y el agotamiento. Las sociedades, como los individuos, envejecen, y esto es causa del egoísmo senil, origen de ese orgullo literario que hace cultivar el *yo* exclusivamente; produce también aumento de sensibilidad, desgaste de las impresiones ordinarias, a fuerza de repetirlas, y, como consecuencia, perversión de los sentidos, refinamientos exóticos de una voluptuosidad enfermiza.

Esto nos da la clave del moderno decadentismo, divinizado por Baudelaire en sus *Flores del Mal;* tendencia que responde, más que ninguna otra fase modernista, al proceso degenerativo señalado por Max Nordau.

Erotismos y obscenidades, delirios sangrientos y aterradoras quimeras, el *satanismo* o culto sistemático al mal, la delectación morbosa con lo horripilante o corrompido; todo en los decadentes implica una anestesia moral, una emotividad desenfrenada, una exaltación neurótica y un desorden moral fronterizo de la locura» (21).

He aquí la respuesta de Gonzalo Guasp:

«Si de estas consideraciones generales pasamos a ocuparnos del movimiento simbolista español, hemos de convenir en que su desarrollo es bien enteco y mezquino, pues diríase que nuestra raza era refractaria al símbolo. Sólo dos nombres recordamos de escritores simbolistas que tengan dotes suficientes para ostentar este título: Francisco Villaespesa, cuya escritura nos parece ha pasado por el tamiz de la de Rubén Darío, y sus adeptos americanos y Manuel Machado, escritor cultísimo, que en su último libro, *Alma,* procura despojar a la tendencia del extranjerismo que la informa, españolizándola en todo lo posible, y cuyo temperamento artístico nos recuerda el de Paul Fort, delicado autor de las *Baladas francesas.*

En la moderna literatura española, la tendencia que impera es absolutamente "impresionista", a la que pertenecen incluso Benavente, Baroja, Valle-Inclán, Sawa, Luca, Bueno y tantos otros distinguidos escritores que tienen por principios el cuidado minu-

(21) 30 de abril de 1902.

cioso de la escritura y la obsesión de la palabra y de la imagen. Son impresionistas que quieren expresar la poesía de lo real, que tal vez por esto concedan demasiada importancia a la apariencia de las cosas, pintándolas con exactitud algo seca, y que ocupan en la novela y el cuento la plaza de los *punteístas* en la *pintura*» (22).

He aquí, finalmente, cómo opina B. Morales Sanmartín:

«Y en la literatura, ¿significa algo el Modernismo? Menos aún que en bellas artes. En éstas la forma seduce, atrae y deslumbra más que en la poesía, en el drama, en la novela, y aquellos que se contentan con que el cuadro esté bien ejecutado y la estatua correctamente modelada, quieren que en la obra literaria, además de los versos armoniosos, de las brillantes imágenes y del lenguaje correcto y natural, haya algo más grande, más elevado, algo que mitigue la sed del alma y el afán inquisidor del pensamiento.

He aquí por qué el Modernismo no ha echado raíces en la literatura. Carece de ideales y de originalidad; sus innovaciones se reducen a "confeccionar" una nueva retórica; la transformación que anunciaba es más de accidente que de esencia, y éste es su error capital, porque el estilo no es más que "la forma indispensable para comunicar el pensamiento por medio de la palabra escrita" —según decía Balzac—, y lo esencial es la idea que anima la obra de arte donde reside la verdadera originalidad y —¡oh dolor de los dolores!— lo que no puede imitarse.

Después de la completa y hermosa conquista del realismo, afirmada por la escuela naturalista, el Modernismo no es ni puede ser sino una palabra más, inventada con el exclusivo objeto de satisfacer la vanidad y el orgullo de ciertos espíritus mal avenidos con la certidumbre de la propia impotencia» (23).

«ALMA ESPAÑOLA».

De todas las publicaciones citadas hasta ahora, la que aúna mejor la calidad espiritual y el tono material de su presentación es, sin duda, *Alma Española* (24). Con *Alma Española* la desviación hacia el tema meramente estético-literario que señala la pre-

---

(22) 30 de junio de 1902.
(23) Ídem, íd.
(24) De formato semifolio, en cuché, con magníficos grabados. Empezó a publicarse en 8 de noviembre de 1903.

sencia del Modernismo enfrente al Noventa y Ocho, inicia un paso más.

Colaboran en *Alma Española* Dicenta, Bonafoux (25), *Fray Candil,* que arremete furiosamente contra el Modernismo, y en particular contra Rueda y Rubén Darío (26), Maeztu, etc. Para el estudio del movimiento, que estamos intentando delinear históricamente, interesan artículos como los que *Azorín* dedica a Tolstoi (6 octubre 1903), Rollinat y Juan Ramón Jiménez (24 enero 1904). En el mismo número se publica el prólogo a *Vendimión,* de Marquina. Miguel de los Santos Oliver se ocupa de Rusiñol; *Gabriel Araceli,* de Maeterlinck. Gregorio Martínez Sierra inicia una campaña por la dignificación del teatro y en defensa de la nueva escuela.

«Sé que hay quien sabe hacer teatro, y sé, sobre todo, que hay de entre ellos buen número de muy buenos poetas, de estos a quienes llaman afrancesados y modernistas, sin duda porque han desenterrado las viejas maneras de rimar» (27).

En *Alma Española* Rubén Darío publica el famoso poema ini-

---

(25) Luis Bonafoux —que firmaba con el seudónimo de *Aramis*— conoció tan enorme popularidad como posterior olvido. Nacido en Burdeos, se educó en Puerto Rico y en Madrid. Vivió mucho tiempo en París. Sus numerosísimas obras, de carácter satírico, le colocan *inter pares* junto a los *Fray Candil,* Cavia, Valbuena y demás satíricos al uso, y llenan la prensa de fin de siglo de sus referencias más o menos tempestuosas. Fueron famosas sus polémicas con *Clarín.* «Es uno de nuestros espíritus fuertes, que se ocupan en dar la batalla a lo falso, sentando las bases de una literatura sana y robusta, sin sombra de farsa ni trapacerías», escribía *Azorín* en 1894 (*Buscapiés,* op. cit., I, página 108). Un contemporáneo, también olvidado, lo retrata así: «¿Quién ha concurrido al café de Fornos con alguna frecuencia que no conozca a aquel hombre delgado hasta la sutilidad, nervioso, moreno, de fisonomía angulosa, y que se pasa largas horas del día sentado ante cualquiera de las mesas..., escribiendo unas veces y observándolo todo otras, con su inquisitorial mirada al través de las lentes que cabalgan atrevidas sobre su no menos atrevida nariz, burlón, locuaz, reticente y sarcástico?» LUIS PARÍS: *Gente Nueva,* Madrid, sin año, págs. 67-68.

(26) «Rueda tiene, pues, dos liras amén de su guitarra; orquesta con la cual puede amenizar las noches de los melómanos de la plaza de Celenque...

Tampoco he logrado desacreditar a Rubén Darío —"sinsonte americano con plumaje parisiense"—, tal vez porque mal puede desacreditarse a quien nunca tuvo crédito diga lo que diga Valera, gran prosista, pero crítico cuya benevolencia raya en el mal gusto.

... Ya sé que estos modernistas, hijos degenerados de Góngora, no pueden verme ni pintado. Claro; no he querido pertenecer a la sociedad de "bombos mutuos" que ellos han fundado en sucursales de América» (8 de noviembre de 1903).

(27) 7 de febrero de 1904.

cial de *Cantos de Vida y Esperanza: «Yo soy aquel que ayer no más decía...»* (28).

Como dato de interés, por lo que tiene de adquirida seguridad y de conciencia de grupo, señalemos, en primer término, el artículo de *Azorín* «Somos iconoclastas», en el que leemos, entre otras cosas furibundas:

«Podemos asegurar que ninguno de los jóvenes del día ha leído a Calderón, a Lope y a Moreto (o, al menos, si los han leído, no los volverán a leer, lo juramos), y que no son pocos los que sienten un íntimo desvío hacia Cervantes. Seamos sinceros: ¿por qué vamos a negar en público lo que confesamos en privado? Además, estas cosas de las execraciones y de las negaciones no pueden ser delitos espantables. Dentro de algunos siglos los eruditos que estudien estas épocas se extrañarán del horror que ahora se siente hacia un hombre a quien no le gusta Cervantes o Lope de Vega. Y de que a una fe —la religiosa— va sucediendo otra fe, y que a unos santos van sucediendo otros santos.» Continúa la feroz diatriba contra los inmediatos antecesores del grupo: «Sólo a un maestro, Ortega Munilla, le debe estar agradecida la juventud presente, porque él ha sido el que ha sacado de la oscuridad nuestros nombres» (29).

«Los demás son para nosotros indiferentes u hostiles; no existen relaciones entre ellos y nosotros; apenas los conocemos de vista; si les mandamos nuestros libros, no se dignan ni siquiera darnos las gracias... ¿Cómo no encontrar natural que en tales condiciones a este desvío se conteste con el ataque brutal y despiadado?» Y añade *Azorín:* «Lo realmente extraño y lamentable es que los ataques contra los viejos no sean más frecuentes y más enormes, porque eso indicaría en la juventud una vida y una pujanza que España necesita indefectiblemente para su renacimiento futuro.»

Frente a esta conciencia de generación, desligada de la anterior con signos opuestos, no es menos interesante la *conciencia de una generación posterior,* también de actitud dispar, caracterizada por ideales menos prácticos que los propios ideales del Noventa y Ocho.

---

(28) 7 de febrero de 1904.

(29) Ortega y Munilla, escritor por lo demás muy estimable, era director de *El Imparcial,* cuyas famosas hojas literarias semanales —*Los Lunes de El Imparcial*— eran la clave de la fama, y fueron abiertas por él a los jóvenes.

«Todos estos jóvenes novísimos —escribe *Azorín*— que *vienen detrás de nuestra generación,* que tal vez valen más que nosotros, que son, desde luego, indiscutiblemente, más desinteresados que nosotros, mueven en mi espíritu una viva y cordialísima simpatía. Y lo más admirable en ellos es el sosiego y la convicción con que marchan por su camino. Tienen fe en algo que no son los mundanos y deleznables intereses y granjerías del momento» (30).

Queda, finalmente, una alusión a las autobiografías de las grandes figuras jóvenes —Maeztu, Valle-Inclán, *Azorín*—, que sobre haber sido ya muy utilizadas serán aducidas en su momento oportuno (31).

«Helios».

Con la revista *Helios* llevamos la nave de nuestra indignación al puerto deseado. *Helios* es ya, casi francamente, la revista del Modernismo (32). Es, pues, una revista estética, donde sólo de manera incidental surgen los temas «regeneracionistas»; las filosofías más o menos nietzscheanas («Nietzsche es inactual», leemos en su primer número) son abandonadas o postergadas. *Helios* publica escenas de *La noche del sábado,* de Benavente; las *Arias tristes,* de Juan Ramón Jiménez; *Hojas de Vida,* de Rusiñol. No faltan los nombres del Noventa y Ocho, pero dan la impresión de actuar un poco a remolque del grupo juvenil. Interesante la aparición de Antonio Machado, noventayochista rezagado (o de la segunda promoción, como indicaré más adelante) en esta revista.

---

(30) 24 de enero de 1904. El subrayado —que señala una conciencia generacional noventayochista frente al Modernismo— es nuestro.

(31) Bleiberg, loc. cit., reproduce fotográficamente las más interesantes.

(32) No la que le representa totalmente, que es, como veremos en seguida, la revista *Renacimiento*. *Helios* es, sin embargo, un esfuerzo decisivo: su carácter es indiscutible. «Querido maestro: Cinco amigos y yo —escribe Juan Ramón Jiménez a Rubén Darío— vamos a hacer una revista literaria seria y fina, algo como el *Mercure de France:* un tomo mensual de 150 páginas, muy bien editado. Nosotros mismos costeamos la revista; así, puedo decir a usted que vivirá mucho tiempo; es cosa madura y muy bien calculada. Nada de lucro: vamos a hacer una revista que sea alimento espiritual; revista de ensueño; trabajaremos por el gran placer de trabajar. En fin, basta esta afirmación: es una cosa seria. Yo agradecería a usted infinitamente que nos enviara algo...» *El archivo de Rubén Darío,* Buenos Aires, 1943; págs. 14-15.

Sintomática la publicación de una encuesta sobre Góngora, cuya significación precisaremos también más adelante.

Al frente de la publicación figuran Pedro González Blanco, Juan Ramón Jiménez, G. Martínez Sierra, Carlos Navarro Lamarca, Ramón Pérez de Ayala.

Pero más que la divagación crítica, interesa recoger íntegramente el manifiesto fundacional:

«Y ésta es la historia de nuestra historia, la razón que nos mueve a ofrecer al público una revista más. Humildosa, pero inevitable —así las flores en primavera—, surgió en nuestro grupo juvenil —si flaco en número, fuerte en amistad— el pensamiento de una publicación joven como nosotros, y entusiasta de todo lo que dice hermosura, hállese dondequiera y cante en la lengua que quisiera.

Y henos aquí, paladines de nuestra muy amada Belleza, prontos a reñir cien batallas de verbo y de espíritu. ¡Guárdanos tú, la Dilectísima, por quien osamos entrar en lid!

Holgarnos hemos si nuestros propósitos merecen bien del público, si para nosotros suena con acento de loanza la voz de muchos. Pero, aun cuando el aplauso haya de sabernos a mieles —que flacos somos porque somos hombres—, queremos lealmente protestar en esta primera e irrevocable página de que no iremos en busca suya con señuelos de complacencia ni de halago. Hartas publicaciones —para nosotros más que para nadie merecedoras de respeto— tienen las multitudes cortadas a patrón de su espíritu, hechas a medida de su gusto. Pretende la que hoy nace —humilde, pero no desvalida, que ha de valerla nuestro amor— cortarse únicamente a medida y gusto de la Belleza. Y no por temerarios se nos lance anatema, que la debilidad no es sacrilegio.

Nuestras voces dirán como acierten los ritmos mayestáticos que ritman —musas perdurables— el alma inmortal y la inmortal naturaleza.

Siendo el espíritu de la revista juventud —y conste que sabemos eternamente jóvenes muchos rancios laureles—, su verbo-bandera ha de ser libertad. Todos lograrán sitio en este hogar de artistas, cuantos digan, dijeron o hayan de decir, siempre que sus decires —regocijos o melancolías, oraciones o desesperanzas, vidas o ensueños— sean hermosos y estén galantemente relatados.

A todos, pues, en nombre de todas las augustas palabras que han todos los poetas empleado desde que el mundo es mundo para decir belleza, "¡salud!".»

Sería muy interesante un estudio del vocabulario estético del Modernismo y, en particular, de la valoración progresiva del concepto de «Belleza» —«Nuestra Señora la Belleza», como llegan a decir algunos de sus poetas— en detrimento de otros vocablos que, como el de «hermosura», se encadenan a otras filosofías del arte. El origen inmediato estaría en el uso constante del término «beauté» en la poesía finisecular francesa, y su traducción más inmediata constituida por la palabra «belleza». Pero hay, sin duda, además un matiz más importante: pienso que en el término «hermosura» hay una trascendencia de carácter filosófico —neoplatónico— que involucra valores de tipo espiritual, mientras que en el vocablo «belleza» parece predominar un sentido más sensual e inmanente.

Anotamos esta diferenciación, de paso, en espera de una especificación más amplia de los conceptos fundamentales de la estética modernista, limitándonos a señalar ahora la presencia —en *Helios*— de un grupo ya resueltamente modernista, cuya capitanía ofrecen todos a Rubén. Así leemos en sus páginas:

«La gente sigue ignorando quién es Rubén Darío. Rubén Darío es el poeta más grande que hoy tiene España. Grande en todos los sentidos, aun en el de poeta menor. Desde Zorrilla nadie ha cantado de esta manera...»

«Renacimiento».

Si *Helios* es la revista del Modernismo militante, *Renacimiento* es la gran publicación del Modernismo triunfante. Su primer número es de marzo de 1907. Su presentación, magnífica.

He aquí algunas palabras liminares de la nueva revista:

«... Con Carlyle, el británico soñador silencioso, nosotros, meridionales soñadores, creemos en la maravilla inmortal, y, con los ojos maravillados, vemos, vibrando por la emoción y la ilusión, bajo el cielo, sobre la tierra, maravillas grandes; porque tú, a veces, pasas indiferente por un sendero, ante una flor, bajo una estrella, junto a una fuente; porque oyes y no escuchas una voz, una música, una risa, una lágrima, hemos querido, a golpes de prosa y verso líricos, abrirte los ojos y el corazón. Somos los poetas, los privilegiados, los que sabemos el secreto de las palabras y de los corazones: ya no andamos a tientas, porque cada uno ha encontrado su camino y va por él serenamente, poseedor de su alma, en busca de la perfección, mas no tenemos torre de marfil —era pequeña y pálida para el anhelo de nuestro soñar—, el mundo es nuestra torre y todo el color nuestro color.»

Por sus páginas desfilan las páginas más brillantes del modernismo hispánico. Poemas y prosas de Rueda, de Villaespesa, de Juan Ramón Jiménez, de Martínez Sierra, de Rusiñol, de *Víctor Catalá*, de Alomar; traducciones de Verlaine, de Rémy de Gourmont, de Maeterlinck. Artículos críticos: Díez-Canedo nos habla de Charles Guérin; Amado Nervo, de Lugones; Marquina, de Carducci... (33).

---

(33) Añadiríamos, para completar el catálogo, otra revista efímera, *El Nuevo Mercurio* (1907), dirigida por Enrique Gómez Carrillo, imitación del *Mercure de France* y con ambición hispanoamericana.

III

LA CRÍTICA ANTE EL MODERNISMO

a) La crítica marginal

«CLARÍN».

No vamos a descubrir a nuestros lectores la manera de *Clarín,* durante años y años el crítico más popular o, acaso mejor, el único crítico popular que ha tenido España.

En páginas anteriores hemos recordado el espíritu alerta de *Clarín* al estudiar el marasmo de la literatura española. Incluso los valores que luego han de ser típicos del Modernismo, le interesan más que el estancamiento del momento:

«¿Ves ese pesimismo, ese trascendentalismo naturalista, ese orientalismo panteístico o nihilista, todo lo que antes recordabas tú como contrario a tus aspiraciones, pero reconociendo que eran fuentes de poesía a su modo? Pues todo ello lo diera yo por bien venido a España, a reserva de no tomarlo para mí, personalmente, y con gusto vería aquí extravíos de un Richepin, *satanismos* de un Baudelaire, *preciosismos* psicológicos de un Bourget, *quietismos* de un Amiel y hasta la procesión caótica de simbolistas y decadentes; porque en todo eso, entre cien errores, amaneramientos y extravíos, hay vida, fuerza, cierta sinceridad y, sobre todo, un pensamiento alerta...» (1).

Hacia 1890, *Clarín* es el más leído de los críticos. Como observador literario es sagacísimo; su documentación, extraordina-

---

(1) *Apolo en Pafos*, Madrid, 1887.

ria. No es raro verle anticiparse a los más despiertos vigías (2). Su actividad periodística es abrumadora. Sus «Paliques» son cada vez más anhelados y más temidos, y se desparraman en publicaciones de toda especie, incluso las más populares.

Insensiblemente, a cada ampliación de público, *Clarín* propende, como su coetáneo Antonio de Valbuena, a servir el gusto de los más. Colaborador de *Madrid Cómico,* no puede sustraerse al ambiente satírico y populachero que respira la revista. Olvida, sin duda, la noble comprensión de su *Apolo en Pafos* (3); su conocimiento de los fenómenos que, en toda Europa, constituyen el paralelo del vasto movimiento hispánico que amanece.

De 1893 es uno de los primeros ataques contra el fenómeno modernista, ataque al que correspondió Darío, desde Buenos Aires, con unas nobles y comedidas palabras. Darío acusaba a *Clarín* de desconocer su obra *(Azul)* o, en todo caso, de confundirla con la de sus más desdichados epígonos.

«Yo no soy jefe de escuela ni aconsejo a los jóvenes que me imiten; y el ejército de Jerjes puede estar descuidado, que no he de ir a hacer prédicas de decadentismos ni a aplaudir extravagancias ni dislocaciones literarias.

Clarín debe procurar lo que vale de las letras americanas. Un día escribió, sobre poco más o menos: "¿Qué tengo yo que saber de poetas americanos como de la gran China?" Estúdienos y así podrá apreciar justamente lo que hay de bueno entre nosotros. Y por un galicismo o un neologismo no condene una obra» (4).

La guerra literaria continúa. En otro «Palique» encontramos nuevos ataques a Rubén Darío. Un comentario a *Cosas del Cid,* insiste —como Valera años antes— en el «galicismo mental» del poeta:

«Darío ya ha escrito así varias veces. No hay galicismos gramaticales, o no hay muchos, en lo que dice, pero... todo aquello parece francés. No se lo parecerá al secretario de la Unión Nacional, ni a Villaverde, pero sí a todo aficionado a la *poesía comparada;*

---

(2) Recuérdese su sereno juicio sobre Verlaine, un año antes de que las revistas jóvenes lo «descubran». Véase pág. 178. En *Mezclilla* (1889), por ejemplo, se ocupa elogiosamente de Baudelaire.

(3) Cfr. págs. 3-4 y 46.

(4) *La Nación,* de Buenos Aires, 30 de enero de 1894. Rep. E. K. Mapes: *Escritos inéditos de Rubén Darío,* en *Rev. Hisp. Mod.,* julio de 1936; págs. 335-336.

al que haya leído muchos poetas españoles y muchos poetas franceses.

Por Dios, Rubén Darío —termina confianzudo—, usted, que es tan listo, y tan elegante... a la española, cuando quiere, déjese de esos *galicismos internos*, que son los más perniciosos. ¿Para qué ese afán de ser extranjero? Cuando a usted se le ocurran diabluras retóricas, que no sean... de París, que sean... de Cantillana, donde ya sabe usted que también está el diablo» (5).

No falta, naturalmente, la réplica juvenil. El propio Rubén Darío contesta una y otra vez, siempre eludiendo el tono personal y lamentando el poco interés que *Clarín* siente por el fervor poético de Hispanoamérica:

«La manifestación de la vida mental ha encontrado nuevos cauces; una inaudita circulación comienza a animar el común cuerpo. Ya en los centros pensantes del viejo continente llaman la atención algunos pocos luchadores.

... Nadie ha aplaudido más que yo a don Leopoldo Alas cuando ha desollado a los sinsontes azules de la América española; pero nadie ha lamentado sus injusticias y confusiones. No me refiero al señor Valbuena, pues hablar de purismo en Babel sería candoroso por mi parte» (6).

Cuando *Clarín* abandona la dirección de *Madrid Cómico* para dejar paso —¡signo de los tiempos!— a Jacinto Benavente, advierte que la brecha se ha producido en sus propias fortalezas:

«Cuando vean ustedes cosillas afrancesadas, melancólicamente verdes (verdinegras, pues lo melancólico es negro), desnudeces alicaídas, secciones extravagantes y otros artículos, háganme el favor de pensar que yo eso lo tolero, pero no lo apadrino» (7).

Y unos meses más tarde, Ramiro de Maeztu, en la *Revista Nueva*, arremete contra *Clarín, Madrid Cómico and Co. Limited.*

«Entre tanto, el movimiento intelectual que se pretendió detener a alfilerazos, proseguía su marcha ascendente. Lo que no quisieron, o no supieron, hacer *Clarín* y sus colegas realizáronlo Ixart y Gener, en Cataluña; el austriaco Fernando Blumentritt, en Filipinas; el francés Pablo Groussac, en la América que

(5) *Madrid Cómico*, 14 de abril de 1900, pág. 222.
(6) Ídem. Número de abril de 1899.
(7) Cit. M. F. ALMAGRO: *Vida y literatura de Valle-Inclán*, páginas 57-58. Bien es verdad que cuando *Madrid Cómico* pasa a ser *La Vida Literaria*, dirigida por Benavente, *Clarín* es invitado a colaborar.

se llamó española... No quiso ver *Clarín* ese espíritu nuevo —estudiado tan admirablemente por el genial Unamuno— que iba a deshacer los viejos moldes del idioma castellano... Era más cómodo y productivo mantener en su integridad el dogma del casticismo... ¡Y ahí está esa literatura, a la vez española y exótica, que nos avergüenza con sus bríos juveniles, escrita por los americanos en un lenguaje apenas inteligible para nosotros, y por los españoles en dialectos e idiomas que creíamos olvidados literariamente para siempre» (8).

«Aceptamos —dice en otro lugar— las manos liliales, las torres ebúrneas y demás letanías de nuestros seudodecadentes, naturistas y estetas como un anhelo indefinido de otra literatura, como un preludio cuatrocentista de un Renacimiento...» No es esto lo que interesa a Maeztu: «¿Pero vale más, acaso, la golfería citada por *Clarín?* Exceptuemos dos o tres nombres, por ejemplo, los de Valera, Dicenta, Galdós y Pereda; ¿es que la obra de todos los restantes puede compararse con la de ese Jacinto Benavente, contra quien dirige sus tiros de manera insidiosa el crítico asturiano? Debo advertir que yo no admiro a Benavente. Encuentro en su labor de sepulturero sespiriano un humorismo seco, una macabra frialdad que me hiela la sangre...»

Clarín contesta: «El señor Maeztu sí que parece una misa de *requiem.* ¡Dios mío, qué muchacho más fúnebre!» (21 de octubre de 1899); se burla de los *Diálogos fantásticos,* de Martínez Sierra, «inaguantable prosopopeya» (18 de noviembre de 1899); gasta bromas a Rubén Darío, prologuista de *Trébol,* del poeta Alcaide de Zafra (25 de noviembre de 1899). En el número de 15 de septiembre de 1900, encuentro un interesante artículo en el que se habla de «el pobre Nietzsche, de quien no se habló en España hasta que hace poco Lázaro hizo traducir a Zaratustra».

El único escritor nuevo al que trata con creciente respeto es a J. Martínez Ruiz.

Esta es, a grandes rasgos, la pugna, más histórica que ideológica, entre *Clarín* y el Modernismo. Lucha que no decayó un solo instante.

Y, sin embargo, *Clarín* era un adversario leal, fiel a unos prin-

(8) *Revista Nueva,* 15 de octubre de 1899. La genialidad de Maeztu enfoca un aspecto de extraordinario interés. ¿Hubieran las literaturas regionales, en busca de su espontáneo decir, huido de la literatura castellana, menos engolada, declamatoria y «castiza»? ¡Quién sabe!

cipios (9). La escaramuza cesa sólo con la muerte. Y ved qué curioso epitafio: la revista oficial del Modernismo triunfante, la revista *Renacimiento,* escribe, con ocasión de su muerte:

«Porque, en verdad os digo y os repito, que *Clarín* era bueno, bueno, infantil, jugoso y cándido como el mundo al salir de las manos de su Creador» (10).

VALERA.

¿Cuál es la actitud de Valera frente al Modernismo? No podemos olvidar que en 1890 su espíritu alerta ha redactado el famosísimo estudio sobre *Azul...* Conviene, sin embargo, situar ya de una vez la importancia de estos datos. Como es sabido, el ilustre autor de *Pepita Jiménez* dedicó a *Azul...* dos amplios artículos en *El Imparcial,* de Madrid, que van fechados a 22 y a 29 de octubre de 1888. No es *Azul...* un libro conocido en España. Darío ha contado cómo hizo llegar el libro a su crítico aprovechando la coyuntura de ser cónsul de España en Valparaíso don Antonio Alcalá Galiano y Miranda, sobrino de Valera (11). Los artículos se popularizaron por aparecer como prólogo de *Azul...* a partir de la segunda edición (Guatemala, 1890). Esto les ha dado una importancia a todas luces desmesurada. Las páginas de Valera son unas líneas amables (12) escritas con el gracejo y la elegancia de todas las suyas, pero en las que campea la ligera superficialidad con que el publicista de oficio despacha la obligada colaboración periodística. La información francesa de Rubén Da-

---

(9) El propio Maeztu, en plena polémica, escribía: «El mal estriba en que, además del criterio cominero, hay en *Clarín,* y así se reconoce, un espíritu curioso, reflexivo, leído, de verdadera altura, quien, por desgracia, sólo de tarde en tarde se muestra tal como es..., bien porque un falso instinto de conservación le predispone contra la avalancha literaria que dondequiera va surgiendo, bien —y esto es lo probable y lo sensible— porque es más fácil, mercantilmente hablando, dar valor a la firma haciendo chistes que no mostrando al ignorante público cómo ha de leer un libro.»

(10) Año 1907, vol. II, pág. 108.

(11) *Obras escogidas de Rubén Darío publicadas en Chile.* Edición crítica y notas de Julio SAAVEDRA MOLINA y Erwin R. MAPES, Santiago de Chile, 1939; vol. I, pág. 381.

(12) La amabilidad condescendiente de Valera era objeto de toda clase de comentarios y de ataques. Véase VALBUENA: *Ripios ultramarinos,* vol. III, págs. 81 y sigs., refiriéndose precisamente al prólogo de *Azul...*

río no podía escapar a un espíritu tan español —y tan europeo— como el de Valera; pero lo cierto es que sus deducciones no van mucho más allá, y nada en estos artículos hace presumir que el crítico pudiese sospechar la magna revolución poética que está ya indiscutiblemente en *Azul...*

Por otra parte, como ya he insinuado, el libro fue muy poco conocido aquí y, en realidad, no llegó a popularizarse en España hasta la edición de Barcelona (1907) (13). Y lo mismo acontece con la primera edición de *Prosas profanas.* La fecha de la primera edición (Buenos Aires, 1896) no puede ser tenida demasiado en valor habida cuenta de su rareza (14); sin duda, la que interesa para la literatura española es la segunda (París, 1901).

No quisiera demostrar demasiado. Pero es evidente que la valoración entusiasta del Modernismo, en su forma rubeniana, hay que situarla dentro de los primeros años del siglo y, desde luego, después de su segundo viaje a España (1899). ¿Se quiere decir con esto que el nombre de Darío es totalmente desconocido en el decenio que va desde 1888 a 1898? Evidentemente, no. Existen un grupo de poemas publicados en revistas españolas durante su primera estancia entre nosotros, en 1892. De este año es también el significativo «Pórtico» al libro de Salvador Rueda *En tropel,* reproducido después en *Prosas profanas.* Pero lo indudable es que el Modernismo carece de perfil y de sentido en la literatura española, y que por el momento el gusto oficial navega por rumbos bien distintos y distantes.

El gusto literario está en Madrid regido —para no referirnos a la blanda condescendencia de Valera ni al bronco regocijo satírico de *Miguel de Escalada*— por la figura señera de *Clarín.* Digamos de una vez que por un populacherismo castizo y agar-

---

(13) Me permito disentir aquí de la opinión de mi cultísimo amigo don Julio Saavedra Molina, quien afirma que las dos primeras ediciones (la de 1888 y la de 1890) «circularon abundantemente en todos los países de América y en España. No obstante, los críticos y los historiadores de la literatura han atribuido hasta hoy en el advenimiento del modernismo menos importancia a *Azul...* que a *Prosas Profanas*». Es lógico que así sea. No he conseguido ver la primera edición de *Azul...* En cuanto a la segunda —a la de Guatemala—, el señor Saavedra Molina sólo conoce un ejemplar. (SAAVEDRA MOLINA: *Bibliografía de Rubén Darío,* Santiago de Chile, 1946, pág. 32.)

(14) SAAVEDRA MOLINA: *Bibliografía de Rubén Darío,* pág. 34. «No lo he visto. Nadie ha descrito minuciosamente este libro, que es hoy obra rara.» Jeschke cree también que la que influye en España es la segunda. Ob. cit., pág. 127.

banzado que polariza una revista muy leída entonces, *Madrid Cómico* —ya citada—, y que justamente cuenta a *Clarín* entre sus colaboradores (15).

Pero dejemos a Rubén Darío la palabra final:

«El libro *Azul...* no tuvo mucho éxito en Chile. Apenas se fijaron en él cuando don Juan Valera se ocupara de su contenido en una de sus famosas *Cartas Americanas* de *Los Lunes de El Imparcial.* "Valera vio mucho, expresó su sorpresa y su entusiasmo sonriente —¿por qué hay muchos que quieren ver siempre alfileres en aquellas manos ducales?—; *pero no se dio cuenta de la trascendencia de mi tentativa.* Porque si el librito tenía algún personal mérito relativo, de allí debía derivar nuestra futura revolución intelectual"» (16).

FERRARI.

El poeta Emilio Ferrari debe ser catalogado resueltamente entre los enemigos del Modernismo. Su actitud es unas veces polémica y otras satírica. Madrugadoramente, en *Blanco y Negro* de 28 de junio de 1891, con el título de «La Nueva Estética», publicó un ataque contra las nuevas tendencias, por lo demás muy imprecisamente caracterizadas:

Un día, sobre asuntos de la clase,
votaron las gallinas un ukase,
y desde el Sinaí del gallinero
promulgaron su ley al mundo entero.
Disponíase allí por de contado
que el vuelo de las águilas robusto
debe ser condenado
como un cursi lirismo de mal gusto;
que en vez de labrar nidos en la altura,
se escarbe sin cesar en la basura;

---

(15) *Madrid Cómico* mezclaba un cierto tono literario a un aspecto caricatural. Estas dos tendencias aparecen escindidas en las revistas que le suceden: *Vida Literaria,* por una parte, y *Gedeón,* por otra. *Gedeón* hereda, naturalmente, la sátira antimodernista.

(16) La amabilidad condescendiente de Valera era objeto de toda clase de comentarios y de ataques. Véase VALBUENA: *Ripios ultramarinos,* vol. III, págs. 81 y sigs., refiriéndose precisamente al prólogo de *Azul...*

que para dilatar los horizontes,
ras con ras decapítense los montes,
y dejando al nivel todo Himalaya
del muladar que su corral domina,
en adelante no haya
más vuelos que los vuelos de gallina:
Esto el volátil bando
decretó, la invención cacareando;
mas, a pesar del alboroto, infiero
que la gente después, según costumbre,
siguió admirando al águila en la cumbre...
y echando las gallinas al puchero.

Pero —dejando aparte estos escarceos— el ataque a fondo lo lleva a cabo Ferrari en su discurso de ingreso en la Real Academia Española.

Sustituyó Ferrari en la docta casa a don Manuel Tamayo y Baus. El discurso redactado para la ocasión solemne de su entrada versa precisamente sobre el Modernismo (17). Después del obligado elogio de su antecesor, pasa Ferrari a estudiar el panorama de *la poesía en la crisis literaria actual.* Entiende el nuevo académico que debe afrontarse con valentía el estudio de las «deformaciones y extravíos morbosos» que señalan el momento como una simple era de transición, con la lógica desorientación añeja, sino que «hoy la incertidumbre se ha hecho vértigo, la escisión dolorosa se ha tornado en disgregación atomística, las líneas paralelas del dilema se han dislocado en zigzag innumerables, entrecruzándose locamente hasta producir un laberinto sin salida». El índice de los males de la época sigue a continuación. Ferrari ha debido servirse para él del famoso libro de Max Nordau, *Degeneración.* Así pasa sucesivamente revista al «anarquismo intelectual» que permite convivir, de un lado, el industrialismo positivista con los «apóstoles de la desesperación y los apologistas de la nada»; de otro, el «humanitarismo de Tolstoi, cristianismo sin Cristo», con la «teoría anglosajona de la lucha por la existencia»; el localismo con el cosmopolitismo; el realismo de Zola con el misticismo de Maeterlinck. «De donde se ha originado en las ciencias lo que ahora se llama *dilettantismo,* linaje de

(17) *Discursos leídos ante la Real Academia Española en la recepción pública de don Emilio Ferrari el día 30 de abril de 1905,* Madrid, Ambrosio Pérez y Cía., impresores, 1905; 80 págs.

corrupción o refinamiento intelectual que consiste en ver en todo un simple juego del espíritu convirtiendo el austero amor del saber en estragamiento vicioso; y de donde ha nacido en las artes el denominado *Modernismo*, que es la resurrección de todas las vejeces en el Josafat de la extravagancia» (18). Analiza Ferrari a continuación en toda su importancia la influencia de Nietzsche y el egotismo barresiano; una y otra pretenden *divorciar a la belleza del bien y de la verdad*. Ataca las formas que profanan el título de místicos, así como el esteticismo a ultranza, el prerrafaelismo y el preciosismo en general, considerados todos como formas hipertróficas del yo. Soledad, insociabilidad, deseo de sentirse único, aristocraticismo.. «Por de contado —añade—, a la intemperancia en el fondo ha de corresponder la intemperancia en el lenguaje, reducido a un verbalismo huero, que sería enloquecedor si no fuese taracea embutida en frío, vocabulario convenido, formado por mutuo préstamo, más inaguantable a la larga que cualquier plebeyo estilo. Con variadísimos nombres, éstos son los que recientemente se han obstinado en reducir el arte a la mera sugestión, dejándolo en los propios huesos, tiritando en una pesadilla de visiones incoercibles y en un balbuceo senil de cláusulas incoherentes» (19). La crítica que corresponde a este estado de espíritu es negativa, personalista y arbitraria; los valores que defiende, confusos. Los «simbolistas» pretenden ser una revolución contra los «parnasianos», y contra la primera se alza ya la escuela «romana»... (20). «Esto —concluye— es lo que en ligerísimo recuento he procurado inventariar, y esto es lo que constituye la actual crisis literaria debajo del nombre de *Modernismo*. ¿Podemos preguntarnos ya lo que representa esta palabra? Pues, aparte definiciones y clasificaciones estrechas, juzgo que por inducción rigurosa puede llegarse a este resumen: el Modernismo es lo contrario de lo moderno.» A los grandes ideales de comunión universal del espíritu corresponderían los modernistas con «una especie de emparedamiento egoísta, algo como una vida celular del alma». Ferrari trae los denuestos de Menéndez Pelayo contra «el afán inmoderado de falsas novedades literarias», la condenación de la «futilidad de la forma sin jugo ni medula interiores

---

(18) Páginas 14-16.
(19) Página 25.
(20) Alude seguramente al grupo de Moréas.

de los deleitosos vicios modernos». Ferrari halla, leyendo el *Cancionero*, de Baena, la misma poesía superficial y erudita, mística y obscena del Modernismo; asimismo, la comparación es posible fijándonos en los poetas del XVII, cuya brillantez metafórica parodia. Y, sin embargo, la Poesía, a despecho de materialistas y cientificistas, la Poesía subsiste y se remonta, apoyándose siempre —pese a los *novómanos*— en el ritmo musical de los versos y creando un mundo lleno de humanidad y de grandeza.

Contestó al discurso del señor Ferrari don José Echegaray, que, después de exaltar los méritos del nuevo académico, se ocupó también de su tema. Para Echegaray, la *crisis* aparece en todos los órdenes de la vida moderna y se debe, fundamentalmente, a la crítica que discutió y derrotó las normas; el señor Echegaray opina que esta literatura «sugestionadora» y «degenerada» pasará, para dejar el camino libre a un arte fiel a la tradición (21).

«VALBUENA».

El ejemplo más pintoresco de la opisición al Modernismo nos lo ofrece, sin duda, Antonio de Valbuena. El procedimiento crítico de este escritor (?) es, sencillamente, la chirigota. La receta es ésta: tómese un fragmento poético cualquiera y obsérvese la distancia que media hasta la vulgaridad; éste es, justamente, el punto de vista del crítico, que se dedica a desmontar el artilugio poético desde su desdichado ángulo de visión. El procedimiento, disparatado en sí, no es equivocado del todo, teniendo en cuenta la cantidad de lectores a quienes su incapacidad dicta una suerte de resentimiento para cuanto sea poesía. Lo cierto es que este «chistoso» escritor publicó no menos de trece volúmenes de crítica literaria, alguno de los cuales alcanzó la tercera edición.

---

(21) Como puede suponerse, el discurso de Ferrari fue muy mal acogido en los medios jóvenes. Bernardo G. Candamo escribió un artículo «con motivo de un discurso académico sobre el Modernismo» en el que ataca furiosamente las tesis de Ferrari. «He buscado en el discurso de Ferrari —dice— un nombre del que no puede prescindirse al hablar de modernismo: el nombre de John Ruskin. Fue en vano. Ferrari no sabe quién es Ruskin. ¡Pobre!» (En *La anarquía literaria*, núm. 1, Madrid, 1905, una revista efímera.) La crítica es, aquí, injusta. Ferrari, a través de Nordau, sin duda conoce a Ruskin y le cita en su discurso.

En el tercer volumen —«montón», dice, «ingeniosamente», el crítico— de sus *Ripios ultramarinos,* Valbuena arremete contra *Azul...*, de Rubén Darío, y, de paso, contra don Juan Valera, su panegirista.

«Vámonos ahora —dice— de Guatemala a Nicaragua, lo cual, tratándose de poesía, es ir de Guatemala a Guatepeor, seguramente.

Porque nos encontramos, lo primero, con un Rubén Darío, en comparación del cual todos los malos poetas, por muy malos que sean, parecen buenos, o cuando menos regularcillos.

Sus amigos le llaman *decadentista.* Pero eso ya no es la decadencia, es la deshecha más horrorosa» (22).

Basta.

EDUARDO GÓMEZ DE BAQUERO.

Para la elaboración de una cronología, nada más útil que seguir paso a paso una labor crítica sostenida. Desde los últimos años del siglo, don Eduardo Gómez de Baquero firmaba con sus «Crónicas Literarias», uno de los registros espirituales más completos y sensibles (23). Pues bien: los valores del Modernismo están ausentes, prácticamente, hasta 1902. Sólo a partir de esta fecha podemos encontrar una visión crítica de conjunto y, con ella, la noción de la existencia de un movimiento coordinado y con perfil propio. He aquí los caracteres del Modernismo, según el crítico de 1902:

«Entre los poetas nuevos se distinguen por su afición a la originalidad los modernistas. Como la originalidad puede degenerar fácilmente en rareza y extravagancia, hay quien se burla de estos vates y de las novedades que quieren introducir en la poesía. Pero la verdad es que entre ellos hay literatos muy apreciables, y que, en general, la escuela o la tendencia a que pertenecen tiene aspiraciones estéticas que merecen otra consideración que las burlas del ridículo.

En la poesía lírica, los modernistas son innovadores en dos sentidos. Quieren, por una parte, renovar las combinaciones mé-

---

(22) Madrid, 1896; págs. 83-115.

(23) En la gran revista que dirigía don José Lázaro, *La España Moderna.*

tricas y las formas de la rima, pensando, sin duda, que la materia no está agotada y que queda campo a la invención y a la libertad en este terreno, aspiración que parece razonada y plausible para que se reciban con entusiasmo los nuevos partos de este género. Y suele ocurrir también que, empapados algunos de esos poetas en la lectura de modelos franceses y sugestionados por ellos, se olvidan de las diferencias que existen entre una y otra métrica, y dan la preferencia a las clases de versos menos adecuados para que resalte la sonoridad y armonía del idioma castellano, posponiendo a las imitaciones de los alejandrinos franceses los dos metros más españoles, el octosílabo y el endecasílabo, que, aunque de origen italiano, ha llegado a ser tan nacional como el primero y se amolda perfectamente a la índole musical de nuestra lengua...

... Los modernistas no se creen obligados por su apellido o mote a cantar exclusivamente las cosas modernas; no aludo a la máquina de vapor, al sufragio universal y los rayos X, asuntos que el consentimiento general ha declarado poco poéticos; pero ni siquiera el alma moderna, con todo el séquito de novedades que nos figuramos, se han introducido en el reino interior. Lejos de esto, no desdeñan el pasado, y hasta algunos gustan de volver la vista hacia él. En estas ojeadas retrospectivas, cada escuela o cada corriente del gusto ha tenido sus predilecciones. Para los neoclásicos, no había más que griegos y romanos; los románticos gustaban más de la Edad Media; los modernistas muestran afición al Renacimiento, y también al coquetón y almibarado siglo XVIII..., al siglo XVIII de Watteau, no al de la Enciclopedia. En lo del Renacimiento suele andar la mano de Nietzsche» (24).

MENÉNDEZ PELAYO.

La figura de Menéndez Pelayo no puede faltar en esta revisión de la actitud de la crítica ante el Modernismo. A pesar de su radical historicismo y de sus predilecciones estéticas hacia el mundo equilibrado y sobrio de lo horaciano, su sensibilidad estaba demasiado alerta para que no sea interesante una breve anotación. Por de pronto, su obra poética despliega un neocla-

---

(24) *La España Moderna*, número de marzo, págs. 166 y sigs.

sicismo que, por el modo y la sazón, no puede parecerse a nada más que al de Leconte de Lisle o, más próximamente, al neohumanismo de los poetas mallorquines de su tiempo. Nada tiene de particular, pues, que un crítico haya hablado de Menéndez Pelayo como de un poeta parnasiano (25). Poseía, además, el Maestro cierto arrebato paganizante que, incluso, fue objeto de censura en su tiempo y que, en cierto modo, le ligaría a algún aspecto del Modernismo (26).

Del respeto con que Rubén Darío habla de Menéndez Pelayo podríamos aducir muchas pruebas. Una de las más notables es la de un ejemplar de *En tropel,* de Salvador Rueda, que se encuentra en la Biblioteca del Maestro, en Santander, y por el que, además, llegamos a conocer que la fecha de publicación de este libro, tan importante en los orígenes del Modernismo, no es la de 1893, como reza la portada, sino la de 1892. En el ejemplar de don Marcelino leemos, en efecto, estas dedicatorias: «*Anticipo a la publicación del libro este ejemplar para mi ilustre amigo don Marcelino Menéndez Pelayo. Recuerdo de Salvador.*» Y, a continuación, Darío, como autor del «Pórtico», añade: «*Con la profundísima admiración y el respetuoso cariño de su afectísimo y s. s. y amigo, Rubén Darío. Madrid, 3 de octubre de 1892.*» El poeta conoció al polígrafo en su primer viaje (27). Cuando regresa, en 1899, no falta tampoco el nombre del Maestro entre

(25) Arturo Berenguer Carisomo: *Un parnasiano español,* en *Bol. Bib. Menéndez Pelayo,* octubre-diciembre 1948.

(26) La Biblioteca Menéndez Pelayo, de Santander, custodia una curiosa carta de don Miguel Costa y Llobera, fechada en 1885, en la que ruega a don Marcelino no publique una obra suya «de cuya paternidad —dice— reniego, por más que al escribirla no me propuse ningún fin impío ni corruptor, sino únicamente dar una muestra de la manera horaciana en mi lengua natal. Pudiera muy bien haberlo hecho sin tomar del modelo más que las formas; pero con sobrada ligereza y con sobrada afición de humanista tomé también las ideas de Horacio, con las cuales no podía avenirse mi espíritu, ya entonces inclinado a la piedad.» La contestación de Menéndez Pelayo debió ser bastante violenta ante el beato escrúpulo del poeta mallorquín. Así leemos en una carta posterior (22 de mayo de 1885): «Nada más lejos de mi ánimo que zaherir a usted con mis pobres observaciones; tengo a usted por buen católico y por hombre de conciencia, *aunque a veces se me antoja que puede haber algún exceso en su clasicismo. No dirá usted que no soy franco.*»

(27) Darío trató a don Marcelino íntimamente en el hotel de las Cuatro Naciones, según nos cuenta: «... allí se inició nuestra larga y cordial amistad» (*La vida de Rubén Darío escrita por él mismo,* Maucci, editor, pág. 116).

Jacinto Benavente

Foto Archivo Espasa-Calpe

sus recuerdos más vívidos (28). Los datos posteriores nos permiten señalar una amistad llena de respeto y de fervor que se continúa a través de los años (29). Análogamente, Salvador Rueda, con su meridional exuberancia, llena de rimbombantes dedicatorias los libros que envía a Menéndez Pelayo (30). De José Santos Chocano existe otra expresiva carta. «Vale la pena de venir hasta España para ver *Las meninas,* de Velázquez, y conocer a usted», le dice el poeta. Y a continuación solicita la opinión —«la absolución o la condena»— del Maestro acerca de un «ensayo-cuento» titulado *El alma de Voltaire.* No podía, ciertamente, el maestro de la crítica, a pesar de su radical historicismo, permanecer sin contactos con el movimiento modernista.

De enero de 1907 es una carta de Enrique Gómez Carrillo que, en su condición de director de la revista *El Nuevo Mercurio,* que se publicaba en Madrid, escribe a Menéndez Pelayo la siguiente carta:

«Sin duda habrá usted notado que desde hace tiempo todo el mundo habla de modernismo y de modernistas. Pero lo que aún nadie nos ha dicho es lo que el Modernismo y los modernistas significan y representan dentro de nuestra evolución literaria. Del Modernismo nada que no sea vago se ha escrito. Sin embargo, no cabe ya dudar que la nueva escuela existe, puesto que hasta

---

(28) «Es una vasta conciencia unida a un tesón incomparable.» «Entregado a estudios universales, a labores de dificilísima erudición, la crítica de Menéndez Pelayo no se aplica a la producción actual» (*España Contemporánea,* pág. 307).

(29) De Rubén Darío se custodian dos cartas en la Biblioteca Menéndez Pelayo: una publicada (en el *Boletín* de la misma) en la que, con fecha de 13 de noviembre de 1899, ofrece, en nombre de *La Nación,* de Buenos Aires, una colaboración para el gran diario argentino; otra, inédita (de fecha 24 de septiembre de 1905); en la que el poeta testimonia al ilustre polígrafo su condolencia por la muerte de su padre. «Crea usted en mi afecto, que es igual a mi admiración», escribe al terminar, el poeta.

(30) Como muestra bastará esta carta del poeta malagueño dirigida a don Marcelino en 7 de junio de 1899: «Precisamente hace pocos días, intentando hacer un soneto escribí en una cuartilla como título *La cabeza de Menéndez Pelayo* y había ideado describir una pirámide formada con todos los cráneos célebres del siglo, poniendo el de usted como *campanile* de esa torre intelectual; no sé qué hubiera resultado dicho en verso.» ¡Vale más no saberlo! Por lo demás, no faltará quien sospeche en este entusiasmo la adulación del subordinado, del Cuerpo Auxiliar de Bibliotecas a su jefe máximo, el director de la Biblioteca Nacional, a quien seguramente pediría permisos frecuentes para sus correrías poéticas.

un *Catálogo de obras modernistas* acaba de ser publicado por la librería madrileña de Pueyo (31).

El momento me parece, pues, oportuno, para hacer, siguiendo la moda europea, una *enquête* sobre el asunto. De su amistosa bondad espero se sirva contestar, con la mayor extensión que pueda, a las preguntas siguientes:

¿Cree usted que existe una nueva escuela literaria o una nueva tendencia intelectual o artística?

¿Qué idea tiene usted de lo que se llama Modernismo?

¿Cuáles son, entre los modernistas, los que usted prefiere?

En una palabra: ¿qué piensa usted de la literatura joven, de la orientación nueva del gusto y del porvenir inmediato de nuestras letras?»

La carta —enviada a otras figuras de la literatura del momento— no fue contestada por el Maestro, y *El Nuevo Mercurio* no pudo publicar una respuesta que hubiera sido interesantísima a los fines de nuestro trabajo.

No existe, pues, un trabajo de Menéndez Pelayo, específicamente dedicado al Modernismo. Su formación humanística, la amplitud del campo histórico en que se producía y su conocida resistencia a tratar autores vivos, se aliaron para impedirlo.

Podemos, sin embargo, rastrear en algunas páginas del Maestro algunas actitudes que, por ser suyas, son de extraordinario interés. La valoración de una estética posromántica, independiente de la reacción naturalista, se encuentra, por ejemplo, en el tomo V de su *Historia de las ideas estéticas* (publicado en 1891), en el capítulo dedicado a Teófilo Gautier. En unas páginas realmente admirables, Menéndez Pelayo establece la separación de la estética de Gautier en relación con la de los poetas románticos inmediatamente anteriores. Esta discriminación le lleva a señalar como características de una nueva estética:

a) El «culto a las apariencias visibles y tangibles» o, con frase del mismo Gautier, una «transposición a la poesía de los procedimientos de las artes plásticas» (32).

b) Este culto no implica la reproducción indistinta de la

---

(31) No he podido dar con él, a pesar de todos mis esfuerzos. Es increíble la volatilización de los documentos literarios que se refieren a la literatura contemporánea.

(32) Menéndez Pelayo no acepta este método: «Nada hay que indique tanto la decadencia y próxima ruina de una literatura como estas invasiones de unas artes en otras.» (Vol. cit., pág. 449.)

realidad, grata a los naturalistas, sino «una continua fiesta, reuniendo los aspectos más plácidos y seductores del mundo de la naturaleza y del arte, todo lo que centellea, todo lo que esplende, todo lo que halaga amorosamente los ojos y el tacto». «Para él, lo feo —físicamente hablando— no tenía derecho de existir en el mundo» (33).

c) Renovación del léxico, de la adjetivación y de los ritmos y estrofas, restaurando vocablos en desuso, introduciendo voces confinadas en los vocabularios de arqueólogos y artistas, y creando, en suma, una poesía sorprendente y cincelada (34).

El esquema crítico es perfecto. Falta, claro está, la adhesión del Maestro, a quien escandaliza una poesía ceñida a la brillantez sensual y vacía totalmente de sentimiento. Con todo, se le desliza a don Marcelino cierta agradecida sorpresa, cierta curiosidad enternecida por esta nueva manera de poesía y esa opulencia verbal que, a juicio del Maestro, supera a la del propio Víctor Hugo (35).

Estos juicios de Menéndez Pelayo excitan nuestra curiosidad acerca de lo que hubiera podido ser el análisis de la evolución de esta nueva estética y, sobre todo, su proyección en la poesía española. Como es sabido, con el volumen V —exposición de las doctrinas estéticas del siglo XIX en Francia— termina la *Historia de las ideas estéticas*. Pero la cuestión quedaba emplazada para un porvenir que no llegó, como lo demuestra el proyecto de continuación de la obra, publicado por Enrique Sánchez Reyes al terminar su reimpresión en la edición nacional de las obras del Maestro. Allí se habla de «parnasistas» *(sic)*, o cultivadores de la mecánica de la versificación (Manuel del Palacio, etc.) *(sic)*, de «imitadores de Baudelaire, Richepin, etc.», «de corrientes que hoy dominan en la lírica hispanoamericana», etc. (36), capítu-

---

(33) Vol. cit., págs. 447-448. «No se levanta nunca sobre la visión sensual —añade—, no tiene una idea ni apenas tiene una emoción, salvo el entusiasmo técnico; pero como artista parece haber vivido en una continua orgía de luz, rodeado de oro, de púrpura, de mármoles y de lienzos de la escuela veneciana.»

(34) Vol. cit., págs. 451-455. No es éste el momento de valorar la personalidad de Gautier como eslabón de enlace entre el romanticismo y las escuelas poéticas posteriores. Basta recordar la famosa dedicatoria a Gautier en *Les fleurs du mal*, de Baudelaire.

(35) Vol. cit., pág. 451.

(36) *Historia de las ideas estéticas*, ed. nacional, vol. V, páginas 506-507.

los que nos hubiesen dado, muy completa, una actitud de Menéndez Pelayo ante el Modernismo.

Todavía podemos acudir a un texto del Maestro, que posee ciertamente interés. Como es sabido, con ocasión de las fiestas centenarias del descubrimiento de América celebradas el año siguiente de la publicación del último volumen de la *Historia de las ideas estéticas,* o sea en 1892, la Real Academia Española encomendó a Menéndez Pelayo una *Antología de poetas hispanoamericanos*, que apareció en cuatro volúmenes entre 1893 y 1895. Con criterio intangible el Maestro se propuso no estudiar sino a los autores fallecidos, y en este sentido no es fácil hallar referencias al Modernismo. Sin embargo, al terminar el capítulo dedicado a la América central, aparece una frase significativa: «Una nueva generación literaria ha aparecido en la América central, y uno, por lo menos, de sus poetas ha mostrado serlo de verdad.» Nada se precisa en fiel cumplimiento de una consigna que el propio poeta formula de nuevo en 1910 cuando refunde los prólogos de la *Antología* en la *Historia de la poesía hispanoamericana* (Madrid, Suárez, 1911); «de la Antología de la Academia se excluyó a los poetas vivos, y sobre ellos ningún juicio se formula en las introducciones. Al reimprimirlas ahora formando cuerpo de historia, encierro el trabajo en los mismos límites que antes, salvo alguna que otra edición sobre autores que habían muerto ya en 1892, pero cuyo fallecimiento no había llegado a mi noticia» (37). Sin embargo, al llegar a la frase transcrita más arriba, la consigna se rompe. Menéndez Pelayo siente la necesidad de exceptuar —siquiera sea en una rápida alusión— a aquel poeta que «ha mostrado serlo de verdad». Y en nota a pie de página escribe: «Claro es que se alude al nicaragüense don Rubén Darío, cuya estrella poética empezaba a levantarse en el horizonte cuando se hizo la primera edición de esta obra en 1892. De su copiosa producción, de sus innovaciones métricas y del influjo que hoy ejerce en la juventud intelectual de todos los países, mucho tendrá que escribir el futuro historiador de nuestra lírica.»

---

(37) *Al lector.*

b) La crítica afirmativa

LLANAS AGUILANIEDO.

La crítica afirmativa del nuevo movimiento debe un lugar de honor a un escritor hoy poco conocido, pero que en este momento llamó poderosamente la atención: José María Llanas Aguilaniedo (38). Su libro se titula *Alma contemporánea. Estudio de Estética* (39), y en su momento, representó una atalaya llena de agudeza y de entusiasmo sobre el mundo literario que estaba a punto de surgir. Conocedor profundo del grupo de escritores franceses agrupados alrededor del *Mercure de France,* Llanas Aguilaniedo exalta las nuevas formas expresivas.

«Literatura que florece, por lo general, en primavera, en cuya época la inspiración se muestra más propicia a los jóvenes; caracterizada, además, por lo raro de la concepción, por el afán de parafrasear lugares de la Biblia, profanándolos, tal vez inconscientemente; por su odio nervioso contra el burgués acéfalo (el que no usa de la facultad de pensar, aquel que limita su vocabulario a ciento y pico de palabras), contra quien desatan de mil maneras su irritabilidad los simbolistas y decadentes que la componen» (40).

Frente a estas inquietudes, ¿cuál es la reacción de los escritores españoles? Oigamos al crítico:

«Estacionados, según se ha dicho, en una fase amorfa de la evolución, por culpa del público o por misoneísmo sistemático, nuestros escritores dejan que los de otros países luchen y busquen, esperando a que se calme la agitación y encuentro de opiniones que hoy se notan en el campo literario.»

El libro de José María Llanas Aguilaniedo había de llamar la atención, por lo menos en el sector juvenil. Su amplia exposición merecía el esfuerzo de una síntesis orientadora. Es un escritor

---

(38) Nacido en Fonz, Huesca, 1875, escribió varias obras de carácter sociológico. Fue elogiado por *Clarín.* Enrique Gómez Carrillo dijo de él en *La Vida Literaria:* «Llanas Aguilaniedo, el joven escritor, sincero y sabio, que servirá de portaestandarte a los seis u ocho artistas que representan ya a la literatura nueva de España» (cit. FERNÁNDEZ ALMAGRO: *Vida y literatura de Valle-Inclán,* pág. 45). Llanas Aguilaniedo murió muy joven.

(39) Huesca, Tipografía de Leandro Pérez, 1899.

(40) Ob. cit., págs. 71 y sigs.

novel (41) que después había de caminar rutas muy distintas quien intenta resumir las tesis de este libro. Helas aquí:

«1.° La Belleza como ideal exclusivo.

2.° Cierto intelectualismo; pero... "si éste entra en la concepción de la obra, resérvesele un papel secundario".

3.° Nada de *analicismo*...

4.° Estilo sencillo, armonioso, *sincero*, completamente ceñido a la idea y más filosófico que gramatical.

5.° Temperamento de impasibilidad absoluta y proscripción, por lo tanto, del optimismo como del pesimismo.

6.° Moral sin importancia.

7.° Mujer, como naturaleza viva.»

ÁNGEL GUERRA.

Otro crítico, excelentemente documentado, muy leído en su tiempo, y al que debemos considerables atisbos sobre el Modernismo, es Ángel Guerra. Vamos a espigar entre sus artículos algunas consideraciones útiles a nuestra labor.

Señala Guerra como una de las características del Modernismo, el colorismo literario.

«No es una moda pasajera. Por el contrario, tiene todos los visos de un ideal estético que ha cristalizado, encontrando una *técnica original completamente nueva.*

Cada escritor de los que figuran como excelentes coloristas, a compás de sus personales temperamentos, se han asimilado el procedimiento pictórico más en consonancia con sus ideas estéticas en punto a arte literario y con arreglo a la manera de sentir y de exteriorizar, haciéndolas sangre y nervios, vitalizando las prosas, las sensaciones recibidas.

En Gautier, el colorismo es caliente, de gama cálida; hay en él tonos rojos, pinceladas fuertes, un derroche de luz cruda y cenital.

En Loti, por ejemplo, se da un arte de entonaciones pálidas, con medias tintas, algo de claroscuro misterioso y de ensueño, un arte de un reposo y una dulzura sedantes.

Sigue esta modalidad artística del colorismo literario una evolución lenta hacia un mayor perfeccionamiento a lo largo de las

(41) Felipe Trigo, en *Revista Nueva*, 1899; vol. II, pág. 219.

letras europeas contemporáneas. Se advierte su acción constante, de avance y conquista, y bien señalada queda, en las páginas novelescas y en los versos de los grandes maestros, la huella de un desenvolvimiento progresivo.

Desde Próspero Merimée a Gabriel d'Annunzio, la evolución del colorismo va indicando inmensas transformaciones, alcanzando actualmente, en la labor de los refinados, el *sens des nuances* y reproduciendo las más complicadas y leves sensaciones.

Provechoso, y harto se echa de ver, ha sido este movimiento artístico, no sólo al mayor esplendor de las letras, sino también a una renovación saludable del idioma.

El lenguaje anquilosado, un tanto enfermo de parálisis, ha recobrado nuevos bríos, remozándose en un rejuvenecimiento prodigioso. Así, el estilo literario, en estos tiempos nuevos, ha adquirido claridad, plenitud de expresión, ritmo, color, sobre todo aliento poético, alma, idealidad» (42).

Paralelamente, Ángel Guerra valora el exotismo como otra fórmula estética, significativa en el movimiento que estamos estudiando:

«Por de pronto, ha traído con el exotismo una nota originalísima a la novela moderna. Mientras ésta, bajo la fórmula del naturalismo, se aplicaba a reproducir las más vulgares escenas de la vida ordinaria, contando historias reales que suceden en cada ciudad y en cada villorrio, con arte sentimental a veces, como en *Madame Bovary*, de Flaubert, y a ratos con aliento brutal y trágico como en *L'Assommoir*, de Zola; otros escritores, por el contrario, esforzábanse, dentro de la misma realidad del vivir, en llevar a las páginas novelescas un soplo de idealidad y de poesía» (43).

Otro fino atisbo crítico de Ángel Guerra, que nos interesa traer aquí, es que se refiere a las nuevas orientaciones dramáticas. Así escribe, comentando a Maeterlinck:

«La acción escénica nada nos dice, ni obra sobre nuestro emotivismo, ni tampoco acosa nuestra sensibilidad nerviosa. En cambio, al asimilarnos los estados del alma que sugiere, estados de inconsciencia, de intranquilidad espiritual, de incertidumbre, la sugestión de lo desconocido, pesando tremendamente sobre nuestro espíritu, lo llena de un miedo y de una angustia inexplicables.

---

(42) *La Ilustración Española y Americana*, 30 de marzo de 1906.
(43) Ídem, 8 de febrero de 1911.

Siguiendo ese vivir misterioso de los héroes de Maeterlinck, el ánimo duda, tiembla, pena adolorido, sin poder sacudir la torturante obsesión que ha conseguido adueñarse de él» (44).

EMILIO H. DEL VILLAR.

Uno de los críticos más destacados de la afirmación modernista es Emilio H. del Villar, cuyo nombre figura en todas las publicaciones de la época. A Villar debemos ya una síntesis feliz, casi epilogal, del movimiento modernista, visto ya con ojo de historiador:

«Las escuelas modernistas vienen, con diversos nombres, marcando una separación entre la ciencia y el arte. Éste no debe discutir ni tratar de demostrar nada, sino hablar únicamente al sentimiento. Así, los escritores de las nuevas escuelas se preocupan ante todo, y según su propia frase, de *dar sensaciones*. Y para eso, el principal objeto de su labor está en el valor fonético de las palabras, en crear neologismos y en inventar en poesía formas métricas completamente nuevas y libres, buscando el máximo de fuerza expresiva en relación con la fibra que se trata de herir. De ahí también la extravagancia en la frase y la variedad de ideas en que caen las nuevas escuelas cuando el poeta carece de las dotes necesarias para utilizar el procedimiento. Y esto no es ponderar ni deprimir el Modernismo literario, sino simplemente explicarlo.

Toda escuela artística consiste en la preferencia exclusivista dada a una cualidad o grupo de cualidades estéticas, y en la exageración y abuso de ellas está la explicación de los vicios en que las escuelas suelen degenerar. De los tres elementos de la composición literaria que distinguía el Tasso, a saber: las cosas, los conceptos y las palabras, el gongorismo del siglo XVII hizo hincapié en el segundo, y abusó de él. El modernismo peca a menudo por abuso del tercero, y he aquí por qué gongorismo y modernismo, que coinciden en rebuscar la brillantez e impresionar vivamente la fantasía por lo peregrino, alambicado y retorcido de la forma, coinciden también a veces en el defecto de vacuidad. Es que descuidan el primero de los elementos.

---

(44) *La Ilustración Española y Americana*, 15 de marzo de 1906.

De lo expuesto resulta que en literatura, lo mismo que en las artes del dibujo, el Modernismo aparece como «una modalidad artística cuyos caracteres fundamentales son el sensualismo y la libertad".

Pero no basta haber descubierto estos caracteres. El arte es un hecho social. Está, por lo tanto, sujeto a una evolución y tiene una historia. No basta, pues, conocer el Modernismo en sí; es preciso señalar el lugar que le corresponde en el proceso evolutivo de la estética.

Las modalidades artísticas que alternativamente se suceden pertenecen, pues, a uno de los dos campos: o revolucionarias y creadoras. El Modernismo pertenece por su espíritu al segundo campo. Cualquiera que sea el talento o la fortuna de sus adeptos, ya produzca grandes aciertos o ya degenere en ridículas extravagancias, tal es el lugar que le corresponde en la historia de la estética. No es ni un capricho de neurótico ni la piedra filosofal del arte, sino sencillamente una etapa de la evolución psíquica del hombre» (45).

FEDERICO DE ONÍS.

La más amplia Antología del Modernismo —español e hispanoamericano— la debemos a Federico de Onís (46). El colector presenta a los poetas hispánicos entre 1890 y 1920 con agudas notas críticas. Su concepto del Modernismo es bastante amplio y —como veremos— discutible. Muchos de los poetas recogidos por Onís no merecen el calificativo de modernistas. Bien es verdad que, como él mismo dice, «el subjetivismo extremo, el ansia de libertad ilimitada y el propósito de innovación y singularidad —que son las consecuencias del individualismo propio de este momento— no podían llevar a resultados uniformes y duraderos» (47).

Y en otro lugar dice, ampliando el concepto y caminando hacia una amplia frase definitoria:

---

(45) *¿Qué es el Modernismo?*, en *La Ilustración Española y Americana*, 8 de mayo de 1903.

(46) *Antología de la poesía española e hispanoamericana*, Madrid, 1934. Comentaremos más ampliamente este libro.

(47) *Antología de la poesía española e hispanoamericana*, Madrid, 1934; pág. XIV.

«El triunfo del Modernismo (1896-1905) trajo la producción de grandes poetas individuales, que tienen poco de común entre sí, fuera de este carácter subjetivo, que ya hemos definido como propio del Modernismo, y la presencia en muchos de ellos de influencias francesas y rubendarianas, que vinieron a ser como el molde general de la época, pero que significan poco ante su radical y fuerte originalidad. El modernismo propiamente dicho fue —como todo movimiento revolucionario— breve en su desarrollo, pero enormémente fecundo. Júzguesele como se quiera —y muy pronto, desde que empezó la reacción contra él hacia 1905, se empezaron a acumular en contra suya todo género de cargas y críticas—, es innegable que, como un nuevo romanticismo —que en gran medida es lo que fue—, tuvo fuerza para cambiar en tan pocos años el contenido, la forma y la dirección de nuestra literatura» (48).

PEDRO SALINAS.

A Pedro Salinas debemos acaso los más recientes e interesantes puntos de vista críticos con respecto al Modernismo. Dejando aparte un magistral estudio sobre *La poesía de Rubén Darío* (49), que por ceñirse directamente al análisis temático de la lírica rubeniana no afronta el estudio de los caracteres generales de la escuela modernista, poseemos algunos ensayos críticos que sí se proponen este cometido. Son los artículos publicados en su libro *Literatura española siglo XX* (50).

El primero nos interesa especialmente. Se titula «El problema del Modernismo en España o un conflicto entre dos espíritus». El trabajo se inicia enfrentando el «Noventa y Ocho» y el «Modernismo», pues existe una «confusión de conceptos que es indispensable aclarar» (pág. 13). Advierte Salinas una misma actitud de insatisfacción ante el «estado de la literatura en aquella época». En América, esta insatisfacción buscaría desde el primer momento las rutas de la renovación estética; en España, los predecesores (Giner, Costa, Ganivet) orientarían el movimiento hacia lo colectivo y lo político. «Verdades, no bellezas, es lo que van buscando»; su

---

(48) *Antología de la poesía española e hispanoamericana*, Madrid, 1934; pág. XVII.
(49) Buenos Aires, ed. Losada, 1948.
(50) Méjico, Editorial Séneca, 1941.

voluntad renovadora no es universal, como la modernista, sino nacional: no se enfoca hacia París o hacia Oriente, sino que se reconcentra en Castilla (51). Cuando mira hacia el exterior es para importar instrumentos más eficaces para la renovación nacional (52).

Por otra parte —siempre según Salinas—, el Modernismo procede con una técnica sintética de salvación e integración de formas líricas anteriores, mientras que el Noventa y Ocho procede por vía analítica, desmontando implacablemente las formas anteriores (53).

Todavía otra oposición: el Modernismo era «una literatura jubilosamente encarada con el mundo exterior», una «poesía de los sentidos»; el Noventa y Ocho constituye un grupo de hombres tristes, ensimismados, meditadores (54).

Donde no podemos seguir ya la doctrina crítica de Pedro Salinas es cuando, expuestas ya las tres formas de oposición (Moral-Estética, España-Cosmopolitismo, Interiorismo-Exteriorismo) que hemos de comentar ampliamente a lo largo de este libro, sostiene que el Modernismo ofrece a los escritores del Noventa y Ocho sus formas expresivas. «¿Por qué no habían de aceptar los hombres del Noventa y Ocho el nuevo idioma poético, el Modernismo, como lenguaje oficial de la nueva generación?», se pregunta Salinas. Esta confusión, en la que el crítico, como veremos, insiste otras veces, es totalmente inaceptable. La demostración de la tesis con textos de Manuel Machado es inválida, puesto que este escritor no pertenece ni mental ni estilísticamente —como espero demostrar— al Noventa y Ocho. De suerte que la argumentación posterior de Salinas, según la cual «los auténticos representantes del espíritu del 98 percibieron que aquel lenguaje, por muy bello que fuese, no servía fielmente a su propósito», no tiene sentido si no se interpreta como la coexistencia —sin confusión posible en los trazos generales, las actitudes básicas del espíritu— de dos escuelas total-

(51) Página 18.
(52) Véase adelante.
(53) La contraposición no es rigurosa en buena lógica. El Noventa y Ocho *salva* también formas periclitadas, igual en esto al Modernismo. Las diferencias toman otro sentido.
(54) Esta interesante oposición de exteriorismo e interiorismo está desgraciadamente sólo apuntada y no está llevada a ninguna de sus importantes consecuencias.

mente diferenciadas. El tema será objeto de la necesaria ordenación a lo largo de este libro.

Lo mismo hemos de decir del artículo publicado en primer lugar en *Revista de Occidente* (diciembre de 1935) y reproducido en el libro que nos ocupa: «El concepto de generación literaria aplicada a la del 98.» El confusionismo señalado continúa. Los nombres de Unamuno, *Azorín*, Baroja, Valle-Inclán, Benavente, *los* Machado, se incluyen en forma indistinta. A este grupo pretende Salinas aplicar las famosas tesis de Petersen en su trabajo *Las generaciones literarias* (55). Como es sabido, Petersen condiciona la existencia generacional a una serie de coincidencias históricas: 1.ª, paralelismo cronológico; 2.ª, elementos formativos; 3.ª, relación personal; 4.ª, acontecimiento o experiencia generacional; 5.ª, caudillaje; 6.ª, lenguaje generacional, y 7.ª, anquilosamiento de la generación anterior. Veremos más adelante cómo aplica Salinas este cuadro de coincidencias al amplio grupo de escritores que encierra bajo el mote de generación del Noventa y Ocho. Notemos únicamente ahora que en los capítulos que siguen hemos de demostrar que las tesis de Petersen sólo son aplicables escindiendo el grupo señalado en dos, perfectamente separables.

Pasemos ahora (rápidamente, por su escasa significación frente al Modernismo) a otro trabajo de Pedro Salinas: *El signo de la literatura española del siglo XX*. Este signo es múltiple: en primer término, «la altura y densidad de la producción poética desde 1900 hasta hoy» (56); en segundo, «la constancia» con la que la lírica española contemporánea progresa y se amplifica (57); en tercer lugar, «la potencia de irradiación», con una fuerte impronta lírica que se orienta hacia convertir en «lirificadas» otras manifestaciones literarias como la novela (Miró, Jarnés) y el ensayo (*Azorín*, D'Ors, Bergamín).

---

(55) Publicado en *Philosophie der Literatur Wissenschaft* (Berlín, 1930) y, en traducción castellana, en *Filosofía de la Ciencia Literaria* (Méjico, 1946), págs. 137-194.

(56) Página 66.

(57) Según Salinas, existen años-clave, como 1907: *Soledades*, de A. Machado; *Poesías*, de M. de Unamuno; *Alma*, de M. Machado; *Baladas de Primavera*, de Juan Ramón Jiménez. 1928: *Primer romancero gitano*, de Lorca; *Cántico*, de A. Guillén; *Sobre los ángeles*, de Alberti, etc. 1935: *La destrucción o el amor*, de Aleixandre; *La realidad y el deseo*, de Luis Cernuda. Véase nuestra tesis, pág. 127.

Más interés encierra, dentro de los términos de este libro, el ensayo titulado *El cisne y el búho.* Es un amplio y profundo estudio acerca de la significación estética y preciosista del cisne —ave romántica y rubeniana— frente a la del búho —exaltado por González Martínez— y que tiene «mirada profunda y desdeñosa de lo superficial, fomentador de la abstinencia y enemigo de los excesos orgiásticos, ave de lo oscuro, prudente consejero contra los peligros del movimiento y del tumulto» (58).

---

(58) Ob. cit., pág. 117. Hay aquí, epigramáticamente anticipada, una oposición que ha de desarrollarse ampliamente en este libro. Véase adelante, pág. 123, nota 13.

IV

EL MODERNISMO VISTO POR LOS MODERNISTAS

Vamos a terminar estos capítulos previos que intentan la reconstrucción histórica del ambiente historicoliterario español al aparecer el Modernismo, con una serie de textos en los que los propios modernistas (Darío, Valle-Inclán, Benavente, Juan Ramón Jiménez, Manuel Machado y Gregorio Martínez Sierra) explican los contornos de su tendencia literaria.

RUBÉN DARÍO.

Procedemos a seriar cronológicamente las principales afirmaciones teóricas de Rubén Darío.

1896.

«¿Y la cuestión métrica? ¿Y el ritmo?

Como cada palabra tiene un alma, hay en cada verso, además de la armonía verbal, una melodía ideal. La música es sólo de la idea muchas veces.»

Prosas profanas: Palabras liminares.

1905.

«Aunque respecto a la técnica tuviese demasiado que decir en el país en donde la expresión poética está anquilosada, a punto de que la momificación del ritmo ha llegado a ser un artículo de fe, no haré sino una corta advertencia. En todos los países de Europa se ha usado el hexámetro, absolutamente clásico, sin que la mayoría letrada, y sobre todo la minoría leída, se asustasen de semejante manera de cantar... Hago esta advertencia porque la forma es lo que primeramente toca a las muchedumbres.»

Cantos de vida y esperanza: Prefacio.

1907.

«No. La forma poética no está llamada a desaparecer; antes bien, a extenderse, a modificarse, a seguir su desenvolvimiento en el eterno ritmo de los siglos.

... No es, como sospechan algunos profesores o cronistas, la importación de otra retórica, de otro *poncif*, con nuevos pretextos, con nuevo encasillado, con nuevos códigos. Y, ante todo, ¿se trata de una cuestión de formas? No. Se trata, ante todo, de una cuestión de ideas.

El clisé verbal es dañoso porque encierra en sí el clisé mental, y, juntos, perpetúan la anquilosis, la inmovilidad.

... No gusto de *moldes* nuevos ni viejos... Mi verso ha nacido siempre con su cuerpo y su alma, y no le he aplicado ninguna clase de ortopedia. He, sí, cantado aires antiguos, y he querido ir hacia el porvenir, siempre bajo el divino imperio de la música: música de las ideas, música del verbo.

... Yo he dicho: ser sincero es ser potente.

... Yo he dicho: es el Arte el que vence el espacio y el tiempo.

... He impuesto al instrumento lírico mi voluntad del momento, siendo, a mi vez, órgano de los instantes, vario y variable, según la dirección que imprime el inextricable Destino.

... Amador de la cultura clásica me he nutrido de ella, mas siguiendo el paso de mis días.

... Jamás he manifestado el culto exclusivo de la palabra. "Las palabras —escribe el señor Ortega y Gasset, cuyos pensares me halagan—, las palabras son logaritmos de las cosas, imágenes, ideas y sentimiento y, por tanto, sólo pueden emplearse como signos de valores, nunca como valores." De acuerdo. Mas la palabra nace juntamente con la idea, o coexiste con la idea, pues no podemos darnos cuenta de la una sin la otra...

... En el principio está la palabra como única representación. No simplemente como signo, puesto que no hay antes nada que representar. En el principio está la palabra, como manifestación de la unidad infinita, pero ya conteniéndola. *Et verbum erat Deum.*

La palabra no es en sí más que un signo o una combinación de signos; mas lo contiene Todo por la virtud demiúrgica. Los que la usan mal serán los culpables si no saben manejar esos peligrosos y delicados medios. Y el arte de la ordenación de las palabras no deberá estar sujeto a imposición de yugos, puesto que acaba de nacer la verdad que dice: el arte no es un conjunto de reglas, sino una armonía de caprichos.

... ¡Tener ángel, Dios mío! Pido exégetas andaluces.»

El canto errante. Dilucidaciones.

1907.

«Los pensamientos e intenciones de un poeta son su estética, dice un buen escritor. Que me place. Pienso que el don de arte es aquel que de modo superior hace que nos reconozcamos íntima y exteriormente ante la vida. El poeta tiene la visión directa e introspectiva de la vida y una supervisión que va más allá de lo que está sujeto a las leyes del general conocimiento. La religión y la filosofía se encuentran con el arte en tales fronteras, pues en ambas hay también una ambiencia artística. Estamos lejos de la conocida comparación del arte con el juego. Andan por el mundo tantas flamantes teorías y enseñanzas estéticas... Las venden al peso, adobadas de ciencia fresca, de la que se descompone más pronto, para aparecer renovada en los catálogos y escaparates pasado mañana.

Yo he dicho: Cuando dije que mi poesía era "mía en mí", sostuve la primera condición de mi existir, sin pretensión ninguna de causar sectarismo en mente o voluntad ajena, y un intenso amor a la absoluto de la Belleza. Yo he dicho: Ser sincero es ser potente. La actividad humana no se ejercita por medio de la ciencia y de los conocimientos actuales, sino en el vencimiento del tiempo y del espacio. Yo he dicho: Es el Arte el que vence el espacio y el tiempo. He meditado ante el problema de la existencia y he procurado ir hacia la más alta idealidad. He expresado lo expresable de mi alma y he querido penetrar en el alma de los demás y hundirme en la vasta alma universal. He apartado asimismo, como quiere Schopenhauer, mi individualidad del resto del mundo, y he visto con desinterés lo que a mi yo parece extraño, para convencerme de que nada es extraño a mi yo. He cantado, en mis diferentes modos, el espectáculo multiforme de la naturaleza y su inmenso misterio. He celebrado el heroísmo, las épocas bellas de la historia, los poetas, los ensueños, las esperanzas. He impuesto al instrumento lírico mi voluntad del momento, siendo a mi vez órgano de los instantes, vario y variable, según la dirección que imprime el inexplicable Destino.

Amador de la cultura clásica, me he nutrido de ella, mas siguiendo el paso de mis días. He comprendido la fuerza de las tradiciones, en el pasado, y de las previsiones, en lo futuro. He dicho que la tierra es bella, que en el arcano del vivir hay que gozar de la realidad alimentados de ideal. Y que hay instantes tristes, por culpa de un monstruo malhechor llamado Esfinge. Y he cantado también a ese monstruo malhechor. Yo he dicho: Es incidencia la Historia. Nuestro destino supremo está más allá del rumbo que marcan, fugaces, las épocas, y Palenké y la Atlántida no son más que momentos soberbios con que puntúa Dios los versos de su augusto Poema.

He celebrado las conquistas humanas y he, cada día, afianzado más mi seguridad de Dios. De Dios y de los dioses. Como hombre, he vivido en lo cotidiano; como poeta, no he claudicado nunca, pues siempre he tendido a la eternidad. Todo ello para que, fuera de la comprensión de los que entienden con intelecto de amor, haga pensar a determinados profesores en tales textos; a la cuquería literaria, en escuelas y modas; a este ciudadano, en el ajenjo del Barrio Latino, y al otro, en las decoraciones "arte nuevo" de los bares y *music-halls*. He comprendido la inanidad de la crítica. Un diplomado os alaba por lo menos alabable que tenéis, y otro os censura en mal latín o en esperanto. Este doctor de fama universal os llama aquí "ese gran talento de Rubén Darío", y allá os inflige un estupefaciente desdén... Este amigo os defiende temeroso. Este enemigo os cubre de flores, pidiéndoos por lo bajo una limosna. Eso es la literatura... Eso es lo que yo abomino. Maldígame la potencia divina, si alguna vez, después de un roce semejante, no he ido al baño de luz lustral que todo lo purifica: la autoconfesión ante la única Norma» (1).

---

(1) *Renacimiento*, vol. II, 1907; págs. 395 y sigs.

VALLE-INCLÁN.

En esta antología crítica en la que intentamos fijar lo que fue el concepto que los escritores de la época tuvieron del modernismo, ocupa un lugar de interés el artículo de don Ramón del Valle-Inclán, entonces casi desconocido, que con el título de *Modernismo* publicó en *La Ilustración Española y Americana* en 22 de febrero de 1902. Lamenta Valle-Inclán la incomprensión de la crítica, que no recuerda la existencia de extravagancias que, como las del culteranismo, eran bastante más excesivas que las que se atribuyen al Modernismo.

«Si en la literatura actual existe algo nuevo que pueda recibir con justicia el nombre de "Modernismo", no son, seguramente, las extravagancias gramaticales y retóricas, como creen algunos críticos candorosos, tal vez porque esta palabra "Modernismo", como todas las que son muy repetidas, ha llegado a tener una significación tan amplia como dudosa. Por eso no creo que huelgue fijar en cierto modo lo que ella indica o puede indicar. La condición característica de todo el arte moderno, y muy particularmente de la literatura, es una tendencia a refinar las sensaciones y acrecentarlas en el número y en la intensidad. Hay poetas que sueñan con dar a sus estrofas el ritmo de la danza, la melodía de la música y la majestad de la estatua.

"Si attendis quid apud te sis intus, non curabis quid de te loquantur homines." Estas palabras de Kempis podrían resumir mi vida y mi obra. Y ya dentro de mi alma, rosa obstinada, me río de todo lo divino y de todo lo humano y no creo más que en la belleza. Sobre todas las cosas bellas amo la música, porque es una fragancia de emoción... ¡Oh, la emoción! Un libro en donde todo —idea, sentimiento, ritmo, rima— sea entrañable y tibio, sin más decoración que la necesaria y sin palabrería. Odio el palacio frío de los parnasianos. Que la frase esté tocada de alma, que evoque sangre, o lágrimas, o sonrisa; que en el vocablo haya siempre un subvocablo, una sombra de palabra, secreta y temblorosa, un encanto de misterio, como el de las mujeres muertas o el de los niños dormidos... Poeta ultralírico, no creo, sin embargo, en lo sobrenatural; en mi obra he procurado únicamente hacer jardín y hacer valle; y entiendo que unos colores, unos sonidos, unas claridades de esta vida son más que suficientes; las armonías, las melodías, he ahí todo. Dadme siempre una mujer, una fuente,

una música lejana, rosas, la luna —belleza, cristal, ritmo, esencia, plata— y os prometo una eternidad de cosas bellas. He sido niño, mujer y hombre; amo el orden en lo exterior y la inquietud en el espíritu; creo que hay dos cosas corrosivas: la sensualidad y la impaciencia; no fumo, no bebo vino, odio el café y los toros, la religión y el militarismo, el acordeón y la pena de muerte; sé que he venido para hacer versos; no gusto de números; admiro a los filósofos, a los pintores, a los músicos, a los poetas, y, en fin, tengo mi frente en su idea y mi corazón en su sentimiento.»

Otro trabajo de Valle-Inclán proporciona el resumen de su estética modernista. Nos referimos al prólogo al libro *Sombras de vida*, de Melchor Almagro San Martín (2). Vamos a ordenar las principales afirmaciones del creador de las *Sonatas:*

a) Empieza atacando a los clasicistas, «que nunca supieron ayuntar dos palabras por primera vez». «La juventud debe ser arrogante, violenta, apasionada, iconoclasta» (pág. 11).

b) «Hay en el mundo muchos desgraciados, víctimas del demonio, que discuten las parábolas de Jesús y no osan discutir una mala comedia de Echegaray o de Grilo... Esta adulación por todo lo consagrado, esa admiración por todo lo que tiene polvo de vejez, son siempre una muestra de servidumbre intelectual, desgraciadamente muy extendida en esta tierra. Sin embargo, tales respetos han sido, en cierto modo, provechosos, porque sirvieron para encender la furia iconoclasta que hoy posee a todas las almas jóvenes. En el arte, como en la vida, destruir es crear. El anarquismo es siempre un anhelo de regeneración, y, entre nosotros, la única regeneración posible (págs. 12-13).

c) »El autor de *Sombras de vida* ha hecho su profesión de fe modernista: buscarse en sí mismo y no en otros. Porque esa escuela literaria tan combatida no es otra cosa» (págs. 13-14).

d) «Por eso, sin duda, advertimos en los escritores jóvenes más empeño por expresar sensaciones que ideas. Las ideas jamás han sido patrimonio exclusivo de un hombre, y las sensaciones sí» (pág. 14).

e) «No puede afirmarse sin notoria injusticia que sean las contorsiones gramaticales y retóricas achaque exclusivo de algunos escritores llamados "modernistas". En todas las literaturas —si no en todos los tiempos— hubo espíritus culteranos, y todos

---

(2) Madrid, imprenta de A. Marzo (1902).

nuestros poetas decadentes y simbolistas de hoy tienen en lo antiguo quien les aventaje.» Cita a Góngora y a Gracián (páginas 16 y 17).

f) «La condición característica de todo el arte moderno, y muy particularmente de la literatura, es una tendencia a refinar las sensaciones y acrecentarlas en el número y en la intensidad.»

g) «Según Gautier, las palabras alcanzan por el sonido un valor que los diccionarios no pueden determinar. Por "el sonido unas palabras son como diamantes, otras fosforecen, otras flotan como una neblina".»

h) «Cuando Gautier habla de Baudelaire, dice que ha sabido recoger en sus estrofas la leve esfumación que está indecisa entre el sonido y el color; aquellos pensamientos que semejan motivos de arabescos y temas de frases musicales. El mismo Baudelaire dice que su alma goza con los perfumes, como otras almas gozan con la música. Para este poeta, los aromas no solamente equivalen al sonido, sino también al color... Carducci ha llamado verde al silencio, y Gabriel d'Annunzio ha dicho con hermoso ritmo: "Canta la nota verde d'un bel limone in fiore" (pág. 19). Más abajo cita el soneto de las vocales de Rimbaud, y el famoso de René Ghil concluye: "Esta analogía y equivalencia de las sensaciones es lo que constituye el Modernismo en la literatura"» (página 21).

i) «Hoy percibimos gradaciones de color, gradaciones de sonido y relaciones lejanas entre las cosas que hace algunos cientos de años no fueron seguramente percibidas por nuestros antepasados. En los idiomas primitivos, apenas existen vocablos para dar idea del color. En vascuence, el pelo de algunas vacas y el color del cielo se indican con la misma palabra: "artuña", y sabido es que la pobreza de vocablos es siempre resultado de la pobreza de sensaciones.»

j) «Existen hoy artistas que pretenden encontrar una extraña correspondencia entre el sonido y el color. De este número ha sido el gran poeta Arturo Rimbaud, que definió el color de las vocales en un célebre soneto:

A - noir, E - bleu, I - rouge, U - vert, O - jaune.

Y, más modernamente, Renato Ghil, que en otro soneto asigna a las vocales no solamente color, sino también sabor orquestal:

A, claironne vainqueur en rouge flamboiement.

Esta analogía y equivalencia de las sensaciones es lo que constituye el «Modernismo» en literatura. Su origen debe buscarse en el desenvolvimiento progresivo de los sentidos, que tienden a multiplicar sus diferentes percepciones y corresponderlas entre sí, formando un solo sentido, como uno sólo formaban ya para Baudelaire:

O métamorphose mystique
de tous mes sens fondus en un:
son halaine fait la musique
comme sa voix fait le parfum!»

(Es curioso que Pío Baroja dedicó dentro de este mismo año de 1902 un extenso trabajo a la coloración de los sonidos en la *Revista Nueva* de Ruiz Contreras. A los ejemplos aducidos cabría añadir el «órgano de boca» del *Des Esseintes,* de Muyssmans, en el que el *curaçao* tenía el valor del clarinete; el *Kummel,* el del oboe; el *Kirsch,* el de la trompeta, etc.)

k) «La historia que hallaréis en este libro tiene esa delicada sensibilidad que los críticos españoles suelen llamar decadente, sin duda porque no es la sensibilidad de los jayanes.»

BENAVENTE.

También Jacinto Benavente ha sido una víctima del confusionismo e incorporado arbitrariamente al espíritu del Noventa y Ocho.

Acaso sea *Azorín* quien más denodadamente ha intentado asociar a Benavente a dicho grupo. En un artículo publicado en *A B C* (25 de agosto de 1926), *Para un estudio de Benavente,* defiende su tesis de que «en la generación de 1898 la figura de Benavente es acaso la primera». Para demostrarlo señala que el teatro de Benavente es «una reacción del teatro de Echegaray», que su rasgo característico, ya señalado por Valera, «es la desarticulación, la dispersión, la disgregación de la fábula», y que —en este sentido— su parecido con el teatro francés, siempre construido, «es levísimo o nulo»; el teatro benaventino procedería del teatro clásico español. Todo esto es perfectamente discutible; el antiechegarayismo es perfectamente compatible con el modernismo; la «disgregación» corresponde a una técnica —la del impresionismo— perfectamente ligada a la estética modernista; la influencia del teatro francés —se ha demostrado hasta la saciedad— es evidentísima. Faltaría, además, demostrar que Benavente es parejo en su actitud con las actitudes morales, patrióticas y sociológicas del Noventa y Ocho. Y ahora demostraremos que no es posible. Benavente está en el antípoda de estas actitudes.

Benavente fue, en la coyuntura histórica que estamos estudiando —1895-1905—, sencilla y resueltamente un modernista. «El primero de nuestros modernistas, acaso el único modernista de verdad entre cuantos viviendo en España escriben en castellano, y desde luego el único consagrado por el público...», leemos en *La Vida Literaria* (3). Veamos ahora las razones de su filiación, a través de sus propios textos y de la crítica contemporánea.

Antirregeneracionismo.—Constantemente recogemos alfilerazos contra la sociología, contra el intervencionismo del escritor en la política. Así, a propósito de un libro de Valle-Inclán, escribía:

«Y venga a molernos a toda hora con sus recetas reconstituyentes de todos los organismos sociales. ¡Y si cada uno hablara de lo que entiende y se ocupara en lo que le atañe! Pero, no; el literato se dará a criticar del militar; el comerciante, del político; el médico, del abogado; el agricultor, del marino; el cura, del torero... y viceversa; para que todos anden soplando la paja en el ojo ajeno, sin tropezar en la viga del propio.»

Y más abajo:

«Hay una nueva hornada de escritores jóvenes —de esos que se cartean con don Miguel de Unamuno en grandes pliegos de papel comercial, cartas que serán algún día como Evangelios, ¡y trabajo le mando al que pretenda concordarlas!— que ha llegado a creerse de buena fe, ¡la fe los salve!, que en cada uno de sus escritos, palabras y gestos hay virtud para salvar no sólo a España, sino al mundo y planetas de alrededor. Sólo en ellos está la virtud; lo demás es literatura. Para ellos no hay libro, ni comedia, ni cuento, ni poesía bastante trascendentales como no ventilen, agiten o remuevan problemas y cuestiones de regeneración. ¡Todo bagatelas! Hablan de un escritor: "¡Siempre está en el

(3) 13 de abril de 1899. Esto no quiere decir que el Modernismo, y sobre todo las extravagancias o algunos de sus epígonos no hayan recibido el alfilerazo del escritor. Cfr. *Modernismo* (O. C., VI, 415-417). Recuérdense los personajes «modernistas» de *La noche del sábado* y de *Lo cursi.*

Retrato de Rubén Darío. Dibujo por Daniel Vázquez Díaz.
Biblioteca Nacional (Madrid)

Foto Archivo Mas

café, haciendo chistes! ¡Despreciable!" Hablan de otro: "¡Figúrense ustedes que no ha leído a Ganivet!, o ¡Figúrense ustedes que no cree en la Solidaridad, lo único grande que hemos tenido aquí nunca!"

¡Oh magnífico don Ramón del Valle-Inclán! ¿Qué dirán éstos de vuestros nuevos libros? Bellos de su propia belleza: libros que no parecen de ahora, entre toda esta literatura de castigo que pretende hacernos a todos mejores, y sólo ella, con lamentable modestia, se exceptúa, de modo que es peor cada día» (4).

Al no aceptar la literatura militante, Benavente niega también sus mitos. Es característica —y muy curiosa por cierto— su posición frente al ídolo noventayochista:

«Paréceme que en la admiración de nuestros jóvenes por Larra entra por mucho el atractivo de su fin prematuro. Hay quien juzga que fue mejor así, pues acaso la vida, con su roce desgastador de energías y suavizador de asperezas, hubiera subyugado altiveces en el rebelde espíritu de *Fígaro,* y una vez más hubiéramos asistido a la abdicación de una inteligencia vencida por algún interés (5).

¿Qué importaba? ¡Hubiera sido tan interesante! De un alto entendimiento es tan admirable la sumisión como la rebeldía. ¿No fue admirable la aparente conformidad de un Campoamor, de un Valera, por todo lo establecido? Y después, cuando la aparente sumisión, efectiva para el vulgo oficial, nos ha dado autoridad y respeto, ¿no podremos con mayor eficacia volver a decir la verdad a los que antes no quisieron oírla?» (6).

Estetismo. Amoralismo.—Ningún criterio regeneracionista. El Modernismo está en la linde opuesta de cualquier pedagogía, patriótica o moral. Su instrumento expresivo es, como ya sabemos, la sinceridad.

«En moral, como en arte, sólo hay una expresión honrada: la sinceridad. Si somos buenos, la expresión de nuestra vida será la

---

(4) *Libros gratos. Obras Completas,* vol. VI, págs. 741-742.

(5) Loc. cit. El peso de la historia patria no debe gravitar sobre el escritor. «Al político joven y bien intencionado se le abruma con el recuerdo de Cisneros, y al escritor novel se le aplasta con la balumba de nuestra literatura clásica. Inútil escribir después de Cervantes; vano esfuerzo pintar después de Velázquez.» (*De sobremesa,* pág. 251.)

(6) *De sobremesa,* pág. 69.

bondad; si somos artistas, la expresión de nuestro arte será la belleza; pero seamos sinceros ante todo» (7).

Esta *sinceridad* no impone un criterio fijo. Falta de bases morales, inmutables; movida, por el contrario, por las tornadizas opiniones estéticas, puede en cada momento mantener una actitud distinta.

Veamos lo que dice a este respecto el mejor crítico teatral del momento:

«Es la cultura la que hostiga al joven e insigne autor y la que le dicta esos cambios en la elección de los temas teatrales y esas novedades de técnica que nadie ha superado en España ni fuera de España. Aspira a ponerse a tono con Europa, a recoger modos de pensar y aptitudes morales que de fronteras allá se oyen y se ven con asentimiento o con urbana sorpresa, y que aquí, por nuestra ineducación espiritual, suenan a osadías y alarman como blasfemias.

El literato está en la mejor disposición de ánimo para comprenderlo todo, porque no cree en nada. Ha leído, ha meditado, ha recibido las confidencias de sabios, pensadores, poetas y artistas, y ellos le han dicho cuán deleznable almohada es la verdad convencional, la que comparte y defiende la mayoría de los hombres, para una cabeza inquieta y ávida de penetrar en el secreto de las cosas. Filosofías, sistemas de moral, doctrinas sociológicas y políticas, códigos, modas, todo lo que quita el sueño y regula la existencia de los seres, responde a la malsana coquetería que invade a los hombres de engañarse a sí mismo y engañar a los demás fingiéndose mejores de lo que son» (8).

---

(7) *Obras Completas*, vol. VI. «Teatro fantástico», pág. 418. La incorporación plena de Benavente al Modernismo no ofrece duda a la crítica del momento. Véase, por ejemplo, el libro de M. MARTÍNEZ ESPADA: *Teatro contemporáneo* (Madrid, 1900). «Jacinto Benavente —escribe— es modernista a la manera que lo son Lavedan y Donnay, de quienes él es ferviente admirador, y no es porque imite..., sino porque su teatro es completamente nuevo en España» (pág. 112).

(8) MANUEL BUENO: *Teatro español contemporáneo*, Madrid, 1909; págs. 129-130. Y dos páginas después: «De ahí la indiferencia moral de Benavente, la escasa levadura de propagandista y reformador que tiene su obra. Es un literato insensible a los gritos de los famélicos, a los ayes de los que sufren y a las cóleras de los que desde la sentina de abajo amenazan a los que se regodean y triunfan en los palacios de arriba. En sus dramas no resuena ese lamento trágico que el sufrir de los pueblos lleva a otras literaturas. Su obra no conserva el rastro de nuestras inquietudes actuales, de lo que queremos y de lo que odia-

Veamos ahora una obra —dentro de la producción de Benavente— que nos sirve para definirlo, justamente en el año 1902, año que nosotros proponemos (v. págs. 120-121) como la fecha generacional del Modernismo. Nos referimos a *Alma triunfante.* La coincidencia es importante, y el valor de la obra fue notado en su día (9).

«¿Qué importa la conclusión a que nos lleva el autor de *Alma triunfante?* ¿Qué más da que triunfe la moral de la fuerza y de la vida, personificada en Emilia, sobre la moral enteca y sensiblera que representa Isabel, o que la victoria sea al revés?

Cuando se alza el telón y aparecen aquellos seres, influyendo los unos sobre los otros, yo no me pregunto cuál será la conclusión del dramaturgo, sino por qué etapas nos conducirá a ella» (10).

El camino, no la conclusión. Estetismo, no tesis.

Y en otro lugar escribe el mismo crítico:

«En el teatro de Benavente no hay un sentido exotérico, la intención de probar una tesis, ni siquiera un fin educador. El dramaturgo no se siente con bastante tontería de espíritu para transformarse en apóstol (11).

Para esta voluntad de belleza el poeta tiene los caminos libres: nada le ata, como hemos visto, a los valores morales; nada le constriñe tampoco a la realidad estricta (12). He aquí el reino de la Fantasía del Ensueño.»

«Pues en esa estación hermosa del año y en esa edad dichosa de la vida, por influjo de una en otra sin duda, nació este cuento, ensueño juvenil, sin fijeza, sin orden, tumulto de imaginaciones

---

mos. Como documento social, no interesa. Como arte, es admirable y glorioso.»

(9) «Aplaudir *Alma triunfante* equivale para la multitud española a reconocer una apostasía. Es renegar de una tradición dramática para acogerse a otros gustos. Quienes alaban ese Teatro sencillo y hondo que tiene la inexorable lógica de las cosas humanas, desertan del Teatro falso, del que sólo vive a expensas del disparate y del efectismo.» BUENO: Ob. cit., págs. 138-140.

(10) Ob. cit., pág. 140.

(11) Ídem, pág. 132. Pedro González Blanco, en la revista modernista *Helios* (núm. 2), escribe: «A más de esto, tiene Benavente la inmoralidad.»

(12) «En arte no hay plural. Lo nuestro no es mío ni tuyo. Cuando pueda pintarse una obra maestra por sufragio universal hablaremos del socialismo en arte. El arte es anarquista, dice un personaje de *Figulinas.*» (Madrid, 1904.)

sin más realidad que la de un sueño; es decir, que si no existió ni pudiera existir en el mundo exterior, ha tomado ser en la fantasía y forma en el arte, y existe, en fin, en la realidad de lo hecho, que tan efectivo es el sueño más ideal como el acto más común de la vida. Pero el autor recusa desde ahora el fallo de quien no aporte consigo la buena fe y el candor de una adolescencia apenas maliciosa. Nada de reflexiones; vamos a soñar, y el autor, soñando, os invita a ello. Seguidle, si su sueño os interesa; si no, abstraed de él vuestra imaginación y soñad cada uno lo que mejor os plazca» (13).

Constantemente el escritor exprime su derecho a ese mundo ideal presidido por la Belleza, el Amor.

JUAN RAMÓN JIMÉNEZ.

Por creerlo de especial interés vamos a reproducir el autorretrato del poeta publicado en la revista *Renacimiento*, 1907 (volumen II, págs. 422 y sigs.):

«Nací en Moguer (Andalucía) la noche de Navidad de 1881. Mi padre era castellano y tenía los ojos azules; mi madre es andaluza y tiene los ojos negros. La blanca maravilla de mi pueblo guardó mi infancia en una casa vieja, de grandes salones y verdes patios. De estos dulces años recuerdo bien que jugaba muy poco y que era gran amigo de la soledad; las solemnidades, las visitas, las iglesias me daban miedo. Mi mayor placer era hacer campitos y pasearme en el jardín, por las tardes, cuando volvía de la escuela y el cielo estaba rosa y lleno de aviones. Los once años entraron, de luto, en el colegio que tienen los jesuitas en el Puerto de Santa María; fui tristón, porque ya dejaba atrás algún sentimentalismo: la ventana por donde veía llover sobre el jardín, mi bosque, el sol poniente de mi calle. El colegio estaba sobre el mar y rodeado de grandes parques; cerca de mi dormitorio había una ventana que daba a la playa y por donde, las noches de primavera, se veía el cielo profundo y dormido sobre el agua, y Cádiz, a lo lejos, con la luz triste de su faro. Al salir del colegio, hubo algo feliz en mi vida: es que el Amor aparece en mi camino. Sevilla me tuvo, entonces, algún tiempo, pintando en los estudios de sus pintores coloristas y fandangueros; Guadalquivir lloró mis prime-

(13) *Obras Completas*, tomo VI. Curiosa la coincidencia de un título general —«Teatro de ensueño»— en Benavente, Valle-Inclán y Martínez Sierra.

ros versos, que vieron la luz en periódicos hispalenses; me creé una pequeña reputación; me llamaban *verdadero poeta;* escribieron sobre mí hombres líricos de Alcalá de Guadaira y de Camas; publicaron mi retrato en un extraordinario de un periódico, y en el artículo encomiástico decía el director que mi inspiración *brillaba con luz propia...* Mientras tanto, yo pasaba las noches escribiendo, y gastaba todo mi dinero en libros; y en la campaña —durante el verano— leía nerviosamente letras románticas: Lamartine, Bécquer, Byron, Espronceda, Heine. El curso preparatorio de Derecho —que yo estudiaba a la sazón— no me robaba muchos minutos, y como me suspendieron en *Historia crítica de España,* decidí terminantemente abandonar la carrera. Los médicos aconsejaron a mi madre que no me permitiera trabajar; estuve muy pálido, caí al suelo varias veces sin conocimiento. Pero yo era un poco optimista en aquel tiempo feliz y no hacía gran caso de la ciencia... ni de la muerte. Por aquellos días se publicaba en Madrid un semanario —*Vida Nueva*— que acogió cariñosamente a la juventud. Un día mandé a *Vida Nueva* mi más limada poesía, un macabro *Nocturno;* antes de una semana vi publicada la composición, que fue reproducida por varios periódicos familiares, y de la cual estoy horrorizado. A partir de este día fueron versos (!) míos en casi todos los números de *Vida Nueva;* publiqué unas traducciones de Ibsen, que fueron celebradas; Dionisio Pérez dio mi retrato con *Las amantes del miserable,* poesía anarquista —así tocaba—, que mis mejores amigos aprendieron de memoria y que yo quisiera poder olvidar. Recibí cartas de escritores jóvenes que me invitaban a venir a Madrid y a publicar un libro de versos. Mi adolescencia cayó en la tentación... Y vine a Madrid, por primera vez, en abril del año 1900, con mis dieciocho años y una honda melancolía de primavera. Yo traía muchos versos y mis amigos me indicaron la conveniencia de publicarlos en dos libros de diferente tono; Valle-Inclán me dio el título —*Ninfeas*— para uno, y Rubén Darío para el otro —*Almas de violeta*—, y Francisco Villaespesa, mi amigo inseparable de entonces, me escribió unas prosas simbólicas para que fuéramos juntos, como hermanos, en unas páginas sentimentales atadas con violetas. Aparecieron los dos libros, simultáneamente, en septiembre del mismo año. Jamás se han escrito ni se han dicho más grandes horrores contra un poeta; gritaron los maestros de escuela, gritaron los carreteros de la Prensa. Yo leí y oí todo sonriendo. Y pienso que, entre tanta frondosidad y tanta inexperiencia, lo mejor, lo más puro y lo más inefable de mi alma está, tal vez, en esos dos primeros libros. Mientras, me sentí muy enfermo y tuve que volver a mi casa; la muerte de mi padre inundó mi alma de una preocupación sombría; de pronto, una noche, sentí que me ahogaba y caía al suelo; este ataque se repitió en los siguientes días; tuve un profundo temor a una muerte repentina; sólo me tranquilizaba la presencia de un médico —¡qué paradoja!—. Me llené de un misticismo inquieto y avasallador; fui a las procesiones, rompí todo un libro —*Besos de oro*— de versos profanos (?), y me llevaron al sanatorio de Castel d'Andorte, en Le Bouscat, Bordeaux. Allí, en un jardín, escribí *Rimas*, que publiqué en Madrid el año siguiente. Era el libro de mis veinte años. A fines del año 1901 sentí nostalgia de España, y después de un otoño en Arcachón, me vine a Madrid, al sanatorio del Rosario, blanco y azul de hermanas de la caridad bien ordenada. En este ambiente de convento y jardín he pasado dos de los mejores años de mi vida. Algún amor romántico, de una sensualidad religiosa; una paz de claustro, olor a incienso y a flores, una ventana sobre el jardín, una terraza con rosales para las noches de luna... *Arias tristes*. Una larga estancia en las montañas de Guadarrama me trae las *Pastorales;* después viene un otoño galante —azul y oro—, que da motivo a un *Diario íntimo* y a muchos *Jardines lejanos*. Éste es un período en que la música llena la mayor parte de mi vida. Publico *Jardines lejanos* (febrero de 1905), y pienso *Palabras románticas* y *Olvidanzas*. La ruina de mi casa acentúa nuevamente mi enfermedad, y es una época lamentable, en que no trabajo nada; la preocupación de la muerte me lleva de las casas de socorro a las de los médicos, de las clínicas al laboratorio. Frío, cansancio, inclinación al suicidio. Y otra vez el campo me envuelve con su primavera: *Baladas de primavera*. Ahora esta vida de soledad y de meditación, entre el pueblo y el campo, con el rosal de plata de la experiencia en flor, la indiferencia más absoluta para la vida y el único alimento de la belleza para el corazón: *Elegías*» (14).

---

(14) El artículo termina con la siguiente bibliografía:
Obras: He prescindido de mis dos primeros libros.—*Penumbra:* Ninfeas, Sonetos románticos, Romances ingenuos, Oraciones.—*Rimas de sombra:* Paisajes de la vida, Primavera y sentimiento, Paisajes del corazón.—*Arias tristes:* Arias otoñales, Nocturnos, Recuerdos sentimen-

MANUEL MACHADO.

La visión del Modernismo en la pluma de Manuel Machado tiene interés por el escaso número de páginas en prosa crítica que, proporcionalmente, nos ha dejado (15). Entre ellas, una conferencia acerca de *Los poetas de hoy* (16) en la que, después de explicar la decadencia de los líricos mayores del período anterior —Campoamor, Zorrilla— estudia la aparición del Modernismo. Es interesante la ordenación histórica, que empieza —según Manuel Machado— en un momento bastante tardío. «Allá por los años 1897 y 98 no se tenía en España, en general, otra noción de las últimas evoluciones de las literaturas extranjeras que las que nos aportaron personalmente algunos ingenios que habían viajado. Alejandro Sawa, el bohemio incorregible, muerto hace poco, volvió por entonces de París hablando de parnasianismo y simbolismo, y recitando por la primera vez en Madrid versos de Verlaine. «Pocos estaban aquí en el secreto», añade Manuel Machado. Benavente, «que a la sazón era silbado casi todas las noches»; Valle-Inclán,

---

tales.—*Jardines lejanos:* Jardines galantes, Jardines místicos, Jardines dolientes.

Terminadas. En manuscrito: *Palabras románticas:* Palabras románticas, Otras palabras románticas. Prosa.—*Pastorales:* La tristeza del campo, El valle, La estrella del pastor. Libro triste, infantil y tembloroso, poemático, como *Arias tristes* y *Jardines lejanos.*—*Olvidanzas:* Las hojas verdes, Las rosas de septiembre, El libro de los títulos, Versos accidentales. Colección; en *Las rosas de septiembre* se continúan *Los jardines dolientes.* Los *Versos accidentales* son versos para *Comentario sentimental:* Prosa; divagaciones sobre poesía, música, pintura, actualidades líricas.—*Baladas de primavera:* Baladas de primavera, Platero y yo, Otoño amarillo.—Corazón y flauta; entra la primavera sobre la convalecencia pálida, el poeta se va por los caminos de sol en busca de rosas de salud; «hay un olor a dicha agreste y una nostalgia de alegría»; alguna cadencia secreta a la luz de la luna. El metro es accidental, dominado por la idea de la música.—*Platero y yo* son confidencias entre un asno y el poeta.—*Elegías:* Elegías puras, Elegías intermedias, Elegías lamentables. Libro de soledad y de meditación. El metro se hace amplio y entra un consonante emocionado, suave, que tiene algo de asonante. La desilusión, la enfermedad, dictan su elegía entre la flauta de los pájaros y la lira verde de los árboles.

En preparación: *Ideas líricas.* Prosa.

(15) Aparte de una novela inencontrable, *El amor y la muerte*, tenemos el libro, ya muy raro, de *La guerra literaria (1898-1914)*, Madrid, Imprenta Hispano-Alemana, 1913, y un libro de crítica teatral, *El año pasado.*

(16) *La guerra literaria*, págs. 27-29.

«un gallego pobre hidalgo»; Rubén Darío, que había llegado a Madrid «con uno de esos fantásticos cargos diplomáticos de ciertas republiquitas americanas», y Salvador Rueda. «Fue Valle-Inclán el primero que sacó el Modernismo a la calle, con sus cuellos *épatantes*, sus largas melenas y sus quevedos redondos. Por entonces esto representaba un valor a toda prueba.» Fue también Valle-Inclán el «estilista supremo» que «pudo enseñar a los escritores y al público cuánta era la pobreza de aquellas eminentes plumas que cultivaban el llamado estilo castizo, agarbanzado, clásico o cervantino» (17). La importancia de las revistas, principalmente *La Vida Literaria*, es puesta de relieve por Manuel Machado.

Ahora bien; ¿qué es el Modernismo? (18). «El Modernismo, que realmente no existe ya (19), no fue en puridad más que una revolución literaria de carácter puramente formal. Pero relativa, no sólo a la forma externa, sino a la interna del arte. En cuanto al fondo, su característica esencial es la anarquía.» Individualismo, sinceridad: «el arte no es cosa de retórica ni aun de literatura, sino de personalidad» (20). Movimiento, pues, de sentido negativo en cuanto a la retórica, pero de importantes aportaciones prosódicas: «versificación por pies métricos» y libertad en la distribución de los acentos tónicos. Un nuevo sentido musical más amplio y la necesidad de «dar sensaciones a la vista y a la inteligencia», exigían una amplitud en el concepto de la musicalidad del verso, huyendo de la «isócrona repetición constante de los acentos», que distrae al lector del fondo inefable del poema (21).

---

(17) *La guerra literaria*, págs. 27-29.

(18) De la voz «Modernismo», dice M. Machado: «Palabra de origen puramente vulgar, formada del asombro de los más ante las últimas novedades» (Ob. cit., pág. 31).

(19) Ignoramos la fecha de esta conferencia, pronunciada, dice en el prólogo, por «cuenta y encargo del Ministerio de Instrucción Pública» (¿iniciativa de Julio Burell, amigo de todos ellos, ministro en 1910 ?). El libro es de 1913. Añadamos que esta conferencia no puede ser anterior a 1911, ya que en otra segunda disertación, pronunciada un año después, se comenta su libro *Apolo*, publicado en dicho año. Notemos, en todo caso, la afirmación de ser el Modernismo cosa ya pasada. La misión del modernismo está ya cumplida. Los poetas crean ya de acuerdo con sus maneras personales, y sólo Villaespesa continúa fiel a las primeras modalidades del modernismo.

(20) Ob. cit., págs. 32-33.

(21) Ob. cit., págs. 34-35.

GREGORIO MARTÍNEZ SIERRA.

Reproducimos un texto significativo:

«¡Mi generación literaria! ¡Los poetas de hoy!... No sabré deciros la íntima fruición que me causa que el llamamiento inmerecido que me trajo aquí me dé ocasión a hablar de ella y por ella. Poco llevo dicho en el mundo para atreverme a servir de portavoz, mas como voy a hablar de aquellos a quienes bien quiero, sírvame de autoridad la palabra del Espíritu, que es amor, y que dice: «De la abundancia del corazón habla la boca.»

Creo que están hablando de nosotros. Son los escritores de antaño, los poetas del siglo de las luces. Oigamos lo que dicen, y comentemos, jóvenes, si os parece.

—¡Oh, los jóvenes!... Notable entendimiento..., cultura, sí, cierta cultura..., estilo, más bien habilidad de palabra..., melenas..., ojos glaucos..., princesas pálidas..., manos liliales..., virilidad escasa..., carencia de ideales levantados, ¡naturalmente!..., decadentismo..., brisas exóticas..., extravagancias verlenianas...

¡Basta!... Yo, escritor lilial, según palabra de *Gedeón,* aunque estoy por jurar que nunca he escrito el sustantivo lirio, vengo aquí a protestar, en nombre de los míos, contra ese juicio que llamaría cosa de calumnia a no estar convencido de que es achaque de ignorancia, que ha formado de nosotros, sin habernos mirado, y de nuestra obra, sin haberla leído, casi toda la grey de literatos que nos precede... y con ellos el público que los escucha. ¡Señores: no hay derecho a hablar por conjeturas, ni a juzgar por caricaturas, y eso es lo único que ustedes saben de nosotros; lo que de nuestra obra ha dicho, sin haberla leído tampoco, algún crítico amigo en algún semanario de monos; no hay derecho a achacarnos la melena, que ustedes se dejaron crecer a los veintiocho años, y que nosotros nos cortamos antes de los quince; no hay derecho a imputarnos la novedad... horaciana de lo que ustedes llaman pudorosamente «los ojos glaucos», porque no paseemos del brazo a las queridas; no hay derecho a hacer chistes a propósito de nuestra lamentable virilidad —¡habrá poetitas dentro de quince años, no lo duden ustedes!—, porque si tenemos la buena costumbre de no dar un beso a una mujer, sin haberle pedido licencia, no es falta de... iniciativa, créanlo ustedes, sino sobra de educación! (22).

---

(22) Revista *Renacimiento* (1907).

ELABORACIÓN

DEL CONCEPTO DE «NOVENTA Y OCHO»

ESQUEMA HISTORIOGRÁFICO

FORMACIÓN DEL CONCEPTO.

Analizado, con una cierta amplitud, el cuadro general del espíritu que preside la eclosión del Modernismo, resumiremos las etapas de la formación de un concepto afortunadísimo: el concepto de «Noventa y Ocho».

Contemporáneamente no existe. De una manera anecdótica se habla —como veremos— de un grupo que, por lo demás, alguno de sus componentes —como Baroja— niega resueltamente. Lo cierto es que en el mismo año de 1898 nada acontece.

Cuando Rubén Darío llega a España, en 1899, encuentra los mismos modos espirituales de antaño. Su descripción del Carnaval de este año es algo impresionante: «Se ha divertido el pueblo con igual humor que hubiese tenido sin Cavite y sin Santiago de Cuba», escribe. Mascaradas «de un pintoresco bufotrágico» hacían alusión al Desastre. Los disfraces pululan sobre un Madrid lleno de mendigos, prostitutas, hambrientos y repatriados; «enfermo que baila no muere», piensa Rubén. Y añade: «Y yo no sé si me equivoque, pero noto que, a pesar del teatro bajo y la influencia torera —en su mala significación, es decir, chulería y vagancia— un nuevo espíritu, así sea homeopáticamente, está infiltrándose en las generaciones flamantes. Mientras más voy conociendo el mundo que aquí piensa y escribe, veo que entre el montón trashumante hay almas de excepción que miran las cosas con exactitud y buscan un nuevo rumbo en la noche general.» Augura grandes dificultades a los debeladores; he aquí su programa: «Hay que luchar con la oleada colosal de las preocupaciones; hay que hacer verdaderas *razzias* sociológicas; hay que quitar de las hornacinas los viejos ídolos perjudiciales; hay que abrir todas las ventanas para que los vientos del mundo barran polvos y telarañas y queden limpias las gloriosas armaduras y los oros de los estandartes; hay que ir por el trabajo y la iniciación de las artes y empresas de la vida moderna, "hacia otra España", como dice en un reciente libro un vasco bravísimo —el señor Maeztu—; y donde se encuentran diamantes intelectuales como los de Ganivet —¡el pobre suicida!—, Unamuno, Rusiñol y otros pocos, es señal de que ahondando más, el yacimiento dará de sí» (1). Con todas sus imprecisiones (y la confusión de incluir a Rusiñol, por ejemplo), ésta es la primera alusión que yo conozco al bloque generacional del Noventa y Ocho.

GABRIEL MAURA.

El «bautista» de la generación del Noventa y Ocho es, según se acepta, el duque de Maura quien, efectivamente, en 1908, en el curso de una polémica con Ortega y Gasset en el periódico *Faro*, aludía «a la generación que ahora llega; generación nacida intelectualmente a raíz del desastre; patriota sin patriotería; optimista, pero no cándida, porque las lecciones de la adversidad moderaron en ella las posibles exaltaciones de la fe juvenil» (2). Ortega y Gasset contestaba por su parte: «No sé si mi generación es patriota, pero no es acertado caracterizar mis pensamientos como de tal. ¿Es patriota el que antepone la patria a todo lo demás? Entonces yo no lo soy; si tuviera alguna vez que elegir entre la patria y la discreción, no habría de dudar y seguiría las solicitaciones de ésta. Mi liberalismo lo exige: me importa más Europa que España, y España sólo me importa si integra espiritualmente Europa.

Soy, en cambio, patriota porque mis nervios españoles, con toda su herencia sentimental, son el único medio que me es dado para llegar a europeo. Ni tristeza ni melancolía me produce ser español; es más: creo que España tiene una misión europea de cul-

---

(1) *España Contemporánea*, ob. cit., vol. XXI, págs. 73-80.

(2) *Faro*, 23 de febrero de 1908. V. el artículo de RAFAEL MARQUINA: *El bautista de la 98*, en *La Gaceta Literaria*, 15 de noviembre de 1931.

tura que cumplir; veo en ella un campo donde hay más faena por acabar que en otros dentro de esta grande obra del progreso moral» (3).

ANDRÉS GONZÁLEZ BLANCO.

El mismo año de 1908 el Ateneo concedió el Premio Charro-Hidalgo al notable libro de Andrés González Blanco, *Historia de la novela en España desde el Romanticismo hasta nuestros días,* que se publicó al año siguiente. En este libro aparece ya, de una manera explícita, la atribución de una coherencia literaria al grupo de novelistas que se dio a conocer entre 1894 y 1900, para los que propone el título de *generación del desastre* (4). Caracteriza esta generación, de un lado, al anhelo de estudio y de penetración, en nada parecido a ninguna de las formas del llamado «decadentismo»; de otro, un retraimiento del gran público. Estudia González Blanco en este grupo a *Azorín,* a Unamuno y a Baroja y —con menos justificación— a Trigo. Y a continuación desenvuelve en varias páginas un agudo ensayo sobre la significación de Valle-Inclán, a quien estima como un modelo de sobriedad, si bien no falta «un tal encanto de languor que las idealiza y amollece» (5). De esta manera va analizando el crítico un nuevo aspecto de la generación: el sensualismo, ligado a cierta melancolía, que caracterizan un grupo no ligado ya al voluntarismo pedagógico del grupo anterior, sino a un decorativismo progresivo —el modernismo, en una palabra—, cuyo hito final es Gregorio Martínez Sierra, «artista puro», sin didactismo ni ideología, exaltador de un cierto panteísmo poético.

Como se ve, en esta madrugadora visión historiográfica surge ya un intento de discriminación que hemos de ver ampliada en páginas posteriores.

«AZORÍN».

Veamos ahora lo que representan los famosos artículos de *Azorín* (1913) para la definición de la generación del Noventa y Ocho. La primera sorpresa es que falta, para *Azorín,* una de las

(3) *Faro,* 8 de marzo de 1908.
(4) Madrid, 1900; págs. 106 y sigs.
(5) *Sic,* pág. 783.

nociones más características de la tesis de Petersen: el «anquilosamiento de la generación anterior». *Azorín* declara: «Unid el grito de pasión de Echegaray al sentimentalismo subversivo de Campoamor y a la visión de la realidad de Galdós, y tendréis los factores de un estado de conciencia que había de encarnar en la generación de 1898.» Analiza *Azorín*, en efecto, la persistencia de una literatura regeneracionista mucho antes del Desastre, así como los sucesivos injertos de literatura extranjera que han vivificado la literatura española. No discrimina tendencias el trabajo de *Azorín*, a pesar de que el segundo de sus artículos empieza previniendo («prevención necesaria») los valores estéticos de los valores sociales. La nómina azoriniana del Noventa y Ocho reúne así a los cultivadores de una y otra orientación, señalando los escritores que más les han influido. Así Valle-Inclán (D'Annunzio, Barbey d'Aurevilly), Unamuno (Ibsen, Tolstoi, Amiel), Benavente (Shakespeare, Musset, los dramaturgos modernos franceses), Baroja (Dickens, Poe, Balzac, Gautier), Bueno (Stendhal, Brandès, Ruskin), Maeztu (Nietzsche, Spencer), Darío (Verlaine, Banville, Víctor Hugo). Ciertamente que salta a la vista la tremenda disparidad entre la tendencia estética que denuncian los modelos de Valle-Inclán, Benavente y Darío de los influjos sociológicos de Unamuno y Maeztu (Baroja —como *Azorín*— son casos de un cierto hibridismo estético-sociológico que ya estudiaremos). Pero hay algo todavía más grave: y es la atribución de una influencia superior indiscriminada de Nietzsche, Verlaine y Gautier sobre todo el grupo, bien que a continuación aclare un poco las cosas señalando el influjo de Nietzsche en un sentido más sociológico —anarquista— que estético, y haciendo notar el peso de Verlaine únicamente en la obra de Darío. (Ya veremos hasta qué punto son uno y otro nombre piedras de toque para la discriminación entre Modernismo y Noventa y Ocho.) Por lo demás, en sus líneas definitorias, tantas veces citadas, continúa la mezcolanza.

Veamos de seriar las afirmaciones azorinianas acerca del Noventa y Ocho:

a) «Ama los viejos pueblos y el paisaje.»

b) «Intenta resucitar los poetas primitivos (Berceo, Juan Ruiz, Santillana).»

c) «Da aire al fervor del Greco, ya iniciado en Cataluña.»

d) «Rehabilita a Góngora.»

e) «Se declara romántico...»

f) «Siente entusiasmo por Larra.»

g) «Se esfuerza en acercarse a la realidad y en desarticular el idioma, en agudizarlo, en aportar a él viejas palabras, plásticas palabras, con objeto de aprisionar menuda y fuertemente esa realidad.»

h) «Curiosidad mental por lo extranjero.»

i) «Sensibilidad avivada por el desastre.»

Es evidente la duplicidad contradictoria: los cinco primeros apartados son de naturaleza estética (si bien el primero participa de un cierto sentido sociológico) y son plenamente definitorios del Modernismo. En cambio el apartado *f*), que valora al Larra luchador por el mejoramiento de España; el *g*), que —frente a todo Romanticismo— tiende a la sobriedad de la palabra pegada a la realidad, y el *i*), que hace suyo el reflejo del Desastre, son muy típicos del ademán noventayochista, que pone por encima del ademán estético la eficacia educativa. El *h*), «curiosidad mental por lo extranjero» es, con su imprecisión intrínseca, común a las dos tendencias, y —por lo demás— no privativa de ninguna de ellas.

MAEZTU.

Como comentario inmediato a la estructuración de *Azorín*, publicó Ramiro de Maeztu dos importantes artículos, no recogidos en libro a pesar de su evidente interés (6). Discrepa Maeztu —con afectuoso respeto— de la «curiosidad mental por lo extranjero» como virtud específica del Noventa y Ocho, de la que participa —en general— todo el siglo XIX español (7).

«Pero también creo que *Azorín* se engaña respecto de las influencias extranjeras que más actuaron sobre los hombres de 1898. Quizá acierte en las que indica respecto de Benavente, Baroja

(6) *El alma del Noventa y Ocho* y *La obra del Noventa y Ocho*, aparecidos en la revista *Nuevo Mundo*, a 6 y 13 de julio de 1913.

(7) «Ya la generación precedente —Sawa, Palomero, Fuente, Luis París— había leído a Zola, a Ibsen y a Tolstoi en los cafés de Madrid. Las cumbres de la mentalidad española, Galdós, Palacio Valdés, Pardo Bazán, Campoamor, Pi y Margall, Castelar, se hallaban henchidas de influencias extranjeras. No hablemos de los hombres de la Institución Libre de Enseñanza. No hablemos de don Juan Valera, ni de don Marcelino Menéndez Pelayo. No hablemos de Ángel Ganivet, nuestro predecesor inmediato.»

y Rubén, pero se me figura que sobre el Unamuno de 1898 habían influido Marx y Hegel más poderosamente que Ibsen y Amiel; que sobre Bueno, más Maupassant que Stendhal, Brandès y Ruskin; que Valle-Inclán no sentía aún grande admiración hacia D'Annunzio, y que sobre mí, más que la de Spencer, a quien, ¡oh dolor!, no he leído todavía, pesaba la influencia de Kropotkin, si es que determinados autores habían influido tanto sobre mi manera de sentir el problema español como lo que buenamente se me había entrado por orejas y ojos durante mis años de Cuba y Bilbao.»

Lo más interesante de la interpretación de Maeztu, es la glosa al concepto del «grito pasional de Echegaray» que, según *Azorín*, figura al frente de la herencia ochocentista recogida por el Noventa y Ocho:

«Tenemos, pues, que interpretar la pasión de Echegaray en su sentido estricto —escribe—. La pasión de su teatro no era tanto la acción impetuosa cuanto la verdadera pasión del orgullo, del pundonor exagerado, de la petulancia nacional. Este sentimiento sí que era realmente una realidad al surgir el Desastre. Es el factor que *Azorín* ha olvidado y que determinó el carácter de la literatura regeneradora. Los hombres de 1898 éramos hijos, no sólo de influencias extranjeras, del espíritu corrosivo de Campoamor y del amor a la realidad de Galdós, sino también del orgullo nacional» (8).

---

(8) «Este viejo pecado de la raza —añade— se había exacerbado durante los años de la Restauración y la Regencia. Menéndez Pelayo nos había asegurado que en España lo había habido todo —ciencia, filosofía, letras y artes— en su máximo grado, y que bastaba ascender a las fuentes para hacerlo manar nuevamente. Aún resonaban en nuestros oídos la palabra altiva de Castelar y de Martos; hablaba Salmerón; no se había despuntado el estro con que declamaban Calvo y Vico los viejos versos clásicos. Más firmes que las intimidades de Campoamor retumbaban los tambores de Espronceda y de Núñez de Arce y resplandecían reflejos barrocos de las magnificencias de Zorrilla en la pluma de Rueda. La petulancia de la raza ¿no trascendía a los periódicos en los artículos de los Figueroa, de Burell y de Tuero? *Juan José*, el albañil, ¿no era también don Álvaro y don Juan y el alcalde de Zalamea? La barba de Alejandro Sawa, ¿no era una marcha real? Cuando los de las Carolinas, ¿no creímos que las águilas de Bismarck se habían ahuyentado ante las zarpas del león español? Cuando lo del submarino Peral, ¿no se había llamado a su inventor duque de Gibraltar? Cuando el crimen de la calle de Fuencarral, en 1888, ¿no estaban "sensatos" e "insensatos" perfectamente convencidos o de que nuestra justicia "histórica" era la mejor de la tierra o de que ya estaban listos

Y añade, al terminar su primer artículo:

«Nosotros heredamos en 1898 este ambiente espiritual de orgullo hispánico, como habíamos heredado el realismo galdosiano y la socarronería campoamorina. *En nosotros se daban estas modalidades contrapuestas de orgullo anticrítico y de crítica humilde, como en Costa, como antes en Larra, como antes en Quevedo* (el subrayado es mío). Y precisamente porque ese orgullo nacional, a pesar de la crítica, a pesar de los ojos, a pesar de la realidad, nos hacía suponer la existencia de una España en que las plazas de grandes hombres estuviesen cubiertas y desempeñados los servicios públicos, es por lo que alzamos la voz con iracundia cuando al desnudarnos el Desastre nos reveló que nuestro cuerpo exangüe no era apenas más que huesos y piel.»

Ahora bien: ¿cuál ha sido —según Maeztu— la consecuencia mental del Desastre? (9). ¿Cuál es el signo específico de la generación del Noventa y Ocho? Leamos sus palabras finales:

«Al cabo ha surgido la pregunta. Al cabo, España no se nos aparece como una afirmación ni como una negación, sino como un problema. ¿El problema de España? Pues bien, el problema de

---

y preparados los elementos que debían reemplazarla? Y de la célebre *Marcha de Cádiz*, ¿sabíamos entonces que era un vals extranjero trocado en pasodoble?»

(9) Probablemente en texto alguno hallaríamos un cuadro más vivo y más dramático de esta tremenda sacudida. He aquí los párrafos cruciales del segundo artículo de Maeztu: «Surgió el desastre. Se perdieron las últimas sucursales de la tienda. Ello fue acaso lo de menos. Lo importante fue la manera de perderse. Lo importante es que fuimos a la guerra sin medir su gravedad, por orgullo y por frivolidad, y que el enemigo jugó al blanco con nuestros pobres barcos de madera. La humillación nos hirió primeramente en el orgullo. Pero se habló en el extranjero de razas agónicas y de países incompetentes. La repatriación nos fue revelando rápidamente las inmoralidades, las torpezas pasadas. Durante un año no se habló en Madrid sino de los militares y paisanos enriquecidos en las colonias perdidas. Y entonces nos sentimos heridos también en el honor. A la amargura del fracaso se añadió la hiel de la falta de mérito.»

Rápidamente se fue dibujando ante nuestros ojos el inventario de lo que nos faltaba. No hay escuelas, no hay justicia, no hay agua, no hay riqueza, no hay industrias, no hay clase media, no hay moralidad administrativa, no hay espíritu de trabajo, no hay, no hay, no hay... ¿Se acuerdan ustedes? Buscábamos una palabra en que se comprendieran todas estas cosas que echábamos de menos. «No hay un hombre», dijo Costa; «No hay voluntad», *Azorín;* «No hay valor», Burguete; «No hay bondad», Benavente; «No hay ideal», Baroja; «No hay religión», Unamuno; «No hay heroísmo», exclamaba yo, pero al siguiente día decía: «No hay dinero», y al otro: «No hay colaboración».

España consistía en no haberse aparecido anteriormente como problema, sino como afirmación o negación. El problema de España era el no preguntar.

Ése es siempre el problema. Todavía los más de los españoles, políticos e intelectuales inclusive, no quieren preguntar. Unos dicen, dogmáticamente, que todo se arreglaría con arrojar a los descontentos de la tienda. Otros preferirían pegar fuego a la tienda, en la confianza de que espontáneamente se alzará de la tierra otra mejor. Los pocos hombres interrogativos que son en España suelen irritarse con las soluciones tajantes de esos hombres, y desearían limpiar la tienda de dogmáticos, también de un solo tajo. Pero no, ¡no! Si la solución al problema de España consiste en hacer subir la conciencia española a la región de las cosas problemáticas, los medios para realizar esta ascensión han de ser igualmente problemáticos. ¿Sabe alguno de ustedes la manera de conseguir que no se hallen tan seguros de sí mismos los españoles de buena voluntad?»

JESCHKE.

En 1934 publicó Hans Jeschke su importante trabajo *Die Generation von 1898 in Spanien* (10), en el que se aplican por primera vez a la literatura española contemporánea los estudios de Petersen sobre el fenómeno generacional.

Parte Jeschke de la existencia misma del grupo, tal como lo describe *Azorín* en los artículos señalados; rebate, pues, la tesis negativa de Baroja. En cambio, utiliza mucho el libro de Ramón Gómez de la Serna sobre el escritor de Monóvar.

La Generación del Noventa y Ocho es estudiada, en primer término, en función del grupo liberal krausista —Sanz del Río, Giner, Costa— frente al ingente bloque de la obra de Menéndez Pelayo; entre una y otra actitud existiría una intermedia, más conciliatoria, integrada por Valera, *Clarín* y Galdós. Para Jeschke, todo este conglomerado debe ser tenido en cuenta al iniciar el estudio de la Generación del Noventa y Ocho.

Al penetrar en él, pasando revista a las teorías de Von Müller, Pinder y Petersen, Jeschke revisa, como he indicado, la tesis de

(10) Hay traducción castellana de Y. Pino Saavedra. Santiago de Chile, 1946. Citaré por esta traducción.

Azorín, destacando una de sus afirmaciones más luminosas: la de que «un renacimiento es sencillamente la fecundación del pensamiento nacional por el pensamiento extranjero». Para el investigador alemán, no puede por menos de apreciar vaguedad o imprecisión en el contorno espiritual de los clasificados como noventayochistas señalando ya la importantísima escisión inicial del grupo *Azorín*, Baroja, Maeztu —«de intereses literarios y políticos»—, frente al grupo de Valle-Inclán y Benavente de intención predominantemente estética (11), aunque, según Jeschke, existieron «conductores espirituales comunes», lo cual no es cierto (12); lo mismo podemos decir del lenguaje generacional, sobre el que Jeschke pasa como sobre ascuas, y de ciertas ingenuidades de carácter completamente anecdótico (13).

Al estudiar la estructura espiritual de la generación del Noventa y Ocho, el crítico alemán establece como signo un radical escepticismo, un sentimiento pesimista de la vida unido a un afán de intervenir destructoramente en el mundo de la política. Pero estas características sólo puede mostrarlas en Unamuno, Ganivet, Baroja y *Azorín*. Cuando pretende hallarlas en Benavente, declara que «es difícil extraer de sus obras puntos de apoyo para sus concepciones a causa del carácter de su arte»; algo análogo acontece con Valle-Inclán. En cambio, Antonio Machado le presta abundante ejemplario.

Volveremos sobre el libro de Jeschke al tratar del lenguaje generacional. Es obra de interés y, sobre todo, es la primera en ofrecer un cuadro sistemático del tema que nos ocupa. Si es cierto

---

(11) Esta escisión, señalada también por Ricardo Baroja y por Ramón Gómez de la Serna —como veremos—, no llega a ser valorada por Jeschke, quien, después de explicar las dos orientaciones —¡tan distintas!—, se pregunta una y otra vez: «¿Por qué se forma, sin embargo, un grupo "Azorín" y un grupo "Valle-Inclán"? ¿Por qué Benavente se retrotrae por completo a sí mismo después de vacilar brevemente entre ambos grupos, en la esfera de la vivencia generacional que aun directamente lo había conmovido?» Ob. cit., pág. 99.

(12) Jeschke pretende como tales: en la filosofía, Schopenhauer y Nietzsche; en la literatura, Rubén Darío y los simbolistas franceses; en la política, Costa. Ya veremos hasta qué punto son diversos y contradictorios los conductores ideales de cada grupo.

(13) Jeschke llega a considerar como signo generacional la admiración común a cierta famosa tonadillera frívola, la *Chelito*. Puestos en este terreno, podríamos señalar como característica no del Noventa y Ocho, sí del Modernismo, a la *Tórtola Valencia*, que trajo ciertas modas europeas, cierto «decadentismo» morboso y alguna originalidad estética.

que ofrece el confusionismo de actitudes, general a toda la historiografía escrita a su alrededor, también lo es que maneja conceptos restrictivos y rigurosos. Así su concepción del grupo que peca por exceso, integrando en él a Valle-Inclán y Benavente junto a Baroja, *Azorín* y Machado, es excesivamente estricta al incluir —como «precursores»— a Unamuno, Ganivet y Rubén Darío; excluidos quedan también, y con idéntica falta de motivo, las que él llama «celebridades del instante» (Maeztu, Manuel Machado, Manuel Bueno), los «simpatizantes» (Villaespesa, Marquina, Martínez Sierra) y el «gran coro de los Alejandro Sawa, Ricardo Baroja, Camilo Bargiela, Luis Bello, Gómez Carrillo, etc.» Véase adelante.

FERNÁNDEZ ALMAGRO.

Melchor Fernández Almagro es, probablemente, quien con más nitidez señala en la linde del Novecientos español dos tendencias radicalmente distintas: «El abolengo de los modernistas —señala— empieza con Baudelaire. Pero los del 98 lo hallan en Larra, su antecesor más próximo. Y al paso que éstos se plantean, de un modo o de otro, el "problema de España", aquéllos merecen que la Estética —precisamente la suya— es la razón suficiente del mundo» (14).

No es posible precisar con más rigor una discriminación, tan absolutamente necesaria en la historiografía literaria española que bien puede decirse que es la motivación fundamental de las páginas de este libro.

LAÍN ENTRALGO.

El admirable libro de Pedro Laín Entralgo *La Generación del Noventa y Ocho,* goza de singular prestigio. Su documentación exhaustiva, el vigoroso decoro de su expresión y la elegancia que le gobierna el estilo son evidentes. Presta, además, este libro un servicio que pudiéramos llamar epilogal, por lo que tiene de ordenación mental definitiva de una turbamulta de datos. Las observacio-

---

(14) *Vida y literatura de Valle-Inclán.* Madrid, 1943. Véase también el interesantísimo libro *En torno al 98. Política y Literatura.*

nes que siguen para nada pueden amenguar la consideración que el libro merece (15).

Las cuales se apoyan, en primer término, en algo que el autor confiesa paladinamente en la *Epístola* liminar a Dionisio Ridruejo. «En el estudio del parecido generacional he dirigido mi atención, muy preponderantemente, al que existe entre todos ellos por su condición de españoles y he abandonado con exceso el que les distingue por su condición de literatos» (16).

Este punto de vista se hace compatible con la inclusión en su estudio generacional de Unamuno, *Azorín*, Antonio y Manuel Machado, Valle-Inclán, Baroja, Maeztu, Benavente. Y conociendo, como conoce, los *distingos*, ya señalados, de Melchor Fernández Almagro —políticos y estéticos— continúa, fiel a la tradición historiográfica anterior, estudiando el grupo como un bloque coherente.

Pero como era de esperar de su riguroso análisis, este grupo, del que se ve forzado a señalar cinco *indefiniciones* (geográfica, social, cronológica, temática, de convivencia), se le escinde fatalmente, una y otra vez, hasta obligarle a distinguir una vez más:

a) «Un grupo de literatos cuya obra está muy directamente afectada por la situación histórica de España de que el desastre es símbolo: Unamuno, Ganivet, *Azorín*, Maeztu, Antonio Machado. En menor medida, Baroja», y

b) «Otro grupo de escritores más próximos a la condición de "literatos puros" y más influidos por el Modernismo: Valle-Inclán, Benavente, Manuel Machado. No lejano de ellos en la actitud, sí en valía, Francisco Villaespesa.»

Distinción precisa y necesaria, que justifica la existencia de nuestro libro.

La actitud de Laín Entralgo estriba en su posición —digámoslo

(15) Madrid, Editora Nacional, 1945.

(16) Ob. cit., pág. 14. «No se me oculta —añade— que el propósito de este libro no quedará completo hasta que alguien, tal vez yo mismo, si Dios me da vida y ánimo, exponga la semejanza que entre todos ellos existe por razón de su obra literaria. He aquí unos cuantos temas de esa posible y sugestiva investigación: parecido en el manejo del idioma y en la creación estilística; parecido en la sensibilidad y en las actitudes estéticas; el sentimiento religioso y el de la naturaleza en los escritores del noventa y ocho; semejanzas en el uso de tratar los problemas humanos: la muerte, el amor, las relaciones humanas, el tránsito de vivir» (loc. cit.). Creemos que nuestra aportación al tema —justamente en estos aspectos— hará notar la dificultad de hallar tales coherencias.

otra vez— *política* (en el más noble sentido de la palabra), que le lleva a echar en cara a Salinas ver «más al literato que al español» (17) y que le mueve a considerar el grupo que estudia en función —a veces profética— de determinadas posiciones posteriores de la vida colectiva de nuestra patria.

Ciertamente estos dos presupuestos del libro de Laín —el de la amplitud del grupo y el de la conducta de sus integrantes «como españoles»— para nada dificultan hallar un «parecido» en el hecho de que todos recuerden su infancia, vengan a Madrid o sientan la emoción del paisaje hispánico. La dificultad aparece en los capítulos en que estudia la «intervención» del escritor en los menesteres colectivos. Ya que si Unamuno, *Azorín*, Maeztu, Antonio Machado, y hasta Baroja, le ofrecen abundante ejemplificación, la dificultad sobreviene cuando —como le acontece a Jeschke— desea encontrar textos análogos en Valle-Inclán (18) o en Benavente, cuyo sentido esteticista les dispersa en un abanico de actitudes evadidas de la grave meditación de lo colectivo. Esta es la verdad, y creemos que la lectura de este libro —destinado a discriminar, más que «tendencias», radicales actitudes— ayudará a evitar un confusionismo hasta ahora evidente. Y lo mismo podríamos decir de los demás capítulos —por otra parte admirables— en los que apenas pueden traerse textos del grupo señalado.

RESUMEN.

Sintetizando el esquema historiográfico reseñado, caracterizaría el fenómeno noventayochista:

1.° El éxito de la designación, que concreta en una fecha luctuosa una reacción viril posterior, que atestigua la continuidad de valores espirituales que hubiéranse creído desaparecidos.

2.° El evidente error de la misma: apenas un solo valor del grupo surge realmente en 1898.

3.° El curioso fenómeno de la disidencia de alguno de los valores que se consideraban como fundamentales.

---

(17) Ob. cit., pág. 57.

(18) Aduce Laín (pág. 187) textos de *Luces de Bohemia.* Pero ¡qué distintos los alegatos de un personaje estrafalario como «Max Estrella» a las conmovidas razones de los noventayochistas puros!

4.° La progresiva importancia que la política liberal, triunfante en 1931, otorga a las ideas noventayochistas, que —junto con la pedagogía krausista— se consideran como los hontanares de la República.

5.° La vigencia actual de muchos de los problemas que preocuparon a los hombres del Noventa y Ocho, que ha repercutido lógicamente en la actualidad de sus comentadores.

6.° El confusionismo. La historiografía señalada agrupa a cuantos escritores no están insertos en el naturalismo. Así, *Corpus Barga* lanza su famoso anagrama VABUMB, con las iniciales de Valle-Inclán, *Azorín*, Baroja, Unamuno, Maeztu y Benavente. Pareja desorientación señalan otros críticos: Maeztu incluye en la lista a Valle-Inclán, Unamuno, Benavente, Baroja, Bueno, Rubén Darío, *Azorín* y a sí mismo; según Salinas, pertenecen al Noventa y Ocho Unamuno, *Azorín*, Baroja, Valle-Inclán, los Machado *(sic)*, etc.

SEGUNDA PARTE

POSIBILIDAD DE UNA DISCRIMINACIÓN SISTEMÁTICA

Ramón María del Valle-Inclán

Foto Alfonso

REVISIÓN DEL PROBLEMA GENERACIONAL

APLICACIÓN DE LAS TESIS DE PETERSEN

NO UNA, SINO DOS GENERACIONES.

Nuestro esfuerzo, pues, tiende a terminar con este confusionismo, que si bien no perturba a los conocedores de la literatura, que no caerán en el error de unir mentalmente a Unamuno y a Valle-Inclán, por ejemplo, ofrece evidente peligro de crear un concepto historiográfico equivocado.

Como se ve, no se trata de eliminar el concepto de generación del Noventa y Ocho, sino de precisarlo. Ni se pretende confundir, como previene Salinas, los conceptos de generación y de escuela literaria. Ésta sería la —tan conocida— posición de Baroja: «Una generación que no tiene puntos de vista comunes, ni aspiraciones iguales, ni solidaridad espiritual, ni siquiera el nexo de una edad, no es generación» (1). Salinas, por su parte, escribe que «lo que la generación tiene de común es el problema de su tiempo, la demanda y el quehacer de su tiempo... Yo diría que las escuelas literarias no son otra cosa sino las distintas soluciones que una generación ofrece a su único problema literario» (2). Aquí existe el principio de confusión que conviene esclarecer. Sí, existe entre 1895 y 1905 un grupo de lo que, con otro sentido, se ha llamado después «compañeros de viaje»; este grupo ofrece evidentes diferencias de formación y de tendencia, como

(1) *Divagaciones apasionadas*, pág. 31.
(2) Loc. cit., págs. 256 y 257.

ha señalado también Baroja (3). Pero ya no se trata de preferencias estéticas, ni siquiera de lenguajes generacionales, evidentemente escindidos. *Se trata de que es posible establecer dos grupos en los que para lo político, lo social, lo estético y lo ético se propugnan soluciones radicalmente distintas. Es algo más que una disensión estilística, que una diversa forma literaria; es una radicalmente opuesta actitud ante la vida y ante el arte.*

Otro aspecto diferenciador: la generación del Noventa y Ocho, y fundamentalmente una generación española, fiel a una encrucijada geográfica e histórica. El Modernismo es una integración a un movimiento europeo por un lado, hispanoamericano por el otro.

Y, finalmente, es muy importante hacer notar que así como la conciencia generacional, bajo un lema, es en el 98 tan tardía que no corresponde al momento de su eclosión (e incluso es negada por algunos de sus componentes cuando *a posteriori* la crítica historicoliteraria comienza a establecer su existencia), por el contrario, el mote Modernista —usado despectiva u orgullosamente— campea desde el primer momento otorgando a sus seguidores un carácter y una actitud perfectamente definidos.

No es posible, pues, seguir hablando de una Generación del Noventa y Ocho en la que, siguiendo el famoso anagrama de *Corpus Barga* (VABUMB), incluya a Valle-Inclán, junto a *Azorín*, Baroja, Unamuno, Maeztu y Benavente.

Existen, pues, o coexisten, hasta cierto punto si se quiere, dos actitudes fundamentales: la típica del Noventa y Ocho y la del Modernismo (4), ampliando así el cuadro clasificador de la

---

(3) «Benavente se inspiraba en Shakespeare, en Musset y en los dramaturgos franceses de su tiempo; Valle-Inclán, en D'Annunzio y el Caballero Casanova; Unamuno, en Carlyle y Kierkegaard; Maeztu, en Nietzsche y en los sociólogos ingleses; *Azorín*, en Taine, en Flaubert y después en Francis Jammes; yo dividía mis entusiasmos entre Dickens y Dostoiewsky» *(Divagaciones apasionadas)*. Nótese el carácter predominantemente estético de los modelos de Benavente y Valle-Inclán, en oposición a los de los escritores citados después.

(4) El primer crítico que de una manera lúcida y tajante señala esta bifurcación es Ángel Valbuena Prat en su libro *La poesía española contemporánea* (Madrid, 1930), que asigna al grupo modernista a Rubén Darío, Rueda, Villaespesa, Carrère, Marquina, Tomás Morales, Manuel Machado, Díez-Canedo y Valle-Inclán; al grupo Noventa y Ocho van atribuidos Antonio Machado, «Alonso Quesada», Unamuno y —más discutibles— Gabriel y Galán, Vicente Medina, Ricardo León y Pérez de Ayala. Juan Ramón Jiménez es estudiado aparte, como «novecentista».

literatura española, que adquiere una coherencia más lógica, sin olvidar las posibles —menos de las que sería lógico prever— zonas fronterizas que engendra la convivencia y el ardor de la lucha contra el enemigo común: la retórica ochocentista. Como no puede por ser menos, la discriminación que intentamos agrupa las figuras, sin excluir, como decimos, la posibilidad de momentáneos contagios, inevitables en figuras, después de todo, contemporáneas.

Y esto, como ya hemos señalado, no es un descubrimiento. Hans Jeschke, partiendo de unos textos de Ramón Gómez de la Serna, recuerda la existencia de dos grupos coexistentes: un grupo *Azorín*, Baroja, Maeztu (y Unamuno), y otro formado por Valle-Inclán, Benavente (y Juan Ramón Jiménez) (5).

Melchor Fernández Almagro cree también conveniente establecer dos grupos, cuyas características comunes proceden de su odio a los valores de la Restauración, pero cuyas tendencias, como recordábamos, se precisan: de un lado, los preocupados por su deseo de intervenir en la cosa pública; su antecesor simbólico es Larra (6); de otro, los que creen que «la Estética es la razón suficiente del mundo»; su ídolo es Baudelaire (7).

Finalmente, Pedro Laín Entralgo —como acabamos de constatar— reconoce análoga bifurcación (8).

---

(5) JESCHKE: *La generación de 1898 en España*, Santiago de Chile, 1946; págs. 21 y sigs. Jeschke no acepta el «lenguaje generacional» como factor constituyente. Los nombres añadidos entre paréntesis son nuestros.

(6) Recuérdese el famoso acto de homenaje a su tumba (13 de febrero de 1901) en el que interviene este subgrupo. Otras actitudes típicas son su intervención en la campaña pro monumento a «Juan Español» y su declaración de fe en el anarquismo (JESCHKE: Ob. cit., página 96).

(7) FERNÁNDEZ ALMAGRO: *Vida y literatura de Valle-Inclán*, páginas 56-57.

(8) *La generación del Noventa y ocho*, Madrid, 1945; pág. 69. El propio *Azorín* ha precisado: «*Los tres* éramos Ramiro de Maeztu, Pío Baroja y yo... Los tres éramos el núcleo del grupo literario y que se disponía a iniciar a una acción social. Ya la primitiva y única agrupación se había escindido, y otro grupo era capitaneado por Ramón del Valle-Inclán y Jacinto Benavente» (*Madrid*, pág. 69). Baroja, por su parte, escribe: «Entre los que comenzamos por entonces, había hombres de todas las tendencias. Unos, la mayoría, cultivaban lo que se llamaba, y creo que se sigue llamando, Modernismo; otros se inclinaban a la política y a la sociología; pero como no había entre nosotros un ideal común, cada uno marchaba por su lado... La única cosa común

A pesar de ello, los tres críticos agrupan a todos estos escritores bajo la común denominación: Generación del Noventa y Ocho. De ahí la necesidad —a que pretende acudir este libro— de establecer una discriminación sistemática.

LA CLAVE «GENERACIONAL».

Ya hemos indicado que nos proponemos ahondar en la realidad historiográfica que se nos ha ofrecido hasta ahora como «generación del Noventa y Ocho», para discriminar en ella los elementos dispares, y aun antagónicos, que, a nuestro juicio, la integran. Nada nuevo, por otra parte, hemos de aportar, sino un hilo de claridad y de rigor metódico a un tema —por contemporáneo, palpitante— muy conocido. Nadie confundirá, en efecto, el tono de una meditación de Unamuno con el de una elegía de Juan Ramón Jiménez. Pero si —como acabamos de ver— el grupo o tendencia noventayochista tiene ya una ilustre tradición historiográfica, el Modernismo ha sido menos afortunado; y si bien sus hitos supremos son menos trascendentes, es lo cierto que abarcan una de las etapas en que la lengua española de todos los tiempos ha dado logros de mayor hermosura.

Vamos, pues, a su estudio. Para ello, nos interesa volver a un tema muy debatido, pero de interés no agotado: el tema de las generaciones. Dejando a un lado la rica evolución bibliográfica del tema, bien fácil para el lector español a través de los libros de Laín Entralgo (9) y de Julián Marías (10), veamos de enfrentarnos con aquellas tesis que mejor convengan a nuestra labor.

En primer término, a la famosa teoría acerca de «Las Gene-

---

fue la protesta contra los políticos y los literatos de la Restauración» *(Divagaciones apasionadas)*. La noción de esta diferencia está presente en la crítica extranjera. «In their iconoclasm (el de la generación de 1898) they set new values on literary types: three of them, Baroja, Azorín and Unamuno fostered what was for Spain a new realism in the novel, while a fourth ones Valle-Inclán, emphazised a precious new style, less original, perhaps, than he would have us believe, but none the less revolutionary.» ROSA SEELEMAN: *The treatment of landescape in the noulists of the generation of 1898*, en *Hispanic Review*, 1936; páginas 229-230.

(9) LAÍN ENTRALGO: *Las generaciones en la historia*, Madrid, 1945.

(10) *El método histórico de las generaciones*, Madrid, 1949.

raciones Literarias», del profesor alemán Julius Petersen, publicado por primera vez en el volumen misceláneo *Die Philosophie der Literaturwissenschaft*, editado en Zurich (1930) bajo la dirección de Ermatinger y traducido al castellano por Eugenio Imaz en 1946 (11). No son definitivas las conclusiones de Petersen; adolecen, seguramente, de errores de visión y de acoplamiento (12). Pero tienen para nosotros el palpitante interés de haber sido puestas en relación con el tema que nos importa, en un trabajo, muy valorado, del ilustre poeta y profesor Pedro Salinas: *El concepto de generación literaria aplicada a la del Noventa y Ocho*, publicado en 1935 (13). Este estudio, presentado por su autor como unos meros «apuntes, resumen de un trabajo de clase», ofrece el valor de ser el primer esfuerzo en este sentido (14); y, sea cual sea la opinión que hoy pueda tenerse del mismo, es evidente su primacía y su interés. Nuestra tesis —adversa— no debe restar sinceridad a esta leal opinión valoradora.

Nos proponemos, pues, en este capítulo, partir del trabajo de Salinas —basado en las tesis de Petersen— para obtener el reconocimiento de la existencia, no de una, sino de dos actitudes generacionales distintas, radicalmente diversas por su concepción vital y su manera estética: la del Noventa y Ocho y la del Modernismo.

Como es sabido, Julius Petersen establece la existencia de una generación literaria cuando coinciden en ella una serie de requisitos. He aquí cuáles son estos elementos definidores de una agrupación generacional:

a) *Herencia.*
b) *Fecha de nacimiento* (I).
c) *Elementos educativos* (II).
d) *Comunidad personal* (III).
e) *Experiencias de la generación* (IV).
f) *El guía* (V).

---

(11) Méjico, *Fondo de Cultura Económica*, págs. 137-193.
(12) MARÍAS: Ob. cit., págs. 120 y sigs.
(13) En *Revista de Occidente*, diciembre de 1935.
(14) El enfoque del tema generacional para la literatura española, esta vez del siglo XVI, ha sido realizado también por J. FUCILLA: *Two generations of Petrarchism in Spain*, en *Modern Philology*, XXVII; febrero de 1930. Véase el comentario de A. ZAMORA VICENTE: *Sobre el petrarquismo.* (Discurso inaugural del curso 1945-1946 en la Universidad de Santiago.)

g) *El lenguaje de la generación* (VI).

h) *Anquilosamiento de la vieja generación* (VII).

El procedimiento que vamos a utilizar es el siguiente: partiendo de las condiciones que, según Petersen, constituyen una generación literaria, veamos cuál es la interpretación hasta ahora aceptada y hasta qué punto debe ser sustituida por nuestra tesis.

I

ASPECTOS CRONOLÓGICOS

A) El año del nacimiento

RITMOS GENERACIONALES.

Para Petersen (1) la coincidencia o contigüidad en las fechas de nacimiento justifican, en primer término, la existencia de una generación. Todas las condiciones que hayan de estudiarse después deben partir de esta, hasta cierto punto, mecánica coyuntura. Imposible el paralelismo de actitudes, si previamente no existe un punto de partida biológico común. Pues ¿qué es una generación sino un equipo de hombres que coinciden en el tiempo y en sus actitudes vitales? Cada grupo se encuentra con una «circunstancia» distinta. Pero ¿cuándo y cómo se produce la generación?

Existe, sin duda, una dinámica de la sucesión de los gustos y de los estilos. Un fenómeno, caro a Wölfflin, la «fatiga», mueve a los grupos a buscar soluciones distintas a la solución vigente.

¿Cuánto tarda una generación en sustituir el culto anterior? Taine distingue entre *moda*, que cambia en breves años, el *gusto*, que persiste un período mayor de tiempo y el *estilo*, en suma, que alcanza a sellar un largo espacio cronológico. Pero ¿puede hablarse de un término constante, de un plazo fijo para la aparición

---

(1) Prescindimos, como prescinde Salinas, de la *herencia* como signo generacional.

de un gusto nuevo? Y si cambia, ¿puede hacerse alguna afirmación acerca del ritmo que va adquiriendo la sucesión de escuelas?

Los fenómenos de precocidad o de retraso productor pueden alterar sensiblemente la contigüidad generacional. No sabríamos negar, con todo, algo así como una magia que Petersen llama con gracia, «astrológica», a las coincidencias cronológicas de los natalicios. Hay, no cabe duda, zonas especialmente fecundas junto a evidentes períodos de esterilidad.

Tomemos, por ejemplo, el siglo XIX español e intentemos una agrupación generacional:

Primera generación. (Entre 1805 y 1809).—Nacen el padre Arolas, Juan Eugenio Hartzenbusch, Patricio de la Escosura, Ventura de la Vega, Manuel de Cabanyes, José de Espronceda, Mariano José de Larra y Juan Donoso Cortés. Son las gentes que triunfan hacia 1840.

Segunda Generación. (Entre 1815 y 1818).—Enrique Gil Carrasco, Gregorio Romero Larrañaga, Eugenio de Ochoa, Francisco Camprondón, José Zorrilla, Ramón de Campoamor, Tomás Rodríguez Rubí, Miguel de los Santos Álvarez, Pablo Piferrer, Francisco Navarro Villoslada y Manuel Milá y Fontanals.

(En 1827 nace Valera.)

Tercera Generación. (Entre 1828 y 1833).—Nacen Adelardo López de Ayala, Cánovas del Castillo, Manuel Tamayo y Baus, Luis de Eguilaz, Narciso Serra, Federico Balart, Manuel del Palacio, Amós de Escalante, José Echegaray, Emilio Castelar, Enrique Pérez Escrich, Pedro Antonio de Alarcón y José María de Pereda.

(En 1834 nace Núñez de Arce; en 1836, Bécquer y Querol.)

Cuarta Generación.—Entre 1843 y 1845 ven la luz Benito Pérez Galdós, Melchor de Palau, Eusebio Blasco, Leopoldo Cano, Antonio Fernández Grilo, Marcos Zapata, Miguel Ramos Carrión, Manuel de la Revilla, Joaquín Costa.

(En 1850, Ferrari Bartrina.)

Quinta Generación.—Entre 1851 y 1853 tenemos al padre Luis Coloma, Leopoldo Alas, Armando Palacio Valdés, Jacinto Octavio Picón.

(En 1856, Manuel Reina y Menéndez Pelayo.)

Observamos un cierto ritmo decenal en la aparición de grupos literarios, de indudable afinidad entre sus componentes. Fuera de estos grupos existen otros natalicios insignes: los más significativos van entre paréntesis. Por su parte, Julián Marías ha obtenido otra curiosa tabla decimonónica a base de las zonas de fechas de quince años propugnadas por Ortega. Lo que indica —en último término— la arbitrariedad de toda tesis basada en puras experiencias cronológicas.

LA DOCTRINA DE ORTEGA.

Traigamos aquí la doctrina de Ortega y Gasset con respecto a la dinámica de las generaciones. Esta doctrina, por su claridad y por la necesaria presencia de lo español en su formación, nos interesa destacarla en sus líneas generales. He aquí, magistralmente expuesto, el panorama del cambio generacional en una página de *El tema de nuestro tiempo:*

«Cuando el pensamiento se ve forzado a adoptar una actitud beligerante contra el pasado inmediato, la colectividad intelectual queda escindida en dos grupos. De un lado, la gran masa mayoritaria de los que insisten en la ideología establecida; de otro, una escasa minoría de corazones de vanguardia, de almas alertas que vislumbran a lo lejos zonas de piel aún intacta. Esta minoría vive condenada a no ser bien atendida: los gestos que en ella provoca la visión de los nuevos paisajes no pueden ser rectamente interpretados por la masa de retaguardia que avanza a su zaga y aún no ha llegado a la altitud desde la cual la «terra incógnita» se otea. De aquí que la minoría de avanzada viva en una situación de peligro entre el nuevo territorio que ha de conquistar y el vulgo retardatario que hostiliza a su espalda» (2).

El segundo texto orteguiano que me interesa traer aquí es el que hace referencia a los valores heterogéneos que pueden producirse dentro de un mismo cuadro generacional.

«Una generación es una variedad humana, en el sentido riguroso que dan a este término los naturalistas. Los miembros de ella vienen al mundo dotados de ciertos caracteres típicos, que les prestan una fisonomía común, diferenciándolos de la generación anterior. Dentro de ese marco de identidad pueden ser los individuos del más diverso temple, hasta el punto de que, habiendo de vivir los unos junto a los otros, a fuer de contemporá-

(2) *El tema de nuestro tiempo,* 3.ª ed., Madrid, 1934; págs. 15-16.

neos, se sienten a veces como antagonistas. Pero bajo la más violenta contraposición de los *pro* y los *anti,* descubre fácilmente la mirada una común filigrana. Unos y otros son hombres de su tiempo, y por mucho que se diferencien se parecen más todavía» (3).

Pero vayamos a nuestro campo de trabajo: Las fechas natalicias (4) del grupo conjunto de escritores hasta ahora aceptado van desde 1864, fecha del nacimiento de Unamuno, hasta 1876, fecha del nacimiento de Antonio Machado. No menos de doce años de diferencia (5).

Esta cifra de doce años se amplía hasta diecisiete, integrando a Juan Ramón Jiménez y Martínez Sierra en un grupo generacional que ha incluido ya a Valle-Inclán y a Manuel Machado, con lo que la coincidencia cronológica padece todavía más y exige una mayor revisión.

---

(3) *El tema de nuestro tiempo,* 3.ª ed., Madrid, 1934; pág. 19. Finalmente, señalemos la fundamental discriminación entre las que Ortega llama épocas *cumulativas* y épocas *eliminatorias:* «Ha habido generaciones que sintieron una suficiente homogeneidad entre lo recibido y lo propio. Entonces se vive en *épocas cumulativas.* Otras veces han sentido una profunda heterogeneidad entre ambos elementos, y sobrevinieron *épocas eliminatorias y polémicas,* generaciones de combate. En las primeras, los nuevos jóvenes, solidarizados con los viejos, se supeditan a ellos: en la política, en la ciencia, en las artes siguen dirigiendo los ancianos. Son tiempos de viejos. En las segundas, como no se trata de conservar y acumular, sino de arrumbar y sustituir, los viejos quedan barridos por los mozos. Son tiempos de jóvenes, edades de iniciación y beligerancia constructiva.» (Ídem, pág. 23.)

(4) En la historiografía antigua, hasta alcanzar el siglo XIX, las grandes etapas de fidelidad a la Norma, como el Clasicismo, el Renacimiento, el Neoclasicismo dejan entre ellos anchos plazos, en los que el arte se orienta por caminos de libertad: la Edad Media, el Barroco, el Romanticismo, comunes en su olvido de las Reglas. Tan anchas zonas estilísticas no sirven para estudiar la cronología de las generaciones. Tampoco nos sirven la consideración meramente biológica, según la cual la generación equivale a una fracción de treinta años, término medio de su actividad madura. La distancia entre una generación y otra no puede ser establecida de manera precisa. Pero hay, como veremos, una «dinámica ascendente».

(5) En 1898, Unamuno tiene treinta y cuatro años; Antonio Machado, veintidós. La distancia es muy considerable para sentir una «fraternidad» biológica, sobre todo en las fechas iniciales, pese a que Salinas estima lo contrario.

NUESTRA ORDENACIÓN.

He aquí cómo agrupo a los escritores objeto de nuestro estudio, de acuerdo con una real proximidad cronológica que nos da, por añadidura, la obligada cohesión espiritual:

Generación del 98	Primera promoción.	Unamuno (1864). Ganivet (1865).
Generación modernista	Primera promoción.	Benavente (1866). R. Darío (1867). Valle-Inclán (1869).
Generación del 98	Segunda promoción.	Baroja (1872). Azorín (1873). Maeztu (1874). A. Machado (1876).
Generación modernista	Segunda promoción.	M. Machado (1874). Villaespesa (1877). Marquina (1879). J. R. Jiménez (1881). G. Martínez Sierra (1881) (6).

Con la solución que propongo, se establecen cuatro grupos perfectamente coherentes en cuanto a la *fecha de nacimiento:* 1864-1865, 1866-1869, 1872-1876, 1874-1881.

Cabe preguntarse, con todo, si la tesis de la existencia de dos generaciones distintas —Noventa y Ocho y Modernismo— es compatible con la proximidad de los grupos señalados.

Una consideración un poco primaria de la dinámica generacional, y del mecanismo de fatiga que la acompaña, tendería a una sencilla cronología lineal en la que las escuelas serían sustituidas, por reacción, por la escuela contradictoria. En la realidad las cosas son mucho más complejas. Muchas actitudes coinciden en el tiempo y provocan, cada una de ellas, su reacción respectiva. Petersen recuerda, con acierto, la curiosa coincidencia

(6) Este cuadro clasificatorio podría ampliarse a dos grupos epigonales: el del 98 (tercera promoción), integrado por Eugenio d'Ors (1881), Ortega y Gasset (1883) y Américo Castro (1885), y el del Modernismo (tercera promoción), formada por Tomás Morales (1886), Enrique López Alarcón (1891) y Luis Fernández Ardavín (1892).

cronológica de los dirigentes de actitudes tan distintas como el naturalismo y el simbolismo: «Baudelaire ha nacido en el mismo año que Flaubert (1821), y Mallarmé (1842), lo mismo que Verlaine (1844), son "compañeros de edad" de Zola (1840).»

Aun en el caso presente, en el que, según creo, el Modernismo es una reacción contra el Noventa y Ocho, una réplica distinta a los problemas vitales de una generación anterior, nada impide que la reacción se produzca de manera inmediata a raíz mismo de la actitud provocadora.

Por otra parte, si, como quiere Pinder, existe un *ritmo de las generaciones*, a mí me parece evidente que la historia de nuestra cultura denota una aceleración de este ritmo. La inquietud y el dinamismo de nuestro tiempo precipita los fenómenos de fatiga.

Al ritmo milenario —mil años de cultura clásica, seguidos de diez siglos de cultura medieval— sucede —«grosso modo»— el ritmo casi secular: siglo XVI (Renacimiento), siglo XVII (Barroco), siglo XVIII (Neoclasicismo), siglo XIX (Romanticismo), es decir, un paso mucho más nervioso. A mediados del Ochocientos, el realismo contrapone su dique observador a la fantasía romántica; después, los dos grupos finiseculares: Noventa y Ocho, primero; Modernismo, después. A continuación, en un término de treinta años: futurismo, creacionismo, neopopularismo, neogongorismo, superrealismo, neorrenacentismo y existencialismo... Pero no anticipemos.

B) El "momento de aparición"

SU IMPORTANCIA.

Ahora bien: llegados a este punto de nuestra investigación, orientada por el momento hacia el aspecto cronológico, surgen dos preguntas de gran interés:

1. ¿Desde qué momento puede hablarse de una cohesión generacional?

2. ¿Cuándo termina esta cohesión?

Quien concreta mejor estas cuestiones es —a mi juicio— Wechssler.

Para Wechssler, la generación no va ligada a la rigurosa coincidencia del natalicio, sino a su «momento de aparición» *(Quell-*

punkt), es decir, lo que importa es el momento de la aparición en la vida literaria o artística. Sin conocer, naturalmente, la obra de Wechssler, Cejador utilizó este criterio, hasta cierto punto el más lógico. Los autores van ordenados por el «año de aparición».

La *Historia de la Lengua y Literatura Castellana*, de Cejador, presenta, en efecto, el «orden de aparición» de cada autor. En los autores que nos interesan, la lista es como sigue:

1888, Rubén Darío.

1892, Jacinto Benavente, Enrique Gómez Carrillo.

1893, José Martínez Ruiz.

1894, Valle-Inclán.

1895, Amado Nervo.

1896, J. E. Rodó.

1896, Ángel Ganivet, Guillermo Valencia.

1897, Bonilla San Martín, Miguel de Unamuno, Leopoldo Lugones, Serafín y Joaquín Álvarez Quintero.

1898, Vicente Medina, Gregorio Martínez Sierra, Herrera y Reissig, Francisco Villaespesa, Francisco Contreras (¡con lo que —por el año de la aparición—, los verdaderos «noventa y ochos» son los modernistas!).

1899, Jacinto Grau, Eduardo Marquina, Costa y Llobera, González Anaya.

1900, Pío Baroja, Felipe Sassone, Carmen de Burgos.

1901, José María Gabriel y Galán, Juan Ramón Jiménez, Felipe Trigo, Gabriel Miró.

1902, Manuel Machado, Eduardo de Ory, Magallanes Moure, M. López Roberts, Efrén Rebolledo, Emilio Carrère, Cristóbal de Castro.

1903, Antonio Machado, Enrique González Martínez, M. Linares Rivas, Florencio Sánchez, Concha Espina, Antonio de Hoyos, José Francés.

1904, Ramón Pérez de Ayala, Ramón Gómez de la Serna, Pedro Mata, Pedro Muñoz Seca.

1905, Antonio Rey Soto, Enrique de Mesa, Pedro Henríquez Ureña.

1906, E. Ramírez Ángel, Max Henríquez Ureña, F. García Sanchiz, Enrique J. Banchs.

1907, Alberto Insúa, R. López de Haro, A. Hernández Catá, A. González Blanco.

NUESTRA PROPUESTA: 1902.

Aceptando inicialmente la fecha de 1898 para el grupo así llamado, nosotros proponemos como «momento de aparición» del Modernismo la fecha de 1902, de acuerdo con las siguientes coincidencias cronológicas:

a) En 1902 los elementos del primer grupo modernista (Benavente, Darío, Valle-Inclán), rigurosos contemporáneos de los del 98, han orientado su obra, ya madura, en una dirección cada vez más estética, alejándose de toda derivación ideológica o política.

b) En 1902 Benavente tiene treinta y seis años: es ya el autor de *El nido ajeno* (1894), de *Lo cursi* (1901), estrena *Alma triunfante* y está a punto de estrenar *La noche del sábado.*

c) Rubén Darío tiene treinta y cinco años y es el momento en que estalla el éxito de la segunda edición (la primera apenas difundida aquí) de *Prosas profanas* (París, 1901); Valle-Inclán tiene treinta y tres años; publica su primera gran novela, *Sonata de otoño.*

d) Este glorioso momento de madurez coincide con la aparición del segundo grupo modernista que, entre los veinte y los treinta años, absorbe plenamente sus enseñanzas. Es el grupo modernista puro: Manuel Machado tiene veintiocho años; Villaespesa, veinticinco; Marquina, veintitrés; Juan Ramón Jiménez y Gregorio Martínez Sierra, veintiuno.

e) En 1902 Manuel Machado publica su primer libro poético, *Alma;* Villaespesa da fin a su primera etapa lírica iniciada en 1898 con *El alto de los bohemios;* Marquina estrena su primera obra teatral, *El pastor;* Juan Ramón Jiménez publica el más significativo de sus libros juveniles, *Rimas;* Carrère, su primer libro de versos, *Románticas,* y Martínez Sierra, el más precoz de todos, se constituye en el defensor más entusiasta de la nueva tendencia.

f) Al terminar 1902 se publica la primera revista plenamente al servicio del ideal modernista, revista meramente estética: la revista *Helios* (7).

g) En 1902 el Modernismo deja, por decirlo así, los círculos de iniciados y alcanza la normal publicidad en las mejores publi-

---

(7) Véase el capítulo correspondiente a las revistas.

caciones españolas. La sátira antimodernista —soez muchas veces— empieza a batirse en retirada. La crítica objetiva y desapasionada se interesa ya por la importancia del fenómeno (8). En el mismo año se publica la traducción castellana del famoso libro de Max Nordau, *Degeneración,* interesante por constituir un verdadero catálogo del «Modernismo» y sus manifestaciones, publicación que patentiza el interés despertado por el tema.

h) En 1902 se abre como una pausa favorable a los valores estéticos después de la absorción total por los temas «regeneracionistas». Unamuno olvida sus apasionados sermones para escribir su primera novela, *Amor y Pedagogía; Azorín* deja a un lado sus sociólogos y sus «anarquistas» para dejarnos también su primer relato, *La voluntad.*

i) En 1902 publica su primer artículo José Ortega y Gasset, que se interesa en seguida por la literatura modernista; el segundo artículo que recoge en sus *Obras completas* se ocupa de la *Sonata de estío,* de Valle-Inclán.

j) En 1902 se inaugura en el Museo del Prado una magnífica exposición del Greco, dando así el espaldarazo oficial a uno de los descubrimientos más típicos del Modernismo.

k) No menos significativo del grado de interés que despierta el Modernismo en este momento —enero de 1902— es la aparición en la revista *Gente Vieja* (redactada en su mayor parte por elementos maduros) de la famosa encuesta acerca del Modernismo, que reúne todos los elementos definitivos de la nueva escuela.

l) Finalmente, porque 1902 es la cifra central entre 1896 (los treinta años de Benavente) y 1911 (los treinta años de Martínez Sierra), de acuerdo con el método propugnado por Ortega y Gasset, para quien la generación es una «zona de fechas» de quince años, centrada por la fecha en que la figura directiva llega a cumplir su tercer decenio. Los más próximos, cronológicamente, a constituir esta figura central de su generación serían Valle-Inclán (que cumplió treinta años en 1899) y Manuel Machado (que los cumplía en 1904). El método orteguiano no tiene, como es sabido, pretensión matemática (9).

---

(8) Por ejemplo, Eduardo Gómez de Baquero, que desde 1890 rubrica el comentario de libros en *La España Moderna,* sin mencionar apenas los nuevos valores, publica, al comenzar el año 1902, un amplio estudio titulado *Modernistas y no modernistas,* verdadero espaldarazo de mayoría de edad. (Véanse págs. 56-57.)

(9) Ortega y Gasset: *Obras completas,* vol. V, págs. 41 y sigs.

Por todas estas razones yo propongo denominar con el título de Generación de 1902 la actitud literaria que, procedente —y disidente— de la del Noventa y Ocho, prende justamente en este año de 1902 en un grupo perfectamente definido de escritores, caracterizados todos de manera clara y distinta con el mote de modernistas.

C) Término de la cohesión generacional

«COMUNIDAD JUVENIL».

Acabamos de resumir las razones por las que puede hablarse de una existencia generacional cohesionada cuyo centro histórico lo constituye el año 1902. Veamos ahora nuestra segunda pregunta:

¿Hasta cuándo dura esta cohesión generacional? También ha sido Wechssler quien, a mi juicio, responde con mejor sentido. Una «generación» es siempre una *Jugendgemeinschaft*, una *comunidad juvenil*. La generación, en el sentido más estricto, duraría, en tanto que un conjunto de voluntades jóvenes necesita agruparse frente al *Zeitgeist* o espíritu dominante de la época.

Este concepto, acertadísimo, explicaría el «espíritu de equipo», que hace posibles —y obligadas— las «revistas de grupo» (o, en el terreno plástico, las «exposiciones colectivas») en las que los nuevos valores se apoyan mutuamente frente a las generaciones dominantes, contra las que les sería más difícil luchar.

Pero ¿cuánto dura una generación?

Como ya vimos, la aportación más interesante de Ortega en relación con la fijación cronológica del período generacional es la de que el término de quince años, en el que coincide con Tácito, es denominado por el filósofo «zona de fechas»; todos cuantos nacen en esta «zona» «tienen la misma edad, vital e históricamente» (10).

Como es lógico, Ortega conoce que en una «zona» se ensamblan, por otra parte, tendencias divergentes. «Por tanto —resume Laín—, en un mismo *hoy* coincidirían: una generación infan-

---

(10) Esta coincidencia y poseer «algún contacto vital» caracterizan la generación para el Ortega de 1933. Para esta etapa posterior me valgo de las referencias del libro de LAÍN: *Las generaciones y la historia*, págs. 229 y sigs.

til, históricamente inactiva; otra, juvenil, en período de aprendizaje; *dos históricamente activas,* aspirante la una y *dominante la otra,* y, por fin, la generación senil, compuesta por los mayores de sesenta años.» El subrayado es nuestro y está en relación con la coincidencia generacional que estoy estudiando.

A los efectos de mi argumentación me interesa señalar estas coincidencias generacionales de dos grupos históricamente activos: aspirante el uno y dominante el otro. ¿No hemos visto en el *Azorín* de 1904 la coincidencia de una generación que «viene detrás»? (11). ¿Cuál puede ser esta generación sino la modernista, de la que *Azorín* —noventayochista puro— se siente a la vez inmediato y distante?

Pero convendría apurar la curva biológica del hecho generacional. Si centramos la generación modernista en 1902, las dos cifras extremas —en un ámbito de quince años— serían 1894 y 1910. La primera coincidiría, aproximadamente, con la aparición de *En tropel,* de Salvador Rueda (1893), y los primeros contactos de Darío con España en su primer viaje. El segundo hito, el de 1910, es a todas luces insuficiente. La corriente modernista se extiende hasta más acá. Pedro Salinas propone la fecha de 1915 para dar por terminado el período modernista (12); Rubén Darío muere en 1916 (13). Pero la fecha es prematura.

La cuestión debe enfocarse no sólo en cuanto a la vigencia estética del Modernismo, sino a su propia homogeneidad. Sobre

---

(11) Véase *supra,* pág. 42 y nota 30.

(12) Para Salinas, el hito lo marcaría el esfuerzo superador de Juan Ramón Jiménez (*Diario de un poeta recién casado,* 1917). Véase su *Literatura Española del siglo XX,* Méjico, 1914; págs. 201 y siguientes. La fecha es prematura y ligada, además, a un solo proceso poético, importante pero no general.

(13) En América se produce también una reacción a raíz de la muerte de Rubén Darío (1916). Dudley y Fitts, al prologar su antología de la poesía americana contemporánea, escribe acerca de este término: «La tradición rubendariana es todavía muy poderosa, pero ha surgido contra ella una fuerte reacción en gran parte de la poesía de primer orden escrita en América en estos últimos veinticinco años —reacción anticipada en el soneto de González Martínez, que sirve de epígrafe a este volumen—. La poesía nueva es más dura, más intelectualizada; símbolo es el "sapiente búho" en contraste al cisne donairoso, pero vago y algo decadente, que tanto amaban Darío y los simbolistas franceses que lo precedían. Esta poesía la han vigorizado los temas y los ritmos indígenas —sean indios o gauchescos—, que la han transformado en algo muy criollo y enteramente de nuestros tiempos.» *An Anthology of contemporary latin-american poetry,* edited by Dudley Fitts (Londres y Norfolk, Estados Unidos, 1947).

la vigencia, la prolongación es evidente. La obra del propio Rubén se mantiene llena de ímpetu: 1905, *Cantos de Vida y Esperanza;* 1907, *El canto errante;* 1910, *Canto a la Argentina, Poema del otoño;* 1914, *Sol de domingo.* He aquí, por lo demás, las últimas fechas señeras del Modernismo militante: 1914, *Juglarías, Tierras de España,* de Marquina; 1919, *Las rosas de Hércules,* de Tomás Morales; 1920, *El pasajero,* de Valle-Inclán.

A mi juicio, la escuela modernista puede considerarse terminada en 1921. En 1921 queda clausurada la *Segunda antolojía poética,* de Juan Ramón Jiménez; se publica *El sendero andante,* último libro de poemas de Ramón Pérez de Ayala, y el postrero, con significado propio —el *Ars Moriendi*—, de Manuel Machado. Señalemos, finalmente, este dato significativo: en 1921 se publica el *Libro de poemas,* de Federico García Lorca, el último gran libro del Modernismo, escrito por un creador de nuevas formas expresivas (14).

Esta persistencia de los valores del Modernismo no debe hacernos olvidar, sin embargo, la realidad de las reacciones que se van produciendo y que analizaremos ahora. Y, sobre todo, la fatiga que producen los epígonos mediocres de los grandes nenúfares languidecientes y biombos falsificados. Como ha dicho graciosamente un crítico, cuando surgen los primeros aldabonazos ultraístas, hacia 1919 «el rubenianismo... se hallaba a las once y tres cuartos de su vida, con las pruebas terminadas para su esqueleto» (15).

La reacción de 1907.

Como se ve, la duración de la estética modernista sobrepasa el término de quince años previsto para una vigencia generacional. Conviene, sin embargo, señalar las distintas formas de modulación que el mismo ideal estético ofrece a lo largo de su permanencia histórica, defendiéndose así de la «fatiga» a que expone una actitud invariable. Ahora bien; estas variaciones, que no tienen el valor de un cambio radical, pero que presentan importantes des-

---

(14) Sobre el valor intrínseco de *Libro de poemas* me he extendido en mi libro *Federico García Lorca,* Buenos Aires, 1948; págs. 85 a 95.

(15) «Ya sabíamos que manejando palabras crepusculares, apuntaciones de colores y evocaciones versallescas o helénicas se logran determinados efectos, y hubiese sido porfía desatinada e inútil, seguir haciendo eternamente la prueba», citado por Guillermo de Torre: *Literaturas europeas de vanguardia,* pág. 44, nota.

viaciones, se producen aproximadamente cada cinco años (16). Así, por ejemplo, partiendo de 1902, podemos centrar hacia 1907 una primera reacción. Esta reacción tiene dos aspectos:

a) El primero —ya señalado por Federico de Onís— tiende hacia la «sencillez lírica». Recuérdense: *Flor pagana* (1905) y *Tierra y alma* (1906), de Enrique de Mesa; *Versos de las horas* (1906) y *La visita del sol* (1907), de Enrique Díez-Canedo.

b) Una cierta reacción patriótica, sacudido ya el estupor del Desastre, de exaltación de los gustos nacionales. He aquí algunos datos:

1. Retorno al tema histórico, de afirmación heroica, dentro de cuyo clima triunfan las primeras obras del Marquina de 1906 (*Las hijas del Cid*).

2. En relación con este retorno, la valoración evidentemente polémica de la figura de Gabriel y Galán, como arquetipo de los valores tradicionales.

3. Con esta valoración coincide la conmemoración del centenario del *Quijote* (1905), conmemoración brillantísima, y a la que contribuyen por interés patriótico no sólo los noventayochistas —Unamuno, *Vida de Don Quijote y Sancho;* Maeztu, *Don Quijote, Don Juan, La Celestina;* Azorín, *La ruta del «Quijote»*—, sino los modernistas —si bien en menor grado y con una visión muy distinta—, al frente de ellos Rubén Darío (*Letanía de Nuestro Señor Don Quijote*).

4. Este momento repercute en otros aspectos. Recuérdese el estilo del *Blanco y Negro* de este período, el gusto por lo que se llamaron —¡y se llaman!— muebles *Renacimiento Español,* con sus figuras de talla ruda, es decir, de la talla a la que falta el estucado y que, por ignorancia, se consideran los más típicos: la moda de los azulejos... (17).

5. Pero lo más curioso es que estos movimientos de afirma-

(16) La cifra de cinco años no debe parecer excesivamente reducida. Si es insignificante en el cotejo de dos hombres maduros, recuérdese lo que representa en la adolescencia y, en general, en la primera etapa de la vida. Entre un hombre de veinticinco años y uno de treinta hay todavía diferencias tan sensibles, que puede muy bien el más joven enfrentarse al más provecto (que cree ya hallarse en una primera madurez) en nombre de un ideal distinto.

(17) Benavente recoge irónicamente —desde su estetismo— este clima: «Pepe.—Tendrás medalla, ¿quién lo duda? ¡Asunto patriótico, escuela española, castiza! Ahora hemos iniciado un Renacimiento nacional. ¡Mal síntoma! Cuando la gente sale poco de casa es que anda mal de ropa o teme tropezar con ingleses molestos. Las naciones, como

ción nacional se pueden recoger en los propios escritores que por ideología (Noventa y Ocho) o por estética (Modernistas) se habían acercado a los modelos europeos, repudiando la tradición española. Jeschke llega a hablar de un período transcurrido bajo el signo de Giner, seguido de otro presidido, en parte, por la idea de Menéndez Pelayo de que «ningún pueblo se salva... sin la plena conciencia de sí mismo» (18). Y así surgen, después del período anarquista y nihilista, del ademán desmayado del estilismo puro, una serie de obras que contienen actitudes de verdadera afirmación nacional. La valoración española surge en *Azorín* en la serie que va de *Los pueblos* (1905) hasta *Al margen de los clásicos* (1915); Baroja publica su trilogía de *La Raza* (1908-1911); Valle-Inclán, la de *La guerra carlista* (1908-1909); Benavente, *Los intereses creados* (1909); Antonio Machado concentra su amor (1912) en los *Campos de Castilla.* El propio Rubén Darío da su nota optimista en *Cantos de Vida y Esperanza* (1905), y al reeditar *Los raros,* en 1918, declara su desencanto hacia muchos ídolos de otrora (19).

La actitud de 1912.

Siguiendo la pauta quinquenal propuesta nos encontramos con que el fenómeno que Onís (ob. cit.) denomina «reacción hacia el romanticismo» puede situarse dentro del término señalado: en 1911, publica Antonio Rey Soto su libro *Nido de áspides;* en 1913, Luis Fernández Ardavín sus *Meditaciones y otros poemas* y Juan José Llovet *El rosal de la leyenda.* Una mayor amplitud temática, la búsqueda de una amplia musicalidad verbal, una más derramada inspiración son evidentemente contradictorias del momento de contención señalado en el grupo anterior.

---

las señoras cursis, cuando han venido a menos hacen vida casera y recogida.» «Entre artistas», *Figulinas,* Madrid, 1904.

(18) Ob. cit., pág. 121.

(19) Jeschke, que ha sido el primero en señalar este aspecto (permítaseme señalar, sin embargo, una página de un libro juvenil mío [1930]) en este mismo sentido: *Rubén Darío,* en la que se establecen las características de este tránsito. «En oposición a las obras del primer período, se caracterizan todas estas creaciones por cierta libertad intensa, espíritu de conciliación y naturalidad frente al mundo de los hechos. Faltan el elemento amargo, el amaneramiento y la convulsión interna, que son típicos del primer período de los noventayochistas, y que les impedía contemplar con naturalidad la vida circundante, aceptarla y ajustarse a ella.» Ob. cit., pág. 120.

La desintegración: 1917 (20).

Otro plazo quinquenal y nos encontramos ante un nuevo viraje estético. Los primeros «ismos» han surgido y un viento de fronda sacude la escuela. Los mismos poetas fundamentales del Modernismo se aprestan a cambiar de rumbo: Juan Ramón Jiménez publica en 1917 su *Diario de un poeta recién casado,* ya señalado con hito decisivo; Valle-Inclán inicia el aspecto satírico de su obra. Nuevos poetas, como José Moreno Villa (*Evoluciones,* 1918) y Antonio Espina (*Umbrales,* 1918), inician el cambio de rumbo: el ultraísmo está a la puerta. Hacia 1921 —como ya hemos dicho— la curva biológica del Modernismo ha terminado.

Persistencia del ritmo quinquenal.

Pero no deja de ser interesante el ritmo quinquenal advertido hasta ahora. ¿No es, aproximadamente, plazo análogo el que separa 1898 de 1902?

Y que esto es cierto nos lo demuestra la continuación de la experiencia. ¿No podríamos centrar hacia 1923-1924 la aparición del neopopularismo que da al traste con la estética ultraísta? ¿Y no podemos fechar en 1929 —cinco años después— la aparición del superrealismo como el *Sobre los ángeles,* de Alberti? ¿Y no es hacia 1934-1935 cuando aparece la reacción clasicista de Bleiberg y Rosales? Y hacia 1939-1940, ¿no podemos situar la mejor expansión del neorromanticismo de Vicente Aleixandre? Y la poesía de la angustia, la poesía existencial de Crémer, Camón, Gaos y Dámaso Alonso, ¿no pueden situarse hacia 1946?

---

(20) La fecha de 1917 ha llamado también la atención de Ortega y Gasset, para quien este año se iniciaría una zona de fechas de quince años, que terminaría, por tanto, en 1932. «Es curioso —dice— que en esa fecha precisamente broten las formas políticas, llamadas "fascismo" y "bolchevismo". En esa fecha se inicia el cubismo y la poesía pariente de él», etc. (*Obras completas,* vol. V, pág. 54).

II

ELEMENTOS EDUCATIVOS

DUALIDAD FUNDAMENTAL

Siguiendo el plan que nos hemos trazado en busca de una discriminación rigurosa entre el Noventa y Ocho y el Modernismo, hemos comentado ampliamente el primer requisito de Petersen —*fecha de nacimiento*—, prolongándolo a los demás aspectos cronológicos y estableciendo a través de ellos una evidente diferenciación.

Vamos a estudiar ahora el segundo elemento constitutivo de una generación: el de la comunidad de elementos educativos.

«¿Se da esto en los hombres del Noventa y Ocho? —se pregunta Salinas—. Seguramente, visto desde fuera, no —contesta—. Los hombres del 98 se forman como Dios les da a entender: sueltos, separados, y tras una ojeada superficial se diría que no hay unidad de formación que les falte ese elemento formativo señalado por Petersen. Pero, si se aguza la atención, caemos en la cuenta de que hay una profunda unidad en el modo como se formaron los espíritus de estos hombres: su coincidencia en el autodidactismo. Todos ellos, grandes lectores..., se parecen en una cosa: en alejarse de un foco central de cultura, de Universidad, de escuela, etc., que entonces carecía de fuerza atractiva en España y de toda capacidad de formación, y en irse a refugiar en lo que Carlyle llamó la mejor Universidad: una Biblioteca.» La explicación de Salinas es, sin duda, ingeniosa, pero poco convincente; se basa en una coincidencia en último término negativa, de una ausencia de enseñanza oficial. Pero, dejando aparte los estudios universitarios de Unamuno, Ganivet, *Azorín*, los Machado, Baroja, que —por mucho que Salinas menosprecie la Universidad del siglo XIX—, dejan una impronta cultural muy superior a la del autodidacto puro; dejando aparte este dato, ¿es que la formación intelectual de una generación no es una resultante de las aulas que ha frecuentado complementadas por sus lecturas, por los libros maestros que por afinidad electiva se han elegido? No son, pues, nuestros autores una excepción. Veamos de estudiar por partes la formación mental de uno y otro grupo.

Recordemos para ello que al analizar el concepto de Fin de Siglo hemos encontrado una extraordinaria confusión de valores en la que los elementos éticos y los estéticos se mezclan sin encontrar direcciones decididas. Los capítulos que siguen se proponen demostrar la dualidad fundamental de tendencias que los elementos educativos del momento provocan en el Noventa y Ocho y el Modernismo.

SOCIOLOGÍA Y ESTÉTICA

LITERATURA Y ANARQUISMO.

Señalemos este importante signo diferenciador: el intervencionismo del Noventa y Ocho hacia la colectividad frente al aislamiento exquisito del Modernismo. Frente a la preocupación sociológica —último recuerdo de la «filantropía» dieciochesca—, el Modernismo levanta su egocéntrica «torre de marfil», su palacio encantado, donde se rinde culto a la belleza.

Pero vamos por partes. El interés por lo social se acentúa en la segunda mitad del siglo XIX. Surge y crece rápidamente una ciencia nueva: la sociología. Los nombres de Comte y Spencer, de Durkheim y de Greef, de Fouillée y de Tarde se introducen en España. González Serrano, Posada, Sales y Ferré, Azcárate, Santamaría de Paredes, Concepción Arenal, Dorado Montero crean una robusta rama de nuestro saber científico. Un esqueje de esta rama se orienta hacia los problemas educativos: Costa y Giner, pero otro hacia los temas estéticos. Los nombres de Taine y de Guyau poseen, cada uno por sí, una sugestión especial. La teoría del *milieu* y de *l'art du point de vue sociologique* andan en todas las plumas.

En los últimos años del siglo una gran parte de esta preocupación sociológica se interesa por el anarquismo (1).

La importancia del anarquismo en el mundo literario del Fin de Siglo español llega hoy a producirnos asombro (2). Su libro básico es la traducción española de la obra de Max Stirner *El único y su propiedad* (3). Pero su figura simbólica es la de León Tolstoi.

Las posiciones teóricas de León Tolstoi son de un gran interés. Su nombre tiene el valor simbólico de enfrentarse al de los más destacados estetas, y singularmente al de Wagner. Dentro de su especial idealismo, Tolstoi (4) se niega a considerar como arte lo que produce un placer, sino lo que transmite un sentimiento; ahora bien, este sentimiento no puede quedar desligado de la bondad y de la verdad; es decir, la misión del arte está ceñida a transmitir a los hombres los sentimientos mejores y más elevados de la vida humana. La forma más odiosa del arte es la que sólo aspira a producirnos placer; el arte actual es, pues, despreciable; le falta fe; tiende, además, a un público de «escogidos» o «superhom-

---

(1) Ahorraremos al lector una disertación acerca de la independencia del alma española como terreno abonado para la siembra del anarquismo. Señalemos sí, únicamente, que España ha sido el país donde ha podido darse un partido anarquista organizado con una masa adicta capaz de aspirar al poder.

(2) Aparte de las revistas destinadas a la lucha social, en Madrid empezó a publicarse en 1905 una revista de tono por lo demás predominantemente estética, con el título de *La Anarquía literaria.* En ella se publicó el artículo de Candamo contra Ferrari, comentado en otro lugar. La revista no prosperó.

(3) La tesis de Stirner —en relación con el individualismo general que caracteriza la época— se apoya, como es sabido, en el egoísmo. Tradujo *El único y su propiedad* don Pedro Dorado Montero. El *Egoísmo,* como doctrina de la vida, no ha tenido nunca expositor más franco y decidido que Stirner. «De mí sólo deriva todo derecho y toda justicia. Tengo derecho a hacerlo todo si puedo... El fuerte está por cima de las leyes... Creo que la tierra pertenece al que sabe apoderarse de ella y no se la deja arrebatar. En este caso, no sólo la tierra es suya, sino que además tiene el derecho de poseerla. Es el derecho egoísta que puede formularse así: Lo quiero yo; por tanto, es justo.»

Según Stirner —comenta Sanz Escartín—, el hombre no tiene deberes ni misión alguna que cumplir. Su fuerza es su deber. Debe hacer lo que pueda hacer, o por mejor decir, el deber no existe. Como el animal y la planta, desarrolla sus fuerzas en la medida de lo posible. Ésta es la sola norma de sus acciones. «Justicia, humanidad, libertad, frases vacías si pretenden significar algo independiente de mí y que deba determinar mis actos» (*La Lectura,* 1902, vol. II, págs. 161 y sigs.)

(4) *¿Qué es el arte?,* trad. de A. Riera. Barcelona, Maucci, 1902.

bres», o ricos, explotadores de la masa; la sensualidad es su campo de acción; su idea más frecuente, el cansancio de la vida. Arte «minoritario» tiende hacia la oscuridad y el simbolismo; no llega nunca a las muchedumbres; le falta, pues, el principal contenido del arte: la comunicabilidad de las emociones. Para Tolstoi, Baudelaire, Verlaine, y sobre todo Wagner, simbolizan el arte falsificado actual. Los ataques contra este último ocupan uno de los capítulos más extensos de su obra; parte Tolstoi de la imposibilidad de presentar unidas —tal como Wagner pretende— la poesía y la música; ataca, además, la falsedad, el efectismo y la complejidad de la obra del maestro de Beyreuth. Para volver a un arte verdadero es preciso recobrar la perdida conciencia religiosa y con ella la noción de fraternidad cristiana universal; el arte transmitirá sentimientos universales, comprensibles por todos; no será «profesional», ni minoritario, ni poseerá difíciles tecnicismos; querrá ser breve, claro, sencillo; un órgano de unión y de fraternidad que lleve la razón al dominio del sentimiento.

Éste es el Tolstoi que interesa en España.

Si revisamos —en efecto— una obra tan clásica en la bibliografía anarquista como la *Evolución de la Filosofía en España*, de Federico Urales (5), encontramos lo que él llama «anarquismo místico», y a cuya cabeza sitúa a León Tolstoi. En este capítulo se traen a colación las figuras de Unamuno, Martínez Ruiz, Maeztu y Baroja. «Todos creen que el escritor no debe tener ideales, lo que se llama credo, solución.» De ahí que «si un autor, con textos en la mano, se propone convencer a sus lectores de que Miguel de Unamuno es anarquista, puede lograrlo sin gran esfuerzo» (6). En una carta que se inserta a continuación, Unamuno se declara afecto a «cierto cristianismo sentimental» y al socialismo. «Pero pronto comprendí que mi fondo era y es, ante todo, anarquista» (7). En este sentido se declara más cerca de Ibsen, de Kirkegaard y Tolstoi («una de las almas que más hondamente han sacudido la mía») que del revolucionarismo de un Bakunin, que le parece «un loco

---

(5) Ediciones de *La Revista Blanca*, Barcelona, 1934, 2 vols.

(6) Vol. II, pág. 204. «Con el mismo —añade— que un monárquico constitucional o absoluto, un librepensador *enragé* y un neo a machamartillo podría lograr lo contrario.» Se trata, naturalmente, del Unamuno de hace cincuenta años.

(7) «Lo que hay —continúa— es que detesto el sentido sectario y dogmático en que se toma esta denominación» (ídem, pág. 207).

peligroso» (8). Rechaza la literatura propagandística y exalta, en cambio, el amplio sentimentalismo «interior» de un Guerra Junqueiro, de un Maeterlinck.

Continúa Urales dedicando su atención a los escritores del momento, como Pompeyo Gener (9), Pedro Corominas (10) y Santiago Rusiñol (11), que son, para Urales, teóricos de la emancipación humana, poseedores de un «individualismo timorato y sentimental», que quita energía a su entusiasmo libertario. Mayor vehemencia ponen en sus sentimientos Juan Maragall, Ignacio Iglesias y Eduardo Marquina, «rebeldes por amor»; Maragall es un discípulo de Goethe —equilibrado y majestuoso—, pero lleno de inquietud, que se declara en su carta perseguidor de una «armonía serena». No habla Urales de otros nombres citados —Martínez Ruiz, Maeztu, Baroja, Marquina—, pero su filiación místico-anarquista (como la de los demás) es evidente, como veremos en seguida.

Basta con hojear las revistas más importantes del anarquismo español, en especial *Ciencia Social* y *La Revista Blanca*. *Ciencia Social* se empezó a publicar en octubre de 1895. La dirección corría a cargo de Anselmo Lorenzo, conocidísimo escritor ácrata, que obtuvo cierta consideración en los medios literarios.

En el primer número, Pedro Corominas publica un significativo artículo —*Educación inmoral*— rechazando el concepto de moral cristiana basada en el castigo. En el número 2 se publica otro trabajo, firmado por E. V. (12), que se titula *Inmoralidad del Arte*. «La burguesía —dice— obliga a los artistas a ser hipócritas, haciéndoles expresar lo que no sienten.» El articulista

(8) Curiosa la manera de determinar esta información acerca de sus fuentes ideológicas. «Apenas he recibido influencia de escritor español. Mi alma es poco española» (Ídem, pág. 208).

(9) Se declara aquí discípulo de Stirner, de Novalis, de Ruskin, y paralelo de Nietzsche. «Soy supernacional y formo parte del movimiento intelectual europeo, no pareciéndome en nada ni al místico Unamuno, ni al pedagógico Giner de los Ríos, ni al krausista González Serrano, ni a ningún otro pensador español.»

(10) Corominas, cuya personalidad de político y de escritor es muy considerable, se declara discípulo de Carlyle y de Schopenhauer e influido por Renan. Ob. cit., II, 236.

(11) Quien declara su amor a Maeterlinck, Ibsen, Tolstoi, y de quien se habla largamente en el Apéndice de este libro.

(12) Vives, anarquista español, de cuya muerte da cuenta la revista en su número 8 (mayo de 1896).

continúa su pensamiento en el número 4. He aquí las líneas que resumen su pensamiento:

«En conclusión: no somos cándidos al extremo de pretender que el artista para ser tal tenga que saber entonar necesariamente la *Carmagnola*. No hay que exigir del artista lo que es propio del sociólogo o del hombre de acción. Mas como víctima social que es, tiene su puesto señalado en la pelea.»

En el mismo número se publica un artículo de Miguel de Unamuno: el ensayo titulado *La dignidad humana*. El tema tiene interés especial a la luz de la publicación donde se inserta. Combate Unamuno el afán del deber de diferenciarse que suele apoyarse en una afirmación de Durkheim en su libro *De la división du travail humain*. Este afán es contrario a la dignidad humana. La estética del *fin-de-siècle:* «místicos», embriagados y morfinómanos se unifican en su «empeño por separarse del pueblo». Hay que acabar con «esa literatura de mandarinato, todas esas filigranas de capillita bizantina, todo lo que necesita notas y aprendizaje especial para entenderlo, todo el arte que se empeñan algunos en llamar aristocrático». «Debemos esperar que llegue un día en que un diamante no se aprecie sino en cuanto sirve para "cortar cristales". Los productos del arte deben acercarse a la masa, para que, a su vez, ella provoque su producción.» «Popularizarlos —dice Unamuno— es sanearlos, es hacer que aumente el consumo de arte y ciencia de primera necesidad, y que se hagan de primera necesidad el arte y la ciencia sanos, y es, a la vez, amenguar la producción dañosa de toda clase de extravagancias científicas y artísticas a que se entregan los atacados del prurito de diferenciación a toda costa.»

En el número 6 (marzo de 1896) publica Unamuno otro ensayo: *La crisis del patriotismo;* en folleto aparte, *Los tejedores de Hauptmann.*

En el número 7 (abril), Unamuno escribe acerca de *La juventud intelectual española:* «Ésta es una sociedad cristalizada —escribe— en que los individuos se mueven sincrónicamente y a batuta en ejes fijos... ¡Qué orden! No basta cambiar de postura con una revolución, ni de forma con una reforma; hace falta una metarritmisis que destruya su estructura psíquica íntima» (13).

En el mismo número, J. Brossa se indigna contra la juven-

---

(13) *Ciencia Social*, núm. 4, pág. 102, enero de 1896.

tud francesa que llora la muerte de Verlaine. «Un ruiseñor sin ideas...» —dice— convertido a «un catolicismo sensual, propio de gente baja e inculta» (14).

En el mismo número, José Verdes Montenegro proclama *El anarquismo en el arte,* el derecho al libérrimo sentido de la crítica y de la belleza.

Finalmente, en el número 9 —que creo que es el último— Unamuno repite su colaboración con su ensayo *Civilización y cultura,* en el que postula «las islas de la libertad, radicante en la santa energía creadora» (15).

En la sección de recortes, J. B. (Juan Brossa) exalta a Tolstoi, y denuesta a las revistas españolas: *Historia y Arte,* «es un panteón de momias»; la *Revista crítica de Historia y Literatura,* «es una publicación para eruditos». Critica el hecho de haber suprimido las escenas más rebeldes —las del Metcsy— en *Un enemigo del pueblo,* de Ibsen, en la traducción de Villegas; la *Revista política* es «una chanfaina literaria».

A *Ciencia Social* sucedió —también en Barcelona— *La Revista Blanca,* cuyo primer número se publicó en 1 de julio de 1898. El director fue también Anselmo Lorenzo (16). Se defiende al comunismo libertario predicado por Salvoechea y a los presos por el crimen de la calle de Cambios Nuevos. Los valores intelectuales europeos que se estiman afines a la ideología de la revista son exaltados: Ibsen, Tolstoi, Faure, Zola, Pi y Margall, Rizal, Malato... Los problemas sociológicos están —claro está— en primer plano.

A los efectos de nuestro trabajo señalaremos que Miguel de Unamuno —colaborador de *Ciencia Social*— pasa a *La Revista Blanca,* en cuyo primer número publica un artículo titulado *Literatismo,* en el que insiste en los mismos puntos de vista de sus anteriores colaboraciones, en su combate contra las exquisiteces minoritarias: «Alguna vez escribiré de la profunda inmoralidad

---

(14) *Ciencia Social,* núm. 4, pág. 214.
(15) Ídem, pág. 217.
(16) Constituyen el cuadro de colaboradores de *La Revista Blanca,* según reza la contraportada del primer número: Soledad Gustavo, Pedro Dorado, Francisco Giner de los Ríos, Juan Giné y Partagás, Leopoldo Alas, V. González Serrano, José Esquerdo, Fernando Tarrida, Manuel Cossío, Alejandro Lerroux, Miguel de Unamuno, Anselmo Lorenzo, José Riquelme, Ricardo Mella, Adolfo Luna, Jaime Brossa, A. del Valle, doctor Boudin. Gerente: Federico Urales.

de eso que llaman la aristocracia del talento, el gobierno de la ciencia, la predominancia de los *aristos* y otras atrocidades semejantes que ha traído consigo la gangrena del intelectualismo. Todo esto ha nacido de los *profesionales*, de los especialistas, en quienes se muestra cómo padece el arte bajo el industrialismo capitalista» (17).

Colabora también en *La Revista Blanca* Jacinto Benavente con una pequeña escena, *Paternidad* (18), de intención demoledora. En general, como puede suponerse, la publicación está dedicada —con un cierto tono intelectual— a la exaltación de las ideas ácratas y la lucha de clases.

La posición sociológica sitúa a los colaboradores en una actitud tan lógicamente noventayochista como automodernista. Es muy interesante la réplica de Federico Urales a Gómez Carrillo, quien le reprocha su desinterés por lo estético:

«Gómez Carrillo ha dicho, desde las columnas de *Revista Nueva*, que soy el hombre que menos se preocupa de la belleza. No dice Carrillo qué belleza es la que me tiene sin cuidado... No soy esteta —dice, sintetizando su pensamiento—, es decir, no soy partidario del arte por el arte..., porque el arte sin la idea, la forma sin el fondo, es propio de muñecos» (pág. 626) (19).

Queda bastante configurada, pues, esta actitud sociológica que menosprecia el arte por el arte, ataca a Verlaine y, en general, a todo estetismo.

A medida que el modernismo avanza, el elemento ético-sociológico se va desvaneciendo. Gregorio Martínez Sierra escribe:

«Acaso esas grandes reivindicaciones, que quisierais oírnos anunciar a son de clarín, deban ser anunciadas sencillamente a tintineo de esquilón matutino; acaso más que en el humo de pólvora, esté el símbolo del futuro equilibrio social en el humo de los tejados campesinos, puesto que dice hogar y pan caliente. Sea como quiera, con el oído atento a la voz de la tierra y el latido de nuestros corazones, vamos cantando lo que ellos nos dicen y lo que no podemos menos de cantar.»

Lógicamente, la política interesa todavía menos. El culto al yo sustituye al culto colectivo y patriótico. Mejor dicho: el interés de la Patria pasa a entenderse de otro modo.

---

(17) *La Revista Blanca*, núm. 1, págs. 13-14.
(18) Ídem, págs. 222-223.
(19) Vol. I, págs. 624-626.

Así, el propio Martínez Sierra añade en otro lugar:

«Extravagancias verlenianas, pues, y todo forma todo primer inconsciente: el fondo, la sangre de esta heroica raza no parece por ninguna parte... Estos pobres chiquillos, los modernistas, se han encerrado en la famosa, aunque ya un tanto desacreditada, torre de marfil. ¿Y qué dirán ustedes que hay dentro de tal torrecita? Pues una biblioteca, ni más ni menos, con sus correspondientes telarañas y su polvo inevitable. Claro está: metidos allí de día y de noche, los pobres muchachos, a fuerza de tragar polvo y de tomar notas, se están poniendo anémicos que es un dolor. Entretanto, la Patria, que contaba con ellos, está la pobrecita sin cantores; ya no hay poeta que se acuerde de que hazaña rima con España.»

«La Renaissance de l'Idéalisme»

Veamos ahora los caminos por los que el Modernismo puede escapar a la atmósfera sociológica y positivista que rodea su nacimiento.

En 2 de febrero de 1896 el agudo crítico francés Ferdinand Brunetière pronunció en Besançon una conferencia de brillante tono polémico, que tituló «La Renaissance de l'Idéalisme» (20), y que explica de manera extraordinariamente clara el momento estético que estamos estudiando. Para Brunetière ha terminado el período del positivismo, del que los enciplopedistas fueron los profetas y Auguste Comte el evangelista; sus figuras claves serían Leconte de Lisle para la poesía, Taine para la crítica, Dumas para el teatro, Courbet para la pintura, Littré para la filosofía. Frente a este bosque, sin duda sólido e impresionante, se levanta un mundo nuevo, una nueva concepción de la vida, el *Idealismo*, para el que la realidad que nos muestran los sentidos no lo es todo, ya que sobre ella se levanta el *Deus absconditus*, la «presencia escondida» de Dios.

A continuación Brunetière va señalando los distintos aspectos de esta transformación, partiendo incluso de la ciencia experimental, aportando textos de Pasteur y de Claude Bernard acerca de la insuficiencia de la experiencia pura y señalando hasta

(20) Publicada el mismo año, en París, por la Librería Fermin-Didot, 88 págs.

Pío Baroja

Foto Archivo Espasa-Calpe

qué punto los métodos positivos no han hallado las claves últimas y siempre misteriosas de la vida humana. Para encontrarlas van surgiendo formas más o menos pintorescas de inquietud: espiritismo, ocultismo, magia, neobudismo, que expresan el íntimo desasosiego ante una realidad que en modo alguno lo explica todo (21).

Análogamente en las artes. La música deja de ser un espectáculo sensual (22) para convertirse —por obra de Wagner— en la expresión de los sentimientos más íntimos y generales del hombre; la poesía reivindica, frente a los versos parnasianos de Leconte de Lisle, la estética del simbolismo. Esta concepción nos interesa especialmente por la cantidad de elementos parnasianos que integran el modernismo español —como se advierte en el lugar oportuno—, pero especialmente para la valoración de la estética parnasiana como antípoda de la del simbolismo. Según esta concepción, los parnasianos habrían creado una belleza demasiado impersonal, con una métrica demasiado perfecta y acabada, y esta impersonalidad sería derivada del naturalismo o del positivismo (23). Frente a esta concepción, el simbolismo representa una actitud idealista emparentada, por cierto, con la wagneriana. «Wagner —señala Brunetière— a cru que la musique, pénetrante plus profondément dans l'essence des choses, en pourrait vraiment saisir l'âme»; y a continuación señala la relación que existe entre esta actitud y la de los simbolistas. «Nos symbolistes, eux aussi, sont des idéalistes», concluye el crítico (24).

El paso del naturalismo al idealismo, como una de tantas acciones y reacciones de los *ricorsi* viquianos, va a marcar, pues, con su impronta la segunda mitad del siglo XIX, como el tránsito

---

(21) Págs. 22-39.

(22) Brunetière se sitúa aquí frente a la música anterior en una posición análoga a la de Nietzsche. «Oui, la musique, une certaine musique me paraît une grande corruptrice! Et je vous demande pardon si, pour me faire bien comprende, je suis obligé de choisir mes exemples un peu bas, mais je ne suis jamais sorti d'un café-concert ou d'un théâtre d'opérette sans ressentir quelque honte, ou quelque humiliation, du genre de plaisir que j'y avais parfois éprouvé. C'est que la musique, en effet, a un côté purement sensuel, dont les anciens ont bien connu le pouvoir et quelques uns de nos compositeurs ne l'ont pas ignoré» (página 40). Entre nosotros, ésta es la actitud que hereda Eugenio d'Ors.

(23) ... «comme Taine, comme Flaubert, comme en un autre art votre Courbert, il n'est pas douteux que Leconte de Lisle ait subi profondément, entre 1850 et 1860 l'influence du naturalisme ou du positivisme ambiant.» (Ob. cit., pág. 45.)

(24) Pág. 44.

del romanticismo al naturalismo selló la primera mitad. Brunetière cree que la última evolución, por ser más lenta, obtendrá resultados más durables (25). La transformación, por lo demás, se impone, fatalmente, como un signo de los tiempos. En la misma producción de Alejandro Dumas, hijo, señala Brunetière una segunda etapa de fatiga del naturalismo, de aproximación al teatro idealista y trascendental de Ibsen, por ejemplo (26). La pintura evoluciona de Courbet y Manet a Puvis de Chavannes, que ha «verificado» la pintura (27). Finalmente, Brunetière exalta, en política, la aparición de un socialismo idealista cristiano.

Hemos elegido esta obrilla —de las menos conocidas del ilustre crítico francés— por su valor sintético y su oportunidad cronológica. Existen, naturalmente, páginas más amplias y exhaustivas, del propio Brunetière, a las que vamos a pedir todavía consejo. Por ejemplo, las que dedica al simbolismo en su gran historia de la poesía lírica francesa del siglo XIX (28), estableciendo el magisterio de Baudelaire, en primer término; el de los prerrafaelistas ingleses y novelistas rusos en segundo, y, finalmente, las formas del misticismo germánico integradas en la línea Wagner-Nietzsche. Desde el punto de vista formal, el simbolismo representa el abandono del alejandrino —como pie forzado tradicional— y la intensidad personal, es decir, lírica (29). Cree Brunetière, además —y en esto se equivoca—, que el simbolismo representa una aproximación a las mayorías, alejadas de la poesía demasiado fría y perfecta de los parnasianos, ya que *«le symbole n'ayant d'autre origine que le besoin prefondément humain de rendre l'abstraction sensible en la materialisant, n'a pas aussi d'autre raison d'être que de manifester physiquement a tout le monde ce qui n'est spirituellement accesible qu'à quelques uns»*.

---

(25) Págs. 56-57.
(26) Ob. cit., págs. 46-57.
(27) Págs. 59 y 11. No cita a Monet, que en 1896 ya había producido su revolución pictórica. Sin duda, para Brunetière, el *idealismo* está más cerca del arbitrarismo esteticista de Puvis de Chavannes que del impresionismo (después de todo, *d'après nature!*) de Monet y sus seguidores.
(28) *L'évolution de la poésie lyrique en France au XIXème siècle*, París, 1894; vol. II, págs. 231 y 55. Véase también de BRUNETIÈRE: *Symbolistes et decadents*, en «Nouvelles questions de critique», París, 1890.
(29) Frente al fervor por el alejandrismo, común a Racine, a Hugo, a Leconte de Lisle, propone el simbolismo, el *vers impair* (de 11, 13 ó 15). Véase *Evolut, Poes. lyr.*, II, 268.

En suma, el simbolismo es *«une métaphysique manifestée par des images et rendue sensible au coeur»* (30).

Del cuadro sinóptico que puede extraerse a través del opúsculo de Brunetière, queda claro, en primer término, la aparición de un movimiento que rechaza el bloque naturalismo-positivismo para sustituirlo por una tendencia —todavía imprecisa—, pero fuertemente saturada de idealismo. Dentro de esta tendencia general hacia el «carácter» y hacia la «belleza», caben perfectamente las dos actitudes esbozadas unas líneas más arriba: la ética orientada hacia el mejoramiento social, y la estética, que tiende al refinamiento artístico. Una y otra tienen de común el odio a la vulgaridad, y por lo que se refiere a España, un claro sentido neorromántico perfectamente enlazado con la tradición ética del alma española (31). Un anhelo de perfección es, en todo caso, evidente.

«Nuestra sensibilidad —escribía, en 1898, el gran crítico catalán Soler y Miquel—, se afina; la mariposa humana revolotea, anhelante, vivaz y llena de presentimiento; se para y contempla; se recoge y medita; medita y no *concluye;* dormita y sueña.

Tiene algo de infantil, delicado, una ternura que fácilmente se descompone, adultera, pero se vigoriza, se recobra y serena; y se *sienta* y atisba despierta, confiada y tranquila. *Spiritus in terra resurgens.*

De la vulgaridad naturalista, de la verbosidad convencional y hueca, formada y fría, ya reniega el alma, que desea la invención imaginaria viviente, la palabra que enuncia sincera» (32).

A mí me parece evidente que la filosofía del Modernismo hay que buscarla en la filosofía de lo que Brunetière llama *«la re-*

---

(30) «Une métaphysique —añade— je veux dire une conception du monde, ou une théorie des rapports de l'homme avec la nature et une conception de la vie, ou une théorie des rapports de l'homme avec l'homme.» Ob. cit., vol. cit., págs. 276-277.

(31) Aparte los escarceos —siempre un poco tímidos— del naturalismo en la novela, España puede aportar al naturalismo filosófico europeo poca cosa más que las baladronadas de un Pompeyo Gener, que se hacía llamar ilusamente el *Littré español.*

Santiago Montero Díaz hacía notar agudamente en su *Curso de Filosofía española en el siglo XIX* (profesado en Santander, agosto de 1949) cómo, en fin de cuentas, el krausismo representó —dentro de la heterodoxia acarreada por las corrientes filosóficas anticristianas— un mal menor, con un aspecto siempre aprovechable de fervor idealista, mejoramiento social, anhelo educativo, pulcritud estética, etc.

(32) SOLER Y MIQUEL: *Escritos,* Barcelona, 1898; págs. 3-4.

naissance de l'idéalisme», y Nordau, con palabra equívoca, denomina «misticismo» del alma contemporánea. En uno y otro caso, se trata de una reacción contra el Naturalismo.

Pero el naturalismo es, en fin de cuentas, una «manera», un procedimiento de manipular la realidad. Su filosofía sería, en todo caso, el *Cours de Philosophie Positive* de Comte o, en otro sentido, la *Introducción al Estudio de la Medicina Experimental*, de Claude Bernard. Como es sabido, Bernard es el ejemplo conductor del famoso trabajo-manifiesto de Zola, *Le roman expérimental.* Se ha dicho que el filósofo del naturalismo es Hipólito Taine. Ahora bien: ¿es exactamente Taine el filósofo del naturalismo? ¿Defiende Taine la visión indiscriminada de la naturaleza en su pleno y chato existir «documental»? A mí me parece evidente que no. La ecuación Zola-Cousin-Bernard, es aceptable; la equiparación Zola-Taine, me parece, por lo menos, discutible. Basta para ello, únicamente, leer el estudio que acerca de *Taine, artiste*, escribió Zola y publicó, entre otros, bajo el significativo título de *Mes haines.*

Vale la pena destacar esta diferencia por sus repercusiones españolas. Espero demostrar, en efecto, la influencia de Taine en la generación del Noventa y Ocho, y, viceversa, la presencia de una filosofía antitainiana como inspiradora de los Modernistas, *entendidas una y otra influencia como superaciones, en distinto sentido, del naturalismo estético y del materialismo filosófico.*

Pero procedamos con método. Interesa primero separar las tesis de Taine de las del puro Naturalismo. No será difícil. Basta para ello hojear las páginas de la obra, teoría fundamental de Taine, *De l'idéal dans l'art*, para comprender que la Realidad o la Naturaleza deben interesar al artista siempre y cuando vengan acompañadas de un sello específico, de un *carácter.*

El Modernismo frente a Taine.

Lo que separa las dos actitudes que estamos estudiando, Noventa y Ocho y Modernismo, de la actitud anterior —el naturalismo—, es, justamente, la necesidad de un proceso selectivo frente a la realidad indiscriminada y válida en bloque que utilizan los naturalistas. Ahora bien: esta intención seleccionadora puede orientarse hacia la expresión, hacia el *carácter*, o puede dirigirse hacia la perfección, hacia la belleza. En uno u otro sentido, el artista «idealiza», traiciona la chata y compleja realidad con una determinada intención artística.

Entre Blasco Ibáñez y *Azorín* —por ejemplo—, siempre habrá la diferencia que va de una realidad indiscriminada y una realidad jerarquizada. Esta selección —idealizadora— de los elementos reales procede, seguramente, de Taine, muy leído por los escritores noventayochistas. Es Taine quien dice que «las cosas pasan de lo real a lo ideal cuando el artista las reproduce modificándolas según sus ideas..., *cuando concibe y abstrae de ellas algún carácter notable*» (33). Este «carácter», destacado sobre la masa general del objeto, nos permite orientarlo hacia su significado trascendente. Los objetos —o los detalles de los objetos— que *Azorín* señala, aproximando su lente analítico a un «primer plano» de interés, tienen, sin duda, un valor caracterizador y —en un momento dado— simbólico. El método consiste en obtener conclusiones universales de las realidades particulares: «*son but* —dirá también Taine— *n'est pas de conclure le général du particulier, mais de découvrir l'essence et l'universel sous le particulier*» (34). ¿No es justamente ésta la actitud de D'Ors cuando postula el paso de la Anécdota a la Categoría? Esta búsqueda del *carácter* se encuentra en las versiones plásticas de todos los literatos del Noventa y Ocho; Antonio Machado, por ejemplo, adjetiva el paisaje sólo con los elementos cromáticos más enérgicamente caracterizadores, utilizando, en general, la gama fría; lo mismo hace Baroja, obligado, además, por su economía divagatoria. Es curioso constatar hasta qué punto Zuloaga —el pintor del Noventa y Ocho— se siente obsesionado por esta necesidad selectiva de dejar en primer término los elementos que crean carácter prescindiendo estoicamente de los demás (35).

---

(33) *De l'idéal dans l'art.*

(34) Cit. por André Chevrillon en su libro *Taine, formation de sa pensée*, París, Plon, 1932.

(35) En el magnífico estudio de Lafuente Ferrari sobre *Las ideas estéticas de Zuloaga* (en *Rev. de Ideas Estéticas*, vol. VIII, núm. 26) se recogen opiniones del pintor dentro del mismo sentido: «Dejando a la fotografía el cuidado de copiar la Naturaleza, yo me esfuerzo por interpretarla. Cuando pinto un cuadro no me preocupo de dar la impresión del aire. Si quiero respirar, abro la ventana y me voy al campo. Lo que quiero en mis cuadros no es la atmósfera, ni el sol ni la luna. Lo que quiero penetrar y poner de relieve es el carácter de las cosas y la psicología de una cosa» *(sic)*, pág. 137.

Esta actitud ordenadora, jerarquizadora, hija de una viril voluntad previa, típica del voluntarismo del Noventa y Ocho, contrasta una vez más en la pasividad receptiva del impresionismo, interesado en anotar sensaciones complejas y sin ordenación jerárquica. Si el *carácter* señala los valores soterraños y radicales, en busca de un expresionismo, la visión impresionista se contenta con captar el momento fugitivo por su puro y momentáneo valor estético. El «decadentismo» consistió, en cierto modo, en esta expectación adinámica y, por decirlo así, «femenina».

«Andamos —decía un crítico finisecular— alrededor de varias manifestaciones de arte que instintivamente llamamos *decadentes*. Manifestaciones simplicistas y penetrantes, de un momento o aspecto fugitivo de las cosas, pero con una tal fuerza aprensiva y retentiva que nos ponen estáticos, nos compenetran y dominan. A través de ellas adivinamos todo el sentido y la fuerza de la vida armónicamente realizada, espontáneamente desenvuelta. De una vida delicada, de una vida muy sensible, pero espiritual y fuerte. Y comprendemos, aspiramos, un despertamiento interior que se produce; y el vago espacio, el vacío fecundable y probable espera nuevas bellezas» (36).

Pero, por lo que se refiere al Modernismo, es evidente que las actitudes mentales de Taine no pueden convencer, ya que por más que se destaquen del Naturalismo puro, su filosofía está pegada a la realidad sociológica, a la famosa teoría del *milieu*. Hay demasiado determinismo colectivista en la frase *l'état des moeurs, de l'esprit est même pour le public que pour les artistes (Philosophie de l'art);* la fuerza creadora del individuo queda tan gravemente truncada, que se comprende que cualquier exaltación de la personalidad deba combatir, previamente, las tesis —tan difundidas— de Taine (37).

Que esto es cierto nos lo prueban la obra fundamental de un curioso escritor que, en un momento dado, actúa de filósofo definidor de las actitudes «idealistas». Me refiero a Joseph Péladan, hoy bastante olvidado, pero que conoció una cierta popularidad. Su posición filosófica y estética es fundamentalmente una posición

---

(36) SOLER Y MIQUEL: *Escritos*, Barcelona, 1898.

(37) Claro está —insistimos— que para un grupo de sociólogos como los escritores del Noventa y Ocho, las tesis son —como veremos— perfectamente aceptables; con el Modernismo, las cosas cambian radicalmente. Una vez más, la diferencia de actitudes es total.

antimaterialista —es decir, antinaturalista—. Su libro capital se titula *L'art idéaliste et mystique,* y va precedido justamente de una *réfutation esthétique de Taine* (38), entendiendo a Taine como paladín de la «estética positiva», lo cual es cierto *desde la banda idealista, desde la que Péladan la fustiga.* El ataque, en toda regla —aparte las denuncias de errores históricos— niega validez a las premisas de la «circunstancia» para entender o definir una obra de arte. El arte no es una excrecencia biológica ligada a una realidad. *«L'homme possède la faculté de sentir, par la contemplation, les qualités inmatérielles des objets»* (39). De manera que frente a Taine, que cree que «la estatua tiene por objeto imitar de cerca a su ser viviente», Péladan sostiene que *«ce qui constitue la beauté d'une beauté est exactement l'écart entre l'oeuvre et le modèle; et cet écart consiste d'abord entre l'homme géneral ou sériel et l'individu; ensuite entre l'homme sériel et le personnage représenté; enfin entre le personnage et idée majeure qu'il symbolise»* (40).

Esta función trascendente de la belleza, nos eleva por encima de la vulgaridad y nos inculca la idea de perfección y armonía. *«La Beauté est le mystère pour les yeux; elle est le vrai sensible, elle est le bien visible, elle est le visage de Dieu»* (41).

He aquí, pues, cómo la polémica antitainiana va acercándose a una dogmática nueva que Péladan formula en seguida con el título de *Théorie de la Beauté.* Esta teoría es una pintoresca mezcla de neoplatonismo y teosofía, unidas a la extravagante terminología de los Rosa-Cruz. «No hay otra Realidad que Dios. No hay otra Verdad que Dios. No hay otra Belleza que Dios», reza el primer artículo. La Belleza es *«la recherche de Dieu par la Vie et la Forme».* «El punto estético de una forma es el de su apoteosis, es decir, la realización que lo aproxime al absoluto concebible» (42). La «realidad sublimada», la «irrealidad plásticamente producida», el «apogeo», el «misticismo» de la forma, son los ideales artísticos de Péladan, quien, en su ansia de irrealidad, llega a estimar el andrógino como el dogma plástico capaz de re-

---

(38) Cit. de la segunda edición. París, Sansot, 1911.
(39) Ob. cit., pág. 39.
(40) Ob. cit., pág. 51.
(41) Ob. cit., pág. 65.
(42) Págs. 107-110. Nótese la relación de esta estética y la de Valle-Inclán en *La lámpara maravillosa.*

sumir toda la humanidad. En cuanto a la Belleza, su última definición es la que la delínea como *«la recherche de formes angéliques»* (43).

RÉMY DE GOURMONT.

La figura de Rémy de Gourmont obtuvo en el fin de siglo de Europa un relieve, sin duda, hoy desvanecido, pero cuya resonancia podemos percibir todavía. Hijo espiritual de Epicuro y de Nietzsche, Rémy de Gourmont fue, en boca de uno de sus críticos, *«un spectacle magnifique»*. Su reinado es el de la sensibilidad, suerte de tercer reino en la clasificación platónica que da los primeros puestos a la inteligencia y al corazón (44), pero que el alma moderna ha sido capaz de dignificar. Las realidades físicas son, para él, presentes y significantes; su belleza es, sobre todo, la de sus formas: su vehículo son, únicamente, las sensaciones. La realidad concebida sin modulación ni selección por el naturalismo, puede ser seleccionada, elevada a categoría suprema y convertirse en símbolo. Las palabras, a las que se otorga la misión evocadora, deben ser también bellas y bien sonantes, capaces de dar la misma embriaguez mental de las cosas mismas, unas y otras suficientes como hito supremo. He aquí el sensualismo trascendental de Rémy de Gourmont. *«L'idée de beauté n'est pas une idée pure; elle es intimement unie a l'idée de plaisir charnel.» Stendhal a obscurément aperçu ce raisonnement quand il a défini la beauté: «Une promesse de bonheur»* (45). Esta estética debe mucho a la del Nietzsche del *Crepúsculo de los Ídolos*, para quien el Artista es simplemente un adorador de formas, de sonidos y de palabras. Ahora bien: la orientación sensualista puede permitir a Gourmont una distinción entre perfección y belleza, otorgando a la primera la capacidad de seducir a la Inteligencia; a la Belleza, la de dominar a los sentidos (46), y —más todavía— a la sensualidad, base última de toda la estética de Gour-

---

(43) Pág. 117.

(44) Véase PAUL DELCOR: *Rémy de Gourmont et son oeuvre*, París, Mercure de France, 1909.

(45) *Culture des idées*, pág. 202.

(46) La tesis de Gourmont es todavía más compleja y más interesante: «La raison n'est que de la sensibilité analysée et cataloguée. On retire la raison de la sensibilité comme l'acool du vin» (*Epilogues*, III serie, pág. 49).

mont, y a la que da un sentido trascendente, considerándola como la más bella afirmación de nuestra libertad y como base para dotar con su excitación de contornos imaginarios de belleza a la realidad más estricta. En este sentido valora Gourmont el arte plástico por encima del musical, zona de valores sentimentales. Este puro estetismo sensualista, al margen de todo trascendentalismo moral o patriótico, vive a ras de tierra y adora las formas vitales, cualesquiera que sean, siguiendo la fórmula nietzscheana de la necesidad de embellecer la vida. Su doctrina es, pues, individualista, y tiende a crear el hombre libre de prejuicios al servicio de su propia sensualidad; si bien el desprecio de toda moral no le aconseje el abandono del ritmo general de las costumbres, del rito y de la ceremonia, el Hombre debe ser, por encima de todo, sincero, sincero y optimista, ya que todo depende de nuestra personal visión de las cosas.

El pensamiento estético de Rémy de Gourmont encierra una enorme cantidad de facetas, de las que nos conviene separar aquellas que mejor puedan contribuir a fijar la filosofía del Modernismo.

A Gourmont debemos, por ejemplo, las más lúcidas páginas acerca del concepto de decadencia, tan habitual en el fin de siglo europeo, que denomina decadentistas a la mayoría de las escuelas de carácter esteticista (47). Parte el crítico de la noción de la decadencia de Roma formulada por Montesquieu; pero su versión es muy interesante, porque asimila decadencia a individualismo. Roma fue «una bella animalidad social, fiel a unos modelos políticos, literarios y sociológicos» (48).

El fin de esta coherencia —los Bárbaros y el Cristianismo— señala la aparición de las individualidades estéticas; ello plantea a Gourmont la posibilidad de establecer esta ecuación: decadencia política = florecimiento espiritual (49), entendiendo por tal la aparición de mentalidades fuertemente individualizadas y *diversas*. Estamos, como se ve, un poco dentro del concepto de

---

(47) *Stéphane Mallarmé et l'idée de decadence*, en *La Culture des idées*, París, *Mercure de France*, 1916. El estudio está fechado en 1898.

(48) «Il y avez chez eux émulation vers la parité comme il y a chez nous émulation vers la dissemblance» (pág. 110).

(49) La Escandinavia de Ibsen y de Bjoernson no es la de Gustavo Adolfo; la eclosión romántica se produce a la caída de Napoleón; Goethe es contemporáneo de la ruina de su país. Podía haber añadido el ejemplo de la España de Felipe IV.

«extrañeza», caro a Poe, y dentro de la estética de los «raros» de Rubén. La preocupación individualista, el anhelo de ser distinto y distante del vulgo —«municipal y espeso»— han sido señalados ya, y lo hallamos constantemente, en los críticos de la época. Claro está que en esta exaltación de los individualismos, se olvida totalmente lo que el Clasicismo tiene de abnegada contribución al general entendimiento y a una especie de máximo común múltiplo expresivo. Para Gourmont, decadentismo equivale a originalidad; y contra ella se levantan los preceptistas de toda especie. Escribir es diferenciarse, dirá en otro lugar (50). «No imitar a nadie, y sobre todo a mí», recordaba Rubén Darío, a la zaga de esta concepción independentista, cuyo signo máximo, para la poesía francesa, lo constituye Mallarmé. Para Mallarmé, la oscuridad es un refugio, una huida ante la muchedumbre, la seguridad más absoluta de su originalidad. Si ello se denomina decadentismo, esta palabra representaría un tesoro de aristocracia espiritual y de recóndita belleza (51).

La creación subconsciente surge también en la estética modernista de la mano de Rémy de Gourmont. Los nombres de Nerval, y —sobre todo— de Lautréaumont, puestos en danza por los superrealistas no son demasiado conocidos aún en esta dimensión, pero Rubén habla ya de «cerebración inconsciente», aludiendo un cierto automatismo psíquico de valor poético. En 1900 aparece el importante libro de Ribot *L'Imagination créatrice,* y a su comentario dedica Gourmont un artículo de bastante interés (52). En él analiza el tema del sueño, con sus asociaciones visuales, pasivas, incoherentes, semejantes, empero, a las que asaltan al poeta en forma de rimas o aliteraciones a las que da sentido lógico el escritor (53). Ahora bien; la creación imaginativa está ligada a la subconsciencia, así como la búsqueda del vocablo surge de un oscuro automatismo interior, asombrosamente fértil en

(50) Ob. cit. «Avoir un style c'est parler au milieu de la langue commune un dialecte particulier, unique et inimitable, et cependant que celà soit à la fois le langage de tous et le langage d'un seul» (página 9). El problema capital surge, sin embargo, cuando se constata que «les mots et les sensations ne s'accordent que très peu et très mal; nous n'avons acun moyen sûr, que peut-être le silence pour exprimer nos pensées» (pág. 17).

(51) Para la decadencia de la poesía latina recuérdense las admirables páginas de Rémy de Gourmont en *Le latin mystique.*

(52) *La culture des idées,* págs. 43 y sigs.

(53) Pág. 46, nota.

los escritores dotados; en la subconsciencia, las «ideas» literarias maduran y evolucionan hasta llegar a la creación consciente. Lo que llamamos inspiración no es sino la presencia de la subconsciencia en nosotros; ahora bien: nosotros podemos domar a la inspiración por el hábito y el trabajo, de acuerdo con la frase de Baudelaire: *«L'inspiration c'est de travailler tous les jours.»*

En suma, la filosofía de Gourmont puede resumirse en su esteticismo. Esteticismo para quien no cuenta las ideas trascendentes —religión, moral, patriotismo, etc.—, sino el goce epicúreo de los contornos de cada cosa (54), la sensualidad más estricta y exigente. Lo que se denomina su «misticismo» es —como el de casi todo el simbolismo— una exaltación de determinadas formas, a las que se otorga un valor estético; el goce de este valor, desde un egoísmo epicúreo, es el único sentido de la obra de arte. El individualismo es, pues, la clave de su estética, que, en este sentido, debe mucho a los románticos y a Schopenhauer; es decir, el mundo es la representación que de él tiene el yo.

Estas ideas empiezan a circular en España. Los críticos más sagaces anotan su presencia. Un escritor enterado, *Zeda,* escribía en 1899:

«Uno de los caracteres más salientes de la sociedad moderna, es el predominio del individualismo.

... Cada escritor pone su empeño en diferenciarse de los demás artistas; se busca el aislamiento porque se cree que en la soledad está la fuerza, por el afán de que nada cohíba ni coarte la independencia de la personalidad. Puede decirse que el lema del artista moderno es el que puso Federico Nietzsche al frente de su libro *La gaya ciencia:* «Vivo en mi propia casa; nada he imitado de nadie, me he burlado de todos los maestros que no se han burlado de sí mismos» (55).

Rémy de Gourmont fue muy conocido en España. Sus *Epilogues* podrían ser —por lo menos en su disposición tipográfica— el modelo directo de las *glosas* de Eugenio d'Ors. Rubén Darío lo alude con frecuencia y quiso incorporarlo a su revista *Nuevo*

---

(54) Para el pensamiento de R. de Gourmont, véase el completo estudio de Paul Émile Jacob en los *Studies im langage and literature,* de la Universidad de Illinois (U. S. A.), vol. XVI, 1931-1932. Lo religioso, entendido como ceremonia y esplendor, adquiere un valor estético, independiente de la falta de creencia.

(55) *El individualismo en la literatura,* en *Vida Nueva,* 10 de enero de 1899.

Mercurio. Un vago sentimiento hispanista por parte de Gourmont pudo facilitar el acercamiento. Comentó a Góngora; prologó a Leopoldo Díaz; tradujo a Larreta; pero todo ello con un aire superficial y distante (56). El rastro de su —por lo demás sencilla— filosofía del arte, difundida a través de las leidísimas ediciones del *Mercure de France*, es bien visible en todo el Modernismo, que hereda probablemente de él su hedonismo sensualista y su egoísmo.

Rubén Darío recogió muchas veces esta mística sin fe, valoradora de la belleza de la liturgia, como signo de ceremonia y esplendor. Lo erótico y lo místico se cruzan desenfadadamente. Recuérdese, entre tantos, el poema *Ite missa est*. La cosa no es nueva: pensemos en las *Misas de amor* de los poetas del cuatrocientos también de un aristocratismo insobornable; el vulgo «municipal y espeso» es un calco fiel del *celui-qui-ne comprend pas* gourmontiano (57).

Este «misticismo» esteticista caracteriza también la doctrina formulada por Valle-Inclán en su famoso libro *La lámpara maravillosa*, ya aludido en relación con la estética de Péladan (58). He aquí los puntos fundamentales de su estética:

a) *La intuición mística*.—Existen dos vías de conocimiento: la Meditación («enlace de razonamiento») y la Contemplación («intuición amable, deleitosa y quieta, por donde el alma goza la be-

---

(56) Dedicó, por ejemplo, una atención despectiva a Unamuno, a quien evidentemente no había leído, pero de quien le molestaba su aire rebelde a la cultura francesa (JACOB: Ob. cit., pág. 114). Véase el severo artículo de ALFONSO REYES: *Rémy de Gourmont y la lengua española*, en *Simpatías y diferencias*, Madrid, 1922; vol. III, págs. 107-118. Las alusiones a Góngora no están faltas de interés por la fecha en que se formulan («poète de la couleur, des belles alliances, de tons fondamentaux, de larges symphonies bleu et or»). *Promenades litteraires*, París, 1911.

(57) Otro escritor modernista se siente en la línea de Gourmont. Recuérdese, por ejemplo, a Pedro de Répide: «Modernista es el que marcha con su tiempo. Las gentes se burlan del Modernismo sin saber lo que es, pero el artista está por encima de las gentes.» «El arte no es para el pueblo», ha dicho Rémy de Gourmont (*Canciones en la sombra*, Madrid, 1903, pág. 21). Véase también: *El viaje a Nicaragua e Historia de mis libros*, pág. 186. Cfr. La emocionada entrevista de Darío a Gourmont descrita en el libro *Opiniones*. (Ob. cit., vol. X, ed. Mundo Latino, págs. 167-174.)

(58) *Opera Omnia*, vol. I. El texto de Valle-Inclán está lleno de reminiscencias gourmontianas: la valoración del latín medieval, la mezcla del fervor cristiano y del mitológico, etc.

lleza del mundo»). Esta segunda es «la suprema manera de llegar a la comunión del Todo». Esta exégesis mística tiene grados —imitados de la escala mística— que terminan en la quietud estática.

Esta intuición obliga al artista a desprenderse de la realidad. «Sé como el ruiseñor, que no mira a la tierra desde la rama verde donde canta» (pág. 16). El móvil es el amor: «En todas las cosas duerme un poder de evocaciones eróticas.»

b) *El sortilegio musical.*—Cada uno debe expresar con su propia voz las intuiciones con que nos aproximamos a nuestra intuicidad inefable; el vehículo de lo inefable es la música o, como Valle dice, «el milagro musical». La rima, sortilegio verbal, engaña al tiempo. La palabra, a la realidad. La belleza es el misterio que conduce a lo esencial.

Este predominio de la sensualidad se encuadra bien con el imperativo vitalista característico de una gran parte de la cultura contemporánea. Frente a él existe, como ha señalado Ortega y Gasset, el imperativo cultural. Recordemos el esquema orteguiano:

«Nuestras actividades necesitan, en consecuencia, ser regidas por una doble serie de imperativos que podrían recibir los títulos siguientes:

	IMPERATIVO	
	CULTURAL	VITAL
Pensamiento............................	Verdad	Sinceridad
Voluntad..................................	Bondad	Impetuosidad
Sentimiento............................	Belleza	Deleite

Durante la Edad, con mal acuerdo llamada "moderna", que se inicia en el Renacimiento y prosigue hasta nuestros días, ha dominado con creciente exclusivismo la tendencia unilateral culturalista» (59).

El imperativo *vital* enlaza bien con el esteticismo modernista, mientras el orientado hacia lo *cultural* se integra bien en el sentido educador del Noventa y Ocho.

---

(59) *El tema de nuestro tiempo,* Madrid, 1934; pág. 72.

III

COMUNIDAD PERSONAL

Es indudable que en el pequeño Madrid literario de 1898 los escritores de edad análoga se conocieron, se trataron, colaboraron en las mismas publicaciones, y en alguna de ellas, como *Alma Española,* aparecen reunidos casi todos, es decir, modernistas y noventayochistas. Salinas recuerda, además, actos colectivos, como la visita a la tumba de Larra, el banquete a Baroja y el manifiesto contra Echegaray, de significación evidente. Pero a lo largo de páginas anteriores hemos visto la presencia de grupos —como el de los tres (*Azorín,* Maeztu, Baroja)— tan entrañables entre sí como hostiles a los demás. El grupo modernista se defiende, por su parte, tanto de los caricaturistas de *Madrid Cómico* como de los ideólogos regeneracionistas, que los desprecian. Sobre la «armonía» que reinaba en aquella época pueden leerse los sangrientos folletos de *Clarín,* Bonafoux, *Fray Candil,* del propio *Azorín,* o las *Memorias de un desmemoriado,* de Ruiz Contreras, o las de Baroja, en las que la supuesta y altiva independencia del novelista se desploma en una fusilería increíble de anécdotas rencorosas.

Pero, para dar mayor autoridad a mi aserto, voy a seleccionar algunas actitudes antimodernistas de los hombres del Noventa y Ocho, y a continuación las que expresan el desdén del Modernismo por los ideales de los noventayochistas, con los que el requisito de *comunidad personal* —señalado por Salinas— no se produce tampoco.

ACTITUD ANTINOVENTAYOCHISTA DE LOS HOMBRES DEL MODERNISMO

Para marcar bien los contornos de esta discriminación que me propongo, veamos de señalar ahora las actitudes respectivas de cada uno de los hombres que constituyen cada grupo con respecto a la ideología del grupo opuesto. Pretendo —exceptuando algunos casos ya anunciados de contagio (parcial siempre)— llevar al extremo límite la necesaria diferenciación.

RUBÉN DARÍO.

Que Rubén Darío no participa de la preocupación patriótica, negativa y pesimista, de los hombres del Noventa y Ocho lo transparenta su obra. Leed *España contemporánea.* Es el libro del día siguiente del Desastre. Recorramos sus páginas. Hay en todo momento el vehemente deseo de olvidar el dolor, de levantar el ánimo. Ve cosas duras y amargas; pasa por ellas como sobre ascuas. Busca, afanoso, cuanto pueda levantar el ánimo. Se encuentra, en suma, al margen del complejo de histeria colectiva que sacude al país en el momento desalentado de los regeneracionistas.

VALLE-INCLÁN.

En el capítulo que Pedro Laín Entralgo dedica a la preocupación española —el VI: *Amor amargo*— todos los textos son convincentes, excepto los que hacen referencia a Valle-Inclán, sencillamente, porque Valle-Inclán no pertenece al Noventa y Ocho. Comparando las citas que muestran —tan expresivamente— la angustia patriótica de Unamuno, la grave preocupación azoriniana, el profundo calado de Ganivet, de Maeztu; la dramática visión de Baroja, el noble malestar de Antonio Machado, con los textos que se traen de Valle-Inclán, advertimos en seguida un cambio de «clima» tan evidente, que sólo la conveniencia de unificar bajo rótulo demasiado amplio valores dispares, puede justificar. Ciertamente que estos textos son más escasos —lo que ya es sospechoso—, pero es que, además, no son convincentes.

En primer término, falta la afirmación personal. Por mucho que sepamos que el Max Estrella de *Luces de Bohemia* es un trasunto del propio Valle-Inclán, todos somos testigos de la importancia de esta trasmutación y de cómo el autor deja de tener —al prestar su voz a una máscara— los escrúpulos que de otra manera tendría. La misma deformación grotesca del «esperpento» facilita la caricatura, es decir, el alejamiento de la realidad. En las obras de carácter personal y meditabundo, cuando el escritor habla plenamente por su cuenta —en *La lámpara maravillosa,* por ejemplo—, el tema nacional ni siquiera es aludido. Igualmente en su obra lírica. (Compárese, respectivamente, esta actitud con las de Unamuno o Antonio Machado.) La geografía (y la Historia) no cuentan: España, Italia o Santa Cruz de Tierra Firme son meros soportes estéticos.

Valle-Inclán no puede ser afiliado al Noventa y Ocho ni cuando ataca a la España tradicional *(Luces de Bohemia, La corte de los milagros),* ni cuando la defiende en las novelas de *La guerra carlista.* Lo que interesa a Valle-Inclán es el valor estético. Con razón escribía Benavente:

«No sé si algún liberal de los fósiles, después de leer *El resplandor de la hoguera,* la última novela de Valle-Inclán, le juzgará definitivamente afiliado al partido carlista y le llorará muerto para la literatura, para la literatura liberal, que no es toda la literatura, por lo mismo que toda la literatura sea ante todo libertad.

Por mí, sé decir que no conozco narración de nuestras guerras civiles tan artísticamente desapasionada de toda idea de partido. Son en ella, los de uno y otro bando, seres humanos de toda humanidad, y sobre ellos pasa, fatídica, esa ventolera de locura colectiva que de cuando en cuando enardece a los pueblos y los lleva a guerrear por cosas que el día antes nada les importaban y que en razón no debieran importarles nunca» (1).

Azorín, en el magistral prólogo puesto a sus *Obras completas,* resuelve la cuestión de manera tajante: «Ramón del Valle-Inclán es poeta, esencialmente poeta, poeta de un modo absoluto. Y de esa su condición dimanan sus divergencias con los coetáneos. Si aceptamos esta apreciación nuestra, al menos como hipótesis, todo se explicará en la obra de Valle-Inclán. El poeta, el verdadero

(1) *De sobremesa,* pág. 119.

poeta, ha de construirse un mundo especial para él; la realidad que él viva no será la realidad que vivan los demás escritores» (2). *Sé como el ruiseñor, que no mira a la tierra desde la rama verde donde canta,* dice la primera de las Normas de Valle-Inclán (3). Aun aceptando que una parte de su obra tuviese una intención realista, habría que aceptar también que esta parte es mínima dentro de la totalidad de su producción, y aun así, deberíamos eliminar de ella la preocupación educadora, característica del Noventa y Ocho. La deformación de los tipos humanos —Isabel II o Santos Banderas— vale por sí misma y no trasciende al campo moral. Las criaturas valleinclanescas, como monigotes que danzan pendientes de los hilos que mueve su dueño, no pierden nunca su calidad de juguetes y en modo alguno se alzan a la altura de su creador. No le preocupan, y jamás representarían para él un índice de su propia conducta. El escritor pudo crearlos así o de otro modo, dentro de una libérrima actitud estética. «Yo, para mi ordenación —escribe Valle-Inclán—, tengo como precepto no ser histórico ni actual, pero saber oír la flauta griega» (4).

---

(2) Loc. cit., págs. 16-17.

(3) *La lámpara maravillosa*, en *Obras completas*, I, pág. 779.

(4) *Obras completas*, I, pág. 707. Los textos que cita Laín Entralgo (ob. cit., pág. 229) acerca de la necesidad de un nuevo período de la Historia («Volvamos a vivir en nosotros y a crear para nosotros una expresión ardiente, sincera y cordial... Desterremos para siempre aquel modo castizo, comentario de un gesto desaparecido con las conquistas y las guerras» (*Obras completas*, págs. 795-796) tiene un alcance lingüístico y estilístico, no histórico y menos político. El hecho de que *La Corte de los Milagros* coincidiese con la campaña de descrédito de la Monarquía (años 1927-1928) será, en todo caso, una coincidencia histórica, quizá el eco de una misma palpitación de los tiempos. Pero no implica necesariamente una actitud mental interventora. En 1929 aparece, prologado por Valle-Inclán, el libro de RAMÓN J. SENDER *El problema religioso en Méjico* (Editorial Cenit, 1929). A pesar de que el momento —últimos años de la Dictadura— es propicio a una intervención que, precisamente gracias al grupo liberal de los amigos de Valle-Inclán, conducirá a la República de 1931, no puede concebirse una divagación más anodina y carente de sentido; ni una afirmación categórica respecto al problema politicorreligioso que el libro plantea con carácter inequívocamente revolucionario, ni siquiera una alusión a las posibles relaciones del tema con el momento político. Todo el prólogo da la impresión de ser escrito por compromiso del momento, pero con toda desorientación absoluta.

MANUEL MACHADO.

Más claramente advertiremos el contraste, si de la obra de Valle-Inclán pasamos a la de Manuel Machado. Y la comparación es todavía aleccionadora enfrentando la primera producción poética de Manuel Machado, *Alma* (1898-1900); *Caprichos* (1900-1905), *La fiesta nacional* (1906), *El mal poema* (1907) con la contemporánea de su hermano Antonio, *Soledades* (1899-1907). A la perfecta actitud noventayochista del segundo —paisajes ocre y plata, pesimismo— corresponde la alegría policroma de una retina enamorada de cuanto ve. Las cosas son también brillantes juguetes para el poeta. Las evocaciones del pasado no van más allá de lo sensorial. El mundo es un biombo multicolor, lleno de rostros de mujer, de rosas encendidas.

Sólo un momento, apenas para saltar sobre él, aparece el país *real* que le sostiene —«en un pobre país, viejo y semisalvaje — mal de alma y de cuerpo y de facha y de traje» (5)—; el poeta huye. Su tragedia, entiéndase, es personal, plenamente lírica, por tanto. Por lo demás, la circunstancia social, política, nacional, no debe interesar al poeta:

Silvestre flor de cardo,
poema gris o pardo
de lo pobre y lo feo,
sin nada de gallardo,
sin gracia ni deseo,
agonioso y tardo.

De las enfermedades
y de las ansiedades
prosaicas y penosas...,
de negras soledades,
de hazañas lastimosas
y estúpidas verdades.

¡Oh, pasa y no lo veas,
sus páginas no leas! (6).

Alejado de la realidad circundante, en aras de un puro delirio estético, Manuel Machado marca así perfectamente su posición tan modernista como antinoventayochista.

---

(5) *Poesía*, Barcelona, 1940; pág. 102. Véase también págs. 116-16.
(6) *Prosa*, ed. cit., pág. 122.

ACTITUD ANTIMODERNISTA DE LOS HOMBRES DEL NOVENTA Y OCHO

GANIVET.

Apenas si podemos traer aquí a Ángel Ganivet, trágicamente terminado en 1898, antes de la eclosión modernista. Lo que hubiera podido ser su posición debemos deducirla de los textos que recogen su posición personal sobre el fenómeno poético en general. Que Ángel Ganivet prefería una lírica medular y no una retórica más o menos musical, lo demuestran con claridad estas apreciaciones suyas. «Un poeta es un creador que se sirve de todos los medios humanos de expresión, entre los que la acción ocupa quizá más alto lugar que las formas artísticas más conocidas: las palabras, los sonidos, los colores», y en otro lugar: «El defecto más difícil de corregir en un poeta es el furor descriptivo, con el que las más veces se suple la falta de idea y sentimiento. Bueno es que el poeta tenga vista y oído, pero antes debe tener cerebro y corazón.» Y finalmente: «Una poesía debe ser parte de nuestra sustancia, no una agrupación convencional» (7).

Por si alguna duda nos quedara, su producción poética está totalmente libre de la influencia modernista.

UNAMUNO.

Juan Ramón Jiménez, en una conferencia recientemente pronunciada en Buenos Aires, ha calificado a Darío y a Unamuno como los dos grandes continuadores de Gustavo Adolfo Bécquer en la poesía española, revolucionarios de «fuera» y de «dentro», respectivamente. «*Espíritu de la forma y ansia sin forma, doble becquerianismo, mezcla paradójica en lo superficial, homogénea en lo interno*», dice. Es evidente el respeto que Darío sentía por Unamuno, de quien no sólo admiraba el místico arrebato, sino incluso ciertos «profundos y melodiosos sones de órgano que hubiesen regocijado al Salmista» (8).

Pero a Unamuno no le interesaba —no podía interesarle— la estética de Rubén. «Cuando nos veamos —le escribía a Ricardo

---

(7) Cito del *Ideario Español*, recopilación de José García Mercadal (Madrid, Biblioteca Nueva), págs. 281-282.

(8) DELFINA MOLINA Y VEDIA DE BASTIANINI: *Rubén Darío y Unamuno*, en *La Nación*, de Buenos Aires, 11 de abril de 1948.

Rojas— hablaremos de él (de Rubén Darío), a ver si al fin es usted quien me convence de que hay poesía en las caramilladas artificiosas del nicaragüense. Yo no lo culpo de lo que otros, sino que sus versos me parecen terriblemente prosaicos en el fondo, sin pasión ni calor, puras virtuosidades y tecniquerías. Escribe, además, cosas imposibles por la manía de la rima rica...» En otro lugar insiste sobre esta cuestión: «... cada día se me hace más odiosa la rima. Los italianos hacen bien en desdeñarla más que nosotros. Hace decir muchas cosas redundantes retorcidas y es un bárbaro artificio medieval» (9).

Es evidente que Unamuno (10) no está en el área del Modernismo. Su manera medular de producirse está en la antípoda del arabesco musical de la escuela rubeniana. Basta leer esta carta suya dirigida precisamente a Rubén Darío:

«Yo, se lo confieso, no siento la menor atracción hacia París, a la que no creo ciudad más luminosa que Londres o que Berlín. En general, me penetra poco lo francés. Desde que aprendí alemán primero e inglés después —y hace ya años—, he leído poco francés. Algún día explanaré mi hostilidad, hija de temperamento, hacia lo francés y aun hacia lo latino... De la literatura en lengua francesa me gustan los belgas, como Maeterlinck (en *Le trésor des humbles*), y los suizos, como Amiel. Soy refractario, por defecto mío sin duda, a las elegancias y exquisiteces de París...» (11).

Y no es que falte a Unamuno —¡cómo había de faltarle!— interés hacia toda suerte de renovaciones. «He aquí la palabra terrible: no hay juventud. Habrá jóvenes, pero juventud falta», es-

(9) Ambos textos en *Retablo español*, de Ricardo Rojas. Buenos Aires, Losada, págs. 330-331.

(10) Recuérdese, de paso, la paternal afinidad mental de Unamuno y Ganivet, ya definida en la página anterior.

(11) Fechada en Salamanca, 19 de mayo de 1899. RUBÉN DARÍO: *Obras completas*, vol. XIII, Epistolario, I, 168. El vasco Baroja, paralelamente, escribe: «Para la mayoría de los latinos, el estilo es la retórica elocuente» (*La intuición y el estilo*, pág. 293). El criterio de Unamuno permanece invariable a través del tiempo. En 1907, en el *Nuevo Mercurio*, escribía: «Y he aquí mi palabra sobre literatura francesa: le falta pasión. Los sensuales no son apasionados. La sensualidad se aúna muy bien con la lógica, con la retórica y hasta con la geometría, la sensualidad estética. Como que la estética, fundada en proporción, en equilibrio y en armonía, no es más que una lógica de la sensualidad. Y la ley de la pasión es la poética. Y ved cómo contrapongo la poesía a la estética y os afirmo... que todo lo muy artístico es poco poético» (pág. 13).

cribe por las mismas fechas. En cuanto a la lengua, ¿quién con más brío ha defendido la necesidad de salir del castellano anquilosado de los seudoclasicistas, del viejo castellano «acompasado y enfático», para construir un idioma «más desgranado, de una sintaxis menos involutiva, de una notación más rápida»?

Lo que acontece es que racial y temperamentalmente Unamuno no puede ofrecer reacciones meramente sensitivas o sensuales, cosa, sin duda, apropiada a los «pobres mediterráneos». La Belleza no es nunca una razón para justificar la obra, mucho más cuando «se pasan la vida estos señores —sin duda, los modernistas— menospreciando la política, y la ciencia, y la industria, y la religión, y creyéndose, o por lo menos fingiendo creer, que lo único importante en este mundo es la producción de la belleza» (12). De ahí el menosprecio con que fustiga toda la literatura de tipo sensorial o estético que llega de Hispanoamérica y de España, su posición netamente automodernista.

Quiero recordar aquí, finalmente, un texto unamuniano, no reproducido que yo sepa, y que tiene un valor epilogal. Se trata de un comentario de don Miguel a la muerte de Rubén Darío. Recuerda del poeta unas frases con las que contestó a unas despectivas palabras suyas cuando decía que a Rubén se le veían las plumas —de indio— bajo el sombrero. «Yo quisiera también —escribe Darío— alguna palabra de benevolencia para mis esfuerzos de cultura... Sea, pues, justo y bueno.» «Esto me decía Rubén —añade Unamuno— cuando yo me embozaba arrogante en la capa de desdén de mi silencioso aislamiento, de mi aislado silencio.» Exalta Unamuno la cordialidad, la bondad, la amistad del poeta. «Nadie como él —escribe— nos tocó en ciertas fibras; nadie como él sutilizó nuestra comprensión poética...; su canto nos fue un nuevo horizonte, pero no un horizonte para la vista, sino para el oído... Y yo, oyendo aquel canto, me callé. Y me callé porque tenía que cantar, es decir, que gritar acaso, mis propias congojas, y gritarlas como bajo tierra, en soterraño. Y para mejor ensayarme me soterré donde no oyera a los demás» (13).

He aquí, pues, a la vez, su amistad y su disidencia.

---

(12) *La ofrenda de España a Rubén Darío*, Madrid, 1916; páginas 25-34.

(13) No es necesario hacer hincapié sobre el valor antimodernista de la lírica de Unamuno, su carencia de valores sensoriales, acústicos, sacrificados al arrebato mental. Véase mi *Historia de la Poesía lírica es-*

ANTONIO MACHADO.

Para nadie más que para Antonio Machado ha de ser difícil evitar el contagio del movimiento modernista. Su inclusión en el grupo noventayochista es, por otra parte, proverbial. A dos años de distancia cronológica de su hermano Manuel, sigue fiel, sin embargo, a la grave manera ética de Castilla frente a la ligera manera estética de Andalucía. He aquí algunos textos significativos. Veamos en primer término el *Retrato* del poeta.

Retrato que se abre con una autobiografía sintética: «mi infancia son recuerdos de un patio de Sevilla»; «mi juventud, veinte años en tierra de Castilla». Esto es todo, en lo fundamental. Hombre de alma adentro, nada sacrifica al halago sensorial. «Ni un seductor Mañara, ni un Bradomín he sido —ya conocéis mi torpe aliño indumentario—», dice, colocándose precisamente en el antípoda del estetismo valleinclaniano. Gusta, es claro, de la belleza —de la *hermosura*, dice con una palabra más noble y menos «modernista»—:

mas no amo los afeites de la actual cosmética
ni soy un ave de ésas del nuevo gay-trinar,

dice lapidariamente. En la pugna entre el fondo y la forma, entre lo ético y lo estético, lo ético es preferido de un modo resueltamente noventayochista:

¿Soy clásico o romántico? No sé. Dejar quisiera
mi verso, como deja el capitán su espada:
famosa por la mano viril que la blandiera,
no por el docto oficio del forjador preciada (14).

Y como profesión de fe de una retórica desnuda, estos versos:

---

pañola, Col. Labor, 2.ª ed., págs. 361-363. F. de Onís, en su *Antología*, no justifica satisfactoriamente —a mi ver— la inclusión de Unamuno, cuyas fuentes y cuyo espíritu le dan derecho a un perfil entre místico y neorromántico muy peculiar. Recuérdese —otro dato más— su antipatía hacia Góngora (véase al tratar el tema) y, en general, a todo estetismo. Recuérdese, finalmente, su artículo acerca de «La dignidad humana» en que se opone a todo arte minoritario. «Eternismo y no Modernismo» es su lema.

(14) De *Campos de Castilla*, en *Poesías completas*, ed. 1928, página 103.

La rima verbal y pobre
y temporal, es la rica.
El adjetivo y el nombre,
remansos del agua limpia,
son accidentes del verbo
de la gramática lírica,
del Hoy que será Mañana,
del Ayer que es Todavía (15).

¿Y cómo ha de sorprendernos, finalmente, la formal oposición a toda poesía barroca tal como aparece en los comentarios del *Cancionero de Abel Martín* por su «gran pobreza de intuición», por «su culto a lo artificioso y desdeño de lo natural», «por su culto a la expresión indirecta, perifrásica, como si ella tuviera por sí misma un valor estético»? (16). ¿Y cómo no ver la posibilidad de sustituir los defectos del barroco por los mismos fenómenos tan claros en el Modernismo?

RAMIRO DE MAEZTU.

Maeztu, como Unamuno, posee la lengua difícil y enérgica del vascongado y la misma desdeñosa actitud para la música verbal, cuya única finalidad es su propia armonía. De formación sajona —macizo y sólido—, el pensamiento de Maeztu se adapta a un pragmatismo que excluye la efusión lírica y el «literatismo» meramente estético.

«Observo —escribe en la revista *Juventud*— que desde hace algún tiempo se ha recrudecido el odio inexplicable que inspira a ciertos escritores la tontería modernista. Allá se las hayan con esos modernófobos los jóvenes de los lirios y de las nenúfares, las clepsidras y las walpurgis. Eso no va conmigo. Modernistas de esta clase y antimodernistas de la otra me inspiran las mismas ganas de hacer mis necesidades.»

El escritor cumple una función en el organismo social. Su labor es el resultado de una cultura; imposible sin esfuerzo. No hay inspiración sin estudio. «Mis compañeros están en el café desde las tres, saldrán a las ocho, volverán a las diez, y a las seis

---

(15) En unas notas escritas en 1924, Machado copiaba estos versos y añadía: «Tal era mi estética en 1902. Nada tiene que ver con la poética de Verlaine.» Rep. en *Cuadros Hispanoamericanos*, núm. 19, pág. 26.
(16) *Poesías completas*, ed. 1928, págs. 374 y sigs.

de la mañana darán en la cama con sus cuerpos. ¿Cuándo leen? ¿Cuándo piensan? ¿Cuándo trabajan?», se pregunta el adolescente Maeztu.

En su madurez estas consideraciones se ordenan en un pensamiento sistemático. Como riqueza estéril el «lujo no debiera ser tolerado en ninguna sociedad bien regulada» (17). Ahora bien; ¿es el arte un lujo? En muchos de los escritores considerados como meros estetas, como Gautier, como Wilde, hay algo más que el arte por el arte; se salvan por su intención extraartística. «El objeto de lujo —resume— se parece a la obra de arte en que ambos son expresiones de poder; pero mientras el objeto de lujo es meramente expresión de poder y satisface el espíritu de propiedad o monopolio, la obra de arte no sólo nos muestra el poder del artista sobre sus medios de expresión, sino también que es una criatura sedienta de verdad, de justicia y de amor, que satisfaga su ideal al expresarlo, pero que, como sólo lo satisface con una ficción, lo perpetúa como anhelo» (18).

Sin embargo, como concepto general, debe quedar sentada la animadversión de Maeztu para cuanto sea simple estetismo o arte puro. En su *Discurso de recepción de la Academia de Ciencias Morales y Políticas* (20 de marzo de 1932) insiste en sus ideas juveniles dentro de nuestra civilización; «los conceptos de belleza y de amor cristiano son inseparables», dice Maeztu después de rechazar los conceptos estetistas de Ruskin y de D'Annunzio (19); «la cultura —dice— no renuncia al concepto de belleza moral sencillamente porque todo ejemplo eminente de perfección moral produce inevitablemente la impresión de lo bello» (20). La función del arte es, pues, trascendente a la mera sensación; contiene un mensaje. «El arte es un anuncio de la resurrección o de la apocatástasis, aquel sueño de universal restitución de todas las cosas

---

(17) *Gentes de letras* (1896), en *España y Europa*, ed. Austral, página 25.

(18) *La crisis del humanismo*, pág. 194.

(19) Ídem, págs. 211-212. En la polémica sobre el Modernismo, sin embargo, Maeztu sale en defensa de sus compañeros de promoción frente a los ataques de *Clarín*. Véase *supra*.

(20) «En Madrid —dice concretamente, demostrando un estado de espíritu sólo atribuible al Modernismo— no faltaba quien apedrease a los admiradores de Balzac o de Galdós, con la tesis de que en las letras el lenguaje lo es todo y el asunto no puede interesar más que a los admiradores de los folletines.»

a Dios» (21). Nada más lejos, pues, de la simple inmanencia —meramente reducida, como veremos, a la sensación estética— del Modernismo.

BAROJA.

En el esfuerzo por discriminar los elementos típicamente noventayochistas de los afiliados al Modernismo, el caso de Baroja presenta poca dificultad. Su manera bronca y directa es el ejemplo máximo de «lenguaje como vehículo»; su interés por la realidad circundante, por la sociedad y sus problemas; su anarquismo rebelde; su sentido pesimista de la vida lo definen resueltamente como uno de los noventayochistas típicos (22). Inversamente, no podríamos atribuirle en puridad ninguna de las características que figuran entre las que definen al Modernismo. Existe, por otra parte, y bien contundente, la actitud del escritor, teñida de su feroz independencia. Ya en 1899 hay un texto barojiano en que reacciona contra el arte «moderno».

«El artista moderno no es, respecto a la naturaleza, un espejo que trate de reflejarla; es más bien un instrumento delicado que vibra con sus latidos y amplifica sus vibraciones.

El artista era antes un refinado, pero un refinado intelectual; ahora es un histérico y un sátiro. En esas poesías celebradas de Verlaine y de Rimbaud, más que inteligencia se adivina una neurosis y una repugnante monstruosidad» (23).

Con mucha frecuencia Baroja ha considerado al Modernismo como un juguete sin importancia. Y en uno de sus últimos libros, *La intuición y el estilo*, epiloga su actitud con estas palabras:

«En español, todavía no hay más que dos estilos: uno, el arcaico y castizo, y el otro, el modernista, un poco de confitería. Ninguno de los dos tiene exactitud y precisión; los dos tienden al adorno y a la jerigonza...

---

(21) *El arte y la moral*, repr. en *Ensayos*, Buenos Aires, Emecé, editores, 1947; págs. 74-100.

(22) Recuérdese su búsqueda de una «retórica menor».

(23) *La Vida Literaria*, Madrid, 18 de mayo de 1899. Es curioso que la famosa innovación de Rimbaud acerca de la audición coloreada provoca un extenso comentario de Baroja en *Revista Nueva*, 1899, volumen I, pág. 79.

Para mí no es el ideal del estilo ni el casticismo, ni el adorno, ni la elocuencia; lo es, en cambio, la claridad, la precisión, la rapidez» (24).

«AZORÍN».

Más complejo ha de ser fijar las relaciones entre *Azorín* y el Modernismo. En primer término, por ser *Azorín* el único levantino de su grupo frente al bloque vasco (Unamuno, Baroja, Maeztu), y al bloque castellanizado (A. Machado, Bueno), y ser, por ello, el más *artista*, el de más despierta sensibilidad. De otro, el que de manera más ostensible siente el lenguaje, si bien como vehículo, como instrumento capaz de pulimento y de belleza. Sin embargo, analizando las características anotadas en la definición de la generación del 98, observaremos hasta qué punto coinciden en *Azorín* los conceptos fundamentales de este grupo.

Otro aspecto subrayable nos lo da el escaso interés que en sus páginas despierta el movimiento modernista. En sus primeros folletos nos da curiosas noticias del mundillo periodístico: Bonafoux, Fuente, *Fray Candil*. El tema modernista es tocado rarísimas veces y, en algún caso, irónicamente. Por ejemplo, en el artículo *Dar en el clavo (Nieva y Rueda, Droguería y Quincallería)*, publicado en *Buscapiés*, Madrid, 1894. Puesto a discusión el tema gongorino, *Azorín* se evade con una de sus maravillosas «ascensiones». El período de mayor efervescencia en la polémica modernista sorprende a *Azorín* en pleno culto a los clásicos. En artículos posteriores, el tema no es afrontado, por lo menos con la amplitud con que se enfocan otras tendencias contemporáneas. En *Clásicos y modernos* empieza a hablar de Juan Ramón Jiménez, para ocuparse en realidad de Meléndez Valdés (25). En conjunto, una atención curiosamente escasa, por lo menos, en los trabajos que, seleccionados por su autor, han pasado al libro.

En su obra de recuerdos, *Madrid*, el Modernismo aparece fugazmente en su momento oportuno. La actitud de *Azorín* persiste. Helo aquí hablando de Valle-Inclán: «He dedicado artículos

---

(24) *La intuición y el estilo*, Madrid, 1948, págs. 291 y 293.
(25) Pág. 183. Véase, sin embargo, una breve glosa en *Los valores literarios*, Madrid, 1913; pág. 199.

de justo elogio a algunos libros suyos. Pero nuestras normas de vida eran distintas y nuestras estéticas se oponían» (26). En cuanto a Darío, un recuerdo personal a su bondad, a su fatalismo, a su comprensión, le bastan en este libro (27). El recuerdo de una visita de *Azorín* al poeta nicaragüense en Asturias, efectuada en 1905, ha quedado fijada en dos trabajos muy interesantes (28). En el primero de ellos, declara que en España ha habido tres poetas: Verdaguer, Maragall y Rubén Darío. Lo que destaca en Darío es un progreso de la sensibilidad. Tres poetas hay en Darío: el «versallesco», el de las «cantatas heroicas» y el de la «tristeza íntima», que es el que prefiere *Azorín.* Las páginas del crítico están llenas de ternura afectuosa.

UNA PIEDRA DE TOQUE: GÓNGORA

Creo que me será fácil demostrar —nuevo signo discriminador— que el grupo Noventa y Ocho no siente devoción por lo gongorino, a diferencia del sector modernista, que intuye o valora al gran poeta cordobés.

El tema de la revalorización de Góngora ha sido estudiado, en parte, por Dámaso Alonso en un excelente trabajo titulado *Góngora y la Literatura contemporánea* (29). Demuestra el ilustre crítico que el culto a Góngora llegó a Rubén Darío a través de la devoción, más bien intuitiva, que hacia él sentía Paul Verlaine, quien, *de verdad,* jamás conoció al poeta de Córdoba. Darío, que cita de paso a Verlaine en el prólogo de *Prosas profanas* (1896) («y en mi interior, Verlaine»), publicó en 1899, residiendo en España, sus sonetos *Trébol,* en los que enlaza el nombre de Velázquez (cuyo centenario se estaba celebrando) con el de Góngora (30). El conocimiento de Góngora por parte de Rubén no es muy profundo, aunque sí suficiente para obtener algunos ras-

---

(26) Pág. 47.
(27) Págs. 49 y sigs.
(28) En *Leyendo a los poetas* (Zaragoza, 1929?, págs. 207-212) y *Los clásicos redivivos. Los clásicos futuros* (Col. Austral, núm. 551, páginas 137-152). El primer trabajo está fechado en 1914; el segundo, en 1935.
(29) En *Homenaje a don Miguel Artigas,* vol. II, págs. 246-284.
(30) Se publicó en *La Ilustración Española y Americana* el 15 de junio. Dámaso Alonso trae y comenta excelentemente el dato, así como los elementos más o menos culteranos que contienen los famosos sonetos.

gos característicos del autor de las *Soledades* y reflejarlos en sus versos de homenaje.

Veamos de ampliar estas noticias, ya que la relación gongorismo-Modernismo interesa desde el primer momento. Una serie de motivaciones debían acercar la nueva tendencia a la renovación literaria que emprendiera Góngora tres siglos atrás. Una análoga voluntad de refinamiento, de selección verbal, de alcance metafórico, de neologismo. Las misiones encomendadas eran parecidas.

La crítica adversa —educada, naturalmente, en la doctrina anticulterana— intuyó en seguida las posibilidades de una ecuación Góngora-Modernismo. «Ya sé que estos modernistas, hijos degenerados de Góngora, no pueden verme ni pintado», escribía *Fray Candil* en 1903 (31).

En 1903 —signo interesante de los tiempos—, la primera revista que plenamente puede ser considerada como portavoz del Modernismo, la revista *Helios*, abría una encuesta sobre el poeta cordobés. Dos noventayochistas destacados —Unamuno y *Azorín*— acuden a la encuesta. Veamos cuál es su reacción:

Unamuno declaró paladinamente que Góngora no le interesaba. Quiso leerlo y no pudo: «A los cinco minutos estaba mareado... y acabé por cerrar el libro y renunciar a la empresa.» «Poeta hay, ya en nuestra lengua, ya en otras, que creo me darán más contento que Góngora. Me quedo, pues, sin Góngora.» Por si la cita parece poco significativa, ahí van unas líneas posteriores, donde se puntualiza mejor la ecuación Góngora-Modernismo: «No voy, pues, a tomar a Góngora de achaque para despacharme a mi sabor contra los que no gustan de supuestas exquisiteces, más o menos gongorinas, que ahora corren. Y mucho menos cuando la mayor parte de los poetas del nuevo estilo —llámeles usted modernistas decadentes, o como quiera— no me parecen estrafalarios, ni sibilíticos, ni enrevesados, ni archisutiles, sino pura y sencillamente insignificantes» (32).

---

(31) En la revista *Alma española*, 8 de noviembre de 1894, *Clarín* (*Palique*, pág. 109) había hablado ya de Góngora con motivo de *Les Trophées*, de Heredia. Y uno de los escritores que acudieron a la encuesta de *Gente vieja*, Sebastián Gomila, escribe: «¿Se pretende volver a un gongorismo especial, acaso sin la finalidad, en medio de todo agradable, de aquel excelente ingenio?» (Loc. cit.)

(32) Loc. cit., pág. 436. Los artículos más elogiosos aparecen firmados por A. de Zayas y por F. Navarro Ledesma. Muy interesante en este último el paralelo Góngora-Greco. Del primero copiamos unas líneas significativas: «Cuando Góngora se inspira en la anónima epope-

Cuando en 1927 *La Gaceta Literaria,* con motivo del segundo y más resonante aniversario, preguntó su posición a Unamuno, el autor de *El Cristo de Velázquez* seguía en sus trece: «No he tenido ocasión de comprender, ni menos de consentir, a Góngora... Sigue siendo, pues, para mí un desconocido» (33). Pío Baroja, en el mismo periódico, no opina sobre el estilo, sino sobre la raza. «Si tuviera que escribir sobre Góngora —no lo conozco bien—, creo que creería encontrar una raíz semítica» (34). Antonio Machado no opina, según dice, porque «todo el día me ocupan las clases, prácticas, repasos, etc., en el Instituto», lo cual es una excusa bastante sospechosa. Recuérdese, por otra parte, la oposición de Juan de Mairena a toda poesía barroca.

Azorín, por su parte, al contestar a la encuesta de *Helios,* se sale del paso con una de sus más deliciosas nonadas, *Las bellaquerías,* en las que evoca el aspecto menos trascendente, el popular. Y aun cuando declara una y otra vez que una de las misiones de la generación del 98 es la de «rehabilitar a Góngora», es lo cierto que, entre tantas páginas ilustres y sagaces, no aparece tan deseado trabajo. Hay algo más en *Al margen de los clásicos* —«Rosas», «Córdoba»—, pero no atacan el tema estilístico fundamental, que, por otra parte, está siendo objeto de una victoriosa revisión (35).

---

ya de la Edad Media, y escribe elegantes romances embellecidos con las galas de la fantasía andaluza, la crítica vulgar le encomia porque entonces llama el poeta *al pan, pan, y al vino, vino.* Pero cuando sacude el yugo y esquiva absurdas disciplinas; cuando aspira a crear un lenguaje para la poesía, tan distinto de la prosa como diferente es el modo de sentir del poeta de la manera de razonar del dómine, la gárrula chusma levanta la voz y cubre de denuestos al cantor insigne» (*Helios,* 1903, vol. I, págs. 359 y sigs.).

(33) *La Gaceta literaria,* 1 de junio de 1927.

(34) Loc. cit. He aquí un inesperado apoyo a mi sospecha, por otra parte, tan mal entendida. Cfr. G. Díaz-Plaja: *El espíritu del Barroco,* ensayo II. Un día, sin embargo, un ilustre investigador de la Compañía, el P. Miguel Batllori, descubre que la ascendencia judaica de Gracián preocupa a la Compañía, y otro, la insigne María Rosa Lida encuentra antecedentes judaicos en Juan de Mena, el gran prebarroco.

(35) No vamos a seguir paso a paso el proceso de la revalorización de Góngora. Al trabajo de Reyes que encabeza un artículo de sus *Cuestiones estéticas* (París, Ollendorf, 1911) y termina con sus *Cuestiones gongorinas* (1927), había que añadir las referencias sobre el gongorismo de Rémy de Gourmont (*Simpatías y diferencias,* vol. III, página 108). Asimismo los trabajos de Lucien Paul Thomas y R. Foulché-Delbosc.

Veamos ahora la actitud de los modernistas. Ya sabemos, por el trabajo de Dámaso Alonso, la relación establecida entre Góngora y Rubén Darío (36). Es curioso que el tema madruga en un premodernista como Manuel Reina, que dedica un poema a nuestro poeta:

> Su endecha, lira que luce
> por cuerdas rayos de sol,
> ya es idílica zampoña,
> ora dardo punzador;
> ya morisca pandereta
> de ronco y gárrulo son,
> ora azucena fragante
> donde anida un ruiseñor (37).

Y Manuel Machado recordará al poeta:

> Gongorinamente,
> te diré que eres noche
> disfrazada
> de claro día azul... (38).

Juan Ramón Jiménez, editor de Góngora (39), conceptúa al autor de las *Soledades* como *literato* más que como *poeta;* pero su estro es, sin duda, visible en muchos momentos de su producción.

En cuanto a Valle-Inclán, que con ocasión de la conmemoración gongorina de 1927 sorprendió con una de sus habituales genialidades (40), no ofrece textos directos, pero sí indirectos: «así, el poeta, ¡cuanto más oscuro más divino!», dice (41).

Hasta aquí este nuevo proceso de discriminación entre el antigongorismo noventayochista y el fervor de los epígonos del Modernismo.

---

(36) Véase WARSHAW: *Góngora as a precursor of the simbolists*, en *Hispania*, Stanford; California, 1923; XV.

(37) *El jardín de los poetas*, 1899.

(38) *Poesía*, Barcelona, 1940; pág. 57.

(39) Como publicación de su revista *Índice*, se publicó la *Fábula de Polifemo y Galatea*, a cargo de Alfonso Reyes.

(40) «Releí a Góngora hace unos meses —el pasado verano— y me ha causado un efecto desolador, lo más alejado de todo respeto literario. ¡Inaguantable! De una frialdad, de un relajamiento de precepto... No soy capaz de decir una cosa por otra» (*La Gaceta literaria*, 1 de junio de 1927). Desconcertante respuesta, la de un tan preocupado estilista como Valle-Inclán.

(41) *Obras completas*, t. I, pág. 790.

IV

EXPERIENCIAS DE LA GENERACIÓN

Denomina Salinas acertadamente este requisito de Petersen «acontecimiento generacional». Como es lógico, el «acontecimiento» sería para España: el Desastre colonial de 1898. Y, una vez más, hay que exponer nuestro disentimiento. El Desastre no afecta al Modernismo. Tiene para la generación de los ideólogos, intervencionistas en política, una importancia suprema; ya hemos dicho la fortuna del hallazgo denominador. Para el Modernismo no tiene ningún valor. Darío, que llega al día siguiente de la catástrofe, trae los ojos limpios del pesimismo noventayochista y aun satiriza el regeneracionismo. Los poetas no sienten el tema, recluidos en su estetismo. ¿Cuál es —puesto que estamos trazando los perfiles exentos de la generación modernista— el «acontecimiento generacional» que la define? Sin duda alguna, la llegada de Rubén Darío. Mejor dicho, los dos primeros viajes a España: el de 1892, para el primer grupo modernista: Benavente, Valle y, naturalmente, Salvador Rueda, y el de 1899 para el segundo grupo. «A pesar de la manía que tenemos de aprenderlo todo en las revistas francesas, el contagio directo, mejor, la vacuna de la propia ternera, la recibieron los jóvenes ansiosos de novedad y gloria en el viaje de Rubén Darío a España», escribe Luis Ruiz Contreras (1).

Para comprender la impresión producida por Rubén Darío en los medios jóvenes, hay que leer los textos del momento, las cartas de admiración y de entusiasmo. He aquí, por ejemplo, las

---

(1) *Memorias de un desmemoriado*, vol. II.

palabras de Salvador Rueda, al frente de su libro *En tropel*, para el que Darío escribió su famoso «Pórtico»:

«Como sabe el público español, se halla entre nosotros, y ojalá se quede para siempre, el poeta, que, según frase de mi querido amigo Zorrilla San Martín, autor de *Tabaré*, más sobresale en la América latina; el divino visionario, maestro en la rima, músico triunfal del idioma, enamorado de las abstracciones y símbolos y quintaesenciado artista que se llama Rubén Darío. Sabiendo yo cómo su afiligranada pluma labra el verso, le he ofrecido las primeras páginas de esta obra para que en ellas levante un pórtico, que es lo único admirable que va en este libro, a fin de que admiren a tan brillante poeta los españoles. Soy yo quien sale perdiendo con esa portada, porque ¿qué lector se va a hallar a gusto en el edificio de este libro, sin luz ni belleza, después de haber visto arco tan hermoso?

Doy públicamente las gracias a mi amigo el poeta autor de *Azul...*, que tan egregia genealogía supone a mi pobre musa, y deténgase el lector en el frontis y no pase de él si quiere conservar una bella ilusión.»

A la muerte del poeta, Juan González Olmedilla reunió en un volumen *La ofrenda de España a Rubén Darío*. De allí podríamos espigar textos y más textos. Palabras de elogio y palabras de defensa contra el ambiente adverso. La exaltación crece ante la presencia del Maestro.

He aquí —frente a los «filisteos» que se obstinaban en atacarle—, este elogio de la revista modernista *Helios* (1902):

«Este maestro moderno es genial, es grande, es íntimo, es musical, es exquisito, es atormentado, es diamantino. Tiene rosas de la primavera de Hugo, violetas de Bécquer, flautas de Verlaine, y su corazón español. Vosotros no sabéis, imbéciles, cómo canta este poeta.»

EL GUÍA

Otro de los requisitos de Petersen, para dar fe de la existencia de una generación, es lo que se denomina *Führertum* o Caudillaje. «Se puede entender de diversas maneras —añade Petersen— el concepto de *guía:*

a) Como organizador que se coloca a la cabeza de los de la misma edad.

b) Como mentor, que atrae y señala el camino.

c) Como héroe adorado por su época.»

Por razones de claridad expositiva vamos a invertir el orden de los tipos de guía, pasando así de lo remoto a lo próximo. Desde luego, el comentario de Salinas no acude a las tres clases de conductores. Vamos a exponer nuestra personal visión del problema:

a) GUÍA «COMO HÉROE ADORADO POR SU ÉPOCA»

Partiendo del tercer aspecto de la concepción del caudillaje, según Petersen, advertimos en seguida que el tercer conductor —remoto— es completamente distinto para los dos grupos que estamos discriminando:

1. Para el NOVENTA Y OCHO, el *totem* generador es, desde el primer momento, Larra. De él heredan la gravedad meditabunda, la irritada melancolía, el estilo directo y la preocupación nacional. De él la constante sobriedad, el elegante decoro, el estilo tenso. *Azorín* nos relata el famoso homenaje, los motivos de la adhesión; en las palabras de *Azorín,* son predominantemen-

te ideológicas, intervencionistas; políticas, no estéticas; es decir, noventayochistas y no modernistas: «Larra es el más libre, espontáneo y destructor espíritu contemporáneo. Por este ansioso mariposeo intelectual, ilógico como el hombre y como el universo ilógico; por ese ansioso mariposeo espiritual, de simpática protesta contra la rigidez del canon, honrada disciplina del espíritu, es por lo que nosotros lo amamos.» Todo esto es perfectamente conocido y ha sido comentado repetidamente. La herencia de Larra consistía: *a*) en un estilo sobrio, enérgico, ampliamente periodístico; *b*) en una valoración afirmativa de la cultura europea; *c*) en un análisis comparativo del que saldría la necesidad de levantar, de espolear la cultura española para que alcance rápidamente los modos ideológicos y vitales de Europa. Las tres actitudes están anchamente representadas en el Noventa y Ocho, como se ha hecho notar repetidamente. La continuidad de espíritu entrado el siglo XX, aparece en la revista *España*, que lleva, como insignia, la silueta de *El Pobrecito Hablador*.

2. Para el MODERNISMO, el papel de «héroe adorado por su época» me parece absorbido por la figura de Edgar Poe y, subsidiariamente, por Baudelaire.

Si la inquietud profunda de una nueva emoción poética surge de Novalis y de Hölderlin, todo tratamiento teórico de la poesía contemporánea debe partir de las actitudes críticas de Edgar Poe. Como es sabido, el gran lírico norteamericano dedicó algunas páginas importantísimas al problema radical de lo poético. Bastará indicar —para medir su trascendencia— que su difusión primera corrió a cargo de Baudelaire en sus *Notes nouvelles sur Edgar Poe* (1), y que su vigencia tiene como notario al mismo Valéry (2).

Los trabajos fundamentales de Poe acerca de la poesía son tres: *The Poetic Principle, Philosophy of Composition* y *The*

---

(1) Véase *Baudelaire critique*, París, Crès, 1924.

(2) *Situation de Baudelaire*, en *Variété*, II, págs. 158-167. Véase también el trabajo de JEAN ROYÈRE: *Edgar Poe et l'sthétique de la poésie pure*, en su libro *Clartés sur la poésie* (París, 1925), donde se aborda la posición esteticista y formalista de Poe como una reacción contra el trascendentalismo extraestético de Emerson y de los bostonianos. No podemos entrar en el tema. Pero nótese, una vez más, los términos de una contraposición que tiene característica de «constante histórica».

José Martínez Ruiz, *Azorín*

Foto Archivo Espasa-Calpe

Rationale of verse (3). El más importante es el primero. Puede decirse, sin temor a engaño, que del *Principio poético* surge toda la poesía universal contemporánea (4) y, naturalmente, el movimiento modernista le es deudor de una irrebatible trayectoria estética.

Veamos de formular, en rápida serie, las bases de la teoría poética de Edgar Poe, numerándolas para mayor eficacia expositiva:

I. *El poema debe ser breve.*—La poesía produce una emoción intensa que levanta el espíritu. Ahora bien: las emociones intensas no pueden ser durables. No existen, pues, «poemas largos»; las epopeyas carecen de valor poético continuado; son —en el mejor de los casos— poesía fragmentaria, entre anchas zonas de prosa. El poema —evitando ciertamente la concisión epigramática— debe ser de cortas dimensiones. Poe insiste acerca de este tema en su *Filosofía de la Composición:* «La extensión de un poema —escribe— puede ser calculada en relación matemática con su mérito, es decir, de acuerdo con la excitación o elevación que provoque, o sea con el grado de real efecto poético que sea capaz de crear; ya que es claro que la brevedad debe estar en razón directa con la intensidad del efecto deseado, verdad sometida a esta única restricción: que una cierta cantidad de duración es indispensable para obtener cualquier efecto» (*Trois manifestes*, ed. cit., pág. 61). Poe llega a concretar, a continuación, la longitud del poema en un centenar de versos. (*El cuervo* tiene ciento ocho.)

II. *Todo didactismo debe ser eliminado.*—La poesía debe serlo *per se*, y no debe ser más que poesía. «*This poem is a poem and nothing more.*»

III. *El hombre aspira a la belleza por un anhelo natural que le empuja hacia la Eternidad.*—Como la *Razón* le lleva hacia la *Verdad*, y el sentido *Moral* le impele hacia el *Deber*, el hombre posee el *sentimiento estético* que le levanta hacia *lo inmortal.* Es

---

(3) Han sido publicados juntos, en traducción francesa, por René Lalou: *Trois Manifestes*, París, Charlot, editor, 1946 (2.ª ed.). También hay algún atisbo de interés en *Marginalia* (*Eureka*, en *Marginalia*, Buenos Aires, ed. Emecé).

(4) Existe una excelente edición, en inglés y francés, con importantes prólogo y notas de Charles Bellanger: *Le Principe de la Poésie*, París, editions du Myrte, 1945. Citaré por esta edición.

más que el goce sensual de la belleza, como «el deseo que eleva la falena hacia los astros».

IV. *La poesía necesita de la música para elevarse hacia lo supraterrestre; su instrumento es el ritmo. Poesía no es sino creación de la belleza por el ritmo.*—Poe —lo acabamos de ver— llama a la música «el más fascinador de los modos poéticos», iniciando así el tono «musicista» de que se tiñe una gran parte de la poesía universal contemporánea y de una manera especial el simbolismo francés y, consecuentemente, una parte del Modernismo hispánico. «Es en la música —escribe Poe— quizá donde el alma está más cerca de alcanzar el gran fin por el que lucha cuando la inspira el sentimiento poético: la creación de la belleza suprema. Es posible, en verdad, que en la música se alcance *de veras* este sentir, con delicia estremecedora, que de un arpa terrestre broten notas que no pueden ser extrañas para los ángeles.»

V. *La melancolía es el más legítimo de los tonos poéticos.*—Y en otro lugar: «La Belleza, sea cual sea su clase, en su suprema exaltación, excita invariablemente las lágrimas en un alma sensible» (*Trois manifestes*, pág. 64).

«Esta preferencia —ha escrito un crítico— se debía, sin duda, a la impresión de que la melancolía es la emoción más exenta de materia humana palpable, la más eterealizada, por decirlo así; la menos propensa a traducirse en acción. Así, temas como la guerra, el patriotismo, el amor próspero, la religión, el deber, son absolutamente ajenos al genio de Poe.»

VI. *El recurso poético más eficaz es el* ritornello, *refrán o estribillo,* utilizando analogía de sonidos con intención rítmica, aun cuando la expresión mental no sea siempre idéntica (5).

VII. *Durante siglos nadie ha intentado, al parecer, algo original en versificación. Para encontrarlo hay que buscarlo laboriosamente, utilizando combinaciones distintas de pies y de ritmos ya aceptados* (6).—Poe señala la rutina que consiste en situar siempre la rima al final de los versos; en *El cuervo*, por ejemplo,

---

(5) No se olvide que está comentando la génesis de *El cuervo*, donde se pone en juego, maravillosamente, este recurso. Ver también *Trois Manifestes*, ed. cit., págs. 113 y sigs.

(6) Poe estudia los elementos rítmicos de *El cuervo*. «Pues bien —escribe Poe—, cada uno de estos versos, tomados aisladamente, había sido ya empleado; toda la originalidad de *El cuervo* es haberlos combinado para formar una estancia» (*Trois Manifestes*, ed. cit., pág. 73).

abundan las rimas intercaladas. También censura la monotonía de los ritmos usados siempre en la misma disposición.

VIII. *El poema debe situarse en una limitada circunscripción espacial,* que aumente la intensidad descriptiva, como el marco limita e intensifica a la vez el valor del cuadro.

IX. *La intensidad debe presidir el poema.*—Fortaleciendo las tintas expresivas; jugando el contraste; procediendo por fórmulas directas con objeto de crear un estado de ánimo en el lector (7).

Esta tesis, teñida de un cierto neoplatonismo, es objeto de ampliación en su *Filosofía de la Composición.* He aquí una exposición esquemática de la idea de Poe: Existe una radical distinción entre el mundo de la prosa y el del verso —*entendidos hasta ahora como dos modos de expresar «una misma realidad»*—. (El propio Víctor Hugo, en la cumbre de la poesía romántica [1856], entendía lo poético como expresión de los sentimientos universales; el poeta sería, pues, el intérprete de su propio lector.) Para Poe, las cosas son distintas: el mecanismo de adquisición es diverso. Caben tres actitudes:

a) El *«observador»*, que es, por definición, el «no literato» y busca la Verdad objetiva y la expresiva *en formas verbales inteligibles.*

b) Frente a estos tipos de exploración existe la visión subjetiva, que procede por intuiciones, por comprensión o «simpatía», buscando una viviente realidad profunda, una metafísica por detrás —y por encima— de la realidad, a través de una especie de experiencia mística que conduce a una simbiosis del Hombre y el Mundo. Quien sea capaz de expresar esta experiencia subjetiva y misteriosa *con un lenguaje simbólico* y «no literario», es el Poeta.

c) Frente al observador matemático —que busca la Verdad— está el *«literato»*, el escritor hábil, que busca la comprensión y la adhesión de un público, ofreciéndole temas que enfrenten el Bien al Mal, lo Moral y lo Inmoral, mezclando lo descriptivo del Matemático y lo intuitivo del Poeta en una sola fórmula. De este modo, Poe enfrenta Poesía —como pura operación sub-

---

(7) Téngase en cuenta la específica intención de Egdar Poe, que justifica sus fórmulas expresivas concretamente con respecto a *El cuervo.*

jetiva, como creación *ex nihilo*— a Literatura —término mezclado asimilable en cierto aspecto al concepto de «prosa».

X. *La poesía debe contener algo misterioso y extraño.*—Poe cita varias veces la frase de Bacon: «No hay belleza exquisita sin cierta extrañeza de proporción.» Y en *Marginalia,* escribe: «Quitad ese factor de extrañeza, de cosa inesperada, de originalidad —llámese como se quiera—, y todo lo que hay de etéreo en la hermosura desaparece al instante.»

Creemos haber reducido a comprensible esquema la frondosa preceptiva de Poe. Su proyección sobre el Modernismo es evidente (8). De Poe derivan, sin duda, las bases fundamentales de su estética: la brevedad e intensidad del poema; la búsqueda del tema «raro» o misterioso; los recursos renovadores en la forma, la melancolía y, en suma, el anhelo hacia lo vago, musical e inaprensible.

Las tesis de Poe llegan a España, sobre todo, a través de la obra de Baudelaire.

Nada nuevo hemos de añadir a la tan conocida relación Poe-Baudelaire. André Ferran, en su libro magistral acerca de la estética baudeleriana, dedica un capítulo definitivo a esta cuestión (9). A nosotros nos interesa únicamente averiguar las tesis que el autor de *Les fleurs du mal* agrega a las que pudo derivar del creador de *El cuervo,* y que, por su conducto pudieron llegar a la estética del Modernismo. André Ferran, en efecto, añade a la aportación de Poe dos nuevas conquistas insertas en la estética de Baudelaire: la «imaginación sobrenaturalista» y las «correspondencias». La «imaginación sobrenaturalista» llega al poeta a través de la obra de Delacroix, es decir, del pintor romántico capaz de formas más libres, pintorescas y musicales (10). Las «correspondencias» —y aquí la aportación tiene mayor trascendencia— llegan a través de Ricardo Wagner, cuya influencia sobre el modernismo es sencillamente incalculable. Baudelaire com-

---

(8) Recuérdese el magnífico estudio de Darío sobre Poe en *Los raros.*

(9) *L'esthétique de Baudelaire,* París, Hachette, 1933; págs. 157-66.

(10) Baudelaire es un neorromántico: «Qui dit romantisme, dit art moderne, c'est a dire intimité, spiritualité, couleur, aspiration vers l'infini, exprimées par tous les moyens que contiennent les arts.» Baudelaire defiende el cosmopolitismo, es decir, el derecho a la universal expresión de la belleza. (*Variétés critiques,* Crès, ed., 1924; I, páginas 9, 83 y sigs.)

prende el valor de la revolución wagneriana. Wagner se propone, en efecto, crear armonías auditivas capaces de evocar melodías visuales; es aquella «*mysterieuse et profonde unité*» en la que, según el famoso poema baudeleriano,

les parfums, les couleurs, et les sons se répondent.

b) GUÍA «COMO MENTOR QUE ATRAE Y SEÑALA EL CAMINO»

A mi juicio, este papel lo cumple, para el Noventa y Ocho, Nietzsche; para el Modernismo, Verlaine.

Para el NOVENTA Y OCHO, el nombre de Nietzsche no se aduce ahora por primera vez. Oigamos, una vez más, a Pedro Salinas: «No puede asegurarse —escribe— que entre los hombres del 98 existiera un caudillo nominal y exclusivo. Pero sería difícil negar también que ideológicamente había un guía de esta generación: Nietzsche.»

No nos compete ahora el análisis de la influencia de Nietzsche en España más que de un modo sumario; pero es evidente que Nietzsche interesa a la mentalidad intervencionista y pedagógica del Noventa y Ocho, tanto como repugna al Modernismo.

Veamos, ligeramente, hasta qué punto Nietzsche es otra piedra de toque para la discriminación que estamos intentando.

Nietzsche fue conocido bastante tardíamente en España, primero fragmentariamente a través de los textos que traducía el *Mercure de France;* después, por las exposiciones de su pensamiento que, como las de Lichtenberger y Jules de Gaultier, circularon por España. Finalmente, contribuyó a su difusión la famosa obra de Max Nordau, *Degeneración* (1893), cuya traducción castellana se publicó en 1902. Las primeras obras traducidas fueron *Así hablaba Zaratustra,* en edición de José Lázaro (1899), y el *Crepúsculo de los ídolos,* traducción de José García Robles (1900).

Las primeras referencias a Nietzsche las encuentro en 1893, en el primer número de *L'Avenc,* de Barcelona. En 1894, en la revista *Alma Española* se publica un artículo sobre *Nietzsche* de Rémy de Gourmont (10 de enero). En 1899 encontramos una larga colaboración de Pío Baroja, titulada *Nietzsche y su filosofía.* «¡Nietzsche! —exclama Baroja—. He aquí el nombre de un filósofo que, de poco tiempo a esta parte, ha sido admirado y escarnecido, considerado como genio y tachado de imbécil y decadente.» El artículo, que no es demasiado elogioso, termina así: «Como metafísico, no tiene nada de original. Su concepción del mundo es la misma de Schopenhauer: todo es voluntad y todo es representación.» Y he aquí un vaticinio: «En España, las ideas de Nietzsche no echarán raíces; cuando aquí se traduzcan sus obras, si es que se traducen, Nietzsche habrá pasado de moda.»

Mal profeta, Baroja. Él mismo, unos años más tarde, nos contará su formación filosófica; su llegada a Nietzsche partiendo de Schopenhauer: «El leer el libro *Parerga y Paralipómena* me reconcilió con la filosofía... Años después de mi iniciación filosófica comencé a leer las obras de Nietzsche, que me hicieron un gran efecto» (11). Se ha dicho que en el comienzo de la influencia de Nietzsche en España hay que contar con el magisterio verbal de un joven suizo, Paul Schmitz, que en los primeros años del siglo vivía en Madrid y era gran amigo de Baroja (12).

Para ver cómo Baroja recoge el espíritu nietzscheano, basta citar estos párrafos que figuran en el prólogo de *César o nada,* si bien conste que Baroja no los acaba de aceptar, o al menos así lo aparenta. Helos aquí: «Yo creo que hasta se debía suprimir la máxima de amor al prójimo. Encargar al Estado o al Ayuntamiento que cuidara los enfermos y los tullidos y dejar al hombre con la ilusión de vivir sano en un mundo sano; y no se crea que esto es pura teoría; actualmente en Alemania es cosa corriente.» Más adelante añade: «Para mí, la moral individual consiste en adaptar la vida a un pensamiento, a un plan preconcebido. El hombre que se propone ser un hombre de ciencia y pone todo su empeño en llegar a serlo, es un hombre moral, aunque robe y sea un canalla en otras cosas. "Es la destrucción de la vieja tabla de valores morales, que recuerda también un poco la maximidad de Raskolnikoff de *Crimen y castigo*".»

Y en libros de fecha tan posterior como *Comunistas, judíos y demás ralea,* inserta estos trozos típicamente nietzscheanos: «Hay que atacar para triunfar en la vida. Toda la existencia es lucha, desde respirar hasta pensar. Seamos duros, hermanos, como dice Nietzsche...» «Hay que atraer el rayo si el rayo purifica;

---

(11) *Juventud, egolatría;* cito de la 2.ª ed., 1920; pág. 151.
(12) Gómez de la Serna: *Azorín,* págs. 88, 261. Baroja hace aparecer con el nombre de Max Schulze a su amigo, como personaje que exalta a Nietzsche en su novela *Camino de perfección.*

hay que atraer la guerra, el peligro, la acción y llevarlos a la cultura y a la vida moderna.»

Azorín cita a Nietzsche desde 1899; su huella es muy amplia y trascendente. En 1902, *Azorín* inicia el estudio de las relaciones entre Nietzsche y Gracián. *Antonio Azorín* y *La voluntad,* están llenos del influjo del pensador germánico.

Azorín, refiriéndose a la influencia general de Nietzsche en esta época, escribe: «En Europa, en aquella fecha, se tenían noticias breves y vagas de este filósofo. Y, sin embargo, esos escritores, ayudándose de libros primerizos, libros en que se exponía la doctrina de tal pensador, crearon un Federico Nietzsche para su uso, y ese Nietzsche sirvió, indiscutiblemente, como pábulo en la labor de los aludidos literatos.» «Sea o no sea exacta la idea que tenemos de nuestro autor, el autor que nos interesa, que nos entusiasma, ese autor influirá en nuestro trabajo. Y acaso influya más si la idea es falsa. Porque *entonces somos nosotros los que creamos ese autor, lo creamos para nuestro caso y escribimos la obra con arreglo a lo que deseamos.»* El subrayado es nuestro (13).

«Ya se comprenderá —aclara— que cuando digo que se ha vulgarizado la obra de Nietzsche refiérome, por lo que concierne a España, a un vulgo muy reducido, a uno o dos centenares de mozos despiertos, codiciosos de aprender y relativamente enterados de lo que se piensa y se escribe por el mundo» (*La Ilustración Española y Americana,* 22 de septiembre de 1900).

Para el Noventa y Ocho es evidente, pues, que Nietzsche llenó las funciones de esta clase de caudillo ideológico. Por el contrario, al Modernismo le eran indiferentes la mística nietzscheana y su intervencionismo de aire redentor. Así, Rubén Darío exclamaba en *Letanía de Nuestro Señor Don Quijote:*

De tantas tristezas, de dolores tantos,
de los superhombres de Nietzsche, de cantos
áfonos, recetas que firma un doctor,
de las epidemias, de horribles blasfemias,
de las Academias,
¡líbranos, Señor!

---

(13) *Madrid,* pág. 44. La huella nietzscheana en *Azorín* puede seguirse bien en el excelente libro de Ana Krause: *Azorín, the little philosopher,* en *University of California, Publications on Modern Philology,* volumen XXVIII, págs. 159-228.

«Nietzsche es inactual» —exclama Pedro González Blanco en el primer número de la revista modernista *Helios.*

¿Qué significa esto? Significa que el Nietzsche que se conoce en España en este momento, es el Nietzsche sociólogo, el de *Así hablaba Zaratustra.* El Nietzsche estético influye por vía secundaria singularmente a través de Rémy de Gourmont, como veremos en el momento oportuno.

2. Para el MODERNISMO, el papel de «mentor que atrae y señala el camino» lo llena el poeta francés Paul Verlaine.

Me interesa señalar esta proximidad de Verlaine frente a la influencia, menos inmediata, de Poe y de Baudelaire. En realidad, gran parte de la estética —ya estudiada— de estos dos grandes poetas llega a los españoles, en primer término, a través de Verlaine, más fácil y susceptible de imitación que el poeta de *Les fleurs du mal.* González Ruano, que conoció bien a los modernistas, estima que Verlaine «llega antes a la captación de nuestros poetas» (14). Rubén Darío, de quien Vargas Vila dice que «embriagó a San Juan de la Cruz con el ajenjo de Baudelaire», fue implícitamente baudeleriano, pero explícita y repetidamente verleniano.

Basta con leer el capítulo que le dedica Rubén Darío en *Los raros* (1896), calificándole como «el más grande de los poetas de este siglo» y estudiando su proyección en todas las literaturas europeas. «En España —escribe— es casi desconocido y serálo por mucho tiempo; solamente el talento de *Clarín* creo que lo tuvo en alta estima...» (15).

No recuerdo el texto a que pueda referirse Darío; conozco, en cambio, un trabajo de *Clarín,* publicado inmediatamente des-

---

(14) GONZÁLEZ RUANO: *Baudelaire* (Madrid, Hernando, 1932; página 388).

(15) *Los raros,* ed. Maucci, pág. 50. No es exacto. En el mismo año se publica el libro de *Acontecimientos literarios,* de MELCHOR DE PALAU. Allí leemos: «Éste es el secreto y el mérito de los decadentistas franceses: hacer sugestiva la forma; aunarla con la idea, diversificándola con ella a cada paso; utilizar los sones de la literatura goliarda,

de la musique encore et toujours,

como encarga Verlaine, jefe de la secta, y busca el estado de expresión

où l'indecis au précis se joint.»

(página 138).

pués, que acredita una vez más su sagacidad, si bien —como es lógico— lo sitúa en un término medio dentro de una pintoresca escala de valores:

«Ponga usted —finge escribir a un entusiasta— a Homero y a Shakespeare allá en el quinto cielo; mucho más cerca del suelo a Verlaine; aunque más alto que los tejados, mucho más abajo, pero por las nubes, a Hugo; a Coppée déjelo a la altura de un tercer piso, y Richepin que se contente con llegar a un principal. Por esta gradación comprenderá usted que no desdeño yo, ni mucho menos, el mérito de Verlaine, y me apresuro a decirle que es para mí muy simpático y que me encantan muchas cosas suyas, pero siento ver a usted embarcado en esa rutina que da por averiguado que Verlaine es un grandísimo poeta. Que al día siguiente de la muerte de ese desgraciado artista una pasión noble y hasta benéfica dijese que se perdía un gran genio, lo encuentro disculpable; mejor, lo aplaudo. En cambio, la envidia y la malicia *dilettante* le echaron encima al cadáver sacos de ceniza de desprecio; con que váyase lo uno por lo otro. Mas hoy, ya va siendo hora de dejar las cosas en su sitio» (16).

De 1898 es la primera traducción española de Verlaine, de enorme interés por cierto. Se trata de la presentación a nuestro público del gran poeta. Apareció en la revista *Luz,* de Barcelona (17), la gran publicación modernista que se propone aleccionar a sus lectores acerca de los nuevos rumbos europeos (18). Se trata de una breve nota biográfica, y de —nada menos— la traducción del *Arte Poétique* realizada por un mozo de diecinueve años que se llama Eduardo Marquina. He aquí la nota y la traducción:

«Paul Verlaine, de quien nada, que sepamos, se ha traducido en castellano, y que ha llegado a ser jefe en París de una escuela

---

(16) CLARÍN: *Paul Verlaine,* en *La Ilustración Española y Americana,* 30 de septiembre de 1897.

(17) *Luz,* Barcelona, primera semana de diciembre de 1898.

(18) «Convencidos del absoluto desconocimiento que tenemos de los buenos literatos extranjeros, la mayoría de los españoles abrimos en *Luz* esta sección destinada exclusivamente a popularizarlos entre nosotros. Sin prejuicio ninguno; sin obedecer a escuela determinada; libres de los enamorados del arte, ni juzgamos superiores a todos los autores modernos, ni ridículamente pretendemos encerrarnos en un culto apolillado de los clásicos. Unos y otros tienen obras maestras, y de unos y otros las traduciremos; que, como el hermoso Pecopín, el arte es perpetuamente joven.

novísima, tiene derecho a ser conocido de todos los que seriamente se dedican a las Letras. Abrasado en ardores místicos, cuando no sacudido por los amargos latigazos de una lascivia enferma y refinada; es el poeta de las sangrientas poesías religiosas, con visiones de Edad Media y de las afrodisiacas apologías de la carne en versos que palpitan con estremecimientos de mujer vencida. Sensible hasta la enfermedad, es en sus sonetos particularmente descriptivo hasta el análisis. Es el poeta de las frases sugestivas y de las palabras con *verdadero color*. En sus últimos años, cuando eran su vivienda habitual los hospitales, se dio con terquedad de niño a la bebida del ajenjo y no escribía sin tener delante la copa dulcemente amarga. Algo de eso se trasluce en su obra; la atormentadora *musa verde* ha inspirado la mayor parte de sus versos, que, si perpetuamente revelan una mano de artista y un corazón de hombre, son, al mismo tiempo, como confesaba el mismo Verlaine, *oegria somnia,* sueños de los que inspiran al enfermo las estrambóticas flores pintadas en las cortinas de su cama.»

He aquí la primera traducción del famoso poema:

ARTE POÉTICA

La música antes que todo sea,
y el Impar vago para ello busca,
el Impar libre por el espacio,
sin que le manche cosa ninguna.
No es necesario que tus palabras
con minuciosa propiedad luzcan:
son aún más gratos los versos grises
que a lo Indeciso, lo Exacto juntan;
son ojos grandes detrás de velos,
son temblorosos soles que alumbran,
son en un cielo de otoño tibio
azul enjambre de estrellas puras.
Así buscamos el Matiz débil,
¡siempre matices!, ¡el color nunca!
¡Oh!, ¡el matiz sólo desposar logra
sueños con sueños y alma con música!
¡Lejos, muy lejos, Chiste asesino,
Ingenio fútil y risa impura;
todo ese ajo de ruin cocina,
el que los ojos del Azul nubla!

¡A la Elocuencia retuerce el cuello!
Continuamente con mano ruda
tenga la Rima bien dominada;
¡cómo te arrastra si te descuidas!
¿Quién de la Rima dirá los males?
¿Qué niño sordo, qué negra estúpida
forjó este dije de baratillo
que suena a hueco cuando se usa?
¡Música empero, música siempre!
Sea tu canto cosa que suba
desde tu alma, que de otros cielos
y otros amores camina en busca.
Tu canto sea la profecía
que va extendiendo la brisa húmeda
por la mañana sobre los campos...
Y el resto es todo literatura.

Traducidos por Marquina y Zulueta, publica *Luz* varios poemas verlenianos (*Vendimias, El esqueleto, La hostería*).

La influencia directa de Verlaine llegará a su plenitud con Rubén Darío. No creo oportuno insistir en un tema ya tan estudiado (19). Veamos ahora una comprobación más de la discriminación que estamos intentando: Verlaine es otra piedra de toque; exaltado por los modernistas, es bastante menos valorado por los hombres del Noventa y Ocho. Unamuno, por ejemplo, lo menosprecia: «Verlaine, cuya grandeza apenas vislumbro», dice (20). Jeschke, que se ha preocupado de la cuestión para hacer (a mi juicio erróneamente) a Verlaine el poeta del Noventa y Ocho, escribe: «En Benavente y Machado no he podido encontrar... directas alusiones a Verlaine» (21). Según mi tesis, Benavente podría

---

(19) ERWIN R. MAPES: *L'influence française dans l'oeuvre de Rubén Darío*, París, 1926. MARASSO (A.): *Rubén Darío y su creación poética*, Buenos Aires, 1934.

(20) La condenación —¡después de todo tan lógica!— es más amplia y alcanza a Mallarmé «por más que juren sus adeptos, siempre me parecerán *poseurs* o gentes que no acertaron a decir lo que pensaban, porque pensaban incompletamente y en pura niebla». De Richepin declara que «me encantaba cuando lo leía; a Gourmont apenas lo conozco». Exalta, en cambio, a Heredia («hay cosas enteramente helénicas, olímpicas, como la naturaleza en pura serenidad, sedantes y benéficas»). Véase *Obras completas de Rubén Darío*, vol. XIII, Epistolario, I, pág. 166.

(21) Ob. cit., pág. 126.

estar incluido en la órbita verleniana... de haber escrito algo más que unos versos juveniles (22). En cuanto a Machado —se refiere, naturalmente, a Antonio, como en toda su obra—, tampoco me sorprende la falta de adhesiones a Verlaine. No así Manuel Machado, modernista puro, al que encontramos transido de la influencia verleniana, a veces en forma de explícito homenaje:

Sagesse, cordura... Mi pobre Verlaine,
di a la vida, contigo tan mala y tan dura,
que tenga cordura,
también...

Análogamente, en su poema *Prólogo-Epílogo* y *La mujer de Verlaine* encontramos alusiones directas (23); asimismo títulos reflejos, como *La buena canción*, y, finalmente, poemas inspirados de manera incuestionable, como el que comienza

Sé buena. Es el secreto. Llora o ríe de veras... (24),

que podría ser, a mi juicio, un eco del tan conocido de Verlaine que empieza

De la douceur, de la douceur, de la douceur...

La influencia de Verlaine sobre Valle-Inclán corresponde exactamente a nuestra suposición. Teóricamente, Valle-Inclán glosa el famoso mandato verleniano:

Prends l'éloquence et tords-lui son cou.

«Poetas —dice—, degollad vuestros cisnes y en sus entrañas escrutad el destino» (25).

---

(22) Como es sabido, en 1893 publicó un volumen de *Versos*, de corte becqueriano. Sería prematuro buscar la influencia que estamos estudiando (véase GUARNER: *La poesía en el teatro de Benavente*, en *Cuadernos de Literatura contemporánea*, núm. 15, págs. 223-227). Lástima que este trabajo no incida en los fragmentos de poesía —de tipo rubeniano por cierto— que aparecen en su obra dramática. Sobre la significación general de Benavente dentro del Modernismo hablamos en otro lugar.

(23) *Poesía*, Barcelona, 1940; págs. 102, 124 y 130.

(24) Ob. cit., pág. 84.

(25) En *La lámpara maravillosa*. Sobre esta actitud autoelocuente de Valle-Inclán habremos de volver en lugar oportuno. Señalemos, sin

El contacto poético le llega, en todo caso, a través de Rubén. *Azorín* se ocupa escasísimamente del poeta francés (26). Baroja, que lo exalta como modelo lingüístico (27), no presenta tampoco su huella estética.

Juan Ramón Jiménez, por su parte, presenta una clara impronta verleniana, estudiada con su habitual sagacidad por Enrique Díez-Canedo. «No ha tenido Juan Ramón Jiménez —escribe el crítico— los desarreglos de imaginación que se manifiestan en unos ni las crisis de misticismo que dan su impresionante grandeza a algún otro. Su Verlaine es el que denuncian hasta los títulos primeros de la obra de plenitud, *Arias tristes, Jardines lejanos,* y pasa a algunos otros posteriores siempre en el tono de dulzura sentimental, que es una de las dos caras de aquel Jano ebrio de la orilla izquierda del Sena» (28).

Así, pues, presentan una posición, por decirlo así, antiverleniana Unamuno, Antonio Machado, *Azorín,* Baroja, es decir, los puros Noventa y Ocho; mientras Rubén Darío, Valle-Inclán, Marquina, Manuel Machado y Juan Ramón Jiménez son todos ellos epígonos de Verlaine.

He aquí, pues, un nuevo signo diferencial entre el Noventa y Ocho y el Modernismo.

---

embargo, la valoración de la estética verleniana: «Elige tus palabras siempre equivocándote un poco, aconsejaba un día, en versos gentiles y burlones, aquel divino huésped de hospitales, de tabernas y de burdeles que se llamó Pablo Verlaine» (ob. cit., pág. 60).

(26) Véase JESCHKE: Ob. cit., págs. 124-125.

(27) «Esta forma de la retórica del tono menor hay un poeta moderno que la ha llevado, en mi sentir, a la perfección. Este poeta ha sido Paul Verlaine. Una lengua así como la de Verlaine, disociada, macerada, suelta, sería indispensable para realizar la retórica del tono menor que yo siempre he acariciado como un ideal literario» (*Juventud. Egolatría,* págs. 98, 102-104).

(28) *Juan Ramón Jiménez en su obra,* Méjico, 1944; pág. 115. «Donde más concretamente le recuerda —añade— es en la *Lluvia de Otoño,* de *Las hojas verdes:*

> Mi frente cae en mi mano...,
> ni una mujer, ni un hermano.
> Mi juventud pasó en vano;
> mi mano deja mi frente...
> Llueve, llueve dulcemente...»

En otros trabajos dignos de ser recordados ahora, véase el trabajo de Juan Ramón Jiménez: *Paul Verlaine y su novia la luna,* aparecido en *Helios,* núm. X, 1903.

Señalemos, para cerrar estas notas, la presencia del más popular de los verlenianos españoles: Emilio Carrère, poeta de hallazgos y negligencias, pero lleno de la música sentimental, del autor de *Fêtes galantes* —a quien traduce— y de su característica temática de nocturnos ciudadanos, bohemios y prostitutas (29).

La lista de verlenianos menores se haría interminable: Ortiz de Pinedo, Bacarisse, Répide y tantos otros.

c) GUÍA «COMO ORGANIZADOR QUE SE COLOCA A LA CABEZA DE LOS DE LA MISMA EDAD»

«Yo —escribe Salinas— me atrevería a decir que en todo el ambiente, no sólo literario, sino político, de la época se advierte entonces la apetencia del caudillo, que el *führer* está presente precisamente por su ausencia. El "hace falta un hombre, aquí nos hace falta un hombre" va y viene como una nostalgia fantasmal por los escritos de aquella época.» Volvemos al procedimiento de dar por solución una ausencia de solución. Pero si procedemos a discriminar y establecer los grupos por su coherencia espiritual, ¿qué duda cabe que este caudillaje lo ejercitan Unamuno para la generación del Noventa y Ocho y Rubén Darío para el Modernismo?

He aquí, pues, en esquema, nuestra valoración de los *Guías* generacionales:

	Como héroe adorado por su época	Como mentor que señala el camino	Como organizador que se coloca a la cabeza
Del NOVENTA Y OCHO ...	Larra	Nietszche	Unamuno
Del MODERNISMO	Poe-Baudelaire	Verlaine	Rubén Darío

(29) Todavía en 1907 escribía R. Martínez Sierra: «Bueno; aquí hay que advertir que hace unos cinco años van sabiendo los viejos, porque nosotros se lo hemos dicho, que existió Verlaine; pero como todavía no le han leído, siguen creyendo que *La bonne chanson* es una cosa extravagante» (*Renacimiento*, 1907).

VI

EL LENGUAJE GENERACIONAL

Veamos ahora uno de los aspectos más importantes para la tarea de discriminación que estamos llevando a cabo.

El comentario de Salinas, con aciertos de fondo, se presta, sin embargo, a uno de los equívocos más graves que puedan surgir en este tema. «Eso es lo primero —escribe certeramente— que el público capta cuando asoma en el horizonte una nueva generación: su modo de hablar, la forma nueva de expresarse. Resulta, paradójicamente, que los primeros que se dieron cuenta de que había una generación del 98 fueron los que caracterizaban aquel lenguaje moderno o se burlaban de él, y que precisamente por sentírsele tan moderno se llamó modernista. Creo que el concepto de lenguaje generacional es de sumo valor para nuestra historia literaria.»

«Se ha intentado —añade— dar como denominación equivalente a la generación del 98 la del modernismo. Me parece erróneo: el modernismo, a mi entender, no es otra cosa que el lenguaje generacional del 98. Así se justifica su origen americano y su gran desarrollo en aquel continente. Hasta allí no podía pasar el complejo entero de nuestro gran movimiento, profunda y enraizadamente hispánico, pero sí su forma expresiva, mejor dicho, una de sus formas expresivas, la modernista.» Que «el modernismo no es otra cosa que el lenguaje generacional del 98» es lo que debe rechazarse en primer término y de modo tajante.

Las páginas que van leídas bastarán al lector para la convicción de que estamos analizando dos fenómenos literarios, si paralelos en el tiempo, dispares en su actitud espiritual (1).

---

(1) A lo sumo aceptaríamos de Salinas la frase final: que el modernismo fuese «una de las formas expresivas» del 98. Pero aun así continuaríamos en un terreno confuso: el modernismo aparecería en una actitud «filial» frente al 98; lo que no es cierto.

Une, sí, a ambas actitudes parejo menosprecio de la retórica anterior. Lo cual no significa, naturalmente, que la reacción camine por el mismo sendero.

¿Qué es lo que unos y otros rechazaban del lenguaje ochocentista? Veamos esto con algún cuidado. No la retórica, ya que el Modernismo es una retórica también; no el sentido de la realidad del naturalismo, ya que esto lo hereda el 98. Lo que los dos grupos rechazan y éste —negativo— es su único punto de coincidencia, es el *cliché* lingüístico, la «frase hecha». Para el Noventa y Ocho, como para el Modernismo, la obra literaria es una creación radical que se inicia en la búsqueda de la palabra y sigue en la ordenación de la frase. Por una suerte de pereza mental o una equivocación casticista, es lo cierto que los escritores del ochocientos —singularmente los prosistas— se acompañan constantemente del «tranquilo», de la frase sobada, proverbio, refrán o simplemente de la frase prefabricada por un uso, literario o popular. Frente a esto sí coinciden —negativamente— Noventa y Ocho y Modernismo.

Lo que acontece es que su fórmula de oposición es distinta.

Veamos primero las actitudes fundamentales del Noventa y Ocho en materia de lenguaje.

En primer lugar, toda forma de barroquismo es rechazada. «En 1898 —ha escrito *Azorín*— la ascensión de la juventud hasta los primitivos (artistas de los siglos XV y XVI) *(sic)* y su indiferencia a los escritores de la centuria decimoséptima encierra toda una orientación.» «¿Por qué —dice Ortega y Gasset en un texto aducido por *Azorín*— al llegar a ciertas obras del siglo XVI nos parece que salimos a campo libre y como si brisas frescas nos orearan las sienes, y como si de un martirio saliéramos a un prado verde y liento que atraviesan rumoreando claras aguas musicales bajo un cielo muy azul, muy bruñido, muy firme? ¿Por qué, continuando tiempo arriba y llegándonos a los primitivos españoles, hemos vuelto a topar con la vida, con hombres, con cosas, con espíritu y con materia?» El barroco nada tiene que ver con el estilo clásico, aunque se confunde frecuentemente clasicismo con ampulosidad. Ésta es la tesis de Ortega (2).

---

(2) «Se ha perpetuado en nuestra literatura una propensión barroca, en el mal sentido de la palabra, ornamental; y que patentiza dolorosamente el desequilibrio entre lo poco y lo vago que se tiene

En Pío Baroja es constante la negación de la retórica y del estilo barroco. «El sol de la vida artística resulta extinguido, y su paleta no sabe pintar, como antaño, con la misteriosa alquimia de sus colores, los hombres y las cosas; las pasiones se han convertido en instintos o en tonterías; las flores de la retórica se han marchitado y huelen sólo a pintura rancia; la frase más original sabe a lugar común» (3).

José Francisco Pastor ha notado que Baroja es el novelista en quien el lenguaje carece de *spiegelung*, tendiendo a la evasión de la sintaxis antigua y al deseo de expresión más natural, alejado de los giros castellanos antiguos. Es la obsesión de huir de la elocuencia y rotundidad de la frase, de la retórica «heredada de los romanos, que intenta dar solemnidad a todo, a lo que ya lo tiene de por sí y a lo que no lo tiene», y el deseo de captación de un estilo que tenga un ritmo más vivo, más vital, menos ampuloso, basado en una lengua disociada, macerada, suelta. Y esta misma voluntad de visión nimia de lo real, sin gesto amplificador, se descubre a través de sus admiraciones y antipatías: de su odio a Salustio y a Tácito y de su exaltación por Suetonio; de su incompatibilidad con Solís, «erudito atento a dar una impresión antigua y a la música monótona de sus párrafos»; de su simpatía por Bernal Díaz del Castillo (4).

El lenguaje del 98 huye, pues, a la vez del casticismo y del preciosismo literario.

Oigamos a Antonio Machado por boca de Juan de Mairena: «Huid del preciosismo literario, que es el mayor enemigo de la originalidad. Pensad que escribís en una lengua madura, repleta de *folklore*, de sabor popular, y que ése fue el vaso santo de donde sacó Cervantes la creación literaria más original de todos los tiempos» (5).

---

que decir y la ampulosa gesticulación con que se dice» (*El Imparcial*, 10 de enero de 1913. Véase Azorín: *Clásicos y modernos*, editor Caro Raggio, núm. 279).

(3) *La ciudad de la niebla*, Madrid, 1920; pág. 138.

(4) *La generación del 98. Su concepto del estilo* (*La Gaceta Literaria*, 15 de octubre de 1930, pág. 14).

(5) Antonio Machado: *Juan de Mairena*, Madrid, 1936; páginas 66-67. No se tiene bastante en cuenta esta importante afirmación machadiana.

Véase, como ejemplo, un precedente romántico del poema, que se concentra en los versos:

«No olvidéis, sin embargo —añadía— que el "preciosismo", que persigue una originalidad frívola y de pura casta, pudiera tener razón contra vosotros cuando no cumplís el deber primordial de poner en la materia que labráis el doble cuño de vuestra inteligencia y de vuestro corazón. Y tendrá más razón todavía si os zambullís en la barbarie casticista que pretende hacer algo por la mera renuncia a la cultura universal.»

Este segundo párrafo tiene —el lector lo ha advertido— una gran importancia.

Hay que *hacer*, pues, el lenguaje, deshaciendo el lenguaje anterior. Nadie como Unamuno ha apuntado el tema tan pronto y tan radicalmente.

En *La reforma del castellano*, prólogo de un libro en prensa (6), habla ya de un lenguaje desarticulado, constante y frío como un cuchillo, desmigajado, algo que rompe con la tradicional y castiza urdimbre del viejo castellano, y mostraba una tendencia

---

Aguda espina dorada,
quién te pudiera sentir
en el corazón clavada.

En un poema de Rosalía de Castro:

Un-ha vez tiven un cravo
cravado no corazón,
y eu non m'acordo xa s'era aquel cravo
d'ouro, de ferro ou d'amor.
Soyo sei que me fixo un mal tan fondo,
que tanto m'atormentou,
qu'eu die e noite sin cesar choraba
cal chorou Madanela n'a Pasión.
«Señor, que todo o podedes
—pedinlle un-ha vez a Dios—,
daime valor pr'arrincar d'un golpe
cravo de tal condiçón.»
E doumo Dios e arrinqueimo,
mais..., ¿quén pensara?... Despois
xa non sentín máis tormentos
nin soupen qu'era dolor;
soupen s'que non sei qué me faltaba
en donde o cravo faltou,
e seica..., seica tive soidades
d'aquela pena... ¡Bon Dios!,
este barro mortal qu'envolve o esprito,
¡quén-o entenderá, Señor!...

(*Follas Novas*, Madrid, 1880, pág. 26).

(6) Escrito en 1901. Rep. en *Ensayos*, Madrid, 1916; vol. III, páginas 79-93.

a desarticular «el viejo castellano, acompasado y enfático, lengua de oradores más que de escritores —pues en España los más de estos últimos son oradores por escrito—; el viejo castellano, que por su índole misma oscilaba entre el gongorismo y el conceptismo, dos fases de la misma dolencia, por opuestas que a primera vista parezcan, el viejo castellano necesita refundición. Necesita, para europeizarse a la moderna, más ligereza y más precisión a la vez, algo de desarticulación, puesto que hoy tiende a la anquilosis, hacerlo más desgranado, de una sintaxis menos involutiva, de una notación más rápida».

En *La lengua española* (7) trataba de romper el imperialismo lingüístico castellano y de llegar a la integración de una lengua nueva mediante una renovación dialectal. «Desparrámase hoy la lengua castellana por muy dilatadas tierras, bajo muy distintas zonas, entre gentes de muy diversas procedencias y que viven en diversos grados y condiciones de vida social; natural es que en tales circunstancias se diversifique el habla. ¿Y por qué ha de pretender una de esas tierras ser la que dé norma y tono al lenguaje de todas ellas? ¿Con qué derecho se ha de arrogar Castilla o España el cacicato lingüístico?»

En enero de 1903 publicó un corto ensayo intitulado *El purismo* (8), en el que calificaba la lengua y el estilo españoles de muy claros, pero también muy dogmáticos. «Y de tal modo ha encarnado en la lengua el empecatado dogmatismo de la casta, que apenas se puede decir nada en ella sin convertirlo en dogma al punto; rechaza toda *nuance* (en este caso mejor que matiz). Una lengua de conquistadores y de teólogos dogmatizantes, hecha para mandar y afirmar autoritariamente. Y una lengua pobre en todo lo más íntimo de lo espiritual y abstracto.»

Azorín, en suma, y por no citar entre las docenas de ejemplos posibles sino uno de los más conocidos, señala: «Escribimos

---

(7) Escrito en 1901, con posterioridad al anterior. Rep. en *Ensayos*, vol. III, págs. 97-116.

(8) Es curioso que esta preocupación trasciende a estetas como Valle-Inclán, quien nos habla del castellano como «un gesto ampuloso viendo volar sus águilas en el mismo cielo que las águilas romanas», y el Renacimiento impulsó al castellano a querer ser el nuevo latín «y hubo cuatro siglos hasta hoy de literatura jactanciosa y vana». Tres romances hubo en la Península ibérica: catalán de navegantes, galaico de labradores y castellano de sojuzgadores.» «Los tres pregonan lo que fueron; ninguno anuncia el porvenir.» *(La lámpara maravillosa.)*

mejor cuanto más sencillamente escribimos; pero somos muy contados los que nos avenimos a ser naturales y claros» (9).

Todo lo cual nos permitirá señalar las actitudes del Noventa y Ocho en relación con el lenguaje, de acuerdo con los siguientes apartados:

1.° Antirretoricismo. Antibarroquismo.

2.° Creación de una lengua natural ceñida a la realidad de las cosas que evoca.

3.° Enriquecimiento «funcional» de la lengua, rebuscando en la lengua popular regional o en la raíz etimológica.

4.° Lenguaje definitorio al servicio de la inteligencia.

5.° Lengua válida para todos.

Veamos ahora las posiciones del Modernismo.

Una vez más el problema es de intencionalidad. Muévese el Noventa y Ocho en demanda de la verdad, como el Modernismo de la Belleza. La lengua del primer grupo ahonda hacia la raíz, mientras la del segundo se alza hacia los ramajes, si no más auténticos, más espectaculares. La lengua del Noventa y Ocho tiende a la unidad de la inteligencia, a la lengua universal entendible para todos. El Modernismo hace del idioma un objeto —el primero— de su búsqueda del estilo personal. «He impuesto al instrumento lírico —escribe Darío— mi voluntad del momento, siendo a mi vez órgano de los instantes, vario y variable, según la dirección que imprime el inexplicable Destino.»

Para comprender esta actitud, tan en contraste con la del Noventa y Ocho, basta releer el —por lo demás, confuso— libro de estética de Valle-Inclán *La lámpara maravillosa*. Ella nos servirá, por su importancia y expresividad, para formular unas conclusiones.

Toda la primera parte de esta obra, importantísima para la estética del Modernismo, está referida a la palabra. El poeta halla en la palabra la primera dificultad. Un mundo inefable, esotérico, misterioso, necesita «traducirse» a vocablos; he aquí el problema. (*El anillo de Ciges*, caps. I y II.)

Al iniciarse la segunda etapa del libro —*El milagro musical*— se afronta de nuevo, y más resueltamente, el tema: existe una patética contradicción entre el valor universal de las palabras y la individual intención del poeta. «Aquello que me hace distinto

---

(9) *Antonio Azorín*, Madrid, 1913; pág. 178.

de todos los hombres que antes de mí no estuvo en nadie y que después de mí ya no será en humana forma, fatalmente ha de permanecer hermético. Yo lo sé y, sin embargo, aspiro a exprimirlo dando a las palabras sobre el valor que todos le conceden, y sin contradecirlo, un valor emotivo engendrado por mí» (10).

Este «valor», que añade al significado general del vocablo un misterioso sentido nuevo, sería lo que Valle-Inclán denomina el «milagro musical» (11).

El idioma, pues, trasciende de una fuerza telúrica que, en cierto modo, lo conforma y aprisiona. Procedemos de ellos, pero debemos dominarles. «Los idiomas nos hacen y nosotros hemos de deshacerlos», dice.

«En la imitación del siglo que llaman de oro, nuestro romance castellano dejó de ser como una lámpara en donde ardía y alumbraba el alma de la raza. Desde entonces, sin recibir el más leve impulso vital, sigue nutriéndose de viejas controversias y de jactancias soldadescas...» (12).

Hay que ir, pues, a la lengua intransferible, en la que el poeta crea y levanta la palabra existente. «Las palabras, en su boca —dice Valle-Inclán—, vuelven a nacer puras como el amanecer del primer día, y el poeta es un taumaturgo que transporta a los círculos musicales la creación luminosa del mundo» (13).

Miguel de Unamuno comentaba esta específica valoración del lenguaje en Valle-Inclán:

«Valle-Inclán se hizo con la materia del lenguaje de su pueblo, y de los pueblos con que convivió, una propiedad, idioma, suya, un lenguaje personal e individual. Y como le servía en su vida cotidiana, en su conversación, era su dialecto la lengua de los diálogos» (14).

Pero fue Juan Ramón Jiménez quien en su prodigioso artículo titulado «Castillo de quema», escrito a raíz de la muerte de Valle-Inclán (15), ahondó con mayor agudeza en este fenómeno:

«Era un esteta gráfico de arranque popular. Su estilo, su vo-

---

(10) *Obras completas*, vol. I, pág. 789.
(11) Ídem íd., pág. 791.
(12) Ídem íd., pág. 795.
(13) Ídem íd., pág. 801.
(14) Artículo publicado en el diario *Ahora*, de Madrid, 29 de enero de 1936.
(15) *El Sol*, 26 de enero de 1936. Reproducido en su libro *Españoles de tres mundos*.

cabulario no salieron de diccionario alguno, sino de la calle, el café, el camino, de su propia mina, sus entretelas, sus entrañas. Valle-Inclán se recogía en su lengua, en la raíz de su lengua, le hacía dar flor y fruto a su lengua. Cada palabra suya era una lengua, y yo creo que no le importaba nada que no fuera su lengua buena o mala, deslenguarse. Era un lenguado (no hay chiste, criticastros) y un deslenguado, un hombre ignorante fatal que iba, valiendo sólo con su instinto y con su lengua, a la muerte de cada día, en el río de la multitud o en el mar de la soledad. Lo ignoto oscuro se abre, en labios rojos, con los seres, y da aquí y allá, por boca de ellos, un poco de su secreto. Hay seres que roban a lo ignoto más de lo que ello suele dar en palabra. Valle-Inclán dio con su instinto mucho más de lo que nadie pudiera prever. Su lengua fue llama, martillo, yema y cincel de lo ignoto, todo revuelto, sin saber él mismo por qué ni cómo. Una lengua suprema hecha hombre, un hombre hecho con su lengua fabla. Era el primer fablistán de España, e intentó, en su obra de madurez sobre todo, un habla total española que expresara la suma de giros y modismos de las regiones más agudas y agrias de España (con hispanoamericanismos, también, de los países que él conocía o adivinaba), lengua de sintaxis sintética, que fuese como la que se hubiera formado natural y artificialmente en Galicia, sede eterna, piedra de Santiago, si hubiese estado en Galicia la Presidencia de las Españas, la Presidencia de la República inmensa española, de cuya República él hubiese sido... el Rey o el Pretendiente» (16).

He aquí reunidas algunas afirmaciones respecto a la concepción del lenguaje entre los modernistas:

1.° Retoricismo.

2.° Creación de una lengua artificial, de intención predominantemente estética.

3.° Enriquecimiento «musical» del idioma en busca de una expresión distinta, individualizada.

4.° Lenguaje sensual, al servicio de la belleza.

5.° Lenguaje minoritario.

---

(16) *El Sol*, 26 de enero de 1936. Reproducido en su libro *Españoles de tres mundos*.

VII

ANQUILOSAMIENTO DE LA VIEJA GENERACIÓN

«No se puede tratar tan de prisa un tema delicado», escribe prudentemente Pedro Salinas. «Existen testimonios de cansancio y desasosiego en los viejos maestros; Galdós, *Clarín*, la Pardo Bazán, se siente a disgusto en las formas del realismo y ensayan caminos espiritualistas. Lo cierto es que en los primeros escritos de los hombres del 98 menudean los juicios de disentimiento y de franco ataque con las glorias de la generación pasada», escribe Salinas.

Pero a mí me parece de más interés observar la sensación de agotamiento, no desde el alminar juvenil de las promociones que arriban, sino desde el propio reducto que decae. Hacia 1890, en efecto, se produce un evidente bache en la producción poética española. Lo hemos señalado en las primeras páginas de este libro.

Es evidente que el decenio que termina en 1890 viene informado por el triunfo del naturalismo. Recordemos brevemente: En el teatro triunfan López de Ayala con *Consuelo* (1878), Sellés con *El nudo gordiano* (íd.) y Echegaray con *El libro talonario,* estrenado un año más tarde. En la novela, fallecida *Fernán Caballero,* Pereda lanza sus *Escenas montañesas*. Está de moda la novela por entregas —con Fernández y González, Pérez Escrich, Nombela y otros— y la novela histórica con Navarro Villoslada *(Amaya)*, Escalante *(Ave Maris Stella)* y Castelar *(Fra Rilipo Lippi)*. Pérez Galdós publica, desde el 73 al 79, las dos primeras series de los *Episodios Nacionales;* don Juan Valera su *Pepita Jiménez* (1874), Pedro Antonio de Alarcón *El sombrero de tres picos* (íd.), la Pardo Bazán su estudio del padre Feijoo (1876) y don Armando Palacio Valdés su primera novela, *El señorito Octavio* (1881).

¿Qué valor tiene esta tendencia naturalista en relación con el cultivo de la poesía? En general, la creencia dominante es la de que la observación de la realidad es nociva a la expresión poética. Así, por ejemplo, Núñez de Arce (1) explica la decadencia de la poesía por la «sumisa complicidad de las Musas con todas las corrientes materialistas de la época», dice (pág. 54). Frente a esta decadencia, Núñez de Arce pasa revista a los movimientos espiritualistas de la poesía inglesa —Tennyson, Swinburne, D. G. Rossetti—; a los intentos renovadores de Carducci, fijando también su atención en el poeta ruso Apolo Maicof. Pero dedica mayor extensión al «decadentismo» francés, estudiando las «correspondencias» entre lo musical y lo plástico. Esta poesía le parece a Núñez de Arce «algún tanto nerviosa y anticuada»; en general la acusa de falta de sinceridad y de sencillez. «No recuerdo género alguno de gongorismo que se acerque al de estos iniciadores, de cuyo crisol me temo que salga la poesía del porvenir, si Dios no pone remedio» (pág. 42).

Por su parte, *Clarín*, en su folleto *Apolo en Pafos*, entre burlas y veras analiza la situación comenzando por negar que la boga del naturalismo haya puesto de moda lo prosaico; en la Europa naturalista, añade, existen poetas que, como Leconte de Lisle, demuestran la supervivencia de la poesía. Repetiremos sus frases:

«En España, Erato, no hay poetas nuevos... porque no los hay; porque no han nacido. Nuestra generación joven es enclenque, es perezosa, no tiene ideal, no tiene energía; donde más se ve su debilidad, su caquexia, es en los pruritos nerviosos de rebelión ridícula, de naturalismo *enragé* de algunos infelices. Parece que no vivimos en Europa civilizada..., no pensamos en nada de lo que piensa el mundo intelectual; hemos decretado la libertad de pensar, para abusar del derecho de no pensar nada. ¿Cómo ha de salir de esto una poesía nueva?»

«No tenemos poetas jóvenes, porque no hay jóvenes que tengan nada de particular que decir... en verso... Para los pocos autores nuevos que tienen un pensamiento y saben sentir con intensidad y originalidad la vida nueva, basta la forma reposada y parsi-

(1) *Discurso inaugural de las cátedras del Ateneo de Madrid* para el curso 1886-1887 (Madrid, 1887).

moniosa de la crítica o, a lo sumo, la de la novela... El arrebato lírico no lo siente nadie... Ahí no se llega...» (2).

Y he aquí, finalmente, varios años más tarde, la voz de un joven escritor del que ha de hablarse mucho, Ramiro de Maeztu, que denuncia ya, desde el otro lado de la barricada, análoga desolación. Baste esta cita:

«Del mismo modo que no existe un partido político que arrastre en pos de sí a la multitud, no hay un literato de renombre que acierte a hablar al alma de los españoles contemporáneos. Legajos medievales han ahogado a Menéndez Pelayo; las imágenes históricas han desorientado a Castelar; Sellés apenas escribe, Gaspar tampoco, ni Palacio Valdés; Pereda se encastilla en el verdor de las montañas, sin advertir que sus tipos van desapareciendo a medida que la piqueta del minero allana la comarca; la señora Pardo Bazán, requerida al mismo tiempo por sus lecturas naturalistas y por sus creencias ortodoxas, no sabe con quien ir; Ganivet ha muerto, cuando más los necesitábamos; Benavente murmura deliciosos *requiescat* ante las «figulinas» que Madrid exhibe en su bohemia política y en su aristocracia agonizante, pero no vislumbra la nueva España que se está inculcando» (3).

Acaso el documento más importante acerca «del anquilosamiento de la generación anterior» nos la ofrece la famosa protesta contra el homenaje a Echegaray, organizado por *Gente Vieja* en 1905. Patrocinaban el homenaje los señores Álvarez Guerra, Avilés, Balart, Balbús, Bher, Caballero, Cano, Esteban Collantes, Estébanez, Moret, Novo y Colson, Romero Robledo y otros. Acababa de estrenar Echegaray, con enorme éxito, su drama *A fuerza de arrastrarse*, y el triunfo de la obra no parecía exagerado. Sin embargo, *Azorín* empezó a publicar en el diario *España* una serie de artículos donde con sutileza implacable desmontaba el artilugio retórico de la obra, señalando así la presencia de una voz hostil; esta voz señalaba, un poco más tarde, la imposibilidad de cifrar en Echegaray un solo signo importante para la juventud española; finalmente, le echaba en cara su ausencia espiritual de las angustiosas horas por que atravesaba España (4). La protesta estalló sobria y

---

(2) *Apolo en Pafos*, Madrid, 1887 (y no 1883, como cree AZORÍN: *Clásicos y modernos*, pág. 187).

(3) *Hacia otra España*, Madrid-Bilbao, 1899; pág. 206.

(4) Los artículos de *Azorín* han sido recogidos en su libro *La farándula* (col. «Obras pretéritas», Zaragoza, 1945).

enérgica: «Parte de la prensa inicia la idea de un homenaje a don José Echegaray y se abroga la representación de toda la intelectualidad española. Nosotros, con derecho a ser incluidos en ella —sin discutir ahora la personalidad literaria de don José Echegaray—, hacemos constar que nuestros ideales artísticos son otros y nuestras admiraciones muy distintas.» ¿Quiénes firman? Desde luego todos los que constituyen el tema de esta discriminación; pero esta vez mezclados. Noventayochistas como Unamuno, Maeztu, *Azorín;* modernistas puros como Rubén Darío, Villaespesa, Valle-Inclán. ¿Y cómo de otra manera? Téngase en cuenta el carácter *negativo* de la protesta; ni una sola afirmación mental que permita la discriminación en grupos y tendencias se formula. De todos los atributos que Petersen necesita para obtener la definición generacional, éste es el único que no adjetiva el espíritu del grupo, sino que se limita a enfrentarlo ante fuerzas exteriores, ante las que se precisa una coherencia combativa momentánea que nada supone y a nada obliga.

TERCERA PARTE

TRES CLAVES DISCRIMINADORAS

I

HACIA UNA CLAVE BIOLÓGICA

1. Las concepciones dualistas de la Historia de la Cultura

Hasta este momento hemos llevado nuestra investigación por un sendero, más que historicista, historiográfico. Nos proponíamos, a lo largo de los capítulos anteriores, presentar al curioso lector una reconstrucción mental del período que abarca los últimos años del siglo XIX y los primeros del XX. De esta larga —y temo que fatigosa— excursión hemos traído un conjunto de opiniones contemporáneas que nos han dado algo así como la historia «por dentro» del movimiento modernista; extraídas estas opiniones del hervor momentáneo y confuso, han podido ser ordenadas al final con un criterio sintético que nos permiten discriminar, ya definitivamente, los perfiles del Modernismo en relación, sobre todo, con el Noventa y Ocho, así como atribuir a estos movimientos unas determinadas características ideológicas y estéticas.

Afrontamos ahora el mismo tema —buscando las coincidencias o las discrepancias— desde un ángulo de visión totalmente distinto. Desearíamos abandonar la ruta historicista para enfocar los movimientos delineados en los capítulos anteriores, no sólo prescindiendo de su circunstancia temporal, sino entendidos —uno y otro— como actitudes generales de la mente humana.

La primera noción —y acaso la única noción— que solicitaremos al historicismo es la de la existencia misma de estas dos Generaciones: Noventa y Ocho y Modernismo. Existencia, si bien discriminada de manera absoluta, y aun entendida la segunda como reacción frente a la primera, evidentemente coincidente en el tiempo. Más todavía: llegamos a la conclusión de que la vitalidad espiritual de esta época está —de una manera u otra— vertida o hacia el Modernismo o hacia el Noventa y Ocho. Quiero decir con esto, que al no haber opción a una tercera actitud —prácticamente inexistente— nos encontramos con una solución dual a los problemas del espíritu que son biológicamente conducidos a adoptar una de las dos posiciones de una manera —para decirlo así— obligada.

Visto a la luz de esta consideración, el tema trasciende al puro episodio historicoliterario para alcanzar un límite intemporal y, naturalmente, más profundo.

*

El punto de partida sería la realidad biológica. El Varón y la Mujer, como dual inicio universal de toda historia posible, como clave última de toda actitud mental en el tiempo y en el espacio. Como no nos proponemos invadir el campo de la sociología, podremos prescindir de la evolución de la convivencia humana y del signo sexual de su caudillaje (1). Nos interesa, sí, el rastro específico del sexo en las soluciones que la historia de la cultura ha ido ofreciendo a las interrogaciones de cada edad. Después de los trabajos de Otto Weininger, ninguna duda acerca de la importancia de este rastro que permite reconocer las actitudes mentales de todos los tiempos a través de la diferenciación sexual. Diferenciación que al persistir biológicamente sella con su impronta los capítulos sucesivos del devenir histórico, que adquieren así una comunidad de actitudes independientemente del tiempo y del espacio.

Así, pues, creo que existe la diferenciación radical en sentido dualista de toda la historia de la cultura y que, con diversa apariencia y complejidad cada vez más difícil, tiene, en último término, su origen en la bifurcación biológica de los sexos.

En los orígenes de la filosofía griega esta consideración dual queda sellada para la eternidad a través de las concepciones de Parménides y de Heráclito. En Parménides, al declarar que la

(1) Parecería pedante una alusión, siquiera simplicísima, a los problemas derivados del matriarcado, etc.; análogamente nos vedamos toda incursión al campo biológico.

realidad visible es mudable y contingente, y que el ser es un esquema de razón que permanece idéntico a sí mismo y, por tanto, es lo único que verdaderamente existe. Para Heráclito, en cambio, la realidad no es lo que permanece, sino la perpetua fluencia de las cosas, el eterno devenir, el movimiento, la existencia misma.

Si Coleridge ha dicho que se nace aristotélico o platónico, bien podría añadirse que toda la filosofía universal se apoya en abstracciones racionalistas de Parménides o en el sensualismo vitalista de Heráclito. Análogamente, las culturas antiguas están llenas de estas concepciones bipolares. En las mitologías, las contraposiciones Universo-Caos de los griegos, o de Ormuz y Ahrimán entre los persas (2). Empédocles de Agrigento explica el mundo como una contraposición de Amor y de Odio. Estos conceptos han llegado hasta nuestros días en la obra de Goethe y en la teoría que opone *Eros* a *Ananké* en la obra de Freud (3). Emerson, en su *Ensayo sobre la composición*, escribe —y da muchos ejemplos— que «una dualidad ineludible divide la Naturaleza en dos», de suerte que cada cosa no es sino una mitad, y pide otra mitad para realizar el entero.

*

De raíz heraclitana, según el admirable libro de Juan Marín (4), sería la concepción taoísta por la que se oponen también los contrarios a lo largo del río vital (5). Esta escala parte tam-

---

(2) Recuérdese el tremendo rastro medieval de este dualismo a través de las doctrinas maniqueas; la herejía de los cátaros, por ejemplo, está llena de una análoga concepción.

(3) No vamos a insistir ahora en la valoración del *Eterno femenino* como función de eternidad en la obra goethiana. Para la contraposición Amor-Muerte puede verse el interesante libro de ERNESTO BUONAIUTI: *Amore e Morte nei tragici greci*, Florenze, ed. «La Nuova Italia», 1944.

(4) *China. Lao-tzé, Confucio, Buda*, Madrid, Espasa-Calpe, 1944; páginas 68 y sigs. Algunos de estos elementos de bipolaridad se remontan al siglo XI a. de J. C. No poseo, desgraciadamente, conocimientos para entrar en esta inquietante, estremecedora selva del mundo oriental. Basta, sin embargo, esta curiosísima referencia.

(5) Marín sitúa, efectivamente, las doctrinas taoístas dentro de la magna sombra de Heráclito, junto a Chuang-Tszé y el budismo momahayánico. Añade también la tesis de Macchiorr, según la cual la filosofía de Heráclito procede del orfismo (ob. cit., pág. 69). ¡Qué curioso conglomerado vital-racionalista frente al escepticismo razonador de los socráticos!

bién del más primario de los peldaños: el peldaño biológico macho-hembra. Estos contrarios que se intercambian, por la ley de la «circularidad», se simbolizan en dos principios que se denominan Jin y Jang. Todo el universo está dividido de acuerdo con esta cósmica división dual. He aquí un esquema de esta bipartición de valores:

JANG *Masculino*	JIN *Femenino*
Sequía.	Inundación.
Verano.	Invierno.
Alto.	Bajo.
Vida.	Muerte.
Lo que avanza.	Lo que retrocede.
Generosidad.	Egoísmo.
Cielo.	Tierra.
Noble.	Innoble.
Bello.	Feo.
Orden.	Desorden.
Premio.	Castigo.
Paz.	Guerra.
Comida.	Bebida (embriaguez).
Un concurso de arqueros.	Un matrimonio.
Un banquete entre hombres.	Fiesta entre mujeres.
La música.	El rito.
Sol.	Nube.

Desde luego toda visión de la cultura griega debe apoyar ya su acento, con análoga intensidad, en uno y otro punto de esta dualidad, y cuando —como en la visión manierista que va desde el Renacimiento a Burckhardt— se advierte sólo el aspecto racionalista y se habla de lo griego como de una cultura basada en los esquemas racionales pensables, se olvida no sólo uno de los aspectos históricos más importantes, sino algo más trascendente: que temperamentalmente la humanidad se divide en seres predominantemente regidos por la razón, seres en los que dominan las fuerzas instintivas y sensoriales. Weininger daría también una atribución sexual —viril y femenina, respectivamente— a estas actitudes.

Sería grato ampliar este dualismo estableciendo un mapa espiritual de la cultura griega concebida en una encrucijada entre los caminos de Oriente y los de Occidente. De Oriente llegarían, por no se sabe qué recónditos caminos y momentos, todos los elementos *mágicos* que afloran en la religión de los misterios —Eleusis—, o en cultos que —como el Dioniso— han dado al traste con la estampa burckhardtiana de la serenidad del espíritu griego, todo armonía y razón. De Occidente, de la tierra solar de la Magna Grecia, llegaría, en cambio, el mundo exacto y numeral de los pitagóricos.

El alma helénica sería un cruce de estas dos almas, ya que en las más remotas raíces del espíritu pitagórico se funden ya, oscuramente, número y misterio, geometría y magia; lo que nos gustaría llamar occidental, y el fondo monstruoso y fantástico que parece privativo del Oriente. El elemento razonante y viril y la sensualidad del mundo femíneo.

La raíz del mundo helénico hay que buscarla, pues, en gran parte, en el mundo oriental (6). Sean sus caminos los de las islas del Egeo —puentes desde Asia Menor—, séanlos las culturas cretomicénicas —a medio camino de Egipto— o, en suma, las mentes viajeras de Pitágoras y sus discípulos, es evidente que debemos contar con ese *substractum* para explicar una serie de fenómenos espirituales del alma helénica. Desde Nietzsche acá, ninguna duda en este sentido. Bajo la armonía de las formas puras late una angustia cósmica. El hecho de que el arte griego *sea*, es decir, se produzca precisamente como una trascendental victoria sobre este cósmico pavor, no quita importancia a este elemento soterraño y, a la postre, vencido.

Vencido, al fin y al cabo, con una victoria que pudiéramos llamar desesperada. Grecia levanta el Cosmos frente al Caos por una frenética urgencia de existir. Frente a lo turbio, la Forma.

---

(6) Véase, por ejemplo, el libro de Sinnette, *Conception religieuse des hindous*, donde se afirma que toda la teología india pasó a Egipto y a Grecia bajo la forma de misterio. La teoría de las Ideas es, radicalmente, un pensamiento oriental, budista; así como las tesis emanatistas de Pitágoras. (Véase el estudio de Jorge Ramón: *Influencia da metafisica hindu no pensamento religioso dos gregos*, en *Ensayos y Estudios*, Berlín, 1943; V, 5-6, págs. 182 y sigs.)

Ahora bien: todo este proceso de creación intervenido radicalmente por la Inteligencia debe coexistir con una concepción filosófica según la cual el alma se identifica con emanaciones de la Divinidad. Los mismos números sensibles concuerdan con otros números abstractos que se hallan en esferas celestes.

«Es el pánico a lo informe lo que ha determinado la concreción rigurosa de sus tácticas mentales —ha escrito Camón Aznar—. Y su puesto fronterizo con otras civilizaciones bordeadas por un caos de demonios y de dioses bestiales —añade— lo ha pagado la griega congelándose en un exceso de claridad, de marmórea quietud y precisión» (7). La Forma, pues, como arma frente a lo infinito y su eterna turbación; pero, en último término, la forma a su vez como prisionera de sí misma, víctima de su inútil perfección. El gran arte griego no puede, en realidad, prescindir de ninguno de estos dos elementos. Y en sus grandes creaciones —como la tragedia esquilina y la escultura áurea— procura que ninguno de los dos se pierda del todo.

Coexisten, pues, como ya se ha indicado, ambos elementos. Ninguna investigación acerca del concepto de la poesía en Grecia hace posible sin partir de este dualismo inicial. Las mismas doctrinas pitagóricas exigen la doble consideración. Por un lado, la armonía surge de poner límites a lo ilimitado, puesto que estos dos conceptos, «limitación» e «ilimitación», constituyen una de las famosas antítesis atribuidas a Alcmeón de Crotona (8), y la música, por ejemplo, es una sucesión del sonido (lo determinado) y el silencio (lo indeterminado). Es decir, que la música sería, por tanto, una síntesis de lo finito y lo infinito, un acorde mental producido por una combinación regida por la inteligencia. Esta teoría es aplicable al fenómeno poético, en tanto que fenómenos acústico-temporal y musical por tanto (9).

En la renovación del estudio de la realidad histórico-cultural helénica, ésta fue, pues, la genialidad nietzscheana (10). El haber iniciado una serie de interpretaciones dualistas de la historia de la cultura, entendidas como una oposición de valores que, en su más remoto origen, a mi juicio, reflejan la contraposición sexual. He aquí, sintetizadas por Andler (11) las polarizaciones que se ordenan alrededor de los dos conceptos fundamentales tan conocidos: Apolíneo y Dionisiaco.

---

(7) *El orden pitagórico en los mármoles griegos*, Madrid, Cuadernos de Adán, I, 104 (1944).

(8) Las otras, muy conocidas también, son: «impar-par», «derecha-izquierda», «macho-hembra», «reposo-movimiento», etc.

(9) Véase de nuestro estudio «La interpretación nietzscheana de la tragedia» en *El engaño a los ojos*, Barcelona, 1943.

(10) Véase, sobre todo, *El origen de la tragedia*.

(11) ANDLER: *Le pessimisme esthetique de Nietzsche*, París, 1921.

APOLÍNEO	DIONISIACO
CIENCIA.	RELIGIÓN.
Individuación.	*Panteísmo.*
Sueño.	*Embriaguez.*
Esfuerzo por crear una representación del mundo. Serenidad.	Conciencia de un mundo que sufre y muere. Historia.
Formas individuadas.	*Formas no individuadas.*
LA PALABRA.	EL GRITO.
ESCULTURA.	MÚSICA.
ÉPICA.	LÍRICA.
EL TEATRO POSTERIOR: Eurípides. Influencia razonadora y antimística de Sócrates. Diálogo humano.	EL TEATRO PRIMITIVO: Esquilo. Predominio del coro-grito, música, misticismo, fatalismo.

Sófocles

OCCIDENTE	ORIENTE

Y no cabe duda que el pensamiento de Charles Maurras está en el séquito de la idea nietzscheana cuando separa en el mundo helénico dos mundos también diferenciados por las «ideas-madres» de los sexos masculino y femenino, y simbolizados, respectivamente, por los estilos dórico y jónico (12).

He aquí en esquema, la doctrina maurrasiana:

VIRILIDAD	FEMINIDAD
CLASICISMO.	ROMANTICISMO (13).
Estética de la armonía.	Estética del carácter.
Grecia, Roma, Francia.	Los demás pueblos (bárbaros).
Lo dórico: el Parthenon.	Lo jónico: el Erecteyon (14).
La geometría.	La carne.
Orden.	Desorden.
Inteligencia.	Sensibilidad.
Esfuerzo.	Espontaneidad.
Estatismo.	Dinamismo.

---

(12) En *Anthinea.* Véase también THIBAUDET: *Les idées de Charles Maurras*, París, 1920.

(13) «La femme a découvert, dès les origines, l'esthétique du Caractère à laquelle fut opposée plus tard cette esthétique de l'Harmonie que les Grecs inventèrent et portèrent a la perfection, parce que l'intelligence mâle dominait parmi eux» (MAURRAS: *L'avenir de l'Intelligence*, pág. 239).

(14) Esta dualidad tiende, en muchos casos, a la fusión: «le point». La Acrópolis es su símbolo. «Comme dans l'Acropole d'Athènes chaque intelligence complète se dédouble en deux esprits et vit, se meut, s'eclaire sous ce régime de couple» (THIBAUDET: Ob. cit., pág. 15).

Sin embargo, Maurras —a diferencia de Nietzsche— se enfrenta con cualquier concepto de Grecia que no sea un símbolo de Racionalidad. Su Grecia es prenietzscheana: es la Grecia de Winckelmann. Está con Parménides y contra Heráclito. (De ahí —en otro campo— sus ataques a Bergson.)

Y al establecer una afinidad entre lo Viril, lo Clásico, y entre lo Femenino y lo Romántico, sus preferencias son evidentes; van a favor de la primera actitud, por una suerte de antirromanticismo militante que caracteriza toda su obra teñida del más noble intelectualismo (15).

La huella nietzscheana es evidente en todas las proyecciones que de esta dualidad helénica se transportan a la historia general de la cultura. Recordemos la difusión y la trascendencia de Spengler. Spengler valora la dimensión cultural que se deriva de la diferenciación de los sexos:

«Inexcrutable arcano de esas fluctuaciones cósmicas que llamamos vida, en su separación en dos sexos. Ya en las corrientes de la existencia del mundo vegetal, adheridas al suelo, hay una tendencia a la separación como muestra el símbolo del florecimiento: algo que *es* la existencia misma y algo que la conserva. Los animales son libres, pequeños mundos dentro del mundo mayor; son elementos cósmicos que, cerrados en forma de microcosmos, quedan contrapuestos al macrocosmos. Y aquí se exalta la dualidad de las direcciones hacia dos seres, el masculino y el femenino, con mayor resolución conforme se adelanta en el transcurso de la historia animal.

Lo femenino está más próximo al elemento cósmico, más hondamente adherido a la tierra, más inmediatamente incorporado a los grandes ciclos de la naturaleza. Lo masculino es más libre, más animal, más movedizo, y en el percibir y comprender más despierto, más tenso.

El hombre *vive* el sino y *concibe* la causalidad, la lógica de lo producido según causa y efecto. Pero la mujer *es* sino, *es* tiempo, *es* la lógica orgánica del devenir mismo. Por eso eternamente

---

(15) «L'imagination de Hugo fut féminine en qui elle se rédusit à une impressionabilité infinie. Elle sentit, elle reçut plus qu'elle ne crea... Chateaubriand differa-t'il d'une prodigieuse coquette? Musset d'une étourdie vainement folle de son coeur? Baudelaire, Verlaine rassemblaient à des vieilles coureuses de Sabbat; Lamartine, Michelet, Quinet, preferent des prêtresses plus où moins brûlées de leur Dieu» (ídem, pág. 17).

le permanece ajeno el principio causal. Siempre que el hombre ha intentado hacer palpable el sino, siempre ha recibido la impresión de algo femenino: *moiré*, las parcas, las normas. El Dios máximo no es el sino mismo, sino un dios que representa o domina el sino —como el hombre a la mujer—. La mujer, en las épocas primitivas, es también la vidente, no porque conozca el futuro, sino porque es futuro. El sacerdote interpreta tan sólo. La mujer es el oráculo. El tiempo mismo habla en ella.

El hombre hace la historia; la mujer *es* la historia. De manera misteriosa descúbrese aquí un doble sentido del acontecer viviente: es una corriente cósmica y es también la sucesión de los microcosmos mismos que aquella corriente acoge en sí, protege y conserva. Esta "segunda" historia es la propiamente masculina, la historia política y social, historia más consciente, más libre, más movida. Arraiga profundamente en los comienzos del mundo animal y recibe su máxima forma, simbólica y universal-histórica en los ciclos vitales de las culturas superiores. Femenina es aquella "primera" historia, la historia eterna, materna, vegetal —la planta misma tiene siempre algo de femenino—, *la historia sin cultura de las generaciones sucesivas,* que no cambia, que fluye uniforme y suavemente por la existencia de todas las especies animales y humanas, por todas las culturas particulares, de breve vida» (16).

Como es sabido, Spengler contrapone constantemente los valores que él denomina Apolíneos y Fáusticos (17). He aquí algunos rasgos:

LO APOLÍNEO	LO FAUSTICO
EL CUERPO.	EL ESPACIO.
La estatua desnuda.	*El arte de la fuga.*
Figuras con contornos.	*Espacios, luces, sombras.*
Culto sensual de dioses olímpicos.	*Dogmática catolicoprotestante.*
Culto fálico.	*Idealización femenina.*

---

(16) *Decadencia de Occidente,* vol. IV, págs. 99-100.

(17) «En adelante daré el calificativo de *apolínea* al alma de la cultura antigua, que eligió como tipo ideal de la extensión el cuerpo singular, presente y sensible. Frente a ella coloco al alma fáustica, cuyo símbolo primario es el espacio puro, sin límites, y cuyo cuerpo es la cultura occidental que comienza a florecer en las llanuras nórdicas entre el Elba y el Tajo al despuntar el siglo X.» (*Decadencia de Occidente,* vol. I, págs. 275 y sigs.) Spengler establece una tercera actitud: el alma mágica —la de Oriente—, pero ahora no interesa su referencia.

Si en Grecia asistimos a una pugna de fuerzas, la embriaguez oriental y el razonamiento de Occidente, aquí surge una nueva coordenada geográfica que opone el Mediterráneo apolíneo al Norte gótico y fáustico. Nordicidad y mediterraneidad son ya dos conceptos bastante estables en su contradictoria actitud (18). Ha sido probablemente Worringer quien ha señalado de manera más brillante los elementos diferenciadores: arte voluntarista *(Wilkunst)*, geométrico, metafísico, al servicio de una fuerza, en el Norte, frente al arte sensual, humano, físico, al servicio de una belleza sensible en el Sur (19). Waetzold, por su parte, señala criterios análogos (20). Finalmente, Menéndez Pelayo y Ortega y Gasset han escrito también páginas memorables —desde ángulos de visión distintos— acerca de la contraposición espiritual entre Germanismo y Mediterraneidad (21).

Pero volviendo a la discriminación dualista, cuya historia estamos revisando, llegamos a un claro nombre hispánico: el de Eugenio d'Ors.

D'Ors acepta de las concepciones estudiadas, por una parte, la constancia sobre-histórica que les da una permanencia a través del tiempo (lo que él llama *eones*); por otra parte, la dualidad combatiente y contradictoria que enfrenta un signo a otro signo. Así, el *eón* de *Roma*, ante el *eón* de Babel; el *eón* de lo *Clásico*, frente al *eón* de lo *Barroco;* el *eón* de la *Cultura*, frente al *eón* de la *Natura*. Y nótese que estas tres ecuaciones son, en cierto modo, superponibles, y que Roma, lo Clásico y la Cultura, son parecidamente signos del «Logos», mientras Babel, lo Barroco y la Natura pertenecen a «Pan», y son, en último término, asimilables a la indestructible dualidad biológica que asigna «Logos» a la

---

(18) Es curioso que los griegos sentían su conciencia diferencial con respecto de los hombres del Norte *(bárbaros)* y simbolizaban en la Escitia este país sin armonía, en el que reinaba el monstruoso Marsyas, rival de Apolo. Herodoto señalaba en esta zona el reino de lo maravilloso, es decir, de lo irracional.

(19) *La esencia del estilo gótico.*

(20) *Tú y el arte*, ed. Labor.

(21) No se olvide que Taine, por ejemplo, atribuía a Francia la ordenación de las ideas y a Italia la ordenación de las formas. Para una visión general del problema léase el libro de GERSTENBERG: *Idem zu einer Kunstgeorgraphie Europas*, Leipzig, 1922. Para un estudio proyectado hacia una literatura nacional, DUPUY: *Géographie litteraire de la France.*

Retrato de Ramiro de Maeztu, de autor anónimo. Ateneo de Madrid

Foto Archivo Espasa-Calpe

Inteligencia Viril y «Pan» al «Eterno Femenino». He aquí un cuadro de algunas de las duales alternancias d'orsianas:

Eterno Viril.	Eterno Femenino.
Logos.	Pan.
Razón.	Sentimiento.
Cultura.	Natura.
Historia.	Prehistoria.
Ecúmeno.	Exótero.
Imperio.	Naciones.
Sindicato.	Anarquía.
Intuición aparencial.	Intuición emocional.
Espacio.	Tiempo.
Mundo exterior (visual). Plástica.	Mundo interior (auditivo). Música.
Unidad (Roma).	Pluralidad (Babel).
Clasicismo.	Barroco, Romanticismo.
Grecia, Roma.	Oriente, Portugal.
Mundo romanogermánico.	Mundo céltico.
La Ciudad.	La Selva.
Atenas.	Demeter.
Realidad.	Sueño.

En sus reflexiones acerca del mundo helénico, D'Ors ha gustado de enfrentar Atenas a las divinidades marinas y a Demeter, Adonis a Baco; y —en otro plano muy distinto— «escuela» a «despensa». «El conflicto es, sin embargo, eterno, y ningún episodio, por largo que sea, ha podido agotarlo. Tanto durará como la naturaleza oponga los textos y la cultura los eones» (22).

Como es sabido, D'Ors propugna personalmente los valores del Eterno Viril y —en algunos casos— presenta fórmulas de integración. Y así presenta la Inteligencia como una fórmula que vitaliza la Razón, y el Pensamiento Figurativo como actitud de compromiso entre la abstracción y la sensación; de la misma manera como sitúa la Ironía como clave y superación de la contradicción o a Velázquez en la mitad de la línea que va desde Mantegna (o Poussin) al Greco (o los impresionistas).

Pero antes de seguir adelante debemos notar la progresiva complicación de los elementos plástico-acústicos (23) y las interfe-

(22) «Demeter contra Atenas».

(23) ¿Cómo funciona el mecanismo fisiológico correspondiente a esta dualidad? No podemos detenernos en ello. Según Lichteim, por

rencias con que los valores estéticos van llegando a la sensibilidad del hombre contemporáneo.

En este punto cabe hacer una referencia a la obra trascendental de Ricardo Wagner, muy ligada, como veremos, a la sensibilidad que estamos estudiando. Wagner parte también (recuérdese las relaciones con Nietzsche) de un dualismo inicial: música-poesía, utilizando, por cierto, la tantas veces señalada diferenciación sexual: la poesía es el elemento masculino, cuya expresión razonante se produce a través de la palabra, del *logos;* pero a medida que aumenta la expresión del sentimiento, la palabra es insuficiente y debe dejar paso al elemento femenino, la música, que es el único capaz de expresar intuitiva y no razonadamente este mundo de los afectos (24).

Otras concepciones dualistas de la historia de la cultura partirían de la raíz inicial Voz-Gesto (Lenguaje auditivo-Lenguaje visual); mundo del sonido, mundo de las formas; lenguaje oral y lenguaje plástico. Agruparían, de una parte, todas las obras que se desarrollan en el tiempo; de otra, todas las que se desarrollan en el espacio. Contrapondrían, en último término, lo fugitivo y lo permanente. La Música y la Estatua.

El ejemplo más ilustre podría ser la contraposición Pintura-Poesía tal como aparece en Lessing. Por lo demás, la oposición entre lo acústico-temporal y lo plástico-especial aparece como fundamental en las clasificaciones de las artes de Vischer, Schaler, Deri, Zielinski, Wize, Volkelt y Jordán de Urríes (25).

---

ejemplo, el centro cerebral de las imágenes verbales visuales está siempre subordinado al de las imágenes auditivas (cit. P. KERAVAL: *Le langage écrit ses origines son developpement et son mécanisme intellectuels*, París, 1897; págs. 142 y sigs.).

(24) Véase CHAMBERLAIN: *El drama wagneriano*, Buenos Aires, 1940. FRÉSON: *L'esthétique de Dichard Wargner*. La influencia wagneriana en el Modernismo es aludida varias veces en este libro.

(25) Estas interpretaciones dualistas llegan —a su vez— a dividir cada una de sus ramas y, por lo que se refiere al arte plástico, encontramos la dualidad: forma-contenido, en Croce; lineal-pintoresco, en Wölfflin; tectónico-contratectónico, en Cohn-Wiener; táctil-profundo, en Riegl. Y descendiendo a los ejemplos individuales, las conocidas oposiciones Rubens-Rembrandt, grata a Fromentin; Fidias-Rembrandt de Elie Faure; la dirección de Rafael hacia la escultura frente a la ruta «musical» del Tiziano, tal como aparece en Spengler (II, 23), y las posteriores y más conocidas ecuaciones Mantegna-Impresionismo y Poussin-Greco, que representan el mismo concepto en Eugenio d'Ors.

Análogo dualismo encontramos en la música, considerada, por cier-

2. Virilidad y feminidad como signos aplicables al Noventa y Ocho y al Modernismo

Analizada la historia de la cultura a través de estas concepciones dualistas que escinden en tipos radicales —viril o femíneo (26)— las actitudes del espíritu humano, procedemos a formular nuestra tesis: *Noventa y Ocho y Modernismo son las fórmulas que adopta en la España finisecular el esencial y fundamental dualismo que rige toda la historia de la cultura humana.*

Por una suerte de afinidades electivas, o por una oscura selección temperamental, es lo cierto que nosotros observamos una serie de elementos aproximados al signo viril en el Noventa y Ocho y al signo femíneo en el Modernismo (27).

El Noventa y Ocho es una forma de energía, o —como escribe *Azorín*— «un activismo que tiene su manifestación, en el orden inmaterial, en las concepciones filosóficas o artísticas de un Nietzsche, un Ibsen o un Beethoven, y que en lo material se traduce en la industria, en la navegación, en el comercio» (28). Su anhelo es intervencionista; va más allá del plano estético para actuar sobre la política y la sociedad (29). Su rebeldía es operante, más allá de la obra literaria.

---

to, como una arte plástica por Spengler. Y así se enfrenta una música oriental, monódica, lineal, cuyo reflejo plástico es la pintura lineal, con una música occidental, polifónica, «simultánea», que equivale a la pintura en profundidad del arte moderno.

(26) Otra tesis de enorme interés es el de la bivalencia, que atribuye a cada ser humano, junto a la mayoría de elementos endocrinos predominantes correspondientes a su sexo —viril o femíneo—, alguna proporción, variable del sexo contrario. Se diría que esta «relatividad» —estudiada hoy por Marañón y por Weininger— es la ya sospechada por los antiguos: «Cuando de este modo quedó dividida en dos toda la naturaleza humana, apareció en cada ser el deseo invencible de reunirse a su otra mitad propia, y ambas unidades se abrazan, entretejen sus energías y quisieron formar de nuevo un solo ser», hace decir Platón a uno de los comensales de su *Banquete. Esto implica la imposibilidad de atribuir rotundamente a un artista una determinada y absoluta actitud vital en relación con su sexo.*

(27) Manejamos conceptos más altos y más complejos que los que permiten una clasificación biológica. Y cuando hablemos de ciertas actitudes artísticas asignándolas una tendencia viril o femínea, queremos ser entendidos y no sobrepasar —¡naturalmente!— ninguna de las lindes que el buen sentido y la corrección imponen.

(28) *Un discurso de La Cierva,* O. C., III, 83.

(29) Recuérdense las relaciones entre *Sociología y estetismo,* analizadas en capítulos anteriores.

El Modernismo es, por lo general, pasivo, adinámico. De modo inverso al Noventa y Ocho, que actúa según una razón activa y operante, el Modernismo es fundamentalmente receptivo, y su clave estética —la sensibilidad— implica una actitud pasiva frente al despliegue de las cosas alrededor. La rebelión o novedad con que se produce no sobrepasa lo formal; no actúa, por otra parte, más allá del individuo, y aun del individuo considerado como sujeto estético. Lo social —como se estudia en otro capítulo— no interesa (30).

¿Y no será el Modernismo, en fin de cuentas, la gran excusa para abandonar la tensa, exigente y vindicadora actitud noventayochista? ¿No será esa plácida entrega a la melodía sensible la gran solución a los faltos del ánimo que exige una gran tarea redentora?

Quizá haya sido Dolores Franco quien con mayor sencillez ha expresado lo que el Modernismo tenía de tentación fácil:

«Frente al yermo literario español, Rubén traía una maravillosa renovación de la poesía y el lenguaje. Eran sonoridades y ritmos nuevos del castellano, era el sentido poético del simbolismo y parnasianismo franceses, era un taumatúrgico poder evocador de mundos de ensueño en que se alternaban acompasados giros de princesas y chambelanes con el vibrar de elementos de fuerzas indias, soñolientos misterios asiáticos con indolencias de bohemia parisiense. Su venida revolucionó nuestras letras: hacía falta una renovación y nos la traía hecha, en nuestra lengua transfigurada, deslumbradoramente maravillosa. La tentación era fuerte, y tras ella se fueron cegados una parte de aquellos jóvenes heridos en el alma por el 98. Partieron, por mundos poblados de cisnes y mágicas rosas, en busca de un lenguaje lujoso y sensual, en bus-

(30) Estamos hablando en líneas generales. Compárese, como ejemplo típico, la poesía de Manuel con la de Antonio Machado. No escasean —en el propio Rubén— temas patrióticos y colectivos. Ni falta tampoco quien justifique la actitud de soledad. Así, Gregorio Martínez Sierra escribía en 1907: «... En medio de la calle ha pasado España casi tres siglos de su vida; se han escrito odas y han sonado tiros; conviénele al alma de la Patria que hoy la parte superior de su inteligencia se retire a la soledad para robustecer ideas y embellecer palabras que nos las han dejado nuestros padres anémicas y feas, gastadas por el, acaso noble, trajinar incesante. ¡Respetad, por Dios, la meditación silenciosa, la intimidad con el misterio de los poetas de hoy! ¡No les pidáis que griten palabras que no sienten! ¡Están dentro del templo, están rezando quedo, están salvando con su oración el alma de España!» (En la revista *Renacimiento*, 1907; pág. 377.)

ca de palabras pulidas y llenas de destellos como piedras preciosas. Pero Rubén Darío venía de un país joven, naciente a las letras, y traía la savia de las letras de Francia, que se hallaban al cabo de un momento espléndido, después de tres siglos sin apenas declive. ¿Qué tenía que ver esta situación del maravilloso poeta, que parecía un corpulento indio, con la de España, al extremo de un agotamiento, fracasados otros intentos de injertos extraños, luego de haber llevado a sus últimas consecuencias un siglo de oro espléndido? ¿Qué tenían que ver las melancolías de las princesas adolescentes, las artísticas coqueterías de las duquesas o las llamaradas de la sensualidad, con esta angustia de la España que se tambalea? La ruta era inadecuada: a los que necesitaban resolver una serie de dudas y problemas urgentes se les brindaba un camino por donde escapar a exóticas regiones de la fantasía: "Veréis en mis versos princesas, reyes, cosas imperiales, visiones de países lejanos e imposibles; ¡qué queréis!, yo detesto la vida y el tiempo en que me tocó nacer...", escribió Rubén Darío en el prólogo de sus *Prosas profanas.*

Ésta es la historia de lo que se ha llamado Modernismo, del —literariamente maravilloso— error modernista» (31).

Es absolutamente claro que el Modernismo adopta una actitud pasiva y cerrada ante los males colectivos. Mientras el Noventa y Ocho sigue en la brecha política, si no con homogénea, con tenaz actitud exasperada, el Modernismo se instala en los cafés para cantar, cada vez con mayor monotonía y negligencia mental, temas meramente decorativos que se repiten hasta la inanidad. Los nombres de Villaespesa y Carrère bastarán como ejemplo.

Este abandono de lo racional-activo a la pasividad-sensible, ¿puede ser calificado con el signo femíneo? ¿Tiene todo el modernismo una conexión estética con la feminidad? La afirmación sería demasiado arriesgada si no se precisara que la valoración de lo femenino y de lo delicado no implica necesariamente falta de virilidad, sino también todo lo contrario. Lo femenino puede ser una actitud; pero también una temática predominante (32).

---

(31) *La preocupación de España en su literatura,* Madrid, «Adán», 1944; pág. 259.

(32) Mientras se redacta este capítulo llega a mis manos un artículo de Rafael Sánchez Mazas, que me sirve de inesperado y magnífico colaborador y aun amplificador de mi tesis:

«... Empezó con el siglo modernista, con el siglo que nació fini-

De momento, la caricatura y la sátira contemporánea son extremadamente significativas en este sentido. Los modernistas son calificados en seguida de «liliales» y «estetas» con un sentido equívoco que no recibe jamás un solo noventayochista (33).

Pero es que, aparte del tono general de la actitud estética, existe en el Modernismo un grupo de factores técnicos de indudable significación.

Menéndez Pelayo, al acercarse al estudio de la época estética del Modernismo —en el último volumen de la *Historia de las ideas estéticas*—, señalaba certeramente como característica «una transposición a la poesía de los procedimientos de las artes plásticas». Sabemos, por otra parte, el valor de las «correspondencias» exaltadas por Baudelaire en la estética del Modernismo. Lo importante es que esta *sinestesia* de intercambio de sensaciones

---

secular —en arte, en poesía y en religión también—, la feminización de Europa, preparada por el romanticismo, y su corrupción última, y no paró la decadencia pavorosa de la virilidad europea hasta hoy, a través de todos los avatares estéticos y filosóficos, que en el modernismo tuvieron su primer síntoma revolucionario y esencial...

»... En poesía, en arte, en religión, "lo modernista" desde el primer conato revolucionario, transformado después en mil modas impúdicas para "epatar" al pobre burgués, era ya la feminización de "lo nuevo", como el turismo la feminización del viaje —*Notre Dame des Sleepings Cars*—; la masa histérica y materialista, la feminización del pueblo, y la interpretación periodística de la Historia —la interpretación impresionable, apresurada, improvisada, impaciente, pérfida, chismosa y maligna de los grandes órganos de opinión europeos—, la feminización de la otra interpretación viril, heroica, religiosa y poética, en su expresión familiar o magistral; relato de la batalla junto al fuego o "discurso" rotundo de Bossuet.

»... Pero quizá la crónica procesal más grande y aguda de este proceso de feminización del mundo viril, entre 1880 y 1919, es la obra de Marcel Proust. Él ha demostrado el monstruoso poder de la *internacional feminizante* sobre la suerte del mundo, parangonándola a las otras conocidas, más o menos secretas.» Almanaque de *Arriba*, 1 de enero de 1950.

(33) He aquí, por ejemplo, del *Canto del esteta*, burda parodia de Eduardo del Palacio, que publica *Madrid Cómico*, 16 de abril de 1898, una estrofa significativa:

«La Naturaleza ha de ser gozada,
pero intensamente o mejor es nada,
pero con el gusto y el refinamiento
del que "se hace esteta" por convencimiento;
y es el *superhomo* a quien se adjudican
nuestras facultades y se "intensifican"
en el "súper"... ¡sopla! Me equivoco yo.
¿Tú me entiendes, Fabio? Vamos, ¿a que no?»

ha sido estudiada por Weininger *como un fenómeno característico de la sensibilidad femenina.* La «falta de determinación conceptual de todo el pensamiento femenino —dice— facilita esta especial "sensibilidad" de las mujeres que da lugar a las asociaciones más vagas y permite establecer un parangón entre las cosas más dispares». «Muchos de los modernos publicistas y pintores (el libro se publicó en 1903), se pueden considerar como eminentemente femeninos por la facilidad con que se dejan arrastrar por reminiscencias puramente *sentimentales,* por la renuncia a la conceptualidad y por un oscilar continuo sin llegar a profundizar en nada. El pensamiento masculino difiere fundamentalmente del femenino por la necesidad de formas precisas, y el arte a base de sentimientos tiene que ser necesariamente un arte sin forma» (34).

El verso libre, la pura anotación de sensaciones y de ensueños, ese neorromanticismo que va desde lo sensorial a lo onírico en una pura grabación de estados de ánimo, aproximan la poesía al clima de lo femíneo. Lo varonil es arquitectónico, como lo femenino es vegetal. Construye el hombre con vigor o sonetos o catedrales. No se detiene en el plano sensorial, sino que alcanza el ápice intelectual y desde él interviene con un activismo inconfundible. En este sentido la poesía más varonil del momento es la de Antonio Machado, y no por su voluntad de forma, sino por su sistemática mental, por su orientación rectora. Sólo la mente viril llega a la metafísica, mientras que el mundo de las cosas sensibles se reparte con la feminidad. En Antonio Machado hay un *orden intelectual* que en vano buscaríamos en los poetas del Modernismo. No es un dato sin valor la invasión de poetisas que trae consigo el Modernismo.

No es indiferente la geografía. Castilla jerarquiza las mentes en derredor de lo trascendente; Andalucía y Levante se entregan a la lujuriante diversidad de las cosas. Recogiendo una tesis de Ortega y Gasset (35), ha podido escribirse: «El ideal del andaluz es un ideal vegetativo, como el de la planta, que toma del aire y de la luz, de su caricia de seda y de fuego, su aliento esencial. Es el ideal del mínimo esfuerzo, porque el resto lo ponen la tierra, el sol y el aire. Sólo una tierra rica puede permitirse el

---

(34) WEININGER: *Sexo y carácter,* ed. esp., Buenos Aires; páginas 246-247.
(35) Teoría de Andalucía.

lujo de una cultura indolente» (36). No es, naturalmente, una casualidad que el Machado mental sea el que se forma en Soria, y el Machado sensorial sea el que permanece fiel al espíritu de Andalucía. El alma mediterránea se caracteriza también por esta avidez receptora con que bebe —con sus cinco sentidos— la hermosura del mundo. Ulises está alerta a las cosas de su alrededor, mientras Don Quijote sólo ve las de su mundo mental.

Creo, pues, que no se ha insistido bastante en la ecuación poesía-receptividad. El poeta adopta —en general— una actitud pasiva; deja llegar hasta él el espectáculo del mundo. En la medida que abandone su voluntad de forma aumenta su femenina entrega al choque de su trasmundo de ensueño (37). Una poesía de lo sensorial como la modernista tiene lógicamente su mejor sentido entre el Mediterráneo y Andalucía. Es una poesía de indolentes.

De ahí que en el cruce dramático que estudiamos el Modernismo se desinteresa del activismo intervencionista del Noventa y Ocho. Mientras Castilla atrae al grupo vascongado —Baroja, Unamuno, Maeztu— a una tarea sociológica e interventora —a la que arrastra también a Antonio Machado y a *Azorín*—, el grupo modernista desiste de toda lucha *incluso de la obligada tarea por una expresión* personal. De ahí la perezosa evolución estética del Modernismo, que después de Rubén Darío no sólo no se remonta —como los valores del Noventa y Ocho—, sino que constituye un lamentable espectáculo de indolencia mental, repetidora en descenso de parejos artilugios sonoros hasta llegar al descrédito del mimetismo sin interés y de la abundancia sin selección de Rueda, Villaespesa o Carrère.

Esta «pereza» abre los caminos que llegarán después. Aun exceptuando lo que hay de mental en la cuidadosa búsqueda de los caminos líricos de Juan Ramón Jiménez, las escuelas que se derivan del Modernismo se caracterizan por una desgana constructiva que se refugia en el culto de la metáfora, válida por sí misma, es decir, justificadora por ella sola del poema. Esta metáfora —común a ultraístas y neopopularistas— contiene en su simplicidad operatoria un peligro de indolencia. En otro lugar he descrito

---

(36) José Luis Cano ha disertado sobre *Poesía y pereza. Una nota sobre la indolencia andaluza. Bécquer y Cernuda*, en *Escorial*, noviembre de 1949; págs. 687-691.

(37) Véase mi ensayo *Ética y estética del Mediterráneo*, en *El engaño a los ojos*, Barcelona.

que toda poesía orientada únicamente hacia la metáfora es sospechosa de primitivismo (38). Falta, pues, el siglo viril y arquitectónico de la gran poesía clásica.

Es, pues, perfectamente lógico y natural que el poeta del Noventa y Ocho —Antonio Machado— no pueda admitir estas fórmulas evasivas de superrealidad y ensueño.

«Sólo en sus momentos perezosos —escribe— puede un poeta dedicarse a interpretar los sueños y a robustecer en ellos elementos que utilizan en sus poemas. La oniroscopia no ha producido hasta la fecha nada importante. Los poemas de nuestra vigilia, aun los menos logrados son más originales y más bellos y, a las veces, más disparatados que los de nuestros sueños. *Os lo dice quien pasó muchos años de su vida pensando lo contrario.* Pero de sabios es mudar de consejo.»

«Hay que tener los ojos muy abiertos —añade— para ver las cosas como son; aún más abiertos para ver las otras de lo que son; más abiertos todavía para verlas mejores de lo que son. Yo os aconsejo la visión vigilante, porque vuestra misión es ver e imaginar despiertos, y que no pidáis al sueño sino reposo» (39).

---

(38) *Federico García Lorca. Estudio crítico,* Buenos Aires, Kraft; páginas 194 y sigs.

(39) *Juan de Mairena,* Madrid, 1936; pág. 87.

II

LAS CONCEPCIONES ESPACIALES

TRASCENDENCIA E INMANENCIA COMO SIGNOS RESPECTIVOS DEL NOVENTA Y OCHO Y DEL MODERNISMO

Analizadas las actitudes biológicas, tan distantes del Noventa y Ocho y del Modernismo, acometemos el estudio de las concepciones espaciales.

Nos proponemos señalar dos módulos subjetivos de contemplación del paisaje: la interpretación suprasensorial, por la que la tierra cobra una significación trascendente, y la interpretación fenoménica, que no sobrepasa la mera apariencia sensible de las cosas, su propia inmanencia.

La lenta valoración del paisaje a través de la literatura ha sido analizada ya. Pero acaso nunca en función de las dos actitudes que acabamos de señalar. Nuestra primera constatación es ésta: en las primeras visiones, la trascendencia lleva ventaja a la inmanencia: el «vitral iluminado» con que se abren los *Milagros*, de Berceo, no encierra una realidad, sino un símbolo; el romero no existe, es una alegoría del pobre pecador; el prado en que el fatigado caminante halla *repaire* o reposo es la Virgen María... En el *loor* de Alfonso el Sabio o en las estrofas trepidantes del Poema de *Fernán González* las alusiones se destinan a la riqueza física o a la riqueza espiritual de España... Bien sabemos que la valoración del paisaje en su inmanencia, es decir, por sí mismo, es una conquista del Renacimiento.

No vamos ahora a repetir, para ofensa del lector, la tesis burckardtiana sobre el descubrimiento renacentista del mundo y del hombre, si bien algunas tesis impetuosas —como la de Nordstroem— podrían ponerla en peligro. Señalemos mejor la función «vital» que desempeña el paisaje en la mentalidad del hombre de la época: función idealizadora que ve en la Naturaleza, por una parte, el sello directo de Dios, de quien es operaria «mayordoma» de la tranquila armonía de lo pacífico y de lo eterno, el trasunto de aquella edad de oro sin envidiosos ni envidiados, el blando sosiego vivificador —*almo reposo*— en que se refugia una humanidad que ha hecho de la destreza —de la *virtù*— el arma de todos los palenques. Así es el paisaje para Garcilaso el soldado y para fray Luis el polemista.

Pasará mucho tiempo para que el mundo circundante pase a su ulterior valoración: la que le convierte en «confidente». El alma humana se derrumba después de la soberbia vanagloria del Renacimiento. Quien había de hacer del universo un botín se repliega ahora vencido. No. La Naturaleza no es ya el huerto apacible, la espontaneidad de lo instintivo regido por la victorial inteligencia. Ahora se ve el paisaje de las grandes fuerzas materiales: cumbres que anonadan, tempestades que sacuden el esqueleto, selvas que ahogan de misterio y de melancolía, noches y océanos en los que naufraga el alma. El poeta, vencido, ya no domina: interroga; ya no manda: suspira; ya no sosiega en su regazo, sino que se agita en su tremendo seno, porque estas cosas misteriosas y terribles que le rodean empiezan a ser el reflejo de su propia angustia. Es el Romanticismo.

Pero este plural entendimiento del paisaje —hacia el sosiego o hacia la melancolía— no nos da la totalidad del problema.

Falta considerar un nuevo elemento: el de la riqueza espiritual de las Españas como diversidad radical en la captación del mundo circundante. En este sentido, y de una manera esquemática, formulamos dos entidades espirituales que designaremos con los nombres de *Castilla y Mediterráneo*. Bajo el rótulo de Castilla caben la Vieja y la Nueva, las Vascongadas, León, Extremadura: toda la España de tierra adentro. Con el nombre de *Mediterráneo* entendemos la España litoral del Este y del Sur: Cataluña, Valencia, Murcia, Andalucía (1).

---

(1) No entra en esta entidad espiritual el litoral norte y oeste de España, que posee características diversas. Véase nuestro ensayo *Lo español, conjunto sinfónico*, en *La ventana de papel*, Barcelona, 1940.

CASTELLANISMO Y MEDITERRANEIDAD.

Ahora bien; castellanismo y mediterraneidad son bastante más que unos conceptos geográficos: son el paradigma de dos actitudes vitales. Y conste, de una vez para siempre, que rechazamos toda suerte de determinismo, en tanto que determinismo equivalga a fatalidad impersonal, a deformación forzada. Desde Taine ha llovido mucho, y no es ahora el momento de volver sobre sus gloriosas y olvidadas concepciones. Recordemos, con todo, la creciente valoración de la «psicología de la situación» y de la «circunstancia» en la filosofía última, y los estudios que, como los de la *Geopsique*, de Hellpach, o los de Huntington tienden de nuevo a estimar el «medio» en función de la actividad anímica. Con mucho ingenio ha dicho Pinder, refiriéndose a la teoría del medio ambiente, que «tan sólo oficialmente superada pervive esta teoría en todas las formas embozadas posibles» (2).

Castellanidad y mediterraneísmo son, pues, para nosotros, resueltamente, una ética y una estética perfectamente discriminada.

Para demostración de lo cual es necesaria una digresión hisrórica:

Esquemáticamente —intentando síntesis arriesgadas, pero, en suma, clarificadoras— el fenómeno cultural de la España de los siglos XVI y XVII es el de su actitud ante el fenómeno del Renacimiento itálico. Actitud evidentemente receptiva, aunque en una escalonada sucesión de grados y matices.

El Renacimiento italiano empieza siendo un hecho *importado*. A través del contacto itálico, que va desde Alfonso V al Gran Capitán, y por un fenómeno ejemplar de la Historia, el pueblo vencido, pero más culto, *se venga* injertando su sabiduría a su vencedor. Exportamos soldados e importamos sonetos. Una vez más, *Graecia capta*...

Ahora bien; en este primer período —de simple importación— el estilo italiano se nos aparece, simplemente, como *superpuesto*. Dejando aparte los fenómenos de «resistencia» (como Castillejo), es evidente que —aun en el caso asombroso y genial de Garcilaso— hay un cierto *mimetismo* extranjerizante. Las «fórmulas» son repetidamente las de los poetas, italianos; un cierto «manieris-

---

(2) PINDER: Ob. cit., pág. 21.

mo» es inevitable. Y lo que de auténtico hay en estos poetas hemos de buscarlo arañando sobre estas «fórmulas» heredadas (Petrarca, Bembo, Sannazaro) para encontrar la veta auténtica.

El paso al Segundo Renacimiento, a las escuelas *Castellana* (mal llamada salmantina) y *Andaluza* (mal llamada sevillana) —que se produce en la segunda mitad del siglo XVI— representa la transformación de la *importación* en *incorporación.* Es decir, estrictamente la conversión de lo extraño en *cuerpo,* en carne y sangre propia. Ya no es posible una mera «superposición» de valores, sino que los valores extraños se hacen propios. No cabe, pues, un Boscán levantino parejo en actitud estética a un Garcilaso toledano; por el contrario, notamos que hay real *incorporación* en el hecho de que las nuevas escuelas poéticas *son ya precisa y enérgicamente o castellanas o andaluzas* (3). Hay ya una transfusión de sangre, una raíz telúrica que encadena la actitud, anteriormente importada, a la manera de ser, a la actitud vital de la región en que se produce. La gravedad austera de Castilla trasciende de la obra de fray Luis como la brillante argentería de la palabra bética vibra en las estrofas de Fernando de Herrera (4).

---

(3) Los períodos de importación y de incorporación están ya perfectamente diferenciados por la personalidad de los elementos que los llevan a cabo. Los estudios actuales acerca de las agrupaciones generacionales han arrojado mucha luz sobre estas formas sincrónicas de homogeneidad espiritual. Ciertamente, la manera vital cortesana y militar de los hombres nacidos en la linde del 1500 (Garcilaso, Acuña, Hurtado de Mendoza, Cetina, Camoens) es perfectamente distinta de la manera más recoleta y libresca de la generación nacida alrededor de 1530 (fray Luis, Arias Montano, Herrera, Figueroa). Si a este segundo grupo generacional enfrentásemos el de los escritores nacidos en los contornos de 1580 (Quevedo, Góngora, Gracián), sorprenderíamos también una homogeneidad espiritual, hecha de escepticismo y de melancolía. *Habent sua fata,* también, las generaciones.

(4) Los estadios que acabamos de perfilar pueden estudiarse también en la historia de nuestra arquitectura. Sintetizando un libro tan lleno de intención clasificadora como el de mi malogrado amigo el profesor Andrés Calzada *(Historia de la Arquitectura Española)* se anotan los siguientes momentos estilísticos:

a) *El «purismo grecorromano»:* Diego de Siloé (nacido en 1495), Covarrubias (plenitud hacia 1520), Vandaelvira (nacido en 1509), Machuca (plenitud también hacia 1530). Este grupo generacional se caracteriza por la introducción de la arquitectura canónicamente depurada del Renacimiento italiano. Su modelo predilecto es Bramante.

Parece evidente que este grupo se corresponde cronológica y estilísticamente al grupo de escritores que hemos denominado del período de importación.

b) *La «Contrarreforma herreriana»:* Juan Bautista de Toledo (ple-

Al llegar el período barroco, el ángulo de visión se torna más difícil. Cronológicamente, el barroco arquitectural posee una persistencia mayor que el poético, si bien este aliento también —como el otro— bajo la impronta del gusto oficial neoclásico. El fenómeno, sin embargo, no ha sido estudiado en el sentido que va a exponerse.

Es evidente que el estilo barroco se caracteriza por la ruptura —hacia «adentro» o hacia «afuera»— del equilibrado manierismo del Renacimiento. Lo que se llama clasicismo es siempre una noble equidistancia de actitudes que rehúye la extremosidad (Clasicismo equivale siempre a abnegación. El artista *podría* expresarse con libertad si no sintiese el deber —y la alegría— del esfuerzo por reducir su personal actitud a cauces y a normas de universal consenso.)

Cuando sobreviene el barroco, este fundamental equilibrio desaparece y se rompe en dos direcciones, según predomine el fondo (conceptismo) o la forma (culteranismo) (5).

Creo que, en fin de cuentas, define al conceptismo el elemento mental y abstracto, y al culteranismo el factor sensorial y concreto. En la «agudeza» hay asociación de ideas; en la «metáfora» hay asociación de sensaciones (6).

---

nitud hacia 1560), Juan de Herrera (nacido en 1530; plenitud hacia 1560).

¿Qué es lo que diferencia esta generación de la anterior? Los modelos son los mismos (como en el caso de la poesía). Lo que cambia es la actitud receptiva del artista. Los mismos elementos arquitectónicos (como los mismos elementos poéticos) dan lugar a resultados distintos. Herrera, el arquitecto, interpreta a Felipe II, el rey. «Ambos encarnan —dice Calzada— con su disciplinada tenacidad de oculta vehemencia el vigor con que la espada de los Austrias defiende la Iglesia católica del empuje protestante; monarca y arquitecto se retratan espiritualmente en su obra, la más importante del siglo XVI: el monasterio de El Escorial, que por ello es la expresión más acabada de la Contrarreforma iniciada en el Concilio de Trento» (Ob. cit., página 313).

(5) De la misma manera, en arquitectura, podría hablarse de un conceptismo que agrava la fórmula de enjuta gravedad de Juan de Herrera hasta caer en la fría sequedad del estilo jesuítico (el *Gesú* de Roma), o bien, retoñando la euforia plateresca, con un nuevo manejo de los elementos sensuales se derrama en la catarata del churrigueresco (la portada del Hospicio de Madrid).

(6) La complicación surge cuando las *cosas* puestas en contacto son símbolos, es decir, tienen poder de abstracción y se convierten en ideas. Ahí está el límite entre lo conceptista y lo culterano.

Y tampoco es difícil identificar —como ya hemos indicado— el «castellanismo» a la enjuta y grave conducta poética que se inicia en fray Luis (conquense) y se completa con Quevedo (madrileño) y Gracián (aragonés). Como tampoco es descabellado señalar la raíz bética, en último término —como ya hemos indicado— «mediterránea» a la blanda, policroma y sensual manera literaria que abarca a la vez a Herrera, a Barahona de Soto, a Polo de Medina y a don Luis de Góngora. La primera alimenta la raíz de la mística española —desde la dureza mineral de Ávila—; la segunda, la clara orgía de color que se desparrama a través del aire libre del Meridión y del Oriente de España. La primera nos da el hombre «interiorizado»; la segunda, la exterioridad, que se conecta con los sentidos abiertos a todas las sensaciones.

*

Con el siglo XVIII acontece lo que con el primer Renacimiento: está demasiado cerca de los módulos extranjeros para que la obra sobrepase algo al simple mimetismo. Sin embargo, en cuanto la centuria avanza, Salamanca y Sevilla encabezan otra vez las actitudes de esa dualidad trascendente que estamos estudiando, cumpliéndose una vez más el predominio de lo mental —«interior» la Meseta y sensual— exterior en la periferia (7).

El contraste continúa hasta nuestros días (8).

Pues bien: para el período que estamos estudiando nuestra tesis se formula así: *El Noventa y Ocho es la fórmula finisecular de la Castellanidad, mientras el Modernismo es la proyección contemporánea del Mediterraneísmo.*

Son, pues, dos nuevos aspectos de la misma dualidad que en el siglo XVII escinde la expresión española en conceptistas y culterana.

---

(7) El Romanticismo, con su «interiorismo extravertido», nos desconcierta. El sevillano Bécquer merecería ser castellano, y el vallisoletano Zorrilla se avendría bien a una cuna andaluza. Recuérdese la devoción de Rueda por el autor de *Granada.*

(8) En la poesía contemporánea es analizable el mismo fenómeno: ¿cómo no reconocer una sobria y grave castellanidad a la poesía escueta y profunda de Jorge Guillén, Salinas, Domenchina, frente a la desbordada sensualidad bética visual y sonora de Alberti, Villalón, García Lorca?

Apenas unas palabras comprobatorias:

NOVENTA Y OCHO: Castellanidad profunda. Seducción de lo castellano como fórmula de gravedad, misticismo y nobleza. Conversión vital y poética a Castilla en los vascongados Unamuno y Maeztu, en el levantino *Azorín,* en el sevillano Antonio Machado. Castilla como modelo y tema de evocación.

MODERNISMO: Desinterés por Castilla. Seducción del litoral como fórmula de belleza, sensualidad y gracia. Fidelidad de los escritores a su tierra nativa: Valle-Inclán y Galicia; Juan Ramón Jiménez, F. Villaespesa, M. Machado y Andalucía; Marquina y Cataluña (9). Rubén Darío es —como veremos— un alma «mediterránea».

*

Nos parece de gran interés subrayar la antítesis Tierra-Mar en toda su trascendencia. La oposición griega entre dioses telúricos y dioses marinos empieza a entenderse ahora en su más profundo y riguroso significado. Acudiendo a una imagen grata a Maurras, diríamos que no hay *Acrópolis* sin *Erecteyon,* durezas dóricas sin blanduras jónicas, virilidad sin feminidad. En un libro mío he gustado ya de estas antítesis y he enfrentado la rigidez —mineral— del dórico con la suave molicie del jónico, cuya voluta tiene mucho de orgánico, de sensual y de femenino, y es algo así como el paradigma de la mediterraneidad (10).

Es evidente que en este reparto de actitudes corresponde a Castilla la rigidez extrema de lo mineral y de lo terrestre, y que el Noventa y Ocho participa de aquella dureza y frialdad que caracterizan el aire ascético y militar de la Meseta. En cambio, en lo mediterráneo entra en primer término el elemento sensorial, la cultura de los sentidos. Un prudente equilibrio sofrena el anhelo. Los mismos santos, como Francisco de Asís, se apoyan en la dulzura de las cosas reales para escalar la beatitud, a diferencia del místico de Castilla, saeta vertical que huye de la mineral dureza meseteña...

---

(9) La valoración de Castilla —más retórica que lírica— surge después en el teatro. La primera obra poética de Marquina es, en cambio, claramente «mediterránea».

(10) «Ética y estética del Mediterráneo», en *El engaño a los ojos,* Barcelona, 1943; págs. 41-79.

Mientras el Noventa y Ocho se orienta hacia la austera voluntad de perfección y canta la grave y profunda obra de su superación moral, el Modernismo se siente embriagado de la dulzura y el equilibrio propios de la mediterraneidad.

Recordemos un momento que Ortega y Gasset asimila —bajo el signo mediterráneo— los conceptos de *superficie* y *sensualidad* como característicos de la cultura que se produce en las orillas del *Mare Nostrum.*

La avidez sensorial de Darío —sirva este ejemplo ilustre— le orienta hacia esta meta. La mitología rubeniana es, predominantemente, de divinidades acuáticas. La preside Venus; la pueblan sirenas y tritones. Se siente presa del mar azul; canta los pinos mediterráneos y la armonía de las formas. Apenas un recuerdo para la sequedad cromática de Castilla; ninguna alusión al plano moral, trascêndente. Darío ama las «tierras solares»: Andalucía, Levante, Italia, Grecia.

Pero más que este cuadro de preferencias, interesa la actitud interior: sensualidad pagana, valor de la forma, sentido del color, conformando una idea, justo soporte de la armonía exterior.

El crítico, que estructura las líneas generales de esta ecuación Modernismo-mediterraneidad, no puede dejar de sentir una singular emoción al ver confirmada su hipótesis por la profunda intuición poética de Juan Ramón Jiménez. Así, cuando evoca a Rubén Darío, nos sorprende con estas luminosas palabras, que traen una inesperada confirmación a nuestra sospecha:

«Mucho mar hay en Rubén Darío, mar pagano. No mar metafísico, ni mar, en él, psicológico. Mar elemental, mar de permanentes horizontes históricos, mar de ilustres islas. Su misma técnica era marina. Modelaba el verso con plástica de ola: hombro, pecho, cadera de ola; muslo, vientre de ola; le daba empuje, plenitud pleamarina, altos, llenos de hervoroso espumeo, lente de carne contra agua. Sus iris, sus arpas, sus estrellas eran marinos. Todos sus mares, Atlánticos, Pacíficos, Mediterráneos, eran uno: Mar de Citerea» (11).

---

(11) *Españoles de tres mundos*, Buenos Aires, ed. Losada, 1942; página 42. Sin alcanzar el límite trascendente que nosotros damos a la ecuación Modernismo-mediterraneidad, es evidente que Salinas cala profundamente en ella cuando estudia el Mediterráneo como «el mar interior» de Rubén Darío (*La poesía de Rubén Darío*, Buenos Aires, ed. Losada; págs. 171 y sigs.).

TRASCENDENCIA E INMANENCIA.

Y no es sólo la contraposición tierra-mar la que hallamos al analizar las concepciones espaciales de este período: podemos afirmar todavía que para el Noventa y Ocho el paisaje trasciende a valores suprasensoriales, mientras para el Modernismo el paisaje es válido por sí, en su pura y bella inmanencia.

Para el primer grupo la tierra se valora en función de un mensaje extraestético. Se la advierte cargada de historia, rica de valores morales, en posesión de factores económicos. La emoción que levanta tiene un carácter suprasensorial.

Por el contrario, para los modernistas el paisaje es una finalidad en sí mismo y tiene únicamente un sentido estético. Hasta tal punto, que dentro del Modernismo surgen preferentemente los paisajes puros, sin personaje: los equivalentes exactos de paisajismo pictórico.

Ambas visiones, sin embargo, coinciden en el negativismo. Unos y otros —noventayochistas y modernistas— poseen el ***dolorido sentir*** garcilasiano. Ven las cosas a una luz de tramonto. Una púrpura de tristeza las colora. Sin embargo, también ahí la discriminación es posible:

a) La tristeza del Noventa y Ocho es trascendente. Es una tristeza motivada por razones perfectamente distintas y superiores a la realidad objetiva. La tristeza del Noventa y Ocho se llama pesimismo. Indica una actitud reflexiva y desesperanzada acerca de un porvenir. Se es pesimista acerca de *algo*. Este algo es la Patria. En general, la visión del paisaje de Castilla, de las viejas y pequeñas ciudades castellanas, incluye un sentimiento de tristeza que, trascendido a lo colectivo, integra un pesimismo. Son todos los del Noventa y Ocho los que aman a España «porque no les gusta», y en la tarea de soñar una España mejor —a mucha distancia de la España que describen— se pone su nobilísima tarea. Pero esta distancia entre la realidad y el sueño es, justamente, la dimensión de su pesimismo.

b) La tristeza del Modernismo es inmanente. Carece de motivación eterna; mana —como una suave fuente— del propio poeta. La tristeza del Modernismo se llama melancolía. Indica una actitud emotiva y doliente ante la tristeza de las cosas. En realidad, una tristeza inmotivada. El paisaje se decora de sollozantes rumores, de malvas desvaídos, de perfumes muertos. De los jardines —tal como los pinta Rusiñol— se buscan los ángulos umbríos, donde gotea una humedad transida de silencio. El poeta no sabe por qué está triste, profunda e irremediablemente melancólico.

En la valoración del paisaje del Noventa y Ocho entra en gran medida el factor ético por encima del valor estético; viceversa, creo que podré demostrar que en la valoración paisajística del Modernismo predomina el aspecto estético sobre el ético. Es decir, que intentaremos, también en este capítulo, la tarea discriminadora que sirve de base a este libro.

Las raíces inmediatas del sentimiento del paisaje en el período cronológico que nos ocupa se hallan en el Romanticismo. Excusaré repetir páginas ya publicadas sobre este tema (12), ya que tanto el Noventa y Ocho como el Modernismo heredan únicamente el interés (13), pero no las «maneras» paisajísticas del Romanticismo. Proceden, además, con una especial *conciencia intelectual* del paisaje que acaso faltaba en los escritores del primer ochocientos; saben ya que —según la frase de Amiel— *un paysage quelconque est un état d'âme*, y, de acuerdo con Verlaine, podrán cantar:

Votre âme est un paysage choisi...

o bien:

il pleût sur la ville
comme il pleût dans mon coeur,

en una intercambiada presencia entre espíritu y horizonte.

Por otra parte, lo paisajístico alcanza ya un tratamiento de honor; justifica, por sí solo, una obra, análogamente a como, en el terreno de la pintura, a partir de Corot, se dignifica e independiza lo que hasta entonces estaba destinado a ser una pura escenografía en derredor de la figura humana. La pintura fran-

---

(12) *Introducción al estudio del Romanticismo español*, 2.ª edición, 1942; págs. 110-128.

(13) En un interesante estudio de ROSA SEELEMAN acerca de *The treatment of landscape in the novelist of the generation of 1898*, en *Hispanic Review*, 1936, págs. 226-238, se trae el curioso dato de no aparecer hasta 1844 la creación de cátedras de «dibujo del paisaje» en las escuelas españolas; justamente, anota la autora, el año de *El señor de Bembibre*, de ENRIQUE GIL, una de las novelas ochocentistas mejor decoradas de elementos paisajísticos al gusto de Walter Scott y de Chateaubriand.

cesa —heredera del paisajismo holandés— es un constante culto al paisaje (14).

En el estudio ya reseñado, Rosa Seeleman al estudiar el paisaje de los novelistas «del 1898» cuida de señalar dos grupos: uno, constituido por Baroja, *Azorín* y Unamuno; otro, constituido por Valle-Inclán. El primero aporta un nuevo realismo; el segundo, *emphasized a precious new style.* Los elementos paisajísticos son también distintos en uno y otro grupo.

En Baroja, por ejemplo, el hombre se halla preso y desamparado, *caged and helpless,* ante la Naturaleza, que palpita indiferente ante él. El paisaje no liga con el alma del protagonista; en Valle-Inclán, en cambio, el paisaje se enlaza al «clima» espiritual del personaje que lo centra. Presenta —como ejemplo— dos paisajes literarios, correspondientes a *Camino de perfección* y a *Flor de santidad.*

Se trata —añadimos nosotros— de la antitética consideración que estamos estudiando. Para Baroja, el paisaje es una realidad objetiva y permanente, que se deja morosamente analizar y describir; para Valle, el paisaje choca en este momento con el alma del personaje, y lo que nos da el novelista no es su realidad, sino el choque de esa realidad con el protagonista.

Dejando un poco la responsabilidad de estas afirmaciones a la articulista, veamos —nuevo signo diferencial— de comprobar cuanto hemos apuntado en relación con la «trascendencia» noventayochista frente a la «inmanencia» modernista, comparando los respectivos tratamientos del paisaje.

a) *El paisaje en su trascendencia.*

Digamos, para empezar, que en modo alguno pretendemos que toda presencia del paisaje en el Noventa y Ocho sea trascendente; abundan, por el contrario, numerosos fondos naturalísticos, escenografías por las que se mueven las Figuras que rigen la acción literaria (15) y que no tienen otra misión que la de actuar como un fondo estático de la acción dinámica o representativa.

---

(14) Ampliaremos el concepto al hablar de «los correlatos pictóricos».

(15) El paisaje puro, *sin Figuras,* es, en todo caso, más característico del Modernismo.

Lo que sí quiero demostrar es que sólo en el Noventa y Ocho el paisaje puede obtener una interpretación trascendente. Las cosas son o pueden ser elevadas a símbolos sociales, patrióticos, etc.

He aquí algunos ejemplos representativos:

«AZORÍN»:

¿No está en estas iglesias, en estos calvarios, en estas ermitas, en estos conventos, en este cielo seco, en este campo duro y raso toda nuestra alma, todo el espíritu intenso y enérgico de nuestra raza? (16).

¡Eternidad, insondable eternidad del dolor! Progresará maravillosamente la especie humana; se realizarán las más profundas transformaciones. Junto a un balcón, en una ciudad, en una casa, siempre habrá un hombre con la cabeza meditadora y triste, reclinada en su mano. *No le podrán quitar el dolorido sentir* (17).

El carácter duro, feroz, inflexible, sin ternura, sin superior comprensión de la vida, del pueblo castellano, se palpa viviendo un mes en un pueblo... Todas estas mil formas pequeñas y miserables de la crueldad humana, ¡qué castellanas son!

España: muchedumbres de labriegos resignados y buenos, emigración, hogares sin pan y sin lumbre, tierras esquilmadas y secas, anhelo noble en unos pocos espíritus de una vida de paz, de trabajo y de justicia.

Recojamos sobre nosotros mismos y meditemos en el dolor de España, y de nuestra melancólica meditación salga una constante, implacable energía para reprimir el mal y hacer el bien (18).

UNAMUNO:

Recorriendo estos viejos pueblos castellanos, tan abiertos, tan espaciosos, tan llenos de un cielo lleno de luz, sobre esta tierra serena y reposada, junto a estos pequeños ríos sobrios, es como el espíritu se siente atraído por sus raíces a lo eterno de la casta (19).

Sentados al socallo, allá en lo alto de las Tuerces, al abrigo de una roca saliente, a este rico sol, henchimos nuestra mirada con aquella de-

---

(16) *España, hombres y paisajes*, pág. 163.
(17) *Castilla*, pág. 85.
(18) Ob. cit., ed. Aguilar; vol. I, pág. 982.
(19) Ídem íd., vol. II, pág. 1148.

solación que nos ceñía en redondo —golpes de verdura al borde del agua que corre en el fondo del valle— y entre aquellas ronchas de lo que fue monte y es hoy desierto, veíamos la patria rezumando pus y grandeza por entre agrietadas costras de cicatrices (20).

ANTONIO MACHADO:

Castilla miserable, ayer dominadora,
envuelta en sus harapos, desprecia cuanto ignora.
¿Espera, duerme o sueña? ¿La sangre derramada
recuerda, cuando tuvo la fiebre de la espada?...

El hombre de estos campos que incendia los pinares
y su despojo aguarda como botín de guerra,
antaño hubo raído los negros encinares,
talado los robustos robledos de la sierra.

¿No dio la encina ibera
para el fuego de Dios la buena rama,
que fue en la santa hoguera
de amor una con Dios en pura llama?

¡Castilla varonil, adusta tierra;
Castilla del desdén contra la suerte;
Castilla del dolor y de la guerra,
tierra inmortal, Castilla de la muerte! (21).

En cuanto a Baroja, sus paisajes suburbiales —los más interesantes en función de la humanidad que los habita— tienen, sin duda, una trascendencia hacia lo sociológico, aun cuando afecten un mero sentido documental. He aquí un ejemplo:

Atraía a Manuel, sin saber por qué, aquella negra hondonada con sus escombreros, sus casuchas tristes, su cómico y destartalado *tiovivo*, su caballete de columpio y su suelo, lleno de sorpresas, pues lo mismo brotaba de sus entrañas negruzcas el pucherete tosco y ordinario, que el elegante frasco de esencias de la dama; lo mismo el émbolo de una prosaica jeringa, que el papel satinado y perfumado de una carta de amor.

Aquella vida tosca y humilde, sustentada con los detritus del vivir refinado y vicioso; aquella existencia casi salvaje en el suburbio de

(20) Ob. cit., ed. Aguilar; vol. III, pág. 138.
(21) ANTONIO MACHADO: *Poesías completas*, ed. 1928; págs. 105, 107, 112, 114.

una capital, entusiasmaba a Manuel. Le parecía que todo lo arrojado allí de la urbe, con desprecio, escombros y barreños rotos, tiestos viejos y peines sin púas, botones y latas de sardinas, todo lo desechado y menospreciado por la ciudad, se dignificaba y purificaba al contacto de la tierra (22).

b) *El paisaje en su inmanencia.*

El Modernismo no levanta sobre la realidad sensible un mundo ideológico. Capta la apariencia de las cosas, y sobre esta apariencia teje su fantasía el juego de sus metáforas, el desfile de sus sensaciones. Otras veces, las policromías bastan con su presencia al poeta, que las desmenuza en descripción morosa. Interesa, naturalmente, la *nuance* verleniana. «Hay que modular, no modelar», exigía Monet. El paisaje vale por sí mismo; la percepción de color vive por sí sola. (Ya veremos luego las relaciones del Modernismo con el Impresionismo.)

Veamos, como ejemplo característico, el tratamiento de la realidad circundante en la obra de Juan Ramón Jiménez, sin duda el más puro y constante valorador del paisaje en el Modernismo español. Estudiaremos (en su *Segunda Antolojía poética*) los aspectos fundamentales del tema que nos ocupa:

a) *El paisaje como valor suficiente para la obra.*—Al más nimio espectáculo sobra —como para el pintor impresionista— categoría estética:

Brisa. El tren para. De la estación recién regada,
como una rosa inmensa se va alzando la tarde...
(Página 134.)

De entre nubes dramáticas surge, sucia, la aurora.
(Página 135.)

Anochecido, grandes nubes ahogan al pueblo.
Los faroles están tristes y soñolientos...
(Página 138.)

b) *Valoración de lo pictórico.*—Típicamente modernista, Juan Ramón Jiménez conoce y siente el mundo visual trasfundido en la pintura. El conocimiento y el influjo de los impresionistas es evi-

---

(22) *La Busca*, 6.ª ed.; pág. 265.

dente. Juan Ramón denomina *Ninfeas* uno de sus primeros libros; es la época en que Claude Monet titula *Nymphées* sus cuadros de flores. La técnica impresionista es, como veremos, la del poeta también. Los jardines poéticos de sus primeros libros son evidentemente los jardines húmedos y melancólicos de Santiago Rusiñol. Y «A Santiago Rusiñol, por cierta rosa» está dedicado uno de los más bellos poemas de su *Segunda Antolojía poética*. En su libro *Laberinto* (1910-1911) declara querer captar los «ambientes y emociones de un Watteau literario». «¡El color de Watteau! La pluma se moja en aquellas finas lacas transparentes, y al pintar parece que la frente se orea...», escribe en una breve nota lírica introductoria.

c) *La captación cromática*.—En *Laberinto* están los mejores paisajes juanramonianos. No faltan en su obra anterior; pero los de *Laberinto*, más amplios y demorados, permiten mejor el estudio de sus características.

I. *Una especial sensibilidad cromática* preside estos poemas, que son ricas y complejas notas de color; sensaciones de luz sobre los matices cambiantes. Como buen conocedor de la pintura impresionista, Juan Ramón anota que las sombras son de color violado, «la sombra violeta de las mimosas rojas» (pág. 55). «Sombra morada de las grandes hojas blandas — en el largo crepúsculo» (pág. 153). «No hay sombras; las penumbras son malvas, azulinas, — perladas...» (pág. 83).

II. *Colores predilectos*.—El malva, en primer término. Sobre la valoración del malva-morado hablaremos en otro lugar. El malva, color indeciso, pronto a acentuarse en púrpura y a desvanecerse en blanco. «Donde el cielo de rosa se va tornando malva» (página 101). «Malva, la luna hacía la plata melancólica, — los altos azulejos» (pág. 119). El blanco, con el amarillo, colores desvanecidos en fondos acuarelados, apenas existentes. Los verdes, los púrpuras, los azules (muy diversos): «Sobre el agua, de un vago azul ultramarino» (pág. 77); «Bajo el azul-pastel del cielo de la tarde» (pág. 79) ocupan reiteradamente la paleta.

III. *Mezclas de color. Superposiciones*.—Característica de la técnica impresionista, el poeta usa las superposiciones de las manchas de color:

Antonio Machado

Foto Alfonso

Vagos paisajes de la tarde, sobre el pueblo.
Campos verdes con nubes amarillas y rojas.

(Página 141.)

Muchas veces, esta superposición da un espectro de oro:

Verde es la noche y áurea. En el jardín antiguo,
los cipreses se cuelgan de terciopelos blondos
y la luna amarilla, que muere sobre el mar,
caída y polvorienta, pone el agua de oro...

(Página 139.)

Nubes moradas vagamente verdes, dieron.
su encanto ornamental al cielo suntuoso;
en ocaso, ya sobre el horizonte del agua,
se abría un cristal triste, transparente, de oro...

(Página 81.)

d) *Sensaciones táctiles.*

Rasos azules, terciopelos malvas, sedas
de oro, gasas verdes, amarillentas, blandas...

(Página 123.)

Umbría, el agua corre cerca de nuestra alma.
Pasa un frescor de rosas de arroyo y zarza.

(Página 137.)

e) *Sensaciones olfativas.*

El arrayán está mojado de amarillo
por la luna caída; huele a arrayán mojado...

(Página 127.)

En el sopor azul e hirviente de la fiesta,
el jardín arde al sol. Huele a rosas quemadas.

(Página 90.)

¡Oh, flores amarillas de los tejados, flores
que embalsamáis de un dulce perfume penetrante
y nauseabundo el tedio de mi vida sin orden!

(Página 137.)

f) *Sensaciones musicales.*

Cuando el reló de la torre
da las doce —yerbe el aire—,
el coche de Pedro entra
—cascabeles— por la calle.

(Página 109.)

¡Cómo sueña el violín por la viña,
por la viña amarilla...

(Página 119.)

Nacía, gris, la luna, y Beethoven lloraba
bajo la mano blanca, en el piano de ella...

(Página 84.)

g) *Sinestesias.*

I. *Mezcla de sensaciones. Acentuación. Contrastes.*

Entre una nauseabunda fragancia de mimosas
amarillas, caída la tarde —sueño y perla—,
tú te mecías, indolentemente, blanca y
blanca, bajo las blancas muselinas de seda.

(Página 159.)

II. *Cruce de lo plástico y lo acústico.*

Una lívida música de plata en desentono
sustituye a la espléndida armonía de oro
de las celestes tubas —los órganos quiméricos
de melodiosas ascuas de los ponientes puros,
que no se acaban nunca—.

(Página 173.)

III. *Cruce de lo sensual y lo sentimental.*

¡Qué tristeza de olor de jazmín!

(Página 130.)

h) *Paisajes a una luz esmerilada.*—Los adjetivos «vago», «tenue», suelen acompañar a los adjetivos de color. El poeta ve las cosas de una tenue lejanía.

i) *Indiferencia de las cosas.*

Y yo me iré, y se quedarán los pájaros
cantando...

(Página 116.)

LOS CORRELATOS PICTÓRICOS.

La superación del Naturalismo —recuérdense conceptos anteriores— se produce, en resumen, paralelamente a la evolución Materialismo-Espiritualismo, característica del momento filosófico que nos lleva de Comte a Bergson, de la Filosofía Positiva a la Filosofía de la Intuición (23).

En el terreno estético la evolución se produciría de acuerdo con las líneas fundamentales señaladas en el siguiente cuadro sinóptico, en el que se señalan los cerebros conductores y, además, las correspondientes repercusiones españolas:

Realidad indiscriminada y «documental».	Seleccionada hacia el *carácter* (24). (TAINE.)........	NOVENTA Y OCHO
	Seleccionada hacia la *perfección ideal.* (PÉLADAN.)	MODERNISMO

Una y otra manera asumen, una vez más, una dualidad trascendente. Por una parte, el mundo de la observación *objetiva,* que busca el procedimiento de hacer más enérgica la visión de la misma realidad; por otra, la observación sintetizadora y *subjetiva,* que entiende la realidad como una percepción. La primera tiende a la lenta agudeza escrutadora; la segunda, a la reducción fulminante al rasgo más bello. La manera analítica exige el ojo razonante, la visión ordenadora, el predominio de los factores intelectuales; la manera segunda demanda la hiperestesia, la valoración de lo sensorial, la visión fragmentaria. Razón e intuición son, respectivamente, sus instrumentos para la posesión del mundo. Corresponden a las dos filosofías cuya consideración nos ocupa tantos ángulos de este libro. El primero aspira a fijar los valores que permanecen; el segundo, los momentos fugitivos.

Trayendo la cuestión a la cultura española finisecular, tenemos escindido el terreno en análogas direcciones. A mi juicio, la Generación del Noventa y Ocho se entroncaría con la primera actitud: su antecedente español es Velázquez; el Modernismo enlaza exactamente con el impresionismo; su antecedente español

---

(23) Recuérdese el capítulo dedicado a «La Renaissance de l'Idéalisme».

(24) Hemos hablado de este tema en el capítulo «El Modernismo frente a Taine».

es el Greco (25). Del primero interesan preferentemente sus valores del carácter (gravedad, elegancia, misticismo); del segundo se señalan sobre todo sus valores *estéticos*.

El Noventa y Ocho hereda el culto a Velázquez, ya existente (Beruete, J. O. Picón). Interesa a sus componentes su realidad y su gravedad. Unamuno canta *El Cristo de Velázquez*, en su sentido más extraestético, el de la pura religiosidad (26). Maeztu ve el aspecto sociológico (27). Ganivet lo estudia —con Goya— como símbolo del genio ignorante, típico de la expresión española (28). Ninguno de los tres cita —según creo— al Greco. En cuanto a las demás figuras del Noventa y Ocho, si bien no traen cita directa, es evidente que su estética les aproxima a Velázquez. Su paleta —fría— influye sobre los grises y los platas del paisaje de Antonio Machado; su sobriedad, su elegancia actúan sobre la manera —castellana, meseteña— de *Azorín*, vuelto de espaldas al mar; su objetividad, su honradez visual están en el estilo de Baroja (29).

Finalmente, destaquemos que a la búsqueda de estos valores

---

(25) Téngase en cuenta que en 1899 se celebró con gran aparato el tercer centenario del nacimiento de Velázquez; en 1902 se inauguraba (en simbólica reacción) la estatua del Greco en Sitges.

(26) El poema es un soliloquio de tremenda religiosidad, en el que se ve la pintura sólo a través de su trascendencia.

(27) «Todavía no se le ha indicado el libro que realce su dignidad y valor constructivo. Lo más grave de todo fue la sustitución de nuestro antiguo sentido de justicia por la soberanía popular, como si la voluntad de los más tuviera que ser justa.» (*Defensa de la Hispanidad*, pág. 267.) De ser aplicable a Velázquez la frase anterior, interesaría —como indico— en sentido sociológico. Daría trascendencia a la presencia alternada de Reyes y Bufones en sus pinceles; derribando barrocamente la jerarquía manierista alrededor de los Mitos —Valor, Belleza— del Renacimiento; creando lo que Lafuente Ferrari llama «estética de la salvación del individuo» con un sentido cristiano y españolísimo. He tratado esta cuestión en mi *Espíritu del Barroco*. Con análoga intención «regeneracionista» ve a Velázquez un poeta posterior, León Felipe, en su *Pie para el «Niño de Vallecas» de Velázquez:*

«De aquí no se va nadie.
Mientras esta cabeza rota
del niño de Vallecas exista,
de aquí no se va nadie. Nadie.
Ni el místico ni el suicida.»

(*Versos y oraciones del caminante*, II, 1930.)

(28) *Idearium Español*.

(29) *Andrenio* ha llamado a Baroja «un Velázquez de la novela». (En *Nosotros*, 1921, 171.) Baroja, a su vez, se ha comparado con Goya. otro «sociólogo».

morales la Generación del Noventa y Ocho —que no tiene críticos de arte— se vuelve, en general, de espaldas a los valores pictóricos puros. Los pintores que deben asignarse como correlatos de esta Generación son en realidad los *sociólogos de la pintura,* últimas consecuencias del interés extraplástico que ofrecen los enanos y bufones velazqueños (30). En este sentido es pintor noventayochista, además del considerado como típico, Ignacio Zuloaga (31). José Gutiérrez Solana (32), con su serie de «documentales» de los detritus de la sociedad española (33); carteles y alegatos frente a una ordenación social irritante e injusta.

Veamos ahora la posición de los modernistas. Lo primero que debemos destacar en ellos es su interés por los valores plásticos. Escritores preferentemente sensoriales entienden la pintura como un fin en sí misma. Sus pintores predilectos son: para lo antiguo, el Greco, y en lo moderno, un grupo de artistas que tienen una, para nosotros, lógica coincidencia: son todos ellos pintores mediterráneos.

No es necesario insistir sobre la valoración del Greco por obra

---

(30) Recuérdese el mismo tipo de comentario en Ortega y Gasset. Velázquez, «impío». *(El Espectador.)*

(31) Acerca del noventayochismo de Zuloaga, tan abrumadoramente aceptado por todos, ¿se me permitiría una personal disidencia? Para que su tipicidad fuera absoluta le falta, creo yo, al pintor eibarrés la noción de europeidad a contrastar con la de españolidad. Todo Noventa y Ocho ve —o ha visto— a España (como lo quería el «totem» de la generación Larra) en función de Europa. La España de Zuloaga es una España hacia adentro, que ni sabe ni quiere saber nada fronteras allá. Zuloaga, castizo y torero, sigue la tradición goyesca. *Azorín,* noventayochista puro, ¿no quería indicar algo así cuando escribía que la visión de Zuloaga «no es la visión que nosotros tenemos de nuestras cosas»? Véase *La pintura vasca,* Bilbao, 1921, pág. 250. Sobre lo que separa a Zuloaga del impresionismo ha escrito páginas rotundas José Ortega y Gasset *(La estética del enano Gregorio el Botero).* Insisto en que la ecuación Zuloaga-Noventa y Ocho no me parece indiscutible.

(32) La figura de Gutiérrez Solana se entroncaría con el grito literario de Espronceda, cantor de la prostituta y del mendigo. Como escritor, Solana posee la sequedad expresiva del puro Noventa y Ocho. Los temas —recuérdese *Dos pueblos de Castilla*— son asimismo característicos.

(33) Acaso convendría añadir el nombre de Isidro Nonell, con su dedicación a los «bajos fondos» sociales españoles: gitanos mendigos. (Recuérdese el dramático sentido social de *La muerte de Isidro Nonell,* de Eugenio d'Ors). Igualmente el de Darío de Regoyos, sobre cuyo credo estético dice mucho su libro *La España negra de Verhaeren* (Madrid, 1924).

del Modernismo (34), que tiene, además, un grupo de pintores que podría encabezarse, como ya se ha indicado, con el grupo de artistas mediterráneos que forman Casas, Rusiñol, Mir y Anglada Camarasa, en función del grupo avanzado del nuevo estilo.

¿Y Sorolla? Sobre el impresionismo de Sorolla, ¿quién ha de decir una voz de duda? Le aleja, sin embargo, a mi ver, del Modernismo la ausencia de selección temática, que convierte a Sorolla en algo así como el Salvador Rueda de la pintura; por otra parte, sus veleidades sociológicas *(¡Y aún dicen que el pescado es caro!...)* le separan más todavía. Acaso el correlato exacto de Sorolla sea Vicente Blasco Ibáñez. Muy dentro de la significación modernista se halla, en cambio, el delicadísimo pintor Xavier Gosé. Y, aunque nos parezca mentira, el único escultor que figura destacadamente en las revistas del modernismo es Miguel Blay.

Pintores modernistas son, en cierto modo, Emilio Sala —colaborador de *Helios*—, Anselmo Miguel Nieto y Julio Romero de Torres, cultivadores de sensualismos refinados y evadidos de toda preocupación sociológica. (Todavía en 1898, este último pintor —muy joven— presentaba una pintura de este carácter: *Conciencia tranquila*, en el que presentaba un registro policiaco en la casa de un obrero. Véase *La Revista Blanca*, año I, pág. 648). Sin embargo, Romero de Torres, cada vez más en su personal esteticismo —mezcla de mística y sensualidad— se incorpora al gusto de los modernistas. En un libro publicado por la Editorial Renacimiento, *Julio Romero de Torres*, se recogen las opiniones de los modernistas más conspicuos. Benavente escribe: «No recuerdo a qué exposición habría que remontarse para encontrar algo parecido» (pág. 10). Para Valle-Inclán, en suma, Julio Romero de Torres es «el único que parece haber visto aquella condición suprema de poesía y misterio que los hace dignos del arte». «Yo suelo expresar —añade— este concepto estético que conviene por igual a la pintura y a la literatura: *Nada es como es, sino como se recuerda*» (pág. 12). Los dibujantes del Modernismo —además de Casas y del grande y malogrado Xavier Gosé— serían Ochoa, José Moya (ilustrador de las *Opera Omnia*, de Valle-Inclán) y, en una etapa posterior y más superficial, Ribas y Penagos.

Que el Modernismo se interesa por los valores plásticos me parece evidente. Arturo Marasso ha podido recoger una impresio-

---

(34) Véase el capítulo correspondiente a la aportación de Cataluña.

nante documentación que permite asegurar un origen plástico —cuadro, tapiz o escultura— a una enorme cantidad de poemas de Rubén Darío (35); Manuel Machado posee un conjunto de deliciosas «instantáneas» sobre cuadros famosos, sentidos con un elegante y superficial decorativismo (36); Valle-Inclán, sobre todo en las *Sonatas*, aparece transido de modelos pictóricos: renacentistas italianos y flamencos; Francisco Villaespesa y Eduardo Marquina gozan de rememorar plasticidades antiguas, retablos, medallas, telas; Juan Ramón Jiménez, que por cierto fue pintor en su juventud (37), gusta del vocabulario pictórico *(Poemas impresionistas, Marinas de ensueño)* y dedica poemas a Rusiñol... Estas valoraciones son, como se ha indicado, meramente estéticas, y no pretenden obtener interpretaciones religiosas, políticas, ni sociológicas. Una vez más la discriminación de actitudes aparece con perfecta claridad.

*

Veamos ahora de llevar esta dualidad, evidente en la actitud, al ejemplario. Según las notas que nosotros hemos ordenado, repetimos que en la consideración del paisaje, al Noventa y Ocho le interesan más la trascendencia, la *proyección* espiritual —social, política, religiosa— que se apoya en la realidad física —analítica y amorosamente observada—, mientras el Modernismo se apoya en una realidad inmanente, válida por sí misma, y que tiene su finalidad en su propio decorativismo, entrevisto por el artista en ráfagas fulgurantes.

Tanto en una como en otra visión, el instrumental expresivo ha sido cuidadosamente afinado. La perceptibilidad visual de uno y otro grupo es extraordinaria. El estudio de este aspecto en la obra tantas veces citada de Jeschke, es sobremanera interesante, ya que al unir, a mi juicio —como he dicho ya—, equivocadamente

---

(35) *Rubén Darío y su creación poética*, Buenos Aires, 1924. Los modelos predilectos se vendimian en el Renacimiento italiano y el XVIII francés.

(36) «Museo», «Apolo».

(37) En la autografía del poeta publicada en la revista *Renacimiento*, vol. II (1907), págs. 422 y sigs., leemos: «Sevilla me tuvo entonces (en su mocedad) algún tiempo pintando en sus estudios de sus pintores coloristas y fandangueros.»

a Valle-Inclán y a Benavente con el Noventa y Ocho, permite una comparación de técnicas sumamente curiosas (38).

No puede Jeschke dejar de reconocer que, de todos los escritores estudiados, Valle-Inclán impone sus palabras por su mera sonoridad estética, y lo mismo acontece —prólogos y epílogos de sus obras— con Benavente; mientras el resto de los autores estudiados ciñen de una manera casi fotográfica el vocablo a la realidad (39). No seguiremos a Jeschke en su laboriosa —y a nuestro juicio inútil— estadística de adjetivos de color que, al enfrentar obras heterogéneas, conducen a resultados inservibles.

Más curioso sería conocer el problema de la sensibilidad de la retina contemporánea ante los estímulos del color. El tema ha sido tratado en sus líneas generales. Eugenio d'Ors, en su libro sobre Cézanne, por ejemplo, ha hablado de una historia de la visión: el hombre del Renacimiento estaba mejor dotado que el hombre del Racionalismo, todo él proyectado a esquemas cartesianos. El XIX, con todo, trajo una mayor ansiedad visual: el puntillismo y el impresionismo aguzan la pupila, que quiere ya captar los últimos puntos vibrátiles de las cosas estremecidas por la luz, el claroscuro y por la sombra. La sensibilidad estética contemporánea, además, ha sido influida por excitantes; fundamentalmente —recuérdese a Verlaine y a Rubén Darío— por el alcohol (40).

---

(38) Estudia Jeschke paralelamente, como indico, obras de Benavente *(Alma triunfante, La noche del sábado)*, una de Valle-Inclán *(Sonata de otoño)*, una de Baroja *(Camino de Perfección)*, una de *Azorín (La Voluntad)* y una de A. Machado *(Soledades, Galerías y otros poemas)*, aparecidas todas ellas entre 1902 y 1903.

(39) Ob. cit., págs. 157 y sigs.

(40) Claparède, entre otros, ha estudiado esta cuestión: «Estamos, pues, muy lejos de la opinión vulgar para la cual el alcohol enriquece las ideas y hace nacer la inspiración. Si en ciertos casos no parece dudoso que en algunos escritores (Hoffman, Edgar Poe) brotase su originalidad del vino o del alcohol, es porque estos tóxicos han influido en la calidad o vivacidad de las imágenes (alucinaciones), no en su encadenamiento para hablar propiamente o, si le han dado un giro especial, es irritando la emotividad, no facilitando el trabajo cerebral. Lo más que podría admitirse es que ciertos poetas han podido encontrar en la embriaguez una colaboradora eficaz que ha exaltado en ellos la función mecánica, base del ritmo y de la rima.» (*La asociación de ideas*, ed. esp., Madrid, 1907; pág. 27.) También Nordau ha estudiado la cuestión.

III

LAS CONCEPCIONES TEMPORALES

EL TIEMPO Y EL INSTANTE COMO TEMAS CARACTERÍSTICOS, RESPECTIVAMENTE, DEL NOVENTA Y OCHO Y EL MODERNISMO

Otro elemento de discriminación entre el Noventa y Ocho y el Modernismo nos lo ofrece el tratamiento de la temporalidad. El problema tiene extraordinario interés porque rebasa los términos de este libro para enfocar un tema más amplio y trascendente. Dos libros fundamentales presiden y orientan esta cuestión: el *Essai sur les données immédiates de la conscience,* de Bergson, y *Sein und Zeit,* de Heidegger. Uno y otro plantean el tema de la vida como duración. Vivir es durar a través del tiempo; nosotros captamos la categoría temporal por medio de la intuición. El correlato de esta preocupación filosófica sería la novela, género característico de la segunda mitad del siglo XIX y de los primeros del siglo XX. Proust, con su máquina observadora *au ralenti,* sería el símbolo de aquella preocupación y de este género literario.

Pero la cuestión tiene todavía otro interés. La novela es el símbolo de la sucesión en el tiempo; la lírica, por el contrario, refleja el impacto del instante en la sensibilidad. Es una pura y momentánea presencia. Ha sido Emil Staiger quien ha señalado esta fecunda distinción (1): la lírica es la sílaba, la simple musicalidad refleja de un estado de ánimo; la épica (la novela) es la palabra, el logos exterior al sentimiento, ordenada en «narración

---

(1) *Grundbegriffe der Poetik,* Zurich, Atlantes Verlag, 1946. Consúltese *Revista de Filología Española,* noviembre-diciembre 1947; páginas 449 y sigs.

sucesiva». El lírico *siente*, el novelista *muestra;* el lírico exclama, el novelista explica.

Pues bien; me propongo destacar el Modernismo como actitud al servicio de la instantaneidad frente al Noventa y Ocho, al que caracteriza una fuerte preocupación temporalista.

Bastará señalar en principio el carácter predominantemente lírico-musical del primer grupo frente al tono diserto y narrativo del segundo. Veamos ahora las actitudes específicas de los escritores de uno y otro grupo.

NOVENTA Y OCHO = TEMPORALIDAD

UNAMUNO.

La preocupación temporal surge en Unamuno desde su primera obra. ¿No se titula su primer trabajo (1895) *La tradición eterna?* Su hilo meditabundo está, se diría, en el dramático choque entre lo permanente y lo fugitivo. El río de lo temporal espejea valores eternos. Hay que procurar, sin embargo, que la avalancha fluvial no se trunque.

Veamos, en primer término, cómo se plantea el problema en el campo de lo literario. En un ensayo de su primera época, *El espíritu castellano*, considera Unamuno que «de todos los teatros el más rápido y teatral es el castellano» (2). «Por toda la literatura castellana —añade— campea esa sucesión caleidoscópica, y donde más, en otra su casticísima manifestación, en los romances, donde pasan los hombres y los sucesos grabados al aguafuerte sobre un fondo monótono, cual las precisas siluetas de los gañanes a la caída de la tarde sobre el bruñido cielo» (3). Esta dinámica temporal, tan certeramente anotada, le sitúa frente a Calderón y todo barroquismo intelectualista incapaz de sorprender la realidad concreta y viva o de traicionarla con un cubileteo espectacular (4). A propósito de Calderón, escribe Unamuno: «El desarrollo es la única comprensión verdadera y viva, la del contenido; todo lo demás se reduce a atrapar un pobre dermatoesqueleto encasillable en el tablero de las ideas lógicas. La idea

(2) *Ensayos*, ed. Aguilar; vol. I, págs. 56, 1021.
(3) Ob. cit., ed. Aguilar; vol. I, pág. 56.
(4) Ídem íd., vol. I, pág. 62.

comprendida se ejecuta sola, *sponte sua,* como en la mente shakesperiana.

En la de Calderón «se petrifica», y añade al pie de página: «Calderón es poeta idealista» «porque ha excluido absolutamente de su teatro todos los lados prosaicos de la naturaleza humana» (M. y P.), «prosa de la vida, fondo inmenso de eterna poesía». Existe, según Unamuno, una trágica disociación entre el mundo de los sentidos y el de la inteligencia. Los científicos y los artistas viven en mundos extrañamente distantes: «Se cuidan unos de no manchar la inmaculada nitidez del austero pensamiento abstracto, y huyendo de ponerle flecos y alamares, le esquematizan que es una lástima; huyen los literatos de una sustancia que no han gustado, y todavía se arrastra por esas cervecerías del demonio la bohemia romanticoide» (5). Entre nosotros, viene a concluir Unamuno, la Inteligencia tiende a la abstracción inmóvil y al margen de la corriente vital (6). Pero el artista puro se equivoca también buscando un esteticismo formulario:

¿Arte? ¿Para qué arte?
Canta, alma mía,
Canta a tu modo...
Pero no cantes, grita,
grita tus ansias
sin hacer caso alguno de sus músicas,
y déjales que pasen:
¡son los artistas!
Redondas conclusiones
quieren los pobres;
tú busca sin descanso, busca... (7).

«Y nuestra conversación —reza otro texto unamuniano— era la de los hombres cuando se sienten en presencia de la eternidad, la de cómo se van los días y nos vamos haciendo viejos, la de

Cómo se pasa la vida.
Cómo se viene la muerte,
tan callando.

¡Sublime lugar común y eterna paradoja viva! Eterna paradoja, sí, esto de que ser sea dejar de ser, esto de vivir sea ir

(5) Ob. cit., ed. Aguilar; vol. I, pág. 110.
(6) Véase el ensayo titulado *Verdad y vida,* en ed. cit., vol. II, páginas 303-310.
(7) *Antología,* Madrid, 1942; pág. 285.

muriendo. Y morir, dime, ¿será acaso ir viviendo?» (8). Vida igual a tiempo. No se ha notado que ésta es probablemente la raíz de la oposición Jorge Manrique-Calderón, que luego encontraremos en *Juan de Mairena*, es decir, en Antonio Machado.

Pero es en la obra fundamental *Del sentimiento trágico de la vida* donde encontramos los textos más significativos. La antítesis ya señalada se subraya una y otra vez. «Todo lo vital es irracional y todo lo racional es antivital porque la razón es esencialmente escéptica», escribe glosando a Parménides (9). El hombre necesita vivir un mundo suprarracional, es decir, un mundo vital: «necesidad vital de vivir un mundo ilógico», escribe en otro lugar (10). Ahora bien, ¿qué es vivir? Vivir es durar; existir antes y después del momento actual de conciencia que atravesamos. «Existir es ponerse algo de tal modo fuera de nosotros, que precediera a nuestra percepción de ello y pueda subsistir fuera cuando desaparecemos» (11).

Los textos podrían multiplicarse. Constantemente los hallamos en su obra lírica. Así en su primer *Credo poético:*

Piensa el sentimiento, siente el pensamiento;
que tus cantos tengan nidos en la tierra
y que cuando en vuelo a los cielos suban
tras las nubes no se pierdan (12).

... Lo pensado es, no lo dudes, lo sentido... (13),

como en sus poemas —tan patéticos— de la etapa final:

Pablo, me muero cada día
y cada día resucito (14).

Terminaremos con una frase contundente en la que Unamuno expresa con energía su posición frente al tema que nos interesa:

---

(8) *Ensayos*, ed. citada, vol. II, pág. 312: «La vanidad del mundo y el cómo pasa, y el amor son las dos notas radicales y entrañadas de la verdadera poesía», escribe en otro lugar (Ob. cit., vol. II, pág. 690).

(9) *Ensayos*, vol. II, pág. 690.

(10) Ob. cit., vol. II, págs. 737-738. Véanse también págs. 756 y siguientes.

(11) Ídem, vol. II, pág. 819.

(12) Ídem, vol. II, pág. 834.

(13) *Poesías*, 1907.

(14) *Antología*, Madrid, 1942; pág. 438.

«Aunque lo he dicho y repetido, vuelvo a repetirlo: es dentro y no fuera donde hemos de buscar al hombre... Eternismo y no Modernismo es lo que quiero; no Modernismo, que será anticuado y grotesco cuando la moda pase» (15).

ANTONIO MACHADO.

La importancia del tiempo en las concepciones filosófico-literarias de Antonio Machado ha sido estudiada ya con el interés que merece tan importante aspecto de su producción (16). Carlos Clavería ha señalado las influencias de Bergson y de Heidegger como explicadoras de la preocupación temporal, que luego señalaremos. J. L. Aranguren añadiría a estas presencias la de Max Scheler (17). Señala el crítico la importancia de aquellos versos machadianos:

> Al borde del sendero un día nos sentamos.
> Ya *nuestra vida es tiempo, y nuestra sola cuita*
> son las desesperantes posturas que tomamos
> para aguardar..., mas Ella no faltará a la cita (18).

Para Machado —señala Aranguren— la poesía es «arte temporal», «palabra en el viento», relato, y su elemento lingüístico fundamental, la parte de la oración que expresa el tiempo, es decir, el verbo. De ahí la fuerza, la vitalidad de esta poesía (19). En este sentido cobra interés la trascendencia que José M. Valverde otorga a un poema poco valorado —*La tierra de Alvargonzález*— en lo que tiene de relato, de poema en el tiempo (20). Car-

(15) *Contra esto y aquello*, Madrid, 1938; pág. 206.
(16) Véase CARLOS CLAVERÍA: *Notas sobre la poética de Antonio Machado*, en *Cinco estudios de literatura española moderna*, Salamanca, 1945.
(17) J. L. ARANGUREN: *Esperanza y desesperanza de Dios en la experiencia de la vida de Antonio Machado*, en *Cuadernos Hispano-Americanos*, septiembre-diciembre 1949; págs. 387 y sigs.
(18) «No creo —comenta Aranguren— que haya en la historia universal de la poesía una anticipación poética tan clara y terminante, en sólo cuatro versos, del sentimiento de la vida subyacente a esa filosofía actual de la finitud temporal, del cuidado, de la desesperación (no gesticulante y retórica, a lo Unamuno, sino mansa y callada), y el ser-para-la-muerte como la que se expresa aquí» (*Cuads. Hisp.* cit., en ídem).
(19) Página 395.
(20) *Evolución del sentido espiritual de la obra de Antonio Machado*, en ídem, págs. 405 y sigs.

los Bo (21) y Ricardo Gullón (22) insisten también agudamente en la valoración temporal en la poética de Antonio Machado.

Veamos ahora algunos textos de Antonio Machado en relación al tema del tiempo.

«Nuestro siglo —decía Juan de Mairena, aludiendo al siglo XIX— es, acaso, el que más se ha escuchado a sí mismo, tal vez porque nosotros, los que en él vivimos, tenemos una conciencia marcadamente temporal de nuestro existir. El hombre de nuestra centuria ha sido un sedicente *enfant du siècle,* ha hablado de un *mal del siglo* y habla, en nuestros días, de un *fin de siglo.* De este modo ha expresado, más o menos conscientemente, una vocación a la temporalidad, que no es propia de todos los tiempos.

Nuestra centuria ha exaltado hasta el mareo la música y la poesía lírica, artes temporales por excelencia. Carece de arquitectura y de estatuaria. En pintura ha sido naturalista, impresionista, luminista; maneras temporales de ser pintor. Ha zambullido en el tiempo la Historia, que fue para los clásicos la narración de lo mítico e intemporal en el hombre, y ha vertido la epopeya en la novela y en el periódico, que es desgranar la hazaña intemporal desmenuzándola en sucesos de la semana y anécdotas de lo cotidiano. Su dramática no es arte ni lógica, ni moral, sino psicologismo, que es la manera temporal del diálogo escénico. Su filosofía típica es el positivismo, un pensar de su tiempo venido —según él— a superar una edad metafísica y otra teológica. En política ha peleado por el progreso y por la tradición, dos fantasmas del tiempo. Su ciencia es biologismo, evolucionismo, un culto los hechos vitales sometidos a la ley del tiempo. Lamartine llora, con los románticos —¿quién no es romántico en esta gran centuria?—, el *fugit irreparabile tempus,* mientras Carnot y Clausino ponen, con su termodinámica, también en el tiempo la regla más general de la naturaleza» (23).

Como ya se ha señalado, la raíz filosófica del «temporalismo» de Antonio Machado emana del filósofo Bergson, a uno de cuyos cursos asistió en París el propio Machado. Él ha explicado bien

---

(21) *Cuads. Hisp.* cit., en ídem, págs. 405 y sigs.
(22) Ídem íd., pág. 534.
(23) A. MACHADO: *Juan de Mairena,* Madrid, 1936; pág. 101. Para Mairena, el siglo XIX se prolonga a las primeras décadas del siglo XX, y su documento literario más interesante es *A la recherche du temps perdu,* de Proust (ob. cit., pág. 103).

la importancia de su renovación filosófica: «La última filosofía que anda por el mundo —escribió— se llama intuicionismo. Esto quiere decir que otra vez el pensamiento del hombre pretende intuir lo real, anclar en lo absoluto. Pero el intuicionismo moderno más que una filosofía inicial parece el término, una gran síntesis final del antintelectualismo del pasado siglo. La inteligencia sólo puede pensar —según Bergson— la materia inerte, como si dijéramos las zurrapas del ser, y lo real, que es la vida *(«du vécu de l'absolu»)*, sólo puede alcanzarse con ojos que no son los de la inteligencia, sino los de una conciencia vital que el filósofo pretende derivar del instinto» (24). En el párrafo penúltimo ha señalado Machado la importancia general del intuicionismo, del que Bergson es, de un lado, el teorizante epilogal, de otro, fuente de numerosas estéticas (25).

Este sentido obsesivo de lo temporal, pues, es la clave de la poética de Antonio Machado, para quien la poesía es siempre conciencia de temporalidad. Recordemos algunos textos: Juan de Mairena alude muchas veces al tema de lo temporal. Para él, «vivir es devorar tiempo: esperar» (26). ¿Cantaría el poeta sin la angustia del tiempo, sin esa fatalidad de que las cosas no sean para nosotros, como para Dios, todas a la par, sino dispuestas en serie y encartuchadas como balas de rifle para disparadas una tras otra? (27). Y más abajo: «Ya en otra ocasión definíamos la poesía como diálogo del hombre con el tiempo, y llamábamos "poeta puro" a quien lograba vaciar el suyo para entendérselas a solas con él, o casi a solas; algo así como quien conversa con el zumbar de sus propios oídos, que es la más elemental materialización sonora del fluir temporal. Decíamos, en suma, cuánto es la poesía palabra en el tiempo y cómo el deber de un maestro de Poética consiste en enseñar a sus alumnos a reforzar la temporalidad de su verso» (28).

---

(24) *Reflexiones sobre la lírica*, en *Revista de Occidente*, 1925; páginas 360 y sigs.

(25) Véase, por ejemplo, RAYMOND BAYER: *L'esthétique de Bergson*, en *Études bergsoniennes*, París, 1941; págs. 124-198. JEAN POUILLON: *Temps et roman*, París, 1946.

(26) A. MACHADO: *Juan de Mairena*, Madrid, 1936; pág. 47.

(27) Ídem íd., pág. 47.

(28) A. MACHADO: Ob. cit., pág. 48, y en otro lugar: «La poesía es —dice Mairena— el diálogo del hombre, de un hombre con su tiempo. Eso es lo que el poeta pretende eternizar, sacándolo fuera del tiempo, labor difícil y que requiere mucho tiempo, casi todo el tiempo

Estas ideas acerca de la estética de lo temporal podemos seguirlas en todos sus interesantes desdoblamientos: «Abel Martín», por ejemplo, declara que el poeta pretende «haber creado una forma lógica nueva en la cual todo razonamiento debe adoptar la manera fluida de la intuición. No es posible —dice Martín— un pensamiento heraclitano dentro de una lógica ecléctica» (29). Para Machado, el problema fundamental estriba —según creo— en el contrasentido de que el poeta maneja vocablos ya acuñados, y con valor conocido y universal para expresar sentimientos personales y distintos (30). La poesía, pues, se propone cualificar de nuevo que el pensamiento lógico ha desrealizado y convertido en una noción absoluta e intemporal (31). Por el contrario, el poeta crea la «lógica del cambio sustancial o devenir inmóvil del ser cambiando o el cambio siendo» (32). Pues bien: este cambio se produce en el tiempo y es captado por la intuición. Estamos, pues, típicamente dentro de la noción de la *durée* bergsoniana; vivir es durar. La poesía es producto de esta intuición vital. «El poema que no tenga muy marcado el acento temporal estará más cerca de la lógica que de la lírica» (33). Estamos de nuevo, y en último término, dentro de la filosofía del *panta rhei* heraclitano. Poesía es el producto de la intuición de lo temporal como vitalidad cambiante. De ahí su odio al barroco literario español, excesivamente conceptual para contener la intuición lírica salvadora (34). «Juan de Mairena —por su parte— se llama

---

de que el poeta dispone. El poeta es un pescador, no de peces sino de pescados vivos: entendámonos: de peces que puedan vivir después de pescados» (pág. 60).

(29) *Abel Martín*, ed. Losada, Buenos Aires, 1943; pág. 19.

(30) «Las palabras, a diferencia de las piedras, o de las materias colorantes, o del aire en movimiento, son ya, por sí mismas, significaciones de lo humano, a las cuales ha de dar el poeta nueva significación. La palabra es, en parte, valor de cambio, producto social, instrumento de objetividad (objetividad en este caso significa convención entre sujetos), y el poeta pretende hacer de ella medio expresivo de lo psíquico individual, objeto único, valor cualitativo» (pág. 29).

(31) Ídem, pág. 33.

(32) Ídem, pág. 33.

(33) Ídem, pág. 39.

(34) Machado compara agudamente las *Coplas* de Jorge Manrique con el soneto de Calderón *A las flores*. Sólo en las primeras halla la emoción poética del paso del tiempo señalado por la alusión concreta a «aquel trovar» y a «aquel danzar», mientras que en Calderón asistimos a conceptos más absolutos e intemporales (pág. 45). Cfr. el capítulo anterior sobre Unamuno.

asimismo el *poeta del tiempo»* (35). En unas declaraciones de Antonio Machado, publicadas en 1931, insiste en sus puntos de vista. «Pienso, como en los años del Modernismo literario (los de mi juventud) que la poesía es la palabra esencial en el tiempo...» (36). Y más abajo: «Las ideas del poeta no son categorías formales, cápsulas lógicas, sino directas intuiciones del ser que deviene de su propio existir; son, pues, temporales, nunca elementos áctonos puramente lógicos.»

«La poesía moderna —dice también— que, a mi entender, arranca, en parte al menos, de Edgar Poe, viene siendo hasta nuestros días la historia del gran problema que al poeta plantean estos dos imperativos, en cierto modo contradictorios: esencialidad y temporalidad. Me siento algo en desacuerdo con los poetas del día. Ellos propenden a una destemporalización de la lírica, no sólo por el desuso de los artificios del ritmo, sino, sobre todo, por el empleo de las imágenes en función más conceptual que emotiva.»

En su poesía, el tema de lo temporal es constante. Recordemos, entre tantos, estos ejemplos significativos:

¡Oh Tiempo, oh todavía
preñado de inminencias!
Tú me acompañas en la senda fría,
tejedor de esperanzas e impaciencias.

¡El Tiempo y sus banderas desplegadas!
(¿Yo capitán? Mas yo no voy contigo.)
¡Hacia lejanas torres soleadas
el perdurable asalto por castigo! (37).

¡Oh, cámaras del tiempo y galerías
del alma tan desnudas!,
dijo el poeta. De los claros días
pasan las sombras mudas.

Se apaga el canto de las viejas horas
cual rezo de alegrías enclaustradas;
el tiempo lleva un desfilar de auroras
con séquito de estrellas empañadas.

---

(35) Ídem, pág. 39.
(36) GERARDO DIEGO: *Poesía española.*
(37) Ídem íd, pág. 62.

¿Un mundo muere? ¿Nace
un mundo? ¿En la máxima
panza del globo hace
nueva nave su estela diamantina?
¿Quillas al sol la vieja flota yace?
¿Es el mundo nacido en el pecado
el mundo del trabajo y la fatiga?
¿Un mundo nuevo para ser salvado
otra vez? (38).

«AZORÍN».

Si la valoración del tiempo en la obra de Antonio Machado ha sido objeto —como hemos visto— de plurales estudios, no menos interés ha despertado el tema en el análisis de la obra de *Azorín*. En un estudio publicado en 1931 (39) yo apuntaba la importancia de la cuestión, no sólo para *Azorín*, sino para el grupo que nos interesa: «Tiempo; tema antiguo, obsesión antigua de *Azorín*. Sería curioso estudiar el tema del tiempo en los hombres del 98. En algunos romances de Machado, por ejemplo. O en algunas novelas de Baroja. Es tema que postula una mayor insistencia» (40).

El comentario surge alrededor de una obra teatral de *Azorín*, *Angelita*, subtitulada precisamente «comedia del tiempo». Son, por otra parte, tantas y tan frecuentes las alusiones a lo temporal en la obra de *Azorín*, que resulta relativamente sencillo espigarlas a lo largo de sus páginas (41). Recordemos, por ejemplo: «Hay una deidad, invisible y terrible, que se llama Cronos. Es un dios que nadie ve y que todo el mundo siente. Debe de tener un labo-

---

(38) GERARDO DIEGO: *Poesía española*, pág. 87.

(39) «AZORÍN»: *Obras completas. Teatro*, vol. II, Madrid, 1931. Prólogo de Guillermo Díaz-Plaja, pág. 38. (Reproducido en *El arte de quedarse solo y otros ensayos*, Barcelona, 1936; págs. 25-26. Cítase por esta edición.)

(40) Está claro el sentido de la frase, como mera indicación del tema y de la necesidad de trabajar sobre él. Me parece, pues, impertinente la apostilla de Carlos Clavería al presentar esta frase como «ejemplo de la falta de rigor con que se ha planteado la cuestión» (*Cinco estudios*, pág. 49, nota).

(41) Carlos Clavería lo ha realizado en su trabajo *Sobre el tema del tiempo en «Azorín»* (*Cinco estudios*, págs. 49-67). Según este crítico, la preocupación por el tiempo podría llegar a *Azorín* a través de Nietzsche y de Guyau. El tema ha sido estudiado también por César Barja (*Libros y autores contemporáneos*) y por Ortega y Gasset (*Obras*, págs. 267 y sigs.).

ratorio donde él hace sus manipulaciones; será algo como un taller de instrumentos sutiles. Cronos ahora ha decidido que la vida de nuestro niño entre en una fase nueva: «Yo, Cronos, ordeno y mando...» (42).

Pero aceptada la persistencia del tema característico de su grupo, convendría quizá anotar los matices diferenciales que la añaden un singular interés. La meditación del tiempo surge muchas veces de la evocación del pasado. *Azorín* es un ilustre meditador del pretérito. Ahora bien: su evocación es antiarqueológica (43). El tiempo es, a la vez, una existencia y un mito. Vivimos volviendo a vivir. Aparte lo que esta idea deba al eterno retorno nietzscheano, el escritor que intuye la vida como *ver volver* intuye también que las cosas antiguas son fundamentalmente idénticas a las presentes. Recordemos el capítulo «Una ciudad y un balcón», de su libro *Castilla* (44), que a mí me parece muy significativo. La maravillosa evocación dibuja tres momentos de la ciudad: el quinientos, el setecientos, el ochocientos. Cambia el ritmo vital; se construyen edificios; afloran inventos. Las tres evocaciones se cierran con una evocación paralela: un caballero medita, melancólicamente. «¡Eternidad, insondable eternidad del dolor! Progresará maravillosamente la especie humana; se realizarán las más fecundas transformaciones. Junto a un balcón, en una ciudad, en una casa, siempre habrá un hombre con la cabeza, meditadora y triste, reclinada en la mano. *No le podrán quitar el dolorido sentir*» (45). En uno de sus libros recientes, *Los clásicos redivivos. Los clásicos futuros* (46), ha extremado *Azorín* esta evocación

(42) *El Licenciado Vidriera* (*Obras completas*, vol. XVI, pág. 59).

(43) Escribía yo en 1931: «Otra de las ideas que surgen persistentemente a la superficie de esta tercera etapa azoriniana es la preocupación antiarqueológica, con la que el autor de *Castilla* rompe con todo un tipo de literatura —el *pastiche*— que venía arrastrándose desde el siglo XIX y había encontrado un grato albergue en ciertas figuraciones literarias del 98.» En *Félix Vargas* la aseveración surge vivamente: «Imposible de evocar una figura antigua con arqueología; la arqueología es la enemiga de la sensación viva...» Y más adelante: «Santa Teresa en automóvil, con un cablegrama en la mano; en la cubierta de un transatlántico.» Recordemos los ángeles de *Superrealismo*. «La imagen del ángel en la carreta.» Y luego: «San Felipe Neri, que lee la *Guía de Ferrocarriles* y se ríe a carcajadas.» Ya en el prólogo de *Félix Vargas*, que condensa el nuevo ideario de *Azorín*, se postula la elipsis en el tiempo y el espíritu. La supresión de transiciones.

(44) *Obras completas*, vol. XIII, págs. 71-85.

(45) Ob. cit., pág. 85.

(46) Colección Austral, vol. 551.

de lo pasado sin arqueología: Jorge Manrique, Garcilaso, Santa Teresa, son evocados en su espíritu universal y eterno, común al aquí y al allí, al ayer y al mañana. De ahí la gran labor «aproximadora» de *Azorín* a nuestros clásicos, considerados como espíritus fraternos inmediatos y comprensibles.

Tiempo —y espacio— configuran la estética de *Azorín*. De tal suerte, que a través de estas dos constantes puede reconstruirse su total integridad (47). Para los fines de nuestro trabajo basta señalar esta conciencia de lo temporal como característica noventayochista.

BAROJA.

La calificación de Baroja como novelista nos ahorraría ulteriores constataciones en relación con su sentido de la temporalidad. Basta recordar la ecuación de Staiger, ya señalada, entre «novela» y «narración sucesiva». Ciertamente que podría acentuarse la equiparación recordando justamente lo que en Baroja hay siempre de dinámica temporal. Basta comparar su manera fluvial con la tendencia a estancar el relato en mera sensación descriptiva —lírica—, grata; por ejemplo, a Gabriel Miró. En Baroja, por el contrario el hilo narrativo tira literalmente del lector en una galopada a través del tiempo. Y esto es así de tal manera, que ni siquiera admite Baroja los diques de contención que podrían derivarse de una determinada concepción arquitectónica del relato. «La novela, en general —ha escrito—, es como la corriente de la historia: no tiene principio ni fin; empieza y acaba donde se quiera. Algo parecido le ocurría al poema épico. A *Don Quijote* y a la *Odisea*, al *Romancero* o a *Pickwick*, sus respectivos autores podían lo mismo añadirles que quitarles capítulos. Claro que hay gente hábil —añade— que sabe poner diques a esa corriente de la historia, detenerla y embalsarla y hacer estanques como el del Retiro. A algunos les agrada esta limitación; a otros nos cansa y nos fastidia» (48). Así, pues, la novela, entendida como fluencia en el tiempo, como «duración», encuadra perfectamente en el conjunto de constataciones que estamos ordenando.

---

(47) Véase el admirable libro de MANUEL GRANELL: *Estética de «Azorín»*, Madrid, Biblioteca Nueva, 1949.

(48) *La nave de los locos. Prólogo casi doctrinal sobre la novela*, en *Revista de Occidente*, marzo de 1925; pág. 270.

MAEZTU.

Ensayista, no creador, nos faltarían textos vivos de Ramiro de Maeztu en relación con la preocupación temporal. Bastaría señalar, sin embargo, su obsesión meditabunda en derredor de la historia. Y sería suficiente, en suma, uno sólo de sus trabajos: «La brevedad de la vida en nuestra poesía lírica» (49), espléndida aportación al tema poético del fluir temporal de la existencia.

MODERNISMO = INSTANTANEIDAD

La noción más interesante que obtenemos de los capítulos anteriores es, sin duda, la de que la intuición de lo temporal se acompaña de una actitud meditabunda. Es, en términos generales, una posición filosófica. Va, desde luego, más allá de la pura sensación, que es, por definición, momentánea.

Un grupo de cartas de Unamuno publicadas por Bernardo G. de Candamo (50), nos da no sólo nuevos argumentos acerca de la animadversión entre noventayochistas y modernistas que se estudia en otro capítulo, sino la radical diferencia de formación intelectual. El Modernismo es literario casi exclusivamente, y la filosofía que en él señalemos no alcanza la trascendencia de las ideas, y su expresión no puede penetrar más allá de lo superficial. Refiriéndose a Rubén Darío escribía Unamuno: «Tiene sueños gigantescos, ciclópeos; pero al despertar no le queda más que la vaga melodía de ondulantes reminiscencias. Tiene un valor positivo muy grande, pero carece de toda cultura que no sea exclusivamente literaria» (51). «Rueda es un poeta que "relumbia" —como dicen los charros— como río vivo a la luz de mediodía»; Villaespesa es «sencillamente insignificante y de puro artificio»; «el pobre Valle-Inclán» es «monótono y sin contenido real ni ideal» (52). Desde su almena de pensador nada cuentan los artífices del Modernismo.

Hemos señalado antes una relación entre *sensación y momen-*

(49) *Discurso de ingreso en la Real Academia Española*, en *Ensayos*, Buenos Aires, 1948; págs. 35-79.
(50) *Ensayos*, ed. Aguilar. Prologal, vol. II.
(51) Vol. cit., pág. XVII, y más abajo: «Rubén Darío dice que mis versos son demasiado sólidos; prefiero esto a que sean demasiado gaseosos, a la americana...» (Ídem.)
(52) Ídem íd., págs. 18 a 21.

taneidad. Creo que no hay duda acerca de ello. Añadamos que esta cultura «sensorial» ligada a lo momentáneo se vincula a la España de Levante y del Sur. Entre los papeles de Unamuno publicados por Bernardo G. de Candamo hay este texto interesantísimo: «Yo les enviaré no sé aún qué. Tal vez sobre la mentira esa de la imaginación meridional, tal vez sobre la división de España en Noroeste y Sudeste mediante una diagonal, quedando a un lado el litoral todo cantábrico, con Galicia, y además Castilla la Vieja, León, etc., y al otro la vertiente del Mediterráneo, porque es una idea que se me arraiga la de que catalanes, valencianos y murcianos son más hermanos de los andaluces que del resto (a los catalanes les carga que se les compare a los andaluces, y, sin embargo, es la fija)...» (53). Recordemos que, a través de una famosa definición de Ortega y Gasset, la cultura mediterránea es «una ardiente y perpetua justificación de la sensualidad, de la apariencia, de las impresiones fugaces que dejan las cosas sobre nuestros nervios conmovidos». «Para un mediterráneo —añade— no es lo más importante la esencia de las cosas sino su presencia, su actualidad: a las cosas preferimos la sensación viva de las cosas.» «Porque así debiéramos, en definitiva, llamar la aptitud adscrita a nuestro mar interior: sensualismo.» Somos meros soportes de los órganos de los sentidos; vemos, oímos, olemos, palpamos, gustamos, sentimos el placer y el dolor orgánicos... Con cierto orgullo repetimos la expresión de Gautier: «El mundo exterior existe para nosotros» (54).

Por otra parte, y en función de lo especial, adelantemos también la relación Modernismo-Impresionismo, entendido esto último justamente como la valoración instantánea de lo especial por obra de una aprehensión fulminante (55).

---

(53) *Ensayos*, ed. Aguilar, vol. II, pág. 46.

(54) Ortega y Gasset: *La pantera del sensualismo,* en *Obras completas,* vol. I, págs. 347-349. El tema se ha desarrollado anteriormente.

(55) André Fontaines escribía en el *Mercure de France* (julio, 1898): «L'art consiste en une interpretation expressive, harmonieuse et elle que l'oeuvre produise, violemment, inconsciemment, chez qui la regarde le maximum d'impression que le phénomène vrai a pu produire sur l'artiste.

De cela Claude Monet a la haute conscience; il voit, il met en valeur l'élément vital d'un moment de la nature; il le transporte dans sa peinture a l'aide d'une énergie lyrique si effective qu'elle en recueille excessive non!, puis qu'elle agit avec une sureté d'avance calculée, toute la puissance d'émotion possible» (pág. 165).

Es posible que derive justamente de esta concepción del mundo como instantánea presencia, como choque sensorial momentáneo, un elemento de melancolía que encontramos en casi todos los poetas del Modernismo. Como en el verso inmortal de Virgilio, se siente «la tristeza de las cosas», porque las cosas son no sólo meramente aparenciales, sino que llevan dentro de sí la semilla de la muerte. Las cosas son fungibles; se devoran.

Un nihilismo progresivo acomete al poeta. De ahí su melancolía sin objeto y sin justificación frente a la tristeza meditabunda y razonada —frente al Pesimismo— del Noventa y Ocho (56).

Francisco Villaespesa —que constituye tan amplio ejemplario de las virtudes y de los defectos del Modernismo— ha insistido como nadie en esta melancolía que tanto debe, naturalmente, al *mal du siècle* del Romanticismo. Uno de sus sonetos se titula *Tedium vitae.* Y dice así:

> Contra toda maldad yergo mi busto,
> en un arranque rudo y sobrehumano,
> con la acritud y con el gesto adusto
> de un orgulloso emperador romano.
> Camino a ciegas sin saber a dónde.
> y oculto en mi altivez mi desconsuelo,
> como un leproso que su llaga esconde
> bajo un negro jubón de terciopelo.
> Sobre los blancos senos de mi amante
> la juventud en vano me convida
> a que apure su copa desbordante.
> Nada me alegra y nada me divierte.
> ¡Y en medio de las fiestas de la Vida
> mi corazón va triste hacia la Muerte! (57).

El *ex libris* de Francisco Villaespesa —dibujado por Moya del Pino— es una alegoría en que el poeta tiende a la Vida y es retenido por la Muerte.

Las cosas, en su melancolía. Uno de sus libros de poemas con el título —de ascendencia virgiliana— de *Tristitiae rerum,* que canta el gotear de la tristeza sobre las cosas en derredor.

En la pintura más afín del Modernismo —en Romero de Torres, por ejemplo— es frecuente la oposición entre la Eternidad

---

(56) Insistiremos sobre el tema. Véase adelante.
(57) *Jardines de plata,* Madrid, 1912.

mística y la sensualidad pagana. Pero la poesía del grupo rubeniano mira más hacia el porvenir que hacia el pasado. Ya hemos dicho que se trata de una poesía sin nostalgia y fundamentalmente intemporal. No medita la fluencia del tiempo como la literatura del Noventa y Ocho; no es historicista. En cambio, es frecuente en ella la inquietud hacia el Porvenir. El poeta interroga el futuro. *¿Qué signo haces, ¡oh cisne!, con tu encorvado cuello?*

Basta recordar a Juan Ramón Jiménez para encontrar todos los matices de este sentimiento melancólico.

RUBÉN DARÍO.

No es difícil establecer la ecuación entre la instantaneidad y la poesía de Rubén Darío. Poesía de base sensorial, cuenta por el instante en que las cosas percuten sobre los sentidos. Es así de fulminante y de momentánea. No cuenta con el pasado ni —en general— con el futuro, sino en cuanto se hacen presentes y sensibles. Lo que vale es lo que pasa en el minuto que pasa. «Yo he escrito —escribe al comenzar *Prosas profanas*— en la prosa de mi juventud, mis antífonas, mis secuencias, mis profanas prosas. Tiempo y menos fatigas de alma y corazón me han hecho falta para, como un buen monje artífice, hacer mis mayúsculas dignas de cada página del breviario. (A través de los fuegos divinos de las vidrieras historiadas me río del viento que sopla afuera, del mal que pasa.) Tocad campanas de oro, tocad todos los días llamándome a la fiesta en que brillan los ojos de fuego y las rosas de las bocas sangran delicias únicas. Mi órgano es un viejo clavicordio pompadour, al son del cual danzaron sus gavotas alegres abuelos y el perfume de tu pecho es mi perfume, eterno incensario de carne. Varona inmortal, flor de mi costilla. Hombre soy» (58). Nótese que esto no está en contradicción —como podría parecer— con la afirmación que viene en seguida (y ya esto es significativo), en la que el poeta dice «yo detesto la vida y el tiempo en que me tocó nacer; y a un Presidente de República no podré cantarle en el idioma en que te cantaría a ti, ¡oh Halagabal!, de cuya corte —oro, seda, mármol— me acuerdo en sueños» (59), puesto que una cosa es la elección temática y

(58) RUBÉN DARÍO: *Obras completas*, ed. Aguilar, pág. 470.
(59) Ídem, pág. 470.

otra la actitud lírica ante el tema, que cuando es lejano lo es más en la apariencia que en la realidad, ya que el poeta lo actualiza aproximándolo a su sensación. No en vano escribió

amo más que la Grecia de los griegos
la Grecia de la Francia... (60),

en aquella famosa «Divagación» de *Prosas profanas,* en la que los amores más exóticos y antiguos, las evocaciones más extrañas y misteriosas se funden en una presencia inmediata que lo contiene todo.

Ámame así, fatal, cosmopolita,
universal, inmensa, única, sola,
y todas... (61).

En el inmarcesible *Coloquio de los centauros,* se asimila la idea del tiempo y de la muerte al de la feminidad.

De su húmeda impureza brota el calor que enerva
los mismos sacros dones de la imperial Minerva;
y entre sus duros pechos, lirios del Aqueronte,
hay un olor que llena la barca de Caronte (62).

Toda la obra está llena de *presencias,* de impactos sensoriales sobre el alma del poeta. No hay nostalgia en *Prosas profanas.*

En cuanto a *Cantos de Vida y Esperanza,* ¿cómo no valorar la enérgica realidad de su título? Vida y Esperanza. Realidad del presente y realidad del futuro. No hay tampoco lugar para la nostalgia. Las cosas son en su espléndida presencia brillante y multicolor. Toda la obra rubeniana exalta esta magnificencia de lo vital y de lo real.

Como en su poema *Pegaso,* el poeta puede exclamar:

Yo soy el caballero de la humana energía,
yo soy el que presenta su cabeza triunfante
coronada con el laurel del Rey del día;
domador del corcel de cascos de diamante,
voy en un gran volar con la aurora por guía,
adelante en el vasto azur, siempre adelante (63).

---

(60) RUBÉN DARÍO: *Obras completas,* ed. Aguilar, pág. 476.
(61) Ídem, pág. 479.
(62) Ídem, pág. 499.
(63) Ídem, pág. 563.

Es de gran interés recordar aquí que después de un siglo y medio de ausencia regresa a la lírica española el tema del *carpe diem* horaciano. El retorno es obra de Rubén Darío, que enlaza así con el dulce sensualismo de los anacreónticos del Setecientos. El tema, como es sabido, va ligado al de la brevedad de la rosa (64) y tiene dos aspectos: la reflexión melancólica del paso del tiempo y la urgencia de aprovechar la vida. El primero ha sido estudiado en la conciencia de temporalidad noventayochista; el segundo corresponde al Modernismo. Para Rubén, poeta de las rosas, la flor divina es sólo una presencia esplendorosa, el lujo supremo de la Naturaleza; no encierra mensaje de eternidad ni alecciona sobre la fuga de las horas. Vale por su decorada fragancia: el sol es un «sultán de orgullosas rosas»; Venus, «desde el cielo mira el tiempo purpúreo de las reinas rosas»; «versos como rosas» son expresiones frecuentes (65). Pero lo importante es el aspecto vitalista, en el que el «instante» se valora para obtener de él todo el placer posible. Como en el momento primaveral del Renacimiento, en que Poliziano canta *«cogliam le belle rose del giardino»*, Garcilaso el «coged de vuestra alegre primavera — el dulce fruto» y Ronsard el famoso *«cueillez des d'aujourd'hui les roses de la vie»*, ecos ilustres de Ausonio y de Tíbulo. Darío canta con patética urgencia el momento que pasa.

¡Amar! ¡Reír! La vida es corta,
gozar de abril es lo que importa (66).

Epicúreos o soñadores
amemos la gloriosa vida...
... Exprimamos de los racimos
de nuestra vida transitoria
los placeres porque vivimos
y los champañas de la gloria (67).

(64) V. Ramiro de Maeztu: *Ensayos*, Buenos Aires, 1948. B. González de Escandón: *Los temas del «carpe diem» y la brevedad de la rosa en la poesía española*, Barcelona, publicaciones de la Universidad, 1938.

(65) G. de Escandón: Ob cit., págs. 80 y sigs. En algún contadísimo momento surge la reflexión melancólica. «Mi juventud, ¿fue juventud la mía? — Sus rosas aún me dejan su fragancia, — una fragancia de melancolía.»

(66) *El clavicordio de la abuela*, en *Obras completas*, pág. 950.

(67) *Programa matinal*, en *Obras completas*, pág. 606.

Y sobre todo en el *Poema del Otoño:*

Cojamos la flor del instante.
¡La melodía
de la mágica alondra cante
la flor del día!

... Mas coged la flor del instante
cuando en oriente
nace el alba para el fragante
adolescente...

... Gozad de la carne; ese bien
que hoy nos hechiza.
Y que después se tornará en
polvo y ceniza.

Gozad del sol, de la pagana
luz de sus fuegos;
gozad del sol, porque mañana
estaréis ciegos.

Etcétera. Las citas podrían multiplicarse. Pero conviene recordar aquí, para no dar sólo la visión optimista, el reverso melancólico del instante rubeniano. El núcleo más representativo de esta actitud surge en la segunda parte de *Cantos de Vida y Esperanza* que él subtitula *otros poemas*. Alternan en este grupo poético, que tiene una personalidad exenta y que no ha sido estudiado como tal, un grupo de evocaciones plásticas y arqueológicas con la progresiva aparición de un elemento de desconcierto y angustia. «Y esa atroz amargura de no gustar de nada, de no saber a dónde dirigir nuestra prisa» (68). «Salmodia la blanca espuma — *miserere*» (69). «Quiero expresar mi angustia en versos que abolida — dirán mi juventud de rosas y de ensueños — y la desfloración amarga de mi vida — por un vasto dolor y cuidados pequeños...» «Y el horror de sentirse pasajero, el horror — de ir a tientas en intermitentes espantos — hacia lo inevitable» (70). «La vida es dura. Amarga y pesa» (71). «Perdóname el fatal don de darte

(68) *La dulzura del Ángelus*, en *Obras completas*, pág. 580.
(69) *Tarde de trópico*, en *Obras completas*, pág. 581.
(70) *Nocturno*, en *Obras completas*, págs. 581-582.
(71) *Canción de Otoño en Primavera*, en *Obras completas*, pág. 584.

la vida» (72). «Y así voy, ciego y loco, por este mundo amargo» (73), «y el duelo de mi corazón, triste de fiestas» (74). Y el famoso poema final en que se concentran todos los terrores que pululan en los anteriores versos.

Ser y no saber nada, y ser sin rumbo cierto,
y el temor de haber sido y un futuro terror... (75).

Nótese aquí, de una vez, la instantaneidad lírica operante sobre el poeta. Entre un temor (del pasado) y un terror (del futuro), fluctúa el ánimo agarrado al instante que transcurre. De ahí que estos poemas alternen con los de más desesperada sensualidad.

Rosas rosadas y blancas, ramas verdes,
corolas frescas y frescos
ramos. ¡Alegría! (76).

Una última observación. Instantaneidad se opone a temporalidad, pero no a Eternidad. Conviene dejar bien precisado este aspecto de nuestro tema. El propio Rubén Darío nos va a dar las palabras exactas que ahorren una mayor insistencia:

«He impuesto al instrumento lírico mi voluntad del momento, siendo a mi vez órgano de los instantes, vario y variable, según la dirección que imprime el inexplicable Destino.

Amador de la cultura clásica me he nutrido de ella, mas siguiendo el paso de mis días. He comprendido la fuerza de las tradiciones en el pasado y de las previsiones en el futuro. He dicho que la tierra es bella, que en el arcano del vivir hay que gozar de la realidad alimentados de ideal. Y que hay instantes tristes por culpa de un monstruo malhechor llamado Esfinge. Y he cantado también a ese monstruo malhechor. Yo he dicho:

Es incidencia la Historia. Nuestro destino supremo
está más allá del rumbo que marcan fugaces las épocas.
Y Palenke y la Atlántida no son más que momentos soberbios
con que puntúa Dios los versos de su augusto Poema.

---

(72) *A Phocas, el campesino*, en *Obras completas*, pág. 592.
(73) *Melancolía*, en *Obras completas*, pág. 600.
(74) *Nocturno*, en *Obras completas*, pág. 605.
(75) *Lo fatal*, en *Obras completas*, pág. 613.
(76) *Aleluya*, en *Obras completas*, pág. 601.

He celebrado las conquistas humanas y he, cada día, afianzado más mi seguridad de Dios. De Dios y de los dioses. Como hombre, he vivido en lo cotidiano; como poeta, no he claudicado nunca, pues siempre he tendido a la eternidad» (77).

MANUEL MACHADO.

El culto a la instantaneidad es muy característico de la poesía de Manuel Machado. No existe una fluente corriente vital cuya dimensión alcanza sólo la meditada inteligencia, sino los «momentos» vitales que percuten a nuestros sentidos. De este modo el mundo alrededor se adelgaza y se fracciona en «instantáneas» fugacísimas. La realidad es evanescente. Al llegar el momento reflexivo nada ha quedado entre las manos. ¿O es que la realidad era eso, un poco de nada? Melancolía ante las cosas fugitivas. Nihilismo. Nada existe; nada vale la pena.

Pero dejemos al propio poeta desplegar su filosofía (78).

Mi voluntad se ha muerto una noche de luna
en que era muy hermoso no pensar ni querer (79).

Acuarelas pintadas, ligeros biombos, las cosas circundantes son registradas por el poeta. El amor, mera sensualidad anecdótica.

Los placeres
van de prisa:
Una risa
y otra risa,
y mil nombres de mujeres... (80).

La belleza, convertida muchas veces en perfección pictórica: *Museo;* o en evocación manierista de momentos históricos; en porcelana y miniatura que detienen, con su grácil ademán, una hora inexistente; ademanes grotescos y estilizados de pantomima, un mundo policromo servido con la técnica ligera y vivaz del impresionismo.

---

(77) *Obras completas*, pág. 626.
(78) Cito del libro *Poesía*, Barcelona, 1940.
(79) *Adelfos*, pág. 8.
(80) *Encajes*, pág. 19.

Una tarde impresionista,
en el taller de un artista
vi a Mimí, débil y rubia,
desnuda bajo la lluvia... 81).

Una estética menor que huye de toda trascendencia:

Me acuso de no amar sino muy vagamente
una porción de cosas que encantan a la gente...
La agilidad, el tino, la gracia, la destreza,
más que la voluntad, la fuerza y la grandeza...

Nótese la espléndida sintetización de dos mundos: el del Modernismo y el del Noventa y Ocho. Pero dejemos proseguir al poeta con sus versos más conocidos:

Mi elegancia es buscada, rebuscada. Prefiero
a lo helénico y puro lo chic y lo torero.
Un destello de sol y una risa oportuna
amo más que las languideces de la luna (82).

Resumamos estas notas con fragmentos de un poema que nos evitará mayor insistencia: *La canción del presente:*

Pero siempre dura poco
lo que quiero y lo que no...
¡Qué sé yo!
Ni me importan...
Alegre es la vida y corta...,
pasajera.
Y es absurdo
y es antipático y zurdo
complicarla
con un ansia de verdad
duradera
y expectante.
¿Luego?... ¡Ya!
La verdad será cualquiera.
Lo preciso es el instante
que se va (83).

---

(81) *Mimí, la modelo,* pág. 64. La técnica cinematográfica sirve también al poeta para explicar su mundo sentimental: «En el cinematógrafo — de mi memoria tengo — cintas medio borrosas... ¿Son escenas — de verdad o de sueños?» (pág. 83).
(82) *Retrato,* pág. 101.
(83) Ed. cit., pág. 110.

No es necesario proseguir. Tampoco interesa la exploración de libros posteriores, alejados en bastantes aspectos del Modernismo. Bastan los textos citados para destacar una actitud inconfundible.

VALLE-INCLÁN.

Al estudiar el tema de la valoración de lo temporal en Valle-Inclán no podemos olvidar que se trata del único escritor no radicado en la zona beticomediterránea de que hablaba Unamuno. Hay en Valle un gusto por lo misterioso y trascendente que le viene de su raíz céltica y que sería necio no señalar. Por otra parte, hay en Valle un novelista, y esto le obliga a una valoración de lo temporal.

Y, sin embargo, ¡qué distinto el relato de Valle del relato de Baroja! Recordemos que, fundamentalmente, las *Sonatas* (84) son unas «Memorias», es decir, una *actualización* emocional de recuerdos que se convierten, por lo tanto, en materia lírica (85).

Sobre este tema, además, Valle-Inclán ha meditado teóricamente. Hay un capítulo de su libro doctrinal, *La lámpara maravillosa,* en el que, junto a sus musicales extravagancias, hallamos una preciosa confirmación del tema que estamos analizando. Toda la estética de Valle-Inclán sería nada menos que una lucha contra el tiempo. «Antes de llegar a este quietismo estético, divino deleite —escribe—, pasé por una aridez muy grande, siempre acongojado por la sensación del movimiento y del vivir estéril. Aquel Espíritu que borra eternamente sus huellas me tenía poseso y mi existencia fue como el remedio de sus vuelos en el Horus del Pleroma. He consumido muchos años mirando cómo todas las cosas se mudaban y perecían, ciego para ver su eternidad...» «El Tiempo —añade más abajo— era un vasto mar que me tragaba, y de su seno angustioso y tenebroso mi alma salía cubierta de recuerdos, como si hubiese vivido mil años...» Pero un día junto al mar acomete al poeta la revelación suprema. El color y la forma de las nubes eran la evocación de momentos anteriores, *nin-*

(84) Nos referimos a las *Sonatas,* clave de toda su primera producción, el indiscutiblemente tema modernista. No, sería difícil una distribución de toda, o casi toda, la producción literaria de Valle-Inclán en función de los cuatro magníficos relatos del marqués de Bradomín.
(85) *Opera omnia,* vol. I, págs. 30-35.

guno había pasado, todos se sumaban en el último. «Me sentí anegado en la onda de un deleite fragante como las rosas y gustoso como hidromiel. *Mi vida y todas las vidas se descomponían para volver a su primer instante,* depuradas por el Tiempo...» «*Cuando se rompen las marinas del tiempo* —concluye solemnemente— *el instante más pequeño se rasga como un vientre preñado de eternidad. El éxtasis es el goce de sentirse engendrado en el infinito de este instante*» (86).

Nò sería difícil una exploración crítica de la primera poesía de Valle-Inclán explicada como «instantáneas» plásticas rurales o, más clásicamente, como «idilios», es decir, «visioncillas». El poeta se siente seguro en la presencia rauda del instante:

Yo marcho solo con mis leones
y la certeza de ser quien soy.
El diablo escucha mis oraciones.
Canta mi pecho. ¡Mañana es Hoy! (87).

La descripción de las cosas no necesita la presencia temporal del verbo; basta la yuxtaposición de frases de sustantivo y adjetivo:

Álamos fríos en un claro cielo
azul, con timideces de cristal.
Sobre el río la bruma como un velo,
y las dos torres de la catedral (88).

Como en Darío, la rosa no es símbolo de la brevedad de la vida (89), sino del goce del instante.

¡Rosa! ¡Divina flor del rito
de amar, cantar y adormecer!
¡Amor en grito!
¡Boca de mujer!

Las cosas no transcurren. *Son* en el instante. Y el instante tiene dimensión de Eternidad:

---

(86) *Opera omnia,* vol. I, págs. 30-35.
(87) *Claves líricas,* en *Opera omnia,* vol. IX, pág. 58.
(88) Ídem, pág. 61.
(89) Recuérdese lo que dijimos acerca del tema en Calderón, por ejemplo.

Nada será que no haya sido antes.
Nada será para no ser mañana.
Eternidad son todos los instantes,
que mide el grano que el reloj desgrana.
Eternidad la gracia de la rosa,
y la alondra primera que abre el día,
y la oruga y su flor, la mariposa.
¡Eterna en culpa la conciencia mía! (90).

Sólo en algún poema aislado hallaríamos la noción de lo temporal, identificando tiempo a dolor:

¡La vida!... Polvo en el viento
volador.
¡Solo no muda el cimiento
del dolor! (91).

Pero al abrir su último libro de versos, *La pipa de Kif*, proclama de nuevo su visión «presentista» del mundo:

Mis sentidos tornan a ser infantiles.
Tiene el mundo una gracia matinal;
mis sentidos, como gayos tamboriles,
cantan en la entraña del azul cristal.

Y más abajo.

El ritmo del orbe en mi ritmo asumo
cuando por ti quemo la pipa de Kif (92).

JUAN RAMÓN JIMÉNEZ.

La «instantaneidad» procede en Juan Ramón Jiménez del carácter impresionista de su pincelada lírica. Desde la poesía que abre su *Segunda antología poética:*

Se paraba
la rueda
de la noche...

---

(90) Ídem, pág. 135.
(91) Ídem, pág. 143.
(92) Ídem, págs. 157-159.

La obra se produce por «momentos líricos», por actualizaciones de las cosas sobre los sentidos. Podría intentarse una leve matización, sin embargo. En los primeros libros —hasta *Pastorales* (1903-1905)— hay todavía «relato lírico» en el que las cosas transcurren suave y musicalmente por el tiempo:

La luna, como un gigante
de coraza grana y chata
que acechara tras la tierra
poco a poco se levanta.

(Página 47.)

El metro predilecto de estos libros, el romance, encaja bien en este momento de su obra. Con todo, no falta el impacto estático, que el poeta recoge y amplía en una etapa posterior (1907-1912). Las cosas son bellas en el instante que pasa:

¡Oh plenitud de oro! ¡Encanto verde y lleno
de pájaros! ¡Arroyo de azul, cristal y risa!

(Página 70.)

El poeta, ciertamente, se demora musicalmente en el instante y su hermosura:

Torno al hogar a esta hora divina del estío
en que yerran ya rosas por el azul doliente;
cuando los aviones ornan de griterío
el pueblo, y cantan un corro de niñas en la fuente.
Todo está en paz...

(Página 79.)

Pero en una etapa posterior la noción de la instantaneidad se acentúa en cuatro sentidos:

a) Evocación por el instante presente del instante pretérito:

¡Qué goce triste este
de hacer todas las cosas como ella las hacía!

(Página 189.)

b) Consideración de la eternidad en el instante:

Cada minuto de este oro,
¿no es toda la eternidad?

(Página 212.)

c) Voluntad de eternidad en el instante que pasa:

Quisiera clavarte, hora,
igual que una mariposa,
en mi corazón.

(Página 247.)

d) Nihilismo del instante:

¡Oh, todo lo que iba
a ser mío!
Pasó todo.
¡Qué falsa
verdad la de un instante, vida!

Francisco Villaespesa

Foto Archivo Espasa-Calpe

CUARTA PARTE

LA RETÓRICA DEL MODERNISMO

I

EL VERSO

ELABORACIÓN DE UNA RETÓRICA NUEVA.

Como término de este trabajo, en el que nos hemos propuesto estudiar el acontecimiento estético-literario denominado «Modernismo», estableciendo con algún cuidado las líneas diferenciadoras del mismo en relación con el fenómeno coetáneo denominado «Noventa y Ocho», vamos a estudiar el aspecto «externo» de la cuestión, intentando establecer las bases de lo que podríamos llamar retórica, o preceptiva verbal del «Modernismo». Ella nos dará, por añadidura, la que pueda corresponder al «Noventa y Ocho».

Pero esta vez, a diferencia de lo que se usa en nuestros libros de Historia de la Literatura, vamos a intentar el estudio del Modernismo «desde dentro». Vamos a proceder a valorar los ingredientes de la nueva escuela en su fermentación española. El problema crítico se va a plantear, pues, en estos términos: estudiar el «Modernismo» español antes de Rubén Darío o al margen de Rubén Darío. Es decir, analizar qué cosa hubiera podido ser del Modernismo español, si no hubiese existido la influencia hispanoamericana (1). Con ello, naturalmente, no hemos de atenuar el acento brillantísimo que la poesía de Ultramar va a poner sobre la poesía española peninsular. Pero creemos que el hecho mismo de la evidencia de este influjo ha perturbado la rigurosa investigación del tema —en su aspecto español— desde sus raíces fundamentales.

El fenómeno modernista, como todos los que surgen en el pa-

(1) Por razones análogas —pues no son, naturalmente, las mismas circunstancias—, no estudiamos la aportación renovadora en cuanto a la métrica, de Gertrudis Gómez de Avellaneda.

lenque literario, nace, naturalmente, de otro fenómeno analizado ya hasta la saciedad: el de fatiga. Las fórmulas del realismo aparecen periclitadas, y la primera noción constatable —lo hemos visto en las primeras páginas de este libro— es la del cansancio y agotamiento de unas maneras ya envejecidas. Este aspecto negativo e iconoclasta es fundamental, aunque no suficiente, para hacer de él un signo identificador; éste es el gran error de Federico de Onís y de su *Antología* (2). En cambio, son perfectamente aceptables las afirmaciones que siguen:

«La primera fase de creación de la poesía modernista fue un proceso de transformación y avance autóctono y original en lo esencial, que nació espontáneamente de la propia insatisfacción y necesidad interna de renovación, y se desarrolló coetáneamente con el simbolismo francés y los demás movimientos independientes y semejantes que brotaron en diversos puntos del mundo y se fecundaron mutuamente» (3).

Es decir, que se trataría de un proceso general de crisis de la estética vigente, y que este proceso habría de producirse un poco en todas partes.

La elaboración que de una estética nueva a la que designaremos —en una de sus direcciones— con el nombre de «Modernismo», no sería, pues, privativa de país o continente alguno, sino que se produciría de manera autóctona en cada lugar, y sólo en un período más evolucionado tendrían lugar los intercambios y las influencias, tanto más fecundas cuanto que coincidirían en los puntos de partida, en la condenación de fórmulas análogas y, posiblemente, en muchas de las direcciones estéticas adoptadas.

---

(2) Al frente de su *Antología de la Poesía Española e Hispanoamericana* (Madrid, 1934) —tan estimable en otros sentidos—, escribe Federico de Onís: «El límite entre el Modernismo y la literatura anterior, o sea la literatura realista y naturalista de la segunda mitad del siglo XIX, es bastante claro y fácil de determinar, porque el Modernismo nació como una negación de la literatura precedente y una reacción contra ella. Este carácter negativo fue el que, al principio, prestó unidad a los ojos de los demás y a los suyos propios, a los escritores jóvenes que en los últimos años del siglo XIX llegaron a Madrid desde los cuatro puntos cardinales de la Península, y, más lejos aún, desde la América española, en todo lo demás separados, distintos y contradictorios.» Estas últimas palabras son las que justifican, por ejemplo, la inclusión de Unamuno entre los poetas modernistas, cosa que —a estas alturas del libro— no creemos sea menester refutar al lector que haya seguido nuestra tarea discriminatoria.

(3) ONÍS: Ob. cit., pág. 16.

ANTECEDENTES.

Por lo que se refiere a nuestro país, el tema ha sido inicialmente abordado por el llorado crítico Enrique Díez-Canedo en un artículo titulado «Los comienzos del Modernismo en España» (4). Este trabajo, muy interesante en su brevedad, señala una serie de etapas en lo que pudiéramos llamar premodernismo o proceso hacia una nueva concepción retórica.

Para Canedo, las influencias dominantes de entre los poetas anteriores serían Campoamor y Bécquer. Dos nombres que representarían —según creemos— la sinceridad y la intimidad frente al retoricismo verbal de la línea Zorrilla-Núñez de Arce.

De estas dos influencias, la primera —a pesar de la famosa décima, muy primeriza, de Rubén— debe ser la más sujeta a revisión. No así la segunda. Bécquer se salva un poco de la quema aun en los momentos más agudos de la estética antiochocentista (5). América, por su parte, le es fiel sin interrupción y sin ironía (6). La influencia de Bécquer en el Modernismo español ha tenido recientemente un valedor de altura en la propia persona de Juan Ramón Jiménez, quien ha dicho: «La poesía española contemporánea empieza, sin duda alguna, en Bécquer.» De Bécquer arrancaría una doble rebeldía estética: lo que Juan Ramón llama «revolucionario de dentro», cuyo ejemplo daría Unamuno, y «revolucionario de fuera», cuyo paradigma sería Rubén: «espíritu de la forma y ansia sin forma, doble becquerianismo, mezcla paradójica en lo superficial, homogénea en lo interno» (7). En cuanto a la vigencia de Bécquer en la poesía posterior, basta recordar el nombre de Rafael Alberti, que dedica a su recuerdo uno de

(4) En la revista *España*, de Madrid, 21 de julio de 1923.

(5) Recuérdese como característica la sátira de D'Ors contra Espronceda («un piano tocado con un solo dedo») y Zorrilla («una pianola»). Bécquer es «un acordeón tocado por un ángel».

(6) Véase FRAKER: *Bécquer and the modernists*, en *Hispanic Review*, 1935; págs. 36-44. Señala rastros becquerianos, por ejemplo, en *Efímeras*, de GUTIÉRREZ NÁJERA; en *Vejeces*, *de* JOSÉ A. SILVA, y, sobre todo, en *Perlas negras*, de AMADO NERVO.

(7) Textos tomados de un artículo ya citado de Delfina Molina Vedia de Bastianini, acerca de Rubén Darío y Unamuno, publicado en *La Nación*, de Buenos Aires, 11-IV-48. Las frases de Juan Ramón Jiménez están tomadas de una conferencia pronunciada por el poeta en Puerto Rico, en 1948.

sus más bellos poemas surrealistas (8). Señalemos, para terminar, la importancia de Bécquer como creador de una prosa de calidad poemática, cuya importancia subrayaremos en el capítulo que sigue.

Hemos ampliado la indicación de Canedo porque la creemos de enorme interés. Otra afirmación importante del crítico es la de que la influencia francesa es menos amplia y profunda de lo que se cree. El tema es también de gran interés y podríamos enlazarlo con nuestra tesis, ya expuesta en otros libros (9), de lo que representa la Meseta como «resistencia» a los influjos exteriores que, en cambio, capta sensiblemente el litoral. Para el Modernismo, sin embargo, recuérdese lo que hemos indicado acerca de su conexión con la «mediterraneidad» y véase el apéndice de este libro titulado *Cataluña y el Modernismo español.*

La poesía del momento premodernista español es, pues, menos permeable a los movimientos líricos europeos de lo que se creía. Pues bien; lo mismo acontece con el influjo americano. En otro trabajo, también muy interesante, afronta Enrique Díez-Canedo el problema de los orígenes del Modernismo (10). El crítico ataca aquí el tema del volumen de la influencia americana. A juicio de Díez-Canedo, esta influencia se cifra en las dos primeras presencias físicas de Rubén Darío en España; es decir, la de 1892 y la de 1899. Los poetas americanos eran menos leídos de lo que se cree. A excepción de Villaespesa, que mantenía correspondencia con ellos (11), los demás se limitaban a la devoción inmediata y trascendental de Rubén Darío. Por su parte, Darío no acepta una tradición renovadora anterior a él. Conocidas son sus frases des-

---

(8) *Homenaje a Bécquer*, en su libro *Sobre los ángeles.* Un gran poeta becqueriano de hoy, si bien fidelísimo a la estética de su tiempo, es Joaquín Romero Murube.

(9) Por ejemplo, en mi *Introducción al Estudio del Romanticismo español.*

(10) *Rubén Darío, Juan Ramón Jiménez y los comienzos del Modernismo*, en la revista *El Hijo Pródigo*, año I, vol. II, núm. 9 (Méjico, diciembre de 1943); págs. 145-151.

(11) Canedo cita un texto de Juan Ramón Jiménez, de 1936, en este sentido: «Libros que entonces reputábamos joyas misteriosas y que, en realidad, eran y son libros de valor, unos más y otros menos, los tenía él, sólo él: *Ritos*, de GUILLERMO VALENCIA; *Castalia bárbara*, de RICARDO JAIMES FREYRE; *Cuentos de color*, de MANUEL DÍAZ RODRÍGUEZ; *Los crepúsculos del jardín*, de LEOPOLDO LUGONES; *Perlas negras*, de AMADO NERVO» (DÍEZ-CANEDO: Loc. cit., pág. 148). La cronología de estos libros sería objetable.

pectivas de 1899 para el mismo Salvador Rueda, exaltado en 1892. En cuanto a Ricardo Gil, tampoco lo estima: «He buscado sus obras, las he leído; no tengo que daros ninguna noticia nueva.» «Y, sin embargo —comenta Díez-Canedo—, en Ricardo Gil, en Salvador Rueda, como en Manuel Reina y en otros más, inclusive en el más que maduro Eusebio Blasco, instaban ya algunos de los gérmenes que con mayor potencia y total eficacia había de fecundar el genio del centroamericano» (12).

Parece, pues, evidente que los mismos poetas franceses eran, en un principio, menos conocidos de lo que se cree. Canedo recuerda una de las primeras cartas de Juan Ramón Jiménez, en la que el poeta andaluz pregunta por *Los raros:* «Aquí, en las librerías, no lo tienen.» «Ni *Los raros* ni la generalidad de los libros americanos se encontraban entonces en las librerías.» La información llegó, pues, tarde. *Los raros* se reeditó en 1905. De 1905 es el libro de Enrique Gómez Carrillo —gran correo literario de París, de influencia enorme en su tiempo—, titulado *El Modernismo.* A partir de esta fecha la información literaria francesa —sobre todo a base de la revista *Mercure de France*— es ya normal; pero mientras tanto hay que resignarse a seguir el proceso de creación de la nueva estética a través de los poetas españoles.

LOS PRECURSORES.

Volviendo al primero de los trabajos reseñados de Enrique Díez-Canedo, el de 1923, nos encontramos, señalados con leves indicaciones críticas, los siguientes nombres, que procederemos a estudiar con una mayor detención: Manuel Reina, Eusebio Blasco, Ricardo Gil, Rosalía de Castro y Salvador Rueda.

Vamos a recoger estos cinco nombres, ampliando su comentario y añadiendo algún otro para reconstruir el proceso de elaboración española del movimiento modernista.

---

(12) Art. cit., pág. 147.

EUSEBIO BLASCO.

El nombre de Eusebio Blasco sorprende, sin duda, al lector de nuestro tiempo (13). Canedo recuerda de él sus largas estancias en París, cuyos secretos literarios conocía. Escritor agudo y rápido —malogrado por el abuso de su propio ingenio—, publicó en 1878 su libro de versos *Soledades,* en el que Canedo halla rastros evidentes de Sully Prudhomme (autor de *Solitudes,* 1869) y de François Coppée. Don Manuel de la Revilla anotaba, en efecto, «cierto sensualismo voluptuoso y en ocasiones harto frívolo», amonestando al poeta para que prescindiese de «esa frivolidad francesa de que siempre ha hecho alarde, y que es incompatible con la verdadera poesía» (14).

MANUEL REINA.

La figura de Manuel Reina tiene ya, en cambio, un real interés premodernista. Es el primer poeta español que figura en la *Antología* de Onís (sólo precedida por el peruano González Prada y el mejicano Gutiérrez Nájera). Nacido en 1866, nos da primero dos libros de corte más bien tradicional (*Andantes y Alegros,* 1877; *Cromos y Acuarelas,* 1878).

Si el primero de estos libros está muy ligado a la estética anterior, el segundo, *Cromos y Acuarelas,* sorprende ya por una manera nueva —sensorial y sensual— de tratar el color con un decorativismo completamente nuevo.

Y en 1894, una obra sorprendente: *La vida inquieta,* cuyo interés cronológico radica en la fecha de redacción de cada uno de los poemas, muchos de ellos anteriores a 1890.

Desde las primeras páginas de *La vida inquieta* pueden señalarse ya los atisbos renovadores de Manuel Reina. El poema introductorio, «A un poeta», es ya como un programa estético en que los valores de delicadeza sensorial señalan continentes no hollados.

Toma el sonoro bandolín ceñido
de pámpanos y flores perfumadas...

---

(13) Hoy es un escritor bastante olvidado. No figura en la *Historia de la Literatura,* de VALBUENA PRAT. Nació en Zaragoza, en 1844. Su primer libro, *Arpegios,* es de influencia becqueriana.

(14) *Revista Contemporánea,* 15 de febrero de 1878.

Canta los esplendores de la vida
la primavera fúlgida y lozana,
los tersos lagos, las fragantes rosas,
el sol de fuego y las estrellas pálidas.

Canta las relucientes cabelleras,
los senos de alabastro, la inflamada
risa que bulle entre los labios rojos,
como abeja de pétalos de grana.

Canta el lujo oriental, los frescos lirios,
los collares de perlas, las escalas
de seda y oro, la radiante gloria,
las tibias noches de zafiro y plata.

Sorprenden en los versos copiados, aparte el lujo sensorial con que se alhaja la fantasía del poeta, los juegos verbales con que se dobla la adjetivación *(«la primavera fúlgida y lozana»)* y los sabios juegos de contraste

los tersos lagos, las fragantes rosas...,

el sol de fuego y las estrellas pálidas...

... las tibias noches de zafiro y plata...

Nótese también la ruptura de la unidad del verso en los sintagmas «la inflamada — risa» y «las escalas — de seda y oro». Todo ello es de una evidente novedad en el momento que reseñamos.

Quien así escribía era conocedor de vastos y profundos veneros de poesía. En *La vida inquieta* nos ofrece también un catálogo de sus preferencias estéticas.

El poeta es visitado por los vates selectos. Helos aquí: Dante, «el gibelino de facciones trágicas», aparece primero. Luego sigue Shakespeare, «de luz la frente coronada».

Y le siguen el tierno Garcilaso;
el ciego y noble Milton; la bizarra
sombra del Lord sublime; el gran Leopardi
con el buitre clavado en las entrañas.

Puchkin, rasgado el pecho, y en la herida,
la sierpe de los celos enroscada;
Heine, el sarcasmo en la risueña boca
y en el doliente corazón las lágrimas.

Alfredo de Musset, rota en la mano
la copa de los goces; la romántica
figura de Espronceda, y el siniestro
Baudelaire con su tétrica mirada.

El poema está fechado —nótese bien— en 1884. Y obsérvese el catálogo poético de los modelos del lírico y su interesante Modernismo.

Una sensualidad franca y abierta llena las páginas del libro:

Todo dice: «La vida es un poema
de luz, placer, belleza y armonía...»

aunque no falta, a veces, el reverso amargo de la hermosura del mundo en un irrenunciable romanticismo tardío:

La vida
es horrible tragedia entre esplendores.

Con todo, lo frecuente es un decorativismo que se basta a sí mismo, como en *El Carnaval de Venecia:*

Bacanales, sonoras mandolinas,
fantásticas y alegres mascaradas;
las góndolas, de antorchas coronadas,
meciéndose en las aguas cristalinas.

Rubias sirenas, pálidas ondinas
de hermosa faz y eléctricas miradas...

Como poeta de transición que es, no falta a Reina la visión todavía posromántica, retórica y oratoria de tono apocalíptico. Con todo, lo habitual es enfrentar sensualidad y muerte en un juego que luego ha de hacer habitual Rubén Darío. Léase, por ejemplo, el poema de *Las almas tristes,* fechado en 1893:

Yo amo las tristes almas dolorosas
que la intensa amargura ha devorado:
el valle, por la lava calcinado,
da ricas vides y fragantes rosas...

Son muy frecuentes, dentro del neorromanticismo decorativista de Reina, las evocaciones de Lord Byron *(Byron en la bacanal, El Carnaval de Venecia, Byron en Venecia, Leyenda a Byron)* de

Shakespeare, constantemente evocado en su personalidad y en sus mitos *(Hamlet, Sueño de una noche de verano)*, y lo que interesa más a nuestro objeto, dos importantes evocaciones: la primera, *Don Juan en los infiernos*, que paladinamente subtitula *Pensamientos de Baudelaire* (pág. 137), y que es, sencillamente, una versión reducida del famoso poema baudeleriano —ya hemos copiado el nombre del poeta francés entre sus vates dilectos—. La segunda se titula *Última noche de Edgardo Poe*, en el que se evoca al poeta americano bebiendo un vaso de ajenjo del que surge, fantástica, la imagen de Leonora, a la que, en su embriaguez, exalta el poeta, quien se desploma, al final, muerto:

¡Sobre el cuér/po del mí/sero Edgár/do
revolaba aquel cuervo fatídico
de su triste, espantable poema,
dando roncos y fúnebres gritos!

El lector habrá percibido, sin duda, la novedad métrica con que están constituidos estos versos, endecasílabos de ritmo anapéstico:

¡Sobre el cuér/po del mí/sero Edgár/do
revolá/ba aquel cuér/vo fatí/dico
de su trís/te, espantá/ble poé/ma,
dando rón/cos y fú/nebres grí/tos!

En general, el metro es el endecasílabo, usado con cierta libertad musical, pero predominando el acento de sexta sílaba.

¿Hay en todo este libro de Manuel Reina, que hemos recordado con algún detalle, algo que permita hablar de una conciencia de renovación? No podríamos pronunciarnos con rotundidad. Es interesante, con todo, recordar un poema que titula *La legión sagrada*, fechado en 1891, al que pudiera atribuirse una intención estética:

Espléndida legión de paladines
cruza por la ancha vía;
resuenan en el aire los clarines
con la mágica armonía.

Alados son sus ágiles corceles
de crines desatadas,
bajo lluvia de flores y laureles
relumbran sus espadas.

A la lid va el ejército brillante
con noble gentileza,
luciendo esta divisa fulgurante:
«Ideal y belleza».

La legión es vencida por los enemigos de la ignorancia esclavos; «¡mas siguen resonando sus clarines — con mágica armonía!», concluye el poeta.

La obra posterior de Manuel Reina (por ejemplo, *Poemas paganos,* 1896; *Rayo de sol,* 1897) no avanza en el plano estético que nos interesa. En cambio, creemos de gran importancia destacar la actitud del libro reseñado, hito indudable en la historia del premodernismo español.

En su libro *El jardín de los poetas* (1899), ya citado, Reina amplía el cupo de sus admiraciones con más virtuosismo verbal que sentido estético.

RICARDO GIL.

La poesía de Ricardo Gil —el segundo poeta español de la *Antología* de Onís— me parece de menos fuerza significativa que la de Manuel Reina. «Fue —dice el antologista— uno de los pocos que se acercan a la poesía francesa, y bajo la influencia de los últimos parnasianos fecundó y flexibilizó su temperamento personal, que se manifiesta en una poesía íntima, delicada, elegante.» Nacido en 1855, en Murcia, Ricardo Gil es recordado por su libro de 1898, *La caja de música.*

El primer libro de Ricardo Gil, *De los quince a los treinta,* es de 1885, y claro está que es prematuro buscar en él demasiados hallazgos. Sin embargo, la sorpresa se produce al ver utilizados por el poeta procedimientos como el dodecasílabo de ritmo de seguidillas (7 + 5):

Risueñas esperanzas, / falsos cristales
que el deseo en diamantes / transforma ciego,
¿qué sois sino juguetes / que los mortales
ambicionan, consiguen / y rompen luego?

Con todo, el libro de Ricardo Gil que se suele citar como precedente del Modernismo es *La caja de música,* publicado, como ya se indicó, en 1898.

Para Canedo, es una obra escrita bajo el signo de Catulle Mendès. Es una poesía dulce y misteriosa, con escape hacia la fantasía, pero sin salir de un cierto tono menor que le da menos alcance renovador o revolucionario. Dos elementos tiene típicamente premodernistas: el decorativismo y cierta sensación de misterio; he aquí unas muestras del primer aspecto, tomadas del poema *Va de cuento*, que anticipa en cierto modo dos temas rubenianos: el del *Cuento a Margarita* y el de *Era un aire suave...*:

Un cuento me pides, claro se adivina,
en tus ojos grandes al mirar atentos.
¿Va de cuento? Vaya. Será mi heroína
la princesa rubia de los rancios cuentos.

La princesa rubia de ojos parecidos
a los tuyos, Laura, grandes, pensadores,
que daba sus joyas a los desvalidos
y se alimentaba con jugos de flores.

La princesa rubia de pies aniñados
que hubiera podido calzar tus chapines,
la que remontaba ríos plateados
unciendo a una concha ligeros delfines...

Como muestra del clima poético de misterio, estos versos:

Desierto está el jardín... De su tardanza
no adivino el motivo... El tiempo avanza.
Duda tenaz, no turbes mi reposo.
Comienza a vacilar mi confianza...
El miedo me hace ser supersticioso.

En resumen: Gil es un poeta de evidente signo premodernista, pero de menor significación que Manuel Reina.

ROSALÍA DE CASTRO.

Otra aportación interesante es la de Rosalía de Castro. Publicó Rosalía su libro de versos castellanos *En las orillas del Sar*, en 1884. Es una obra a la vez lírica y cósmica; quiero decir que el alma del poeta enlaza por misteriosas vías con el alma del universo, del que recoge los más extraños mensajes.

Desde el punto de vista de la forma, *En las orillas del Sar* ofrece una gran parte de poesía tradicional en octosílabos, por una parte; en heptasílabos y endecasílabos, por otra. La rima es, en general, asonante, dando con ello primacía más a la música ideal que a la música verbal.

Con todo, hay en la obra de Rosalía asombrosas conquistas métricas. Dejando aparte los tipos estróficos conocidos, he aquí las aportaciones técnicas que los poemas de *En las orillas del Sar* (15) ofrecen al desenvolvimiento de la historia de la poesía española:

a) Combinaciones de octosílabos con decasílabos (asonantados los versos pares).

b) Combinaciones de hexasílabos con decasílabos (con la misma rima).

c) Pareados de alejandrinos (en asonante).

d) Series de alejandrinos (con rima asonante los versos pares).

e) Series de versos alejandrinos y heptasílabos (rimados como una silva).

f) Series de versos de dieciséis sílabas (asonantados o en rima: A AB CC B).

g) Series de versos de dieciocho sílabas o combinados con eneasílabos.

Las novedades que aporta la métrica de Rosalía pueden agruparse, pues, en derredor del decasílabo (agrupado con versos de seis y ocho sílabas), del alejandrino (alguna vez formando estrofas con heptasílabos), y, finalmente, las series de versos de dieciséis y dieciocho sílabas.

El primer aspecto es el que trae menos novedad. Sin embargo, es notable la sonoridad menor que encierra:

> Al través del follaje perenne,
> que oír deja rumores extraños,
> y entre un mar de ondulante verdura,
> amorosa mansión de los pájaros,
> desde mi ventana veo
> el templo que quise tanto. (16).

---

(15) Citada por la edición de Buenos Aires, 1941, basada en la de 1908, con interesante prólogo de Enrique Díez-Canedo, que se reproduce en la presente edición.

(16) Pág. 17.

El verso dodecasílabo se ordena en un claro ritmo anapéstico, tan característico de la lírica galaica:

> Al través / del follá / je perén / ne,
> que oír dé / ja rumó / res extrá / ños...

El alejandrino se ordena, en general, de acuerdo con la norma tradicional, es decir, por hemistiquios de siete sílabas:

> ¡Partid y Dios os guíe!... — pobres desheredados
> para quienes no hay sitio — en la hostigada patria... (17).

La cesura se marca perfectamente, hasta el punto de absorber, si es preciso, una sílaba en la palabra esdrújula del final del primer hemistiquio:

> Fue ciclo de su espíritu, — fue sueño de sus sueños (18).
> Bajo las anchas bóvedas — mis pasos silenciosos... (19).

Alguna vez parece acercarse a una nueva orquestación, haciendo imperceptible la cesura:

> A la luz de esa aurora primaveral, tu pecho vuelve
> a agitarse... (20).

Las combinaciones de versos de dieciséis sílabas encierran análogo interés; su ordenación en hemistiquios octosilábicos es también evidente, por lo que el ritmo general de la composición no puede eludir el recuerdo del romance:

> Hay canas en mi cabeza; — hay en los prados escarcha;
> mas yo prosigo soñando; — pobre, incurable, sonámbula (21).

Mayor novedad encierran los versos de dieciocho sílabas con hemistiquios de nueve:

> Su ciega y loca fantasía — corrió arrastrada por el vértigo,
> tal como arrastra las arenas — el huracán en el desierto (22).

«¿No están ahí —comenta Canedo— el Moréas de las *Stances* y, en parte, el Darío de *Cantos de Vida y Esperanza?*» (23).

---

(17) Pág. 66.
(18) Pág. 71.
(19) Pág. 102.
(20) Pág. 78.
(21) Pág. 105.
(22) Pág. 79.
(23) Cit. Art. (1923).

GONZALO DE CASTRO.

Un escritor desconocido, pero que conviene traer a esta línea de formación del proceso modernista, es Gonzalo de Castro por un libro en verdad sorprendente: *Dédalo*, publicado en 1891.

Dédalo es una obra de escasa dimensión, pero de interés muy considerable (24). Su autor, Gonzalo de Castro, maneja la temática de lo grandioso moral: Dios, la Creación, el Vicio, a la manera de Núñez de Arce. Pero en los resortes expresivos hay bastante novedad. Un poco a la manera de Bartrina, ironiza sobre la ciencia que describe el ojo humano y no ve el

misterioso cristal que Dios azoga
donde se pinta en miniatura el mundo,

sino que

¡esa movilidad maravillosa
es, no más, de seis músculos el juego!
Mira el globo del ojo, ese puñado
de materia nerviosa...
¡Y no un sol en las cuencas encerrado!
Ahí tienes, en mitad de esas blancuras
de la córnea el esférico casquete...
¡Dióptrico juguete,
no estrella viva, como tú aseguras! (25).

La visión nostálgica de la Alhambra está ya cerquísima de la de Villaespesa:

Ya no se ven allí, cual siglos antes,
en las blancas alhenias peregrinos,
ni civiles cabezas con turbantes,
ni cinturas con armas damasquinos,
... ni la odalisca de mirar lascivo,
abandonando el mágico tapete
va a recibir un ósculo furtivo
bajo el palio de encaje del templete...

---

(24) Madrid, Impresiones y Timbrados de R. González, 1891; 128 páginas en 4.° Un libro anterior de G. DE CASTRO: *El hijo pródigo* (Ciudad Real, 1887), no ofrece interés alguno.
(25) Pág. 94.

El crótalo repica,
gime la guzla y el adufe estalla,
ni en las blancas tarbeas
de suelo de alabastro y techo de oro
bailan ya las alcmeas,
encendido el aliento entrecortado,
hiriendo, ante el Emir extasiado,
con sus pies juguetones las alfombras,
aspirando en el muro alicatado
la epiléptica danza de sus sombras (26).

Al lado de la visión nostálgica hay en Gonzalo de Castro una cierta visiŏn futurista cuando canta el vapor:

Se encienden humeantes los carbones,
rompe en hervor el agua; te desprendes
por dentro de la máquina, te extiendes,
y al esfuerzo brutal de tus pasiones
tu férrea cárcel desclavar pretendes (27),

o la fábrica:

Entremos. ¿Qué escucháis? Sordos rumores
de negros y automáticos motores,
silbidos de vapores
y estrépitos de ruedas jadeantes.
Mirad, ¿qué veis?, eléctricos carretes,
verdes bobinas, finos estiletes,
laberintos de férreos engranajes,
poderosos montajes
provistos de acerados cojinetes;
densos vapores que furiosos rugen,
encendidos hogares que llamean,
hélices que voltean
y automáticos émbolos que crujen,
vapores que las válvulas despiden,
calderas imponentes,
ruedas veloces que el vapor impulsa,
sensibles galvanómetros que miden
la varia intensidad de las corrientes
con su flecha convulsa;
pesados cinturones

(26) Págs. 70-71.
(27) Pág. 48.

que a los tubos metálicos abarcan
para evitar terribles explosiones,
y obedientes manómetros que marcan
con su aguja de hierro las presiones;
vigorosas correas
moviendo a un tiempo miles de poleas;
hercúleos cabrestantes
y prensas gigantescas
movidas por titánicos volantes
vertiendo luz y eternizando ideas.

SALVADOR RUEDA.

La cadena de escritores que explican la inquietud renovadora que ha de dar lugar, un día, al Modernismo se cierra, naturalmente, con la figura de Salvador Rueda. ¿Es realmente un premodernista con el mismo derecho, con más derecho, que Manuel Reina, por ejemplo? ¿O es más bien un posromántico, un epígono fabuloso de Zorrilla? En mi *Historia de la Poesía lírica española* me he decidido por la segunda posición. En textos del vate malagueño, que citaremos a continuación, se exalta la devoción filial por el poeta de *A buen juez, mejor testigo*. En cualquier valoración benévola de su obra no podía soslayarse su condición de poeta exterior, fiel al mundo de lo acústico, prodigioso modulador de armonías, pero arrastrado por ellas.

Reproduciré —sintetizando— mi comentario crítico en el libro citado: «El peor enemigo de la poesía de Rueda es su propia generosidad. Si, como quiere Valéry, el mejor poeta es el que rechaza un mayor número de soluciones líricas, Rueda no alcanza sino un muy mediano lugar... Con ello se quiere decir que la obra de Rueda está más cerca de Zorrilla que de Rubén Darío, que innovará realmente la estética de la poesía española, trayendo un nuevo mundo poético y exigiendo el culto al poema *raro*, difícil, trabajado. Rueda, no. A Rueda hay que valorarle en toda su amplia generosidad, vital como un torrente, pero acarreando junto a los guijos cristalinos oleadas de impureza. Su gran desdicha fue sobrevivirse y contemplar cómo nuevas escuelas de poesía fabricaban sus edificios líricos olvidando completamente su labor apasionada de precursor» (28).

(28) *Historia de la Poesía lírica española*, 2.ª edición, pág. 349.

Pero en un trabajo como el presente, que se propone justamente entender el fenómeno de elaboración del llamado movimiento modernista, conviene concretar un poco más.

Precisemos, en primer término, la cronología. Acabamos de señalar unas fechas interesantes: *Soledades*, de Eusebio Blasco, 1878; *Cromos y Acuarelas*, de Manuel Reina, 1878; *A un poeta*, 1884, el mismo autor (publicado en el libro *La vida inquieta*, 1894); 1884, *En las orillas del Sar*, de Rosalía de Castro; 1885, *De los quince a los treinta*, de Ricardo Gil; 1891, *Dédalo*, de Gonzalo de Castro; 1894, *La vida inquieta*, de Manuel Reina.

En estos años, justamente a partir de 1883 *(Noventa estrofas)*, se fragua la obra lírica de Salvador Rueda. Es muy interesante hacer notar dos cosas: 1.ª Que gran parte de los hallazgos líricos y musicales del nuevo poeta se encuentran ya en los libros aparecidos antes de 1892, fecha de la llegada de Rubén. 2.ª Que incluso el libro *En tropel*, que aparece editado en 1893, según su pie de imprenta (29), se imprimió, en realidad, en 1892 (30). Rubén puso, pues, su famoso «Pórtico» a un libro escrito antes de su llegada. Es, pues, evidente que Darío encontró iniciada una reforma análoga a la que se estaba fraguando en su mente. Esta coincidencia produjo una viva amistad. Rueda exalta a Rubén como príncipe de la poesía y le dedica («al elegantísimo poeta») su poema *El tablado de flamenco;* Darío nada debería añadir al fervor que trasunta su «Pórtico». Es curioso, sin embargo, que Rubén Darío nada diga de Salvador Rueda en *La vida de Rubén Darío escrita por él mismo* (1911) en los capítulos que describen su primera estancia en Madrid (1892), con motivo de las fiestas del Centenario del Descubrimiento, sin que falten anchas referencias a Valera, a la Pardo Bazán o a Campoamor.

Ciertamente que no falta la referencia en el libro del segundo viaje (1899), *España contemporánea*. Pero ahí Rueda es aludido con especial desdén. «Los últimos poemas de Rueda —escribe, entre otras cosas— no han correspondido a las esperanzas de los que veían en él un elemento de renovación en la seca poesía cas-

---

(29) Madrid, Manuel G. Hernández, 1893.

(30) El ejemplar de esta obra, que se conserva en la Biblioteca Menéndez Pelayo de Santander, trae la curiosa dedicatoria que hemos comentado en la página 58.

tellana contemporánea. Volvió a la manera que antes abominara; quiso tal vez ser más accesible al público, y por ello se despeñó en un lamentable campoamorismo de forma y en un indigente alegorismo de fondo. Yo, que soy su amigo y que le he criado poeta, tengo el derecho de hacer esta exposición de mi pensar.» La alusión no puede ser más dura y despectiva, si bien, reconozcámoslo, certera. Hay, con todo, dos errores evidentes: el de atribuir a Rueda un campoamorismo sin duda inexistente y el de hacerle su discípulo «yo, que le he criado poeta» (31).

No es tampoco cierta la afirmación «yo, que soy su amigo». Todas estas frases están llenas de rencor inamistoso. Darío, que tiene ya conciencia de la importancia de su renovación estética, ¿desea liquidar la posible influencia de otros escritores que puedan arrebatarle su caudillaje? Recuérdese su juicio sobre Ricardo Gil. Los otros escritores que cita —Dicenta y Vaamonde— parecen elegidos por su falta de personalidad.

RUEDA, TEÓRICO.

Rueda llevó toda su vida clavada la espina de estas palabras de Rubén. Poseemos hoy, además, una versión amplia de esta cuestión en una larga carta que Salvador Rueda escribió a Narciso Alonso Cortés y que éste ha publicado junto con un excelente estudio crítico (32). En esta carta (que es de 1925), con tremenda pasión y a veces con encarnizamiento senil, el poeta de Málaga se atribuye la dirección del Modernismo no ya en España, sino en América. «Y *después* de mi entrada desde los campos a las ciudades simbolizadas en Madrid, *después* de infiltrado por la poesía y por la literatura el espíritu de la vida, fue cuando Asun-

---

(31) *España Contemporánea* (ed. R. D. hijo, pág. 237). En un momento dado parece como si Darío quisiera deshacerse incluso de la acusación galicista: «Cuando yo publiqué en Chile mi *Azul...* los decadentes apenas empezaban a emplumar en Francia. *Sagesse*, de Verlaine, era desconocido.» (Suponemos se refiere a Chile. El libro de Verlaine llevaba ocho años publicado.) (*Obras de R. D. publicadas en Chile*, página 133.)

(32) *Salvador Rueda y la poesía de su tiempo*, en *Artículos histórico-literarios*, Valladolid, 1935; págs. 151-210.

ción Silva, de Colombia; Julián del Casal, de Cuba; Gutiérrez Nájera, de Méjico, y, por último, Rubén Darío, de Nicaragua, trajeron, más éste que los anteriores, otro tren cargado con la *decadencia* (nombre puesto por los mismos raros franceses) que nuestros Hugo, Muset *(sic)*, Lamartín *(sic)* y *demás dioses mayores de la Francia grande* crearon los diosecitos e idolitos. Mallarmé, Bodeler *(sic)*, Verlén *(sic)*, Moréas y toda una legión florecía entre las excentricidades del Barrio Latino de París. Todo este *bagaje libresco*, todo este *vicio de cultura*, detritus decadente, cayó sobre la salud de mi invasión de Naturaleza y forcejearon ambas tendencias» (33). Las alusiones a Rubén son siempre punzantes y despiadadas: «el poeta de Nicaragua no se desprendía jamás de un *Diccionario de la Rima* que llevaba oculto; su obra era pura cosmética parisiense. "La primera vez que vino a España no tuvo quien le defendiera y lo acogiese más que yo..." y recuerdo que en nuestras primeras visitas... estaba cortadísimo delante de mí. Y yo delante de él, al verlo tan emocionado y respetuoso. Muy luego la "jauría" lo azuzó contra mí; pero, aunque "*celoso*" y "*receloso*" de mi obra, siempre le contuvo el respeto y siempre convivió las ideas conmigo, sólo que las suyas eran de importación francesa y las mías originales y españolas» (34).

Ahora bien; ¿cuáles eran las tendencias retóricas, el programa estético de Salvador Rueda?

En 1894, es decir, poco después de la publicación de *En tropel*, de Salvador Rueda, escribía el crítico catalán José Yxart al poeta malagueño una carta llena de interés. «El pórtico de Rubén Darío —escribe Yxart después de elogiar al lírico— me ha recordado que ese insigne poeta, digno compañero de usted, escribió últimamente *algo, no sé dónde, si no estoy trascordado* (mis indicaciones, como usted ve, son poco precisas), sobre métrica y rítmica. Cuanto piense y diga un versificador como Darío acerca de estas cuestiones técnicas me interesa en sumo grado..., porque siendo uno de los versificadores innovadores y, en apariencia por lo menos, influido por los nuevos poetas y preceptistas franceses..., me interesa mucho saber qué es lo que acepta de ellos y qué es lo que considera aplicable a la versificación castellana.» Se lamenta Yxart, a

(33) Ob. cit., pág. 179.
(34) Ob. cit., pág. 199.

continuación, de la falta de interés que estos estudios ofrecen entre nosotros (35) frente a la «gran revolución métrica que se está realizando» (36), por lo que él desea ocuparse de este tema, solicitando la opinión del poeta acerca de estas cuestiones.

Recuérdese, por ejemplo, que *Cantos de la vendimia,* de Salvador Rueda, tiene un prólogo de *Clarín,* muy severo para el poeta, al que ataca por la «redundancia, la vaguedad de algunos cantares, la exageración nerviosa, que en otras clases de poesía lírica está bien, o por lo menos se disculpa, pero no en un libro de versos "naturalistas", meridionales, que usted quiere que tengan grecos». Invita *Clarín* agudamente al poeta a «no descubrir una Andalucía de tópicos turísticos», sino «ese país melancólico en sus esplendores, misterioso todavía para el arte verdadero, que aún no ha sentido ni visto ni pintado dignamente ni la Alhambra ni la sierra de Córdoba».

El tema encendió el interés de Salvador Rueda, que escribió a Yxart dos cartas interesantísimas, recogidas después en un libro titulado *El ritmo* (37).

No se busque, claro está, una visión científica del tema. El poeta empieza por declarar su asombro de que la cuestión interese en el extranjero; confiesa, sin embargo, que es en él una antigua preocupación. No nos da Rueda la clave del texto rubeniano que señala Yxart, y que no sabemos cuál pueda ser en esta fecha. Pero resume —y es todavía más interesante— lo que «diría» Rubén Darío sobre el tema: «El verso no es solamente un vehículo, es la esencia misma de la poesía hecha ritmo; quiero variedad de armonías, de esencias, de formas; deseo un prisma, y no un solo tono; una orquesta, y no una sola voz. La "instrumentación" de las ideas y de los sentimientos, la técnica poética, es belleza de la más pura, y no es retórica mecánica. Según esté equilibrado el tempe-

(35) Existen —lo recuerda Rueda en sus respuestas— los trabajos de Bello y Dartieri, que no enfocan, según él, el tema.

(36) «Es lástima que cuando a italianos, franceses, alemanes e ingleses les interesan todavía estas cuestiones, aquí estemos todavía a la altura de Rengifo, sin soñar siquiera los profundos problemas musicales y estéticos que se ocultan en el arte de escribir versos», exclama Yxart, quien señala cierto interés por estos temas en algunos intelectuales catalanes.

(37) Madrid, 1894. Biblioteca Rueda, vol. IV, 152 págs. Libro muy raro que incluye, al final, capítulos de crítica literaria.

ramento de cada poeta, brotan en él sentimientos e ideas "tirando" a musicales o a escultóricas o a pictóricas; las combinaciones métricas surgen por impulso natural, no se fraguan por cálculos», etcétera.

El tema, pues, se presenta como de actualidad; pero hace falta un crítico que derroque todos los viejos sistemas; este crítico, según el poeta, podría ser el propio Yxart.

En su segunda carta divaga Rueda acerca del ritmo natural en las flores, los minerales, los seres vivos. En la tercera señala la evolución del ritmo a través de la poesía del XIX. Señala en Quintana su «patriotismo de paciencia rítmica, sus estruendos calculados»; en Espronceda, su carácter de «poeta en medio de la vida y en medio de todos los vientos»; en Zorrilla, su «oído enciclopédico»; «poeta genial, audacísimo en sus instrumentaciones maravillosas y espléndidas», «estropeado» —como Bécquer— por sus hueros imitadores, así como los «retruecanistas, psicólogos de a ochavo, frasistas y originalistas que tanto nos han fastidiado con motivo de Campoamor». El agotamiento es evidente. «Hay que decirles: señores, que no se os oye, ya que se os ha vuelto ronco el pito de tanto tocarlo y no sabemos qué queréis decir», escribe pintorescamente Rueda. Y añade significativamente: «Un Zorrilla, pero un Zorrilla que "agarre a la realidad", repleto de combinaciones, formas y ritmos, es lo que está haciendo falta.»

Divide, pues, Rueda a los poetas en tradicionales, a los que llama —sin demasiado rencor— «endecasilabistas» y renovadores, como Zorrilla o como Banville o Gautier y demás «tallistas de la frase», que deben venir a renovar el marasmo poético existente. «¡Aire, aire, salgamos a la luz del día, yo me ahogo!», exclama el poeta.

Hay, pues, según Rueda —carta VII—, palabras que se agotan, cadáveres sin expresión que no pueden galvanizarse con los viejos artificios. Y para encontrar unos nuevos basta con observar el lenguaje vivo: «Todo lo que nuestros ojos leen y todo lo que nuestros labios hablan es metro y ritmo.» Para probarlo, Rueda copia unos fragmentos del diario *El Liberal*, que empiezan así: «No han cesado en estos días los periódicos oficiosos...», y escribe, con su prodigiosa verbosidad musical un «soneto» cuyos versos recuerdan el sonido y el ritmo de las diecisiete sílabas del fragmento de prosa copiada. He aquí la primera estrofa:

Resonando entre la orgía el estrépito de las copas,
de las copas donde hierve el licor que el copero escancia
en las salas esplendentes que embellecen del rey la estancia,
devuelven un son de guerra los triglifos y las metopas...

Creando así un verso con dos hemistiquios de ocho y nueve sílabas respectivamente y defendiendo la posibilidad de que la cesura no se encuentre siempre exactamente en la mitad del verso.

Es decir, que toda prosa tiene un ritmo, si bien «la memoria del oído humano es insuficiente para ir grabando los compases de toda esta línea» (38). Esta riqueza (no la limitación del octosílabo y del endecasílabo) permite —y exige— «que lo que se exprese ha de ir en ritmos que le sean propios», creando así una forma en que no existan «lugares comunes de los ojos»...

Ahora bien: este ritmo viene producido por el acento, al que Rueda dedica el capítulo más significativo de su trabajo (carta IX). Señala, en primer término, la pobreza de metros: catorce en conjunto (del monosílabo al alejandrino) de la lengua castellana; pobreza agravada por la invariabilidad de sus acentos rítmicos, si bien quedan en libertad los acentos secundarios, débiles o «flotantes» (39). Para Rueda, el acento principal puede y debe cambiar. «El acento es el ritmo y viene de las profundidades del alma del poeta», escribe. «Por eso —añade— no hay forma ni fondo, sino que todo es ritmo, ritmos distintos y variados según la emoción que los engendra» (40). Los modelos de la retórica no son para los creadores, sino para los que carecen de personalidad.

Termina Rueda insistiendo en un tema apuntado en la frase de Rubén reconstruida al principio: es decir, que existen poetas-músicos, como Zorrilla; poetas-escultores, como Leconte de Lisle, y poetas-pintores, como Gautier, y cada poeta debe decidirse por la manera más afín a su temperamento. «Estudiando el idioma —concluye—, fijándose en los distintos torneados de la frase poética, penetrándose de los efectos de las agrupaciones de voces, estudiando las palabras que esculpen, que pintan o que cantan, buscando la armonía y propiedad entre el asunto y el metro

---

(38) Pág. 52. Recuérdense los trabajos de Pius Servien sobre el ritmo de la prosa francesa.

(39) Inútil señalar aquí la excesiva rotundidad de la afirmación de Rueda.

(40) Págs. 50-59.

Retrato de Eduardo Marquina. Dibujo por Werboff.
Real Academia de la Lengua (Madrid)

Foto Archivo Espasa-Calpe

(cosa que no hacen nunca) y amando el arte con todo el corazón y toda la vida y pensando en él y soñando en él y dedicándole todo lo mejor del espíritu, estoy seguro de que, si no todos, algunos de nuestros poetas empezarían a evolucionar la poesía castellana, dándole emociones reales, sensaciones vívidas y no artificiales, y consistencia, y gracia y flexibilidad» (41).

Las aportaciones de Rueda.

Bien se ve que a través de toda esta fusilería de afirmaciones teóricas no se precisa demasiado. Busquemos un poco más para dar con las aportaciones reales de Salvador Rueda a la retórica modernista:

a) *El dodecasílabo de 7 + 5.*—En las cartas a Narciso Alonso Cortés, ya reseñadas, Rueda presenta esta combinación como una novedad debida a su minerva. «Una innovación mía consiste en buscar toda clase de modulaciones y matizaciones a los dos primeros versos de la seguidilla sevillana convertidos en uno... En este metro escribí el primer soneto dodecasílabo castellano. Dice

Bailadora

Con un chambergo puesto como corona
y el chal bajando en hebras a sus rodillas...

Según Rueda, «Darío nunca había oído esta combinación de tupidas sonoridades españolas, y alucinado escribió *El elogio de la seguidilla* (42).

Ahora bien; nosotros —página 280— hemos señalado ya la innovación en el primer libro de Ricardo Gil (1884).

b) *Verbos plurimembres.*—«Otra forma, mejor dicho, otras dos, fueron tramos o falanges, o hemistiquios *de a tres, de a cuatro unidades o sílabas*, poniendo en cada verso o un hemistiquio (?!!), o dos, o tres (?) o más, y doblando o desplegando la combinación según los momentos emocionales, pues, contra las fórmulas poéticas de isócrona rigurosa y rígida, hacía falta un organismo silábico de libertad absoluta, que, como una intelec-

(41) Pág. 67.
(42) Carta citada, pág. 180.

tual cinta de seda o un terciopelo sentimental se plegara y se desplegara para recoger cada oscilación del espíritu y cada temblor de la fantasía» (43).

c) *El «hexámetro».*—Como forma característica de esta flexibilidad que atomiza el verso en unidades menores, tenemos lo que puede llamarse el «hexámetro» de Salvador Rueda. Conocida es la dificultad que existe para adaptar la métrica cuantitativa a la acentual; pero no menos evidentes los esfuerzos que se han venido realizando para crear unidades rítmicas de seis pies. El esfuerzo lo realiza, con felices aciertos, Salvador Rueda (44), creando versos de seis pies, generalmente anfíbracos, como por ejemplo:

Debajo / las tumbas / que recios / azotan / granizos / y vientos /
encima / los montes / de cumbres / alzadas / y toscos / cimientos...

d) *Alteraciones en la estrofa de la seguidilla.*—Salvador Rueda explica ampliamente a Narciso Alonso Cortés su innovación de la seguidilla (7 — 5 — 7 — 5), consistente en elevar el tercer verso a endecasílabo o dodecasílabo (2); por ejemplo:

Cuando yo me muera,
mira que te encargo
que con las trenzas de tu pelo negro
me aten las manos.

e) *Utilización de los dos tercetos del soneto en forma libre y, en ocasiones, independiente.*

---

(43) Ob. ídem íd., págs. 180-181. Desgraciadamente, no alcanza a este período el docto estudio de Dámaso Alonso, *Verbos plurimembres y poemas correlativos* (Madrid, 1944).

(44) El señor Tamayo, en un artículo publicado en *Cuadernos de Literatura Contemporánea* (número dedicado a Salvador Rueda, página 21), escribe, comentando esta afirmación, reflejada en mi *Historia de la Poesía lírica española:* «Claro es que nunca pudo usarse ni arrumbarse lo que jamás existió en nuestra poesía.» Es lamentable que se proceda, con tan apresurado desdén, a liquidar cuestión tan compleja y delicada. En el erudito trabajo de Julio Saavedra Molina, *Los hexámetros castellanos y en particular los de Rubén Darío*, Prensas de la Universidad de Chile, 1935, se demuestra, entre otras cosas, que se han intentado en castellano tres tipos hexamétricos: el «cuantitativo» (por Villegas), el «acentual» (por Caro y Rueda) y el «bárbaro» o carducciano, imitado por Rubén Darío y Eduardo Marquina. Sinibaldo de Mas, por su parte, inició —como es bien sabido— una traducción rítmica de la *Eneida.*

f) *El uso del verso blanco.*—«Ahora esto es ya corriente —escribe Rueda—; antes, cualquier modificación o ampliación costaba crueles batallas.» El verso blanco, utilizado con toda clase de metros.

A estas formas habría que añadir:

g) *La libertad general*, propugnada una y otra vez, que hace posible cualquier clase de metro y de acentuación.

h) *Cierta forma de intensificación y orquestación del romance*, que tiene en Andalucía el precedente de Santa Ana (antecedente probable de los romances de Lorca), y que en Rueda tiene ejemplos tan garbosos como *La capa*.

De tu sueño alcanforado
despierta, capa, despierta,
y de tus pliegues sacude
el grano de la pimienta...

II

LA PROSA

Un acontecimiento estético.

Menos conocida, por menos estudiada, es la importancia del Modernismo en relación con la prosa. Y, a mi parecer, la trascendencia del paso del Modernismo por la prosa supera a la del verso.

Creo sencillamente que el mayor acontecimiento estético de la literatura de nuestro tiempo es el de la creación de un lenguaje capaz de alcanzar —sin los elementos propios del verso— la tensión y el «clima» propios de la poesía.

Singular acontecimiento. Con él, la vieja diferenciación de la prosa y del verso queda inútil. La prosa —cenicienta de la literatura— es tan digna como las «sílabas cunctadas» de primor y de pulimento. Se crea, pues, en primer término, una prosa poética —es decir, capaz de poesía— y con ella se constituye una nueva unidad estética, ésa sí, privativa de nuestro tiempo y que conocemos con el nombre de *poema en prosa.*

Ciertamente, la prosa de intención artística no es de hoy. No sería inútil el buceo de una preceptiva de su uso estético: Don Juan Manuel o Fray Luis de León nos darían la seguridad de la conciencia artística con que se usa el lenguaje «normal». Bastaría rastrear la construcción de la frase en los primeros renacentistas —*La Celestina, El Corbacho*— para encontrar sabios hipérbatos, ordenadas volutas expresivas. Pensemos, por lo demás, en la prosa barroca: en la tremenda fuerza energética de Quevedo, en la apretada síntesis de Gracián.

Convengamos, sin embargo, en que, por regla general, la prosa posee una función *conductora;* actúa como un cauce que transporta —ideas o episodios— más allá de ella misma. Y cuando la tensión barroca declina, este hilo vehicular pierde todo interés. Durante dos siglos, el XVIII y el XIX, la prosa se salva, de un lado, por los oradores, a quienes la función percutidora de su verbo obliga a una cuidadosa búsqueda de sus posibilidades (piénsese en Donoso, en Castelar y —en otro sentido— en Menéndez Pelayo) o en algún milagro aislado como el de la prosa de Bécquer.

LA PROSA ROMÁNTICA.

Hemos señalado ya que el siglo XVIII marca el período de máxima distensión de la prosa. El Romanticismo había de prestar un cambio, un nuevo vuelo a la lengua llana. La influencia de Chateaubriand es evidente en nuestra literatura. Una nueva manera, transida de emoción lírica, invade la prosa tanto como el verso. Empiezan también a surgir en periódicos y revistas escritos que llevan el título de «fragmentos». «Entre nosotros los románticos —escribía Abenámar— la palabrilla "fragmentos" es el *refugium peccatorum* y el universal comodín con que salimos del paso en cualquier apuro. Se le ocurre a un romántico hacer una composición sin saber a quién, ni por qué, ni para qué. La hace y, después de hecha, se encuentra con que aquello es un tejido de desatinos incomprensibles. ¿Y qué hace entonces? Coge y va y pone *fragmento*, y con esto sólo y poner en cualquier parte de la composición un centenar de puntos suspensivos, media docena de admiraciones y unos cuantos números romanos, cate usted a Periquito hecho fraile y a mi hombre tenido y reputado por un genio superior y un consumado poeta» (45).

El ejemplo más importante —acaso el único de real interés— de una prosa con intención poética, sea —como hemos ya indicado— el de Bécquer.

No son demasiados los hallazgos estilísticos de Bécquer. Con todo, se destacan luminosamente en la chata y gris prosa ochocentista española. Berenguer Carisomo ha señalado, en efecto, en *El Caudillo de las manos rojas* una serie de sensaciones op-

---

(45) Citada por G. DÍAZ-PLAJA: *Introducción al estudio del Romanticismo español*, 2.ª ed.

ticolumínicas (46), sonoras (47) y táctiles (48), presentadas con novedad evidente, así como ciertas formas de *expresionismo* por las que las cosas toman actitudes:

«Las torres... se *ciñen* una diadema de antorchas.» «Cien bocinas de marfil fatigan el eco de los bosques» (49).

A veces son los estados de ánimo los que cobran una viva plasticidad:

«Su rostro resplandece como la cumbre que toca el primer rayo del sol y sale a su encuentro.»

«Una víbora enroscada en el fondo de mi corazón lo devora, sin que me sea dado arrancarla de su guarida.»

«El Remordimiento, sentado a la cabecera del lecho, los ahuyenta con un grito lúgubre y prolongado» (50).

Finalmente, señala Berenguer Carisono curiosas concatenaciones de imágenes y sensaciones realmente por encima de la vulgaridad expresiva habitual (51).

El ilustre crítico argentino resume sus observaciones en las líneas que siguen:

«El arte de escribir anticipa en Bécquer notables soluciones posteriores. Galvaniza de lirismo los asuntos más triviales y las cosas más despreciables. En esto, sin que sea establecer un paralelo, absurdo por otra parte, se parece mucho a un contemporá-

---

(46) «Azulada niebla... tiende sus alas diáfanas sobre los valles, robando el color a los objetos.»

«El Ganges como una inmensa serpiente azul con escamas de plata.»

«Insectos... como un torbellino de piedras preciosas.»

(47) «Murmullo del Jawkior, como las últimas notas de la improvisación de una bayadera.»

«Rumor confuso como el hervidero de cien legiones de abejas.»

(48) «Cantares... que refrescan con sus alas los cansados párpados de los justos.»

«Una manga de aire frío y silencioso vino de la parte de Oriente, rizó las ondas, y tocó con la punta de sus húmedas alas mi frente.»

(49) Op. cit., pág. 45.

(50) Ídem íd.

(51) «Virgen, apoya tus labios en los míos, que quiero beber en ellos la muerte en una copa de rubí.»

«En tanto..., el Jawkior... huye a morir al Ganges, y el Ganges al Golfo de Bengala, y el Golfo al Océano. Todo huye: con las aguas, las horas; con las horas, la felicidad; con la felicidad, la vida.» (Ídem ídem, pág. 46.)

neo suyo: a Baudelaire.» «Sin la trágica agudeza de Baudelaire, Bécquer es, dentro de España, un poco este precursor. Solamente le faltó ser más agrio. Carecer de la tradición de que carecía Baudelaire; ser menos español. Pero el intento está, y está por el ensalmo del estilo que busca buir lo más rebelde, quiere penetrar el alma de todo» (52).

No falta, pues, clima poético en la prosa de Bécquer. Faltaría, en todo caso, exigencia de estilo. La prosa neutra, blanca, que el Romanticismo hereda del siglo XVIII no tiene calidad, carece asimismo de tensión energética. Puede llegar a ser —en Larra, por ejemplo—, acerada, sarcástica; pero utilizando pura y simplemente la lengua de la calle. Con esta misma lengua trabaja Bécquer. Y con ella quiere alcanzar —y alcanza algunas veces— la emoción poética. Su pureza está en la evocación, en la fantasía. Su lirismo es de «tema», no de lenguaje. El lenguaje apenas si sirve de hilo conductor. Reconozcamos, con todo, que es mucha la altura obtenida con tan sencillo instrumento.

En algún caso Bécquer intenta un esfuerzo verbal nuevo para su prosa. (Recordemos, de paso, la insignificante retórica de sus «rimas», su proximidad absoluta a la lengua prosaica.) Por ejemplo, en su leyenda *El Caudillo de las manos rojas.*

He aquí un fragmento de la introducción:

I

Ha desaparecido el sol tras las cimas del Jabwí // y la sombra de esta montaña envuelve con un velo de crespón a la perla de las ciudades de Osira, // a la gentil Kattak, que duerme a sus pies, entre los bosques de canela y sicómoros, // semejante a una paloma que descansa sobre un nido de flores.

II

El día que muere y la noche que nace luchan un momento // mientras la azulada niebla del crepúsculo tiende sus alas diáfanas sobre los valles // robando el color y las formas a los objetos, // que parecen vacilar agitados por el soplo de un espíritu.

---

(52) *La prosa de Bécquer*, Buenos Aires, 1947; págs. 32-33.

III

Los confusos rumores de la ciudad, que se evaporan temblando; // los melancólicos suspiros de la noche, que se dilatan de eco en eco repetidos por las aves // los mil ruidos misteriosos que como un himno a la Divinidad levanta la creación al nacer y al morir el astro que la vivifica, // se unen al murmullo de Jawkior, cuyas ondas besa la brisa de la tarde, produciendo un canto dulce, vago y perdido como las últimas notas de la improvisación de una bayadera.

Observamos como elementos de elaboración artística en estos fragmentos becquerianos, en primer término, una tendencia a dividir el hilo de la frase en pausas —que yo señalo gráficamente— y que tienden a organizar cada bloque fonético en cuatro grandes unidades (párrafos I-IV). Otro elemento artístico es el que se deriva de repeticiones a la búsqueda de ciertos paralelismos, así como la frecuencia de líneas fónicas ascendentes de carácter interrogativo.

No es posible hablar de un ritmo en sentido riguroso, y sí aproximadamente una cierta cadencia acentual no reducible a número constante.

Lo mismo podemos decir de otros fragmentos, más deliberadamente incursos en el tono poemático, como en estos fragmentos del Canto III de la misma obra:

«El combate ha terminado con el día // y el caudillo está ya en presencia de su adorada.»

La Virgen

«Caudillo, reclina tu frente sobre mi seno, // que quiero beber en ella el sudor y el polvo de la gloria.»

El Caudillo

«Virgen, apoya tus labios sobre los míos, // que quiero beber en ellos la muerte en una copa de rubí.»

Otro ejemplo de prosa artística, tensa, buida, orientada hacia el primor, es la de Estébanez Calderón. Aquí hay cuidado, primor, gusto en la elección del vocablo, aquilatamiento expresivo. Cualquiera de sus *Escenas andaluzas* (no su novela, desde luego) aportará textos ejemplares.

La «frase hecha».

Reconozcamos, con todo, que esto es lo excepcional. La prosa literaria española ofrece, en general, un lamentable, un increíble descuido. Prosa-cauce, atenta a lo sumo al hilo narrativo, está plagada de *clichés*, de frases hechas. Asombra, en efecto, su vulgaridad y su pobreza. Es evidente que el escritor no ha pulido su expresión y la ha dejado en la más indigente «naturalidad»; tomemos al azar unos textos de prosa novelística española entre los mejores escritores del siglo XIX:

Antonio de Trueba:

«Bartolo se retira del soportal, llorando como un becerro, porque ha sacado el número cuatro, y, poco después, hace lo mismo Cardona, pero saltando de alegría, porque ha sacado el número cinco, y tocando al pueblo sólo cuatro soldados, son útiles para coger el chopo los que han sacado los cuatro primeros números.»

El más listo que Cardona.

Fernán Caballero:

«En una mañana de octubre de 1838, un hombre bajaba a pie de uno de los pueblos del condado de Niebla y se dirigía hacia la playa. Era tal su impaciencia...

La tía María y el hermano Gabriel se esmeraban a cuál más en cuidar al enfermo, pero discordaban en cuanto al método que debía emplearse en su curación. La tía María, sin haber leído a Brown, estaba por los caldos sustanciosos...»

La Gaviota.

Alarcón:

«Un día que el célebre pintor flamenco Pedro Pablo Rubens andaba recorriendo los templos de Madrid acompañado de sus afamados discípulos, penetró en la iglesia de un humilde convento...»

Historietas nacionales.

Pérez Galdós:

«Barbarita y su hermano Gumersindo, mayor que ella, eran los únicos hijos de don Bonifacio Arnáiz y de doña Asunción Trujillo. Cuando tuvo edad para ello fue a la escuela de una tal doña Calixta, sita en la calle Imperial, en la misma casa donde estaba el fiel contraste. Las niñas con quienes la Arnáiz hacía mejores migas...»

Fortunata y Jacinta.

PEREDA:

«En la alcoba en que vimos encerrarse a Bastián cuando su tío le despidió de la suya de muy mala manera, conversaban los mismos dos personajes cosa de una hora después de lo referido en el capítulo anterior. Y digo conversaban, porque don Sotero, con su costumbre...»

De tal palo, tal astilla.

VALERA:

«Toda persona elegante que se respeta debe ir a veranear. Es una ordinariez quedarse en Madrid el verano. Lo más tónico es ir a algunas aguas en Alemania o Francia...

... Tal es el supremo ideal aristocrático a que aspiramos todos en lo tocante a veraneo...»

Pasarse de listo.

Pues bien; parece evidente que la concepción de la prosa literaria desde el Modernismo, parte de la exclusión de los modismos. Es decir, el escritor se propone construir su aparato expresivo sin utilizar las que Julio Casares llama graciosamente «estructuras prefabricadas» (53), y aquí el modismo se caracteriza ciertamente por el hecho de que sus elementos «no se prestan a nuevas combinaciones» (54). Que el uso —sobre todo el uso continuado— de modismos da una impresión de pereza y de pobreza, nos parece irrefutable hoy; sin embargo, muchos escritores del siglo XIX sentían que de este modo se acercaban a las locuciones de la Edad de Oro. En esta actitud combaten, sobre todo, los costumbristas, que de este modo se aproximan al lenguaje popular (55).

(53) *Introducción a la lexicografía moderna*, Madrid, Consejo Superior de Investigaciones Científicas; págs. 225 y sigs., 1950.
(54) Ídem íd.
(55) La moda alcanzó a escritores no sólo de superior ambición intelectual, sino que se han caracterizado después por combatir más tarde estas formas momificadas del lenguaje. Julio Casares anota la presencia de modismos numerosos en el Unamuno de los primeros *Ensayos*, la radical ausencia de ellos en sus trabajos de madurez (pág. 232). Efectivamente, una de las constantes más tenaces de la prosa de Unamuno consiste justamente en el desmontaje de los elementos lingüísticos, a los que despoja de su valor adventicio para bucear en su significación primigenia. Esta obra de repristinización del lenguaje no se limita al modismo, sino que alcanza —como es sabido— a la palabra, en cuya raíz etimológica escarba Unamuno en busca de soterrañas significaciones.

Pues bien; la prosa literaria española se caracteriza desde el Modernismo por la lucha contra el *cliché* (56), por la exigencia de dotar a la prosa de la misma virginidad expresiva, la misma novedad combinatoria que se exige para el verso (57).

Pero para abarcar la totalidad de la importancia que adquiere la renovación de la prosa a través del Modernismo español, importa estudiar los esfuerzos previos que se realizan en Hispanoamérica.

El Romanticismo francés influye, naturalmente, sobre nuestra literatura. Pero es en América donde gravita de una manera total: por el fondo y por la forma. Las «guerras civiles» que terminaron con la Independencia, entregaban ideológica y estéticamente el mundo hispánico al espíritu francés. Señalemos, además, la presencia de una muy noble tradición retórica de corte clásico y un gusto por los matices idiomáticos que los nombres de Bello, de Caro y de Cuervo atestiguan de manera segura.

Los renovadores de América: Montalvo.

El primer creador de una prosa con conciencia artística en América es probablemente Juan Montalvo. Para Montalvo, en efecto, la prosa deja de ser «cauce» para convertirse en algo que tiene una posibilidad estética por sí misma. Su estilo es muy variado; pero cada uno de sus aspectos es el producto de una intención literaria apoyada en copiosísima lectura. Su prosa es una integración de valores —clásicos y románticos— al servicio de una voluntad creadora. Sus modelos capitales serían, por un lado, Cervantes, por otro, Chateaubriand. Esta fuente, destacada entre otras muchas por Anderson Imbert, tiene para nosotros el interés de darnos el hilo directo por el que enlazamos con la prosa poética del romanticismo francés, cuya importancia acabamos de destacar. Todo lo que le llega del mundo clásico —señala este crítico—, le llega, en cierto modo, a través de Chateaubriand (58).

---

(56) Nos referimos al «cliché» literario, no al lingüístico.

(57) Por los ejemplos que acabamos de señalar —Unamuno—, se comprende que el repudio de las formas anteriores abarca análogamente al Noventa y Ocho. La diferencia vendrá, como siempre, en las tendencias de cada uno de los grupos coetáneos pero dispares.

(58) Incluso Montaigne, predominante influencia de tipo ideológico, le llega a través de la «sensibilidad romántica». (Anderson Imbert: *El arte de la prosa en Juan Montalvo*, México, 1948; págs. 83-92.)

Crea, pues, Montalvo su instrumento expresivo con plena y total conciencia de su importancia. «En su prosa —escribe también Anderson Imbert— se empinan como haciéndonos señas para que reparemos en ellas ciertas palabras que él sentía, que él sabía o creía de origen literario. Había de todo: voces arcaicas, voces de moda...» (59).

Pero su aportación no se ciñe al vocabulario. Su sintaxis es millonaria en recursos. Giros arcaicos, inesperadas elipsis, sorprendente inclusión de sintagmas comunes en períodos de construcción personalísima, valoración de la lengua viva y, a la vez, de la de laboratorio. Montalvo no desdeña la retórica; gusta, por el contrario, del párrafo amplio y oratorio, pero cultiva también el ritmo a «tiempo» corto; la nerviosa fruslería de la frase breve cargada de fuerza. No ahorra los signos de puntuación —admirativos y de interrogación—. Le obsesiona la energética de la palabra, su eficiencia.

El crítico ya mencionado —que lo ha estudiado bien— pasa revista a algunos de los recursos expresivos de la prosa de Montalvo. No es el menos infrecuente el de la cláusula que interroga repetidamente a medida que surgen respuestas distintas, pautadas así por la pregunta como por una suerte de estribillo. Otras veces el recurso procede de un juego análogo, pero con períodos interrogatorios distintos. He aquí un párrafo donde este procedimiento se inserta en un ritmo de frase breve:

Llegan los verdugos, / le toman, / le arrastran al patio, / le templan, / le azotan. / ¿Oyen ustedes? / ¡Le azotan! / ¿Han oído? / ¡Le azotan! / Y ese hombre es militar, / General / veterano de la Independencia (60).

He aquí otro juego rítmico, también muy interesante, donde ya es posible hallar una agrupación verbal asimilable a la estrofa:

Sin maíz, / ¿qué es del campesino? //
Sin maíz, / ¿qué es del que ara, el que siembra, el que siega? //

---

(59) Ídem, pág. 142. Rubén Darío señalaba este doble aspecto de la prosa de Montalvo: «Aquel ejército de cláusulas caparazonadas en los más fríos metales del idioma; unas, ceñidas de las más viejas armaduras clásicas; otras, vivas y candentes; todas, admirables.» (*Obras completas*, vol. IX, pág. 169.)

(60) Transcribo el texto pautado por Anderson Imbert. (Ob. art., página 162.)

Si sólido, / carne de faisán. //
Si líquido, / vino de Burdeos (61).

El elemento retórico repetición —aliado del dialéctico de la insistencia— es utilizado en numerosas ocasiones por Montalvo. En este sentido, la asimilación al recuerdo de los grandes oradores es inevitable. Anderson Imbert cita a Castelar; pero olvida a Donoso Cortés, con quien se asemeja tanto en el estilo como se distancia de él por su doctrina. De Donoso tiene Montalvo la fuerza martilleante, el gusto —en un momento dado— por la concisión elíptica, la fulminante energía.

No se propone, ciertamente, Montalvo llegar al «poema en prosa». Cuando alcanza su clima es, fragmentariamente, en el curso de un texto de otra pretensión estética. Lo que no suele faltar es la tensión estilística. Y así, cuando el tema adquiere una determinada emoción, el «poema en prosa» es ya destacable. He aquí un ejemplo (de hacia 1873).

El lirio, el lirio azul, que se gallardea como un embajador del paraíso, hace figura de poeta en medio de todas esas ninfas de Flora; cantando está, pero de suerte que sus entonaciones no le oyen sino los silfos y las mariposas a las cuales ha pasado el alma de la aurora muerta de amor por el arco iris (62).

«Los comienzos del Modernismo —escribe Anderson Imbert— arrancaron justamente cuando Montalvo murió; pero no es por esa razón puramente cronológica por lo que los primeros estudios importantes sobre su obra fueron escritos por modernistas. Hay en los estudios de Blanco-Fombona, Rodó, Gonzalo Zaldumbide, Ventura y Francisco García Calderón, Vargas Vila, etc., un entusiasmo que revela afinidades estéticas» (63).

MARTÍ.

Pero el enlace con el Modernismo no nos lo da Montalvo, sino Martí, ese gigantesco fenómeno de la lengua hispánica, raíz segura de la prosa de Rubén (64) y, desde luego, el primer «creador» de prosa que ha tenido el mundo hispánico.

---

(61) Ídem, pág. 163.
(62) *Siete tratados*, París, 1912; vol. I, pág. 156.
(63) Ob. cit., pág. 195.
(64) Véase OSVALDO BAZIL: «La huella de Martí en Rubén Darío», en el libro *Rubén Darío y sus amigos dominicanos*. Bogotá, 1948.

Martí es imposible de reflejar en un esquema crítico. Tan personal, múltiple y sorprendente es. «Su prosa —he escrito en otra ocasión— se nota circulada por el fuego y la sangre. Por la prisa. Transida de horizontes y de angustias. Y, sin embargo, no hay obra, no hay página, no hay párrafo, no hay línea, no hay balbuceo de José Martí en que no resplandezca su actitud vigilante de escritor. No hay, en suma, "frases blancas" en él. Todo parece cargado de personalidad y, en ocasiones, más fuertemente cuando la obra es más breve y apretada. Hay fragmentos de cartas, escritos sobre el arzón del caballo, en plena manigua, que son verdaderos prodigios de novedad. Frases relámpago que asombran por su originalidad y por su eficacia.

Martí es el prosista más enérgico que ha tenido América. ¡Qué libertad en la ordenación de la frase! ¡Qué imperativos más briosos al frente de los apóstrofes! ¡Qué síncopas en la ilación de los vocablos! Hay que leer mucho a este singularísimo artista para acostumbrarse a su fuego. Unas veces hace copular las palabras en violentos contrastes; otras, las precipita como una catarata volcánica. Y todo ello, nótese bien, obedeciendo a una formidable inteligencia que domina en todo momento los resortes de la expresión, sin que jamás se note desbordado por la misma. Digamos también que sus recursos retóricos parecen extraídos siempre de la vena más castiza y autóctona» (65).

Martí podría ser un ejemplo de cómo la retórica, en casos de excepción, puede alcanzar la tensión poética. Basta, naturalmente (¡y no es poco!), que la expresión trascienda autenticidad. Y Martí es el hombre que lleva siempre el corazón en la mano. De ahí la tremenda eficacia de su verbo.

El secreto de la prosa de Martí es el ardor. Un fuego le quema y ordena su frase en crepitantes períodos que se precipitan uno tras otro como en catarata. Los asertos se llenan de vocablos en oposición asindética. Los signos de admiración puntúan el énfasis. Leamos este párrafo oratorio de Martí:

¡El trabajo: ése es el pie del libro! La juventud, humillada la cabeza, oía piafante, como una orden de combate, los entrañables aplausos. ¡Uno eran la bandera y las palmas y el gentío! Niñas allí, con rosas en las manos; mozos, ansiosos; las madres levantando a sus hijos;

---

(65) *La ventana de papel.* Ensayos sobre el fenómeno literario, Barcelona, 1941; págs. 79 y 80.

los viejos llorando a hilos, con sus caras curtidas. Iba el alma y venía como pujante marejada. ¡Patria, la mar se hincha! La tribuna avanzada de la libertad se alzaba de entre las cabezas, orlada por los retratos de los héroes.

Los fenómenos de elipsis acompañan los sintagmas. «Niñas allí» y «Mozos, ansiosos»; los gerundios dan el tono de presencia en el tiempo a la evocación. Los verbos pasan a un impetuoso primer término cuando conviene («Iba el alma y venía»).

Las cadenas de interrogaciones yuxtapuestas son también muy características:

¿Temer al español liberal y bueno; a mi padre, valenciano; al gaditano, que me velaba el sueño febril; al catalán, que juraba y votaba porque no quería el criollo huir con sus vestidos; al malagueño, que saca en sus espaldas del hospital al cubano enfermo; al gallego, que muere en la nieve extranjera al volver de dejar el pan del mes en la casa del General en Jefe de la guerra cubana? Por la libertad del hombre se pelea en Cuba, y hay muchos españoles que aman la libertad. ¡A esos españoles les atacarán otros: yo los ampararé toda mi vida! A los que no saben que esos españoles son otros tantos cubanos, les decimos: ¡Mienten!

Nótese la espléndida libertad sintáctica que ordena las dos frases exclamativas. La pródasis prepara negativamente la cuestión («A estos españoles les atacarán otros...» «A los que no saben que...», frente a «yo los ampararé toda mi vida» y «¡Mienten!»).

«Sin Martí no hay Rubén», ha llegado a decir un crítico (66). La frase, si exagerada en cuanto al verso, es verdad absoluta en cuanto a la prosa.

Dejando para luego el estudio de la prosa artística de Rubén Darío, señalemos únicamente algunas de las derivaciones americanas paralelas y posteriores, acreditadoras de la vitalidad de la expresión normal en el mundo hispánico y generadora de una nueva fórmula preceptiva que acabamos denominando poema en prosa.

Por de pronto, la oscilación estética prosa-verso la hemos de encontrar en muchas figuras. Señalemos un ejemplo característico: Lugones.

---

(66) OSVALDO BAZIL: Loc. cit.

LUGONES.

Leopoldo Lugones, extraordinaria figura de escritor, ofrece en su sensacional primer libro, *Las montañas del oro* (1897), curiosos ejemplos de esta alternancia. Es significativo, al efecto, que la mayor parte de los poemas en verso del «Primer ciclo» de esta obra se presenten impresas como prosa, separando simplemente con guiones el paso de un verso a otro, que apenas fija una alterna rima asonante. En su «Tercer ciclo», el Rubicón fronterizo se ha pasado ya. Asistimos ya a un auténtico poema en prosa: «El himno de las torres.» Desde la explícita introducción de empaque épico:

> Canto: las altas torres, gloria del siglo y decoro del suelo. Las torres que ven las distancias; las torres que cantan la gloria de las buenas artes del hierro y la piedra. Las torres gigantes que tienen cien lenguas intactas; cien lenguas que son las campanas, serpientes de un mágico idioma que dice a los astros las preces del culto extinguido con frases de bronce y de fe...

Cada estrofa o grupo prosístico va encabezado por una frase incoativa:

> Y mi alma —golondrina ideal— sigue mirando.

Y tras ella el poemático desfile evocador.

No es posible, ahora y aquí, seguir la evolución de un modo literario que ha de orientar la totalidad de toda una obra extensísima —la de Vargas Vila— o la de orientar páginas y páginas de la mejor literatura hispanoamericana desde las evocaciones poemáticas de Enrique Larreta a los deliciosos *Recados* de Gabriela Mistral.

GÓMEZ CARRILLO.

Lo que interesa señalar aquí es la conciencia con que se plantea el problema artístico de una prosa cultivada con voluntad de arte. Leamos, como texto significativo, un trabajo acerca de «El arte de trabajar la prosa» (67), de Enrique Gómez Carrillo,

---

(67) *El primer libro de las crónicas*, Madrid, *Mundo Latino*, 1919; páginas 177-196.

una de las figuras más importantes en su función de agente informador del mundo hispánico cerca del ambiente literario francés.

«Nuestros tiranos (los Cejador, los Balart, los Cuervo) han empleado su ciencia en disminuir el tesoro heredado suprimiendo las hojas secas a pesar de sus lindos matices desfallecientes y en impedir la formación de nuevos tesoros, poniendo vallas para que lo nuevo no pueda entrar. Y si esto han hecho con el vocabulario, peor aún se han portado con la forma, con la plástica, con el ritmo.

La única música por ellos aceptada es la del amplio período clásico. En cuanto a las modernas y caprichosas maneras armónicas, prohibidas. La frase corta, nerviosa y desarticulada, la frase que salta y ríe, y goza, prohibida. Y prohibidas también la frase mármol a lo Saint-Victor, la frase color a lo Flaubert, la frase orquesta a lo D'Annunzio. Todo eso es "decadente", "exótico" o "afectado". Lo único castizo, según nuestros maestros, es la tibia y la larga frase llena de incidentes y de eslabones. "Es el estilo gramatical", dicen. Sí; está bien. Pero con estilos así es imposible llegar a producir obras cual las del divino Loti, para quien la palabra más pura es la más armónica, y que sabe proclamar "que la gramática y la belleza son enemigas"» (68).

El párrafo no puede ser más significativo. Presenta Gómez Carrillo a los lectores españoles los ejemplos ilustres de Camille de Lemonnier (69) y, sobre todo, de Flaubert. Flaubert, que emplea novecientas horas de reloj para escribir las treinta páginas de *Herodiade;* que rompe —según relata a los Goncourt— un capítulo de un libro en el que ha trabajado dos meses por no encontrarlo perfecto. En su adoración por las palabras —escribía Ca-

---

(68) Loc. cit., págs. 179-180.

(69) Cada línea suya surge con lento giro de un penoso trabajo. Su varonil fecundidad, la altiva y rústica frescura que tanto se elogia en sus novelas es el producto de ímprobos esfuerzos. Oíd lo que él mismo dice: «Escribo de pie, ante un alto pupitre, triturando cada frase, congestionado, sudoroso, dando patadas de desesperación ante las palabras que huyen. Porque para decir una cosa no hay dos voces. Sólo hay una. Yo desconfío del que, cambiando de asunto, es incapaz de cambiar los signos representativos. Si se trata del verano, las palabras serán claras, ligeras. Pero eso es inútil para describir los silencios helados del invierno. El estilo es un ritmo y ese ritmo es el movimiento mismo de mi alma en correspondencia con el Universo.» Para conseguir esta riqueza de vocabulario, Lemonnier nos aconseja que leamos mucho, pero no ya los libros clásicos de nuestra lengua, sino los áridos diccionarios.

rrillo— llegaba a pensar que cada una de ellas tiene un alma, una belleza, un sistema nervioso. Unas le parecían rubias, otras morenas, estas flacas, aquellas robustas, las de aquí alegres, las de allá tristes. La teoría del color de las vocales ya la adivinaba él cuando, al describir espectáculos de claridad, de pureza, quejábase de lo negros que son ciertos sonidos. Los auxiliares parecíanle cosas inútiles y molestas. Los "que", los "por", los "estar", los "ser", todo lo que tiene que repetirse mucho, sacábale de sus casillas. Su ensueño consistía en encontrar una lengua que fuese todo de gemas y gamas. Buscándola, murió de un ataque de congestión cerebral una mañana de primavera, después de haber trabajado seis horas seguidas.»

Conociendo la extraordinaria difusión que en diarios y revistas alcanzaban los trabajos de Gómez Carrillo, resulta de gran interés ir conociendo los términos de su admonición a los prosadores hispánicos. Así, por ejemplo, es notable el análisis de la preocupación artística en la prosa desde Rousseau y Chateaubriand hasta Gautier. Anota certeramente el crítico que no sólo los creadores de obra reducida —como Flaubert o Baudelaire— cuidan con el primor señalado su expresión prosística, sino que titanes de la producción como Balzac —¡recuérdense las correcciones de sus pruebas de imprenta!—, como Renan —que cambiaba diez o doce veces cada frase— o los Goncourt...

«Los españoles castizos —comenta Gómez Carrillo— que oyen hablar de todas estas cosas y de todos estos artistas, exclaman:

—Pero, ¡qué demonio! ¿Es acaso que Cervantes no escribió bien y que Fray Luis de León no fue un soberbio prosista?... Y si no se quiere que hablemos de nuestros clásicos, ahí están los innumerables grandes vecinos que, en tiempos de Luis XIV, dieron a la lengua francesa una majestad admirable. ¿Qué dice de Pascal, de Bossuet, de Fenelón?...

A esos buenos señores, que, por lo general, creen que Ricardo León es un "gran escritor", les contesto:

—Toda la gente que citáis y otros muchos escribieron, sin duda, con perfección, con elocuencia, con elegancia, con gracia y aun con belleza. Pero "con arte", no. El arte, que en poesía es tan antiguo cual el mundo, en prosa es una conquista reciente. Labrar la frase lo mismo que se labra el metal, darle ritmo como a una estrofa, retorcerla ni más ni menos que un encaje, os juro que ningún abuelo lo hizo.

El único defecto verdadero de la frase nueva es que no se presta a la labor fácil tan cara a nuestros predecesores. Convirtiéndose en "artista", el escrito no puede ya contar con aquella "espontaneidad" tan socorrida de antaño y con aquella "frescura" que fue tan cómoda. En algunos versos que son los mandamientos del Gremio, Teófilo Gautier lo ha dicho: para labrar una página hay que robar al orfebre su buril, al esmaltador su horno, al poeta sus imágenes, al músico su ritmo, al pintor su retina.

Sculpte, lime, ciselle,
que tont rêve flotant
se scelle
dans le bloc resistant...

En este género de trabajo, claro está, lo primero es el amor y lo segundo la paciencia» (70).

Cita Gómez Carrillo únicamente dos ejemplos hispánicos admirables de este fervor: el de Enrique Larreta, del que señala que «ha tardado cinco años en escribir *La gloria de don Ramiro,* y el de un escritor mal valorado por la crítica posterior, José Nogales», el único, dice, que protesta en España de la afirmación corriente, según la cual la prosa es inferior al verso.

«La prosa —solía decir aquel singular artista— es una sacrificada. Para dar todo el reino al verso la han ido a perder en los montes de lo vulgar y de lo abyecto. Yo la busco con un amoroso cuidado, porque creo que los que la instauren en su trono definitivamente habrán hecho una obra más grande que la de todos los conquistadores y todos los profetas» (71).

Naturalmente, el catálogo no está completo.

RUBÉN DARÍO.

En cuanto a la importancia que adquiere Rubén Darío, bien conocida es de todos. Extraigo de un libro mío (72) unas breves consideraciones ahora oportunas. «Estudios ahincados en los precedentes franceses de la obra rubeniana —sobre todo los de Er-

---

(70) Ob. cit., págs. 192-193.
(71) Ob. cit., pág. 196.
(72) *La ventana de papel.* Ensayos sobre el fenómeno literario, Barcelona, 1939; págs. 79-81.

win K. Mapes— muestran en la prosa de Darío, a partir de *Azul...*, la influencia precisa de Catulle Mendès y de Arsène Houssaye (73). A esta influencia podría atribuirse —inicialmente— la labor de sincopación de ruptura de los largos períodos en el hilo de una lucubración. Agotada la fórmula gracianesca que exigía enjundiosa premura en el decir, las ideas neoclásicas y los sentimientos románticos se difunden a través de un estilo profuso en el que las frases se ensamblan incansablemente, separadas apenas por la coma o el punto y coma. En Galdós, en Zorrilla, en Castelar el estilo es amplio; la frase, larga; el período, complejo. Sin duda, Rubén quiere también en la prosa (como quería Verlaine para el verso) torcerle el cuello a la retórica. Y el resultado es esa frase breve, cargada de sentido o de música, que vale por sí misma y que "orquesta" la línea monótona de la prosa con sus pequeños hallazgos de belleza. Ciertamente se trata —¿a qué engañarnos?— de la sustitución de una retórica por otra. De la retórica ingenua, de grandes círculos, por esa otra retórica menor, de disparos breves e intensos, menos impresionante, pero más eficaz. Esta prosa, que se empieza utilizando por Rubén Darío sólo en las composiciones de prosa poemática, ha de invadir en seguida todos los campos. Incluso el periodismo. He aquí del propio Darío un fragmento de *Tierras solares*, el libro-reportaje de viajes, escrito para la Prensa. Véase cuánta retórica contiene:

---

(73) El preciosismo esteticista de la prosa francesa de fin-de-siglo se contagia a los modernistas españoles. Tomemos el *Mercure de France* (agosto de 1898) y leamos, por ejemplo, un fragmento de Eugène Demolder, que se titula —nombre muy aceptado por el Modernismo español— *Sonatines*. Leemos:

«Les nobles roses rougissent encore près des verres de Venice où le vin de Tokay a versé sa folie et le vin de Bourgogne sa vieillesse ducale, couleur pelure d'oignon. En des vases d'argent se fanent des pivoines comme des chairs chiffonnées. Partout des hanaps, des vidrecomes, des gobelets. Les nappes roulent des fruits et des épices.

Ainsi, des tons de soufre et de rubis se melent au milieu de la fête délaissée, à des tons de vermeil, et l'arome des liqueurs se marie aux parfums (poivre et framboise) des roses de Bengale.

Les guitares et les violoncelles abandonnés laissent planer du silence, dans le salle éblouissante de la lumière des girandoles, au feu des cristaux, des peches, des oranges et des grenades. Sur le manteau de l'inmense cheminée, repose un grand miroir, éclatant et calme comme un étang au crépuscule, et soutenu par de vieilles cariatides en marbre, dont les rires ironiques et nacrés, pareils, avec l'environ somptueux des cuirs de Cordoue, aux rires des satyres d'un parc de bronze, égaient l'atre seigneurial. Et des flambeaux gréxillent dans cette chambre ardente de l'Orgie.» ¿No está ahí todo el decorativismo de Valle-Inclán?

... Y he ideado las impresiones de la pequeña alma de una coccinela pequeñita que se pasease por una granada entreabierta... Va por la corteza rugosa que acaba en una corona, que ha sido flor roja como una brasa. Va, la pequeñita coccinela, por las durezas lisas o ásperas de la cáscara hasta llegar al borde, desde donde se divisa el interior palacio de pedrería... Y los rayos solares ponen el encanto de los juegos de luz en el corazón de la granada entreabierta, y la coccinela penetra entre las riquezas que se presentan a sus ojos. Y se maravilla de ese esplendor, y luego sabe que el corazón de esa granada es dulce como la miel. Como la almita de esta bestezuela de Dios mi alma.

Hay aquí un cuidadoso empeño de belleza para cada línea. Repeticiones sabiamente calculadas, choques de vocablos, juegos de contraste, términos de color, insistencia de copulativas, hipérbaton. ¿Quién osaría negar calidades a esa prosa? Y ¿quién que conozca la prosa española del Novecientos no advierte aquí importantes elementos para su filiación estética? Una distinción importa. De la generación del Noventa y Ocho surge una bifurcada transformación de la prosa ochocentista: hay, de un lado, los que trasladan *pensamientos:* ahí cabe la prosa de Baroja, la de *Azorín* y, singularmente, la de Unamuno. Con intensidad distinta, pero con la misma facilidad interior, advertimos en todos ellos el respeto a la prosa-vehículo, torturada a fuerza de precisión. Queda el camino de los *artistas:* el de Valle-Inclán, que vive para el pulimento de sus volutas retóricas; de Pérez de Ayala, que trabaja hostigadoramente su prosa, ejerciendo sobre ella una suerte de masaje intelectual con objeto de darle reciedumbre, musculatura, nervio. Queda en el ápice de la artesanía el camino de Gabriel Miró, para quien toda prosa es un espejo de la más honda, minuciosa, delicada, pervertida y opulenta sensualidad» (74).

Un fenómeno queda expuesto con claridad: el de la posibilidad de una prosa modulada y regida con idéntico fervor que el verso, por obra y gracia del movimiento modernista.

---

(74) Loc. cit.

APÉNDICE

CATALUÑA Y EL MODERNISMO ESPAÑOL

1. La importación de inquietudes europeas

Cualquier intento de ordenación histórica que se centre en el problema del Modernismo español quedará incompleto sin atender al sector de Cataluña, que una vez más cumple maravillosamente su misión introductoria de los fenómenos culturales europeos. Ninguna duda, en efecto, acerca de la madrugadora presencia del Renacimiento en el Levante español; recuérdese, como ejemplo más inmediato, el papel de Cataluña en la incorporación de los ideales del romanticismo europeo (1). Una mayor proximidad geográfica o una sensibilidad más alerta al espíritu ultrapirenaico parecen probables al definir la cultura catalana en relación con las demás culturas hispánicas. Por lo que se refiere al Modernismo, el fenómeno es de una especial complejidad, y si no puede hablarse, siempre de modo absoluto, de prioridades, hallamos en todo caso importantes coincidencias. Con todo, espero demostrar que algunos de los aspectos más típicos del Modernismo español se anticipan en Cataluña. La proximidad espiritual de Francia es evidente y es ya un tópico que los pintores catalanes son los primeros en sustituir las academias de Roma por las libertades de París. Aparte de ello, Madrid ofrece siempre una posición más encastillada en su tradición. El Museo del Prado es tanto como una norma, un lastre. Cede sus posiciones con gran lentitud el espíritu viril de Castilla, mientras el litoral, más femeninamente, se rinde a las seducciones externas. Lo cierto es que para la pintura, como para

(1) Véase G. DÍAZ-PLAJA: *Introducción al estudio del Romanticismo español*, 2.ª ed., págs. 45-51.

las letras, los fenómenos europeos se recogen muy anticipadamente en Barcelona.

Señalemos, por otra parte, la importancia objetiva del movimiento modernista en Cataluña, hoy amorosamente revalorizado por la crítica (2).

Aparte de ello, algún crítico, como Melchor de Palau, ha considerado como dato explicador de esta fácil captación de valores externos la ausencia de una gran tradición clásica gravitando sobre los escritores contemporáneos y aun cierta virginidad de la lengua literaria de entonces, propicia a cualquier fórmula innovadora (3).

Pero, además, ayudan al fenómeno —en la coyuntura que estamos estudiando— varias circunstancias. La primera, la inauguración de la Exposición Internacional de 1888, que es a la vez fruto de la curiosidad espiritual y origen de nuevas inquietudes cosmopolitas. «La Exposición de 1888 —escribía Pedro Corominas— influyó en mí poderosamente. Creo que a la mayor parte de los jóvenes de Barcelona nos pasó lo mismo. Fue una sacudida violenta de cosmopolitismo» (4).

Otras circunstancias favorables —y a su vez sintomáticas— de un cambio de espíritu las hallamos en una pléyade de publicaciones periódicas de gran interés.

Barcelona cuenta —por ejemplo— en el último tercio del siglo XIX con una revista ejemplar, *La Ilustración Ibérica*, que dirigía, desde 1882 a 1900, el escritor don Alfredo Opisso y Viñas. *La Ilustración Ibérica* constituye una excepción en las publicaciones de la época y del país. Eugenio d'Ors ha recordado recientemente esta excepcionalidad en unas justas palabras (5). Sólo en esa revista encontramos madrugadoras noticias sobre los movi-

---

(2) Véase F. RAFOLS: *Modernismo y modernistas.* CIRICI PELLICER: *Modernismo catalán*, Barcelona, Aymá, 1951.

(3) «Cuatro palabras acerca del fenómeno de que haya sido la literatura catalana la que ofrezca este avance —entiéndase— en el tiempo. Nos lo explicamos —además del mayor roce, por causa geográfica, con las aludidas literaturas— por la falta o escasez de modelos clásicos que, como los castellanos, se impongan con derecho propio... y por la indeterminación de la lengua catalana, prestándose a los sones facticios y a las vaguedades, tan peculiares, del género» (*Acontecimientos literarios*, Madrid, 1896).

(4) URALES: *Evolución de la Filosofía en España*, vol. II, pág. 234.

(5) Elogio de la *Ilustración Ibérica*, en *Novísimo Glosario*, edición Aguilar; págs. 652-654.

mientos artísticos y literarios que en su día habían de alimentar la estética del Modernismo. El prerrafaelismo era allí ampliamente comentado: los nombres de Whistler, Blake, Burne Jones, Dante Gabriel Rossetti, Ruskin, aparecen con frecuencia por los alrededores de 1890. Escritores tan curiosos como Pompeyo Gener señalaban hacia 1883 las novedades poéticas de un Catulle Mendès...

Por el precedente de *La Ilustración Ibérica* llegamos a una revista de carácter menos popular, pero más importante para la historia de nuestra literatura: nos referimos a *L'Avenç*, que desde 1892 realiza una asombrosa labor introductoria de los valores que constituyen el complejo fin de siglo europeo, y entre los que se mezclan los nombres de Tolstoi y de Renán, de Barrès y de Nietzsche, de Ibsen y de Maeterlinck.

Pues bien; corriendo 1893 se precisan ya los conceptos fundamentales de la estética modernista. En un artículo publicado en el número de 15 de enero (6) se concretan algunos puntos capitales de las nuevas concepciones: El culto del yo (Barrès), el neoidealismo, la literatura de la voluntad (Nietzsche) como integradores del nuevo espíritu.

En el número correspondiente al 15 de agosto se publica *La intrusa*, de Maeterlinck, en traducción catalana de Pompeu Fabra. Esta madrugadora versión (7) sirve de base a algo que nos importa mucho recoger: las «festa modernista» de Sitges, de las que hablaremos luego.

Para el estudio total del Modernismo en Cataluña, que aquí nos interesa únicamente por su repercusión en el Modernismo español, sería necesario estudiar las revistas literarias que pro-

(6) Lo firma Julio Brossa.

(7) *L'Intruse* se publicó en francés en 1890. La primera traducción castellana, firmada por *Azorín*, se publicó en 1896. Posteriormente, el rastro maeterlinckiano es visible en los escritores y publicaciones del Modernismo. En 1899, *La Vida literaria*, de Madrid (núm. del 21 de enero), publica el cartel del *Interior*. En 1903, Ramón Pérez de Ayala exalta su «misticismo positivista» (*La Lectura*, vol. III, págs. 48-65); en 1904, *Gabriel Araceli* se ocupa encomiásticamente del autor belga (en *Alma española*, 6 de marzo); en 1906, Ángel Guerra le dedica un amplio estudio en *La Ilustración Española y Americana* (15 de marzo); en 1907, Rafael Urbano publica la traducción de *Los ciegos* (*Renacimiento*, vol. II), etc. La última derivación de *La intrusa* en la literatura castellana nos la da la trilogía *Lo invisible*, de *Azorín* (1930), si bien el tema se enfoca con una técnica dramática distinta. Véase mi estudio acerca de *El teatro de Azorín*, en *El Arte de quedarse solo y otros ensayos*, Barcelona, 1936; págs. 33-35. La cronología anterior no pretende ser, claro está, exhaustiva, sino meramente orientadora.

siguen la tarea de *L'Avenç,* como *Joventut* y *Catalunya,* que acusan marcada influencia del parnasianismo y del simbolismo francés. Para lo artístico, las revistas se multiplican en calidad y trascendencia: *Pel i Ploma,* dirigida por Miguel Utrillo, es la más interesante del momento y su reflejo madrileño —*Arte joven*— se señala en otro lugar con el valor que le corresponde.

Pero para comprender el fervor modernista de la Barcelona de fin de siglo hay que acercarse a algunas otras publicaciones, singularmente a la famosa revista *Luz,* que dirigió Francisco de A. Soler, y una de las claves de los orígenes del Modernismo español. Su originalidad, su extraño formato oblongo y su independencia se destacan a la primera ojeada. Su primer número se publicó en 15 de noviembre de 1897. Destacamos, con su estilo pintoresco, algunas frases del manifiesto iniciador:

«No fiándonos aún en nuestras fuerzas, contamos con el apoyo decidido de los espíritus jóvenes: de todos aquellos que aspiran a la juventud del Arte hacia el ocaso de la vida, como sucede con Puvis de Chavannes, con Whistler y con Degas, como sucedía con Burne-Jones, con William Morris, Wagner y los Goncourts. Éstos y otros muchos hallaron la verdadera fuente de *Jouvence,* rejuveneciéndose más y más por medio del Arte, a medida que los años les alejaban de los ardorosos tiempos juveniles. Como se ve, en todo cuanto decimos y nos proponemos exponer, para nada nos referimos a cuestiones ajenas al Arte, ideal complexo que nosotros creemos bastante poderoso para hacer feliz al que le adora, y aun para regenerar una raza indiferente a todo, como demuestra serlo la nuestra. Por esto queremos dedicar todos nuestros esfuerzos a difundir entre la juventud española las cosas de Arte que pueden imprimir un sello personal al país, sumergido así completamente en la espesa capa de cromos, aleluyas, escenas de costumbres, vistas de Venecia y Sevilla y demás cinematografías antiestéticas» (8).

Publicaba *Luz* en su primer número un anuncio del libro *Oraciones,* de Rusiñol; un artículo del mismo, fechado en julio de 1895 (sátira de una juerga flamenca). Publica también un estudio crítico de la obra de Rusiñol, firmado por J. M. R., iniciales que corresponden a José María Roviralta, uno de los más

---

(8) Segunda semana de octubre de 1898. Firma este artículo *A. L. de Barán* (M. Utrillo).

activos animadores de la revista (9). Se reproduce un cuadro del Greco, acompañado de la siguiente explicación: «Fue el precursor del Modernismo. Nacido en Grecia, educado artísticamente en Roma, vino a desarrollar sus aptitudes a España, y España, reconocida, y en su nombre Sitges, por iniciativa de Rusiñol, levanta hoy un monumento al gran pintor griego, al que con tantos siglos de anticipación inició la idea de nuevos derroteros para el arte.» Se reproducen también carteles de Grasset y retratos de artistas teatrales. Colaboran en números sucesivos Massó Torrents, J. Prado, Adrián Gual, *A. L. de Barán* (M. Utrillo), etc.

Otro ángulo de gran interés para nuestro estudio lo señala el valor cultural de la prensa diaria de Barcelona, tradicionalmente interesada en las vibraciones más sensibles de Europa. Indiquemos, en primer término, el gran diario *La Publicidad* (que después se publicó en catalán), y en el que, junto a los dioses mayores del periodismo —*Clarín,* Menéndez Pelayo, Pérez Galdós, Echegaray—, aparecieron las primeras armas de figuras más tarde muy relevantes. Destacaba, hacia 1899, la colaboración poética, que aparecía siempre unida, de dos escritores muy jóvenes todavía: Eduardo Marquina y otro que con el seudónimo de *Martín España* ocultaba el nombre real de Luis de Zulueta. Publicó Marquina en *La Publicidad* algunas de sus mejores odas y elegías, dotadas todavía de un infatigado gesto de rebelión. Dio Zulueta a luz resonantes y robustos versos de carácter patriótico. De la colaboración de ambos salió el libro *Jesús y el Diablo* (1899), exaltado como un acontecimiento crucial en el periódico por su director, Jordá (23 de abril de 1899).

Ninguna vibración europea faltó en sus páginas. El estremecimiento wagneriano las sacudió profundamente. Con motivo del estreno en Barcelona de *Las Walkyrias* (25 de enero de 1899), el doctor Letamendi escribía unos magníficos artículos en los que lo wagneriano era, además de espectáculo estético, acicate político (10).

---

(9) Soler, director literario, y Roviralta, director artístico, dejan de pertenecer a la revista desde 1 de febrero de 1898, según comunica una nota del núm. 6 (31 de enero).

(10) «España —resumía Letamendi— puede aún aspirar a un gran porvenir; mas para llegar a él sólo tiene abierto un camino: el que acabo de señalar con ocasión de las excelencias de Wagner, considerado como instrumento y signo de la cultura nacional.» Para Leta-

Otro diario de especial significado en el momento modernista fue *La Vanguardia*, que dirigía el gran periodista andaluz Modesto Sánchez Ortiz, y en cuyas páginas Rusiñol, Casellas, Opisso traían los nuevos vientos estéticos frente a la imperturbable estética tradicional que representaba el *Diario de Barcelona*.

La significación de las colaboraciones de Santiago Rusiñol adquieren un relieve especial y orientan nuestra atención hacia este singular artista.

Rusiñol es, en efecto, quien otorga conciencia de grupo y bandera de combate a lo que ha de llamarse Modernismo. Esta nueva inquietud arraiga en Barcelona al regreso de Rusiñol (y de su entrañable compañero Ramón Casas) de sus primeros años de París. De allí trae —con la amistad de Zuloaga— el mensaje del impresionismo y, sobre todo, de Whistler (11) y el amor al Greco, y con él el interés por la España pintoresca que le lleva a Consuegra en una memorable excursión, y después a Andalucía, donde vive largas temporadas.

Esta conciencia conductora de un nuevo mensaje estético es lo que da interés a sus famosas «fiestas modernistas» de Sitges: la primera, de 1892, que consistió en una exposición de obras de artistas catalanes. La segunda, que hemos señalado ya con su apoteósica representación de *La intrusa* y la memorable primera audición de un concierto de César Franck, dirigido por Enrique Morera. *La intrusa* fue muy comentada.

Justificando la trascendencia de este acontecimiento, escribía Santiago Canals:

«A Rusiñol, *La intrusa* no le parece únicamente una maravillosa emoción de horror por la muerte; háblale del arte nuevo, que mata al antiguo, y lo define definiendo lo que él cree y lo que él practica:

"*Arrancar de la vida humana* —traduzco del catalán— *no los espectáculos directos ni las frases vulgares, sino las visiones relampagueantes, desbocadas y paroxistas; traducir en locas paradojas las eternas evidencias; vivir de lo anormal y de lo inaudito;*

---

mendi la hora es llegada, después de la catástrofe, de no realizar «el combate por el dominio, sino el dominio por la cultura» (*La Publicidad*, 25 de enero de 1899).

(11) *Rusiñol y su tiempo*, Barcelona, ed. Barna, S. A.; pág. 140. Sobre la influencia de Whistler, véase el artículo de Antequera Azpiri *Whistler en Madrid* (*La Nación*, de Buenos Aires, 6 de marzo de 1949).

referir los espantos de la razón abocada al precipicio, el anonadamiento de las catástrofes y los escalofríos de lo inminente; describir los calvarios de la tierra; llegar a lo trágico por los caminos de lo misterioso; adivinar lo ignorado; predecir el destino dando en los cataclismos del alma y en los batacazos del mundo la expresión excitada del terror... Tal es la forma estética de este arte, espléndido y nebuloso, prosaico y grande, místico y sensualista, refinado y bárbaro, modernista y medieval a un tiempo; de este arte que os ofrezco como flor virginal de cementerio."

He ahí el Modernismo de Rusiñol y de todos los peregrinos del porvenir, romeros fervorosos hacia una Roma en la sombra. Adoran ellos entre sus santos mártires y apóstoles a Leonardo de Vinci, porque dijo que "la investigación de lo imposible se castiga con la melancolía y la desesperación", y todos padecen, en el pecado de aquella investigación estéril, la penitencia de esta melancolía incurable...» (12).

He copiado este fragmento —excesivamente largo— por su importancia definitoria. La figura de Rusiñol, poco estudiada incluso en Cataluña, es de un extraordinario interés humano, artístico y literario.

Más interés histórico que la primera y segunda fiesta modernista nos ofrece la tercera, celebrada en Sitges en 4 de noviembre de 1894, porque conocemos los trabajos aportados a su certamen y, sobre todo, porque en ella pronunció Santiago Rusiñol un discurso que tiene todo el ardor y la trascendencia de un manifiesto. Los trabajos, publicados en un volumen (13), llevan las firmas más significativas del momento modernista: Casellas, Jordá, Aladern, Rusiñol, Tell y Lafont, Puig y Cadafalch, Yxart, Gener, Rahola. A ellas se unen unas *Estrofes decadentistes,* de Maragall; unas páginas de naturalismo rezagado —Oller, Pin y Soler—, y con el título de *Mediterranéennes,* unos versos realmente arquetípicos de Jean Richepin, donde encontramos el cromatismo y la musicalidad del simbolismo y la filosofía de la instantaneidad, que en otro lugar del libro hemos estudiado:

> Vivre c'est dépenser comptant
> toute sa vie en un instant.

---

(12) *El Diario del Teatro,* Madrid, 1895; núm. 20.
(13) Véase el curioso volumen *Fiesta modernista del Cau Ferrat,* Barcelona, tip. L'Avenç, 1895; 214 págs.

Qu'importe avant? Qu'importe après?
On passe, on reste sans regrets,
et le tout c'est d'avoir gouté
dans cet instant l'éternité (14).

Pero, como decíamos, el interés del volumen está en el discurso que firma Rusiñol, verdadera convocatoria y banderín de enganche del arte nuevo. En Sitges se han reunido —declara Rusiñol— cuantos odian la vida como sensatez, economía, egoísmo y materia. El arte espiritual «fresc com el riure d'un infant i misterios com el pensament d'un vell» se va olvidando en brazos del positivismo y del arte comercial; se combate «la religión del arte, y la de la poesía» está sustituida por la promesa de falsos paraísos materiales y el frío egoísmo de la carne. «Ellos no son, no, ni pueden ser modernistas», exclama Rusiñol; su reino es el de la prosa material y estúpida. Pero una aurora se acerca, alimentada por los sueños jóvenes de los que están reunidos en el *Cau* de Sitges; hay que dar fuego a la esperanza porque un día nuevo espera. He aquí el programa de este luminoso porvenir que Rusiñol grita en este Sitges auroral de 1894: «que el reino del egoísmo ha de ser derribado; que no se vive sólo alimentando el cuerpo; que la religión del arte es necesaria al pobre como al rico (15); que el pueblo que no quiere a sus poetas ha de vivir sin cantos ni colores, ciego de espíritu y de mirada; que quien pasa por la tierra sin adorar la belleza no es digno ni tiene derecho a recibir la luz del sol, a sentir los besos de la primavera, a gozar los insomnios del amor, a ensuciar con su baba de bestia innoble las hermosuras espléndidas de la gran naturaleza.» Tomemos ejemplo, ¡oh poetas!, exclama Rusiñol, de las olas del mar y del hierro forjado (16) para aprender de ellos la flexibilidad y el entusiasmo tenaz. «Queremos ser poetas —termina— y despreciamos y compadecemos a los que no sienten la poesía; preferimos un Leonardo de Vinci o un Dante a una provincia o un pueblo; preferimos ser simbolistas y desequilibrados, y aun locos y deca-

---

(14) Ob. cit., pág. 110.

(15) No faltan, como se ve, junto a la preocupación esteticista ciertas alusiones de carácter social, que podrían estar influidas por el filantropismo estético de Ruskin o, más probablemente, por la oposición familiar que un ambiente de industriales presentaba a la vocación literaria y artística del propio Rusiñol.

(16) Como es sabido, la reunión se celebraba en el *Cau Ferrat*, donde Rusiñol reunía su espléndida colección de hierros artísticos.

dentes, antes que decaídos y mansos; que el sentido común nos ahoga; que en nuestra tierra la prudencia ya sobra; que no importa pasar por Don Quijote donde hay tantos Sancho Panzas que pacen, ni leer libros de encantamiento en un país donde no se leen libros de clase alguna» (17). La estética modernista se delínea ya con bastante claridad en estos vibrantes párrafos de Rusiñol: odio al materialismo burgués, y una suerte de neorromanticismo que mueve o tremola de nuevo la bandera del «arte por el arte», ahogada por unos decenios de naturalismo y preocupación sociológica. Por lo demás, cualquier fórmula será válida con tal que se despegue de la realidad circundante, de lo que empieza a llamarse ya «la prosa de la vida».

Recordemos, para acentuar la importancia de esta tercera fiesta modernista de 1894, que en ella tuvo lugar la asombrosa procesión cívica que acompañó los dos Grecos adquiridos por Rusiñol en París y llevados apoteósicamente al «Cau Ferrat» de Sitges (18). En la cuarta fiesta modernista (1897) tuvo lugar el estreno de *La fada,* de Morera, precedida de una conferencia de Rusiñol, en la que exalta de nuevo las formas modernas del arte desinteresado y libre (19). Finalmente, en la quinta fiesta modernista de 1899 tuvo lugar la famosa representación de la obra de Rusiñol *L' alegria que passa* (20), cuyo significado modernista es evidente (21).

Pero dejando aparte esta labor militante de Rusiñol en el Modernismo, queda su obra de artista plástico entroncada al mejor impresionismo; su labor de crítico informando madrugadoramente al público español de los movimientos espirituales del fin de siglo europeo (22) y dejando —aparte de un teatro lleno de valores mo-

---

(17) Ob. cit., págs. 14-15.
(18) Véase PLA: *Rusiñol y su tiempo*, págs. 164 y sigs.
(19) RUSIÑOL: *Obres completes*, Barcelona, 1947; págs. 554 y sigs.
(20) *Obres completes*, ed. cit., págs. 911 y sigs.
(21) Estrenada en 1891 por el «Teatre Intim», de Adrián Gual; su significación plena la alcanza en la representación de Sitges de 1897. Un pueblo triste y rutinario es sacudido por la presencia de un circo ambulante, todo trepidación y cosmopolitismo: la prosa y la poesía se enfrentan simbólicamente. El clown es el portavoz de la inquietud. «¡No probaréis la poesía, os condeno a prosa eterna!», dice al despedirse de la triste monotonía del pueblecito.
(22) Recuérdense sus series de artículos publicados en *La Vanguardia*, de Barcelona: *Impresiones de Arte* y *Desde mi molino.*

dernistas (23)— un libro de gran interés, sus *Oraciones* (1896). Con este libro surge el primer libro de poemas en prosa de la literatura peninsular; es decir, el libro inicial de un género nuevo que otorga a la prosa la dignidad estética del verso, su cuidado y su rigor, y cuya importancia hemos visto al estudiar el capítulo correspondiente a la prosa del Modernismo. Añade enorme importancia a esta obra —traducida al castellano por Martínez Sierra— su temática: la exaltación panteísta y mística de la Naturaleza; el elogio del arte menos valorado: los primitivos, el canto llano, los jardines abandonados, las catedrales góticas..., toda una temática que el Modernismo nos pondrá constantemente ante los ojos transmitida con una prosa lírica y aterciopelada por Santiago Rusiñol.

La proyección de Rusiñol en la literatura castellana es muy subrayable a través de su amigo, traductor y colaborador ya citado, Gregorio Martínez Sierra, quien tradujo también *Fulls de vida (Hojas de vida)*, y de las traducciones de sus obras teatrales de cuyo éxito en Madrid hablaremos luego.

En 1901 escribía Rafael Domenech:

«Lee, lector, sus libros; contempla sus cuadros; ponte en un estado de espíritu desligado de convencionalismos; cierra bajo siete llaves tus recuerdos de la presente y anterior generación artística y abre de parte a parte las puertas de tu corazón para que en él penetren todos los encantos que emanan de su obra» (24).

Véase, pues, cómo a través de las revistas y actitudes podemos ofrecer un amplio cuadro de valores europeos integrados en la vida artística e intelectual de la Cataluña del fin de siglo, en el que observamos casi mayor interés hacia los valores del idealismo germánico y escandinavo que hacia los del esteticismo sensual de Francia.

La figura de Rusiñol se enlaza, naturalmente, con otra famosa agrupación artístico-literaria denominada *Els Quatre Gats*, sita en la calle de Montesión, entusiasta del modernismo y creadora de una revista del mismo nombre de la agrupación en la que colaboraron, con Rusiñol y Casas, Picasso y otros muchos artistas. El modernismo de la época de *Els Quatre Gats* está lleno de un cierto

---

(23) Olvidemos su teatro chabacano y de circunstancias, fruto del humor pintoresco que constituye el reverso de la medalla del espíritu de Rusiñol.

(24) *La Lectura*, Madrid, 1901, vol. II, pág. 727.

trascendentalismo germanizante que no hallamos en los manifiestos de Rusiñol, si bien algo asoma en el neogoticismo medievalizante de alguna de sus páginas.

Como nada obtendremos de redactar —en otra forma— noticias ya averiguadas, copiamos del excelente libro de A. Cirici Pellicer, *Picasso, antes de Picasso,* este panorama de lo que fue el sarampión germanizante en la Barcelona de principios de siglo.

«En 1900 fue en Barcelona el año de Wagner. En él se estrenaron en la Ciudad Condal *Tristán e Isolda* y *Sigfrido.* Picasso y el grandilocuente músico de Bayreuth se abrían camino, pues, entre nosotros al mismo tiempo, y cuando, al año siguiente, Picasso se traslada a Madrid, su llegada coincidirá también con el estreno de *Sigfrido* en el Real de la capital española. Basta hojear cualquiera de las revistas donde colaboraba entonces Picasso para encontrar traducciones de literatura alemana al catalán; evocaciones de la mitología germánica; reproducciones de Böcklin y Schneider y artículos de Zanné, llamando coloso a Schopenhauer y genial a Nietzsche, los dos ídolos del momento.

Lo que después ha sido París para la cultura catalana, lo era en aquellos días el gran arco de los países germánicos. Las palpitaciones del alma renana, flamenca o inglesa se sentían como propias, mientras nada aparecía que reflejase el espíritu del mundo latino. La Cataluña que se llamaba a sí misma "modernista", y a la cual pertenecía de lleno el Picasso de los diecinueve años, era como un islote de la brumosa Europa neogótica enamorada del misterio, suspendida por el camino del simbolismo en una región que oscilaba entre el nihilismo y el gnosticismo. Se vivían con intensidad los latidos de aquella tierra; el prerrafaelismo inglés era sentido en lo más hondo del alma, al mismo tiempo que Ibsen, Maeterlinck y los movimientos relacionados con este espíritu se seguían al día: Heinrich y Vogele, el delicado prerrafaelista de Brema, estaba aún en sus veinte años y ya se le dedicaba un suplemento extraordinario en *Joventut.* Este interés por las cosas del Norte no se detenía en la simple admiración externa, sino que hasta hubo un decidido empeño en entretejerla con la urdimbre espiritual catalana. Así los escritores esmaltaban sus obras con citas de Maeterlinck, cuya *Vida de las abejas* se popularizó por entonces; Zanné publica sus cuentos prerrafaelistas de exaltado lirismo, como el desmayado *Bianca* de tono medieval, cuya expresión más apasionante entre nosotros fue la *Euda d'Uriach,* de

Amadeo Vives; se publican los *Idilis* y los *Cants mistics*, de Verdaguer, con dibujo del mismo Rosetti; Ruskin se convertía en la base de toda nuestra estética, y Maragall, tan mediterráneo, se dejaba seducir al mismo tiempo por el culto a la acción del *Sturn und Drang*, que resuena en las estrofas de su *Excelsior:*

Vigila, esperit, vigila
no perdis mai el teu nord,
no et deixis dur a la tranquila
aigua mansa de cap port.

....

Fuig-ne, de la terra innoble,
fuig dels horitzons mesquins:
sempre al mar, al gran mar noble;
sempre, sempre mar endins» (25).

....

El contenido espiritual de España aparece como agotado. Es necesario acudir al mundo exterior. De este anhelo participan todos. No tiene el fin de siglo español la exclusiva del europeísmo, pero sí del fervor con que se entrega a él. Una forma del europeísmo es la exaltación de los valores nórdicos que aparece en España siguiendo una moda que, en este momento, encontramos también en las revistas francesas. Tanto en lo ideológico como en lo estético, esas auras septentrionales parecen la solución decisiva. «El cambio se impone —escribe José María Roviralta en 1898—; nuestra raza raquítica ya está gastada, la civilización, el adelanto, el mundo quiere energías que consumir, alientos que debilitar y vida nueva que se gasta en su trabajo; vengan estas energías, vengan estos alientos y esta nueva vida que el mundo necesita para volar por los aires y correr y perderse en el fondo de un camino que no conoce; venga un impulso para que el mundo no se detenga; quédense atrás los espíritus afeminados y que siga en su correr veloz el que pueda. ¡Atrás la indiferencia! ¡Paso libre, paso al Norte!» (26).

---

(25) «Vigila, espíritu, vigila, — no pierdas nunca tu norte, — no te dejes llevar a la tranquila — agua mansa de ningún puerto. — Huye de la tierra innoble, — huye de los horizontes mezquinos; — siempre al mar, al gran mar noble — siempre, siempre mar adentro.» Ob. cit., páginas 40-42.

(26) Revista *Luz*, noviembre de 1898. Paralelamente, Gabriel Maura y Gamazo hablaba en Madrid del «grupo de patriarcas de la literatura modernísima, el peligro amarillo de los autores y editores fran-

2. Maragall, D'Ors, Gual

Las relaciones entre Maragall y el Modernismo no se analizan ahora por primera vez (27). Había en el poeta de Cataluña una tal sinceridad expresiva, que forzosamente había de establecerse una coincidencia de actitudes con quienes hacían de esta sinceridad su fundamental característica. Parte la estética de Maragall de una actitud neorromántica e idealista; es decir, de la misma posición de combate contra el naturalismo que caracteriza la estética finisecular europea. Su punto de partida es Novalis (28). «Oiga a Novalis —escribía a José Pijoán—: La poesía es la realidad absoluta. Éste es el germen de mi filosofía. Cuanto más poético, más verdadero» (29). Así, pues, para Maragall —mediterráneo puro— las cosas con sus contornos físicos son las que traen consigo todo el mensaje ideal.

«Al revés de Platón —nos dice— nunca he buscado la Belleza, el Amor, a través de las cosas bellas o de los seres a quienes he amado, sino que la cosa bella ha sido para mí la Belleza, la mujer amada ha sido para mí el Amor; de manera que cuando aquella u

---

ceses que amenaza barrer del mercado europeo los frutos artificiales de la caduca mentalidad latina, sustituyéndolos por estos otros frescos y lozanos de la flora septentrional, de savia pujante. Quizá se exageran los posibles estragos de esa invasión, que llama D'Annunzio de los bárbaros del Norte, porque siempre habrá en literatura quien prefiera lo delicado a lo fuerte; pero si el peligro fuera real, sería inevitable, que es el arte democrático, y sólo discierne sus categorías a quienes con sufragios acreditan merecerlas» (*La Lectura,* 1901; vol. II, pág. 543).

(27) Acabamos de ver su relación con el idealismo germánico del momento. Pero ya en 1896, Melchor de Palau —por ejemplo— hallaba en Maragall las siguientes características modernistas: *a*) las «*herejías* rítmicas y rímicas... los tajos y mandobles que da a la consuetudinaria preceptiva»; *b*) «reminiscencias de la forma y del despreocupado sensualismo bíblico» (en *Claror,* por ejemplo); *c*) «el fuego erótico y germinal de... D'Annunzio (por ejemplo, en *Donant les joies*), ese joven asombro italiano, pero con una majestad mayor, como si la sanción cristiana interviniera amparando la fiebre del instinto»; *d*) la mezcla de terror y de piedad (en las poesías que recuerdan al atentado anarquista del Liceo); *e*) el sentido de la naturaleza, «la visión de las nieblas pirenaicas», el sentido pictórico *(Pirinenques)*; *f*) la «mezcla de fervor religioso y sensualidad tan notoria en Verlaine y hasta en Zacarías Werner, el precursor alemán del discutido autor de *Sagesse*» (*Acontecimientos literarios,* Madrid, 1896; págs. 131 y sigs.).

(28) Recuérdese lo que Novalis representa en relación con la evolución del concepto de poesía.

(29) Publicado en la revista *Cataluña,* 26 de junio de 1912.

otra cosa individual, viva, no la he tenido ante mí, o cuando una mujer amada ha dejado de serlo para mí, Belleza y Amor han sido para mí vagas ideas sin eficacia» (30). Es decir, que el irrealismo neorromántico viene compensado por una noble apetencia sensorial, dando este término medio entre místico y sensual —entre el misterio y la forma— tan característico del modernismo. Inútil añadir que el elemento imponderable (mística y misterio tienen la misma raíz griega, que significa lo cerrado) tiene para Maragall una clave cristiana. Dios se revela a sí mismo en su creación, haciendo emerger el cosmos sobre el caos; como Francisco de Asís —también mediterráneo—, se asciende hasta la Divinidad a través de las cosas benignas, que percibimos con nuestro cuerpo. «*Quin altre orgue té aquí aquesta ànima sino aquest cos?*», se pregunta el poeta. De ahí la magnificencia de su *Cant Espiritual*, en el que pregunta a Dios qué goce podrá darle en el Paraíso superior al que sus sentidos disfrutan bajo este cielo azul que nos cobija (31). Así, pues, si la Divinidad se hace presente en la Naturaleza, a mayor espontaneidad mayor poesía. He aquí, pues, cómo llegamos a la estética de la *paraula viva* tendiendo a una poesía que Eugenio d'Ors llama gráficamente «interjeccional» para expresar su rapidez de formulación y su espontaneidad. Oigamos a Maragall:

«Hay en mí esta irresistible propensión mía a sugerir un mundo con una sola palabra intensa, que es para mí el ideal de la poesía. Ahora bien: la cuestión está en tener fuerza para tal intensidad. ¿Se tiene? Pues sólo precisa la palabra inspirada. ¿No se tiene? Pues en vano se dilatan los versos para conseguirla» (32).

Ahora bien: esta sinceridad expresiva lleva forzosamente a una absoluta libertad formal que si, en teoría, conduciría sólo a un desmadejamiento, en la realidad sabemos que produce las más dulces músicas de la poesía hispánica, los más perfectos logros de belleza.

Pero no sólo el neorromanticismo nórdico y el neoclasicismo mediterráneo completan la silueta estética de Maragall. El mismo Nietzsche influye en su espíritu. Hacia 1893 escribe a Soler y

---

(30) Ídem íd.

(31) He explanado esta actitud maragalliana en mi libro *El engaño a los ojos.*

(32) En el mismo número de la revista *Cataluña.*

La realidad invisible.

¡Qué bien la casa
conmigo;
como un cuerpo gustoso
con su corazón!

—Cuando me voy,
¡qué tristes yo y la casa,
como dos hondamente enamorados,
que no se ven!—

¡Qué ritmo plácido y tranquilo
el que le doy yo, sonando
en plenitud de plenitudes;
cómo, ~~parece que~~
todo se inunda de mi sangre!

—el que se siente ella,
en plenitud de plenitudes!

cómo todo se inunda de mi sangre!

cómo sus cuartos, ~~como~~
las cámaras del corazón,
se llenan de mi sangre!

Juan Ramón Jiménez.

Autógrafo de Juan Ramón Jiménez

Miquel su entusiasmo por «la aristocracia de los fuertes» y demás aspectos de la estética nietzscheana, etapa pasajera, pero muy interesante, en la obra de Maragall (33).

Es decir: que la figura de Maragall equivalía ella por sí sola al planteamiento de un movimiento poético en Cataluña, equivalente al Modernismo. Añadamos a ello la real presencia del poeta en las *Festes Modernistes* y, finalmente, el eco que la obra de Maragall tuvo en los cenáculos modernistas de Madrid (34).

Para completar la noción de la importancia de la poesía catalana de este momento basta señalar la existencia de la espléndida escuela mallorquina de poesía —de tendencia parnasiana— que se inicia en 1897 con Miguel Costa y Llobera y tiene como figuras capitales a Juan Alcover, Gabriel Alomar, etc. Y, después de Maragall, la escuela de poesía catalana influida por el simbolismo, y cuyas personalidades más destacadas son José Carner y José María López-Picó.

*

Otra figura catalana de gran interés no sólo por su intrínseco valor, sino también por su ulterior proyección española, es la de Eugenio d'Ors, cuya juventud discurre exactamente en la más alta fiebre del modernismo barcelonés. No escapa a ella el futuro glosador. En las revistas del momento, algunos poemas en prosa,

---

(33) Véase J. PIJOÁN: *El meu Don Joan Maragall* (Barcelona, sin año), págs. 35 y sigs.

(34) Maragall es —con Verdaguer— el poeta catalán más conocido en España, con serlo muy poco, ésta es la verdad. Unamuno, Marquina firmaron magníficas traducciones de sus obras. Maragall no es el poeta representativo del Modernismo. Pero fue tomado como símbolo de renovación por los modernistas españoles. Recordemos, por ejemplo, el homenaje de la revista modernista *Helios*, XI, vol. II, 1903. El homenaje emocionó profundamente al poeta, que escribía: «¡Oh, cómo devuelvo el abrazo a cada uno, y cómo siento crecer mi fuerza a cada abrazo! Luego, en la consideración de un espíritu peninsular integrado por la variedad de sus gentes, encuentro una amplitud de horizontes como suele revelarse en el cielo a cada nueva aurora. Y una gran esperanza me inunda, un sueño de unión espontánea entre pueblos que se sienten libres en su amor.

Mientras me parecen los profetas de ese ensueño: ustedes, la nueva aurora que va a extenderse rápidamente por nuestro cielo.» Recuérdese la desesperada emoción hispánica de Maragall, frente a intransigentes de uno y otro bando. El tema escapa a nuestro trabajo.

algunas poesías breves (35) reflejan un esteticismo torturado. El ciclo juvenil plenamente modernista de Eugenio d'Ors culmina y termina con un libro de relatos que tradujo al castellano Enrique Díez-Canedo, titulado *La muerte de Isidro Nonell* (36) y decorada por ilustradores tan característicos del modernismo como el propio Nonell, Joaquín Mir, Santiago Rusiñol, Ignacio Zuloaga, Ricardo Marín, Luis Bonnin y el mismo D'Ors, que firma sus dibujos con su seudónimo *Octavio de Romeu.* El mismo libro anuncia una edición del *Gaspard de la Nuit,* de Aloysins Bertrand, traducida por Eugenio d'Ors, que revalida así su entusiasmo modernista. Los relatos de *La muerte de Isidro Nonell* podrían, como los del escritor francés, subtitularse «fantasías a la manera de Rembrandt o de Callot». Todo es en ellos extraño o terrible; el plano vulgar es cuidadosamente evitado, bien yendo hacia los harapos suburbiales, que un día se sublevan contra su pintor y le ocasionan muerte espantosa, bien evadiéndose hacia neogóticos medieros o etéreas evocaciones. Satanismo y angelismo alteran sin otra razón que un estetismo desaforado y exquisito; lo raro, lo inesperado rige estas páginas en las que D'Ors rinde culto, como artista, al Modernismo imperante.

Pero D'Ors va a ser —a partir de 1906—, además, un ordenador de la cultura de su país y, por ello, un legislador estético. Su filosofía, con relación a la Belleza, se denomina Arbitrarismo (37). La obra de arte es un producto del libre y voluntarioso arbitrio o voluntad del artista; nunca debe plegarse a la naturaleza. La Cultura es, exactamente, el soplo del espíritu sobre la Natura. Lo espontáneo (lo «interjeccional», como él dice) no tiene, pues, valor artístico. Un refinamiento artificioso, una suerte de dandysmo estético debe presidir la obra. La tesis pudo haber llegado a D'Ors de Gracián; pero es más probable que las fuentes inmediatas sean Gautier, Baudelaire, Barbey d'Aurevilly y, en general,

---

(35) Recuerdo, por ejemplo, una miniatura medieval, *Monje y artista,* en el *Calendari Català,* 1900; págs. 167-168. Un monje, en oración, pide a Dios inspiración para pintar un retablo; la noche se ilumina y una mano de ángel empuja el pincel que tiene en su mano hasta producir la obra maestra.

(36) *La muerte de Isidro Nonell seguida de otras arbitrariedades y de la oración a Madona Blanca María,* Madrid, 1905.

(37) Ya en el prólogo de *La muerte de Isidro Nonell,* escribía: «Arte tan lejano al lírico, impresionista... como al arte imitativo que en su fatalista humanidad se resigna a la reproducción de la naturaleza.»

todos los paladines de la sensualidad estética (38). Con ello queda D'Ors también en este aspecto, ligado al Modernismo, si bien podemos reconocer en él algún acento de personal diferenciación. Domina en la estética d'orsiana la voluntad; no acepta suerte de pasividad alguna. Sus modelos son, por otra parte, más amplios, y no le importa recomendar a la vez la *Introducción a la vida devota,* de San Francisco de Sales; *El Príncipe,* de Maquiavelo, y *Las relaciones peligrosas,* de Chaderlos de Laclos; nótese con ello su fundamental e impenitente esteticismo y el culto, no al fondo ético de estos libros (tan dispares), sino al voluntarismo con que cada uno de estos libros predica la conquista de sus respectivos afanes: la santidad, el poder o la sensualidad (39). Por lo demás, los períodos normativos son cada vez más objeto de su predilección estética: Grecia, el Renacimiento, el siglo XVIII. Pero ahí están Leconte de Lisle, y Heredia, y los Goncourt para mostrarle el camino. Justamente, el Modernismo se caracteriza por este su eclecticismo fundamental que hereda del Setecientos el culto a la Clasicidad y de los románticos el culto a la Edad Media (enorme y delicada) y a los vagos orientes donde se instalan las fantasías. Todo esto está en Eugenio d'Ors, que siente en lo cultural —y esto le define— una pasión unitaria y a la vez integradora, que converge en Roma. Roma, que es para D'Ors, como para Maurras, un símbolo religioso y el paradigma de la clasicidad, una clasicidad que la Catalu-

---

(38) Véase J. M.ª CAPDEVILA: *Lectures i revisions: Eugeni d'Ors,* en *La Nova Revista,* septiembre de 1928.

(39) CAPDEVILA: Loc. cit. No se hace referencia aquí al Novecentismo; los últimos textos de Eugenio d'Ors autorizan a considerar este concepto como una convención metodológica. «—Pero usted, alguien dirá, bien ha insistido en sus teorías sobre el Novecientos y, en definición, de su consistidura cultura...» «—Poco a poco. En primer lugar, que, como caso no extensible a lo común, por ahí andaba un oficio, que es, salvo contraorden, el de la Filosofía. Nadie que haya leído el *Bruno o el principio divino,* de SCHELLING, ha descubierto el Polo Austral. Atiéndase después a que la unidad de medida tomada por mí era relativamente amplia: la centuria; no como ésta, que puede servir a los cálculos de quienes se diría que cuentan las generaciones según las quintas. Por último, y sobre todo, yo no creo nunca haberme trabado con la superstición de atribuir una sustantividad a mis clasificaciones. Cuando distingo el siglo XX del que vino antes, bien sé que es por convención y comodidad metódica y entendimiento fácil; como cuando distingo la cabeza del cuello, con la conciencia de que allí una constante histórica, aquí un esqueleto, están debajo. Y que la genérica función del esqueleto es construir a un animal que levanta el rostro *ad sidera,* como la genérica función de los siglos es edificar la Ciudad de Dios» (Almanaque de *Arriba,* Madrid, 1 de enero de 1950).

ña Mediterránea simboliza en *La bien plantada*, monumento racial a la manera como lo es el *Jardín de Berenice*, de Maurice Barrès. Por lo demás, amigo de Rubén Darío, a quien dedica una glosa inolvidable; exaltador de los valores pictóricos europeos del impresionismo y del postimpresionismo; creador de una prosa de sintaxis personal y efectista, puede y debe ser traído a colación en esta revisión de valores del modernismo en Cataluña, mucho más cuando en esta revisión nos interesa la proyección del mismo en la literatura española, y es tan evidente la influencia de Eugenio d'Ors en ella.

*

Señalemos, finalmente, en este cuadro magnífico de inquietudes estéticas la presencia de Adrián Gual, que representa exactamente la convergencia de los postulados modernistas en el teatro, orientando valientemente la escena en un heroico sentido minoritario. La obra de Gual se desarrolla a partir de 1888 con una producción verdaderamente significativa: *Nocturn* (40), que subtitula *«Andante» morat*, dando con ello armónica presencia a su compleja personalidad de escritor, músico y pintor, ya que para Gual la obra teatral debe fundir los tres aspectos, y si la melodía verbal —y los fragmentos de música que intercala— dan al espectador el clima dramático necesario, este clima viene completado por el color dominante, que en esta melancólica y dulce obra es el morado (41). Muy dentro de la estética ambiciosa y exhaustiva de Wagner, Gual declara que busca «por el asunto, al alma; por el color, a los ojos; por la música, al oído». De Maeterlinck obtiene Gual, seguramente, el tono de insinuada sugerencia con que presenta los episodios de la acción.

---

(40) Barcelona, 1895.

(41) Sin duda, Gual conoce las doctrinas en boga acerca del poder anímico de los colores. He aquí, por ejemplo, una página de MAX NORDAU: «Si el rojo es dinamógeno, el violeta, por el contrario, es inhibidor y depresivo. No es en modo alguno, por casualidad, por lo que el violeta ha sido adoptado por varios pueblos como color exclusivo del luto, y por nosotros como color de alivio de luto; la vista de este color ejerce una acción deprimente, y el sentimiento de disgusto que suscita responde al abatimiento de un alma en duelo. Es fácil de comprender que histéricos y neurasténicos al pintar tendrán tendencia a extender, por decirlo así, sobre sus cuadros un color que responde a su estado de fatiga y de agotamiento» (*Degeneración*, vol. I, pág. 47).

Como ya se ha indicado, el fervor de Adrián Gual se dirigió desde el primer momento «a la inmensa minoría». Fundó así una entidad destinada a la creación de un teatro de selección, *Teatre intim*, que comenzó sus sesiones el 15 de enero de 1898 con el estreno de *Silenci*, del propio Adrián Gual (42), otra de sus obras representativas. He aquí el argumento:

«Ramón y Oriol son amigos íntimos, casi hermanos. Oriol es sacerdote. Ramón, casado. Muere la esposa —María—, y el esposo, de vuelta del entierro, cuando Oriol quiere consolarle de su gran desdicha, declara que es inútil, que es imposible, que no quiere ni acordarse de la muerte... No puede servirle de consuelo su recuerdo; es más grande su desgracia. Es más grande, porque la mujer adorada quería a otro en silencio, guardaba en su corazón un amor puro e imposible, un cariño religioso por un hombre que Ramón no sabe quién es, que no sabe que es Oriol mismo, su amigo del alma, su hermano... Y el ministro del Señor, que había logrado destruir, tras profundos esfuerzos, su amor por María, siente revivir en él un mundo pasado, brotar una *vida* muerta, y luchando con su inmensa emoción, con su dolor sin límites, trata de consolar a Ramón... ... Todo pasado que hoy florece, agóstase mañana; nada dura lo que se espera que dure; todo se acaba, todo lo de aquí abajo. Sólo una cosa permanece fuerte y fiel en nuestro interior; sólo una cosa nos va siguiendo con un amor sin tasa y nos acompaña por todas partes con la suavidad de enamorada pura, que pasa por todo lo que pasamos, que se resigna a todo, resuelta a no dejarnos. Y es la pena predilecta entre las penas, la más grande e incurable de todas... Es lo más hermoso del vivir resignarse y perdonar; es lo más hermoso...»

Y he aquí el comentario acerca de esta obra publicado a raíz de su estreno por J. Martínez Ruiz en *Madrid Cómico:* «El arte de Gual es el arte de Georges Rodenbach; arte de matices, de tintas finas, de penumbras. Leyendo *Silenci* se recuerda, por la manera,

(42) El *Teatre intim* prosiguió impertérrito su labor. En el mismo año estrenó *Ifigenia a Taurida*, de GOETHE, traducida por Maragall en 1899; *Interior*, de MAETERLINCK, y *L'alegria que passa*, de RUSIÑOL, en 1900; *Espectros*, de IBSEN, y *El casament per forsa*, de MOLIÈRE; entre 1903 y 1904, *El barbero de Sevilla*, de BEAUMARCHAIS; *La festa dels reis*, de SHAKESPEARE; *Els teixidors de Silèsia*, de HAUPTMAN, etcétera, etc. Las fechas y la calidad de las obras acreditan la importancia de este singular y abnegado esfuerzo estético.

Le voile, del poeta citado. ¡Qué figura tan grande la de mosén Oriol! ¡Ése sí que es personaje de psicología exacta, de análisis concienzudo!» (43). «¡Qué labor de artista la labor de *Silenci!* —sigue comentando el futuro *Azorín*—. Gual es un observador penetrante; aquel silencioso interior, aquellos personajes que *no hacen nada,* que no matan, ni cometen adulterios, ni prorrumpen en gritos, son un fragmento palpitante de historia contemporánea. *Silenci* es una obra maestra; no hay en España nada que se le asemeje.»

Estas dos obras son bien representativas de la renovación escénica de Gual. Evasión hacia lo plasticomusical; dramatismo del silencio; huida del teatro retórico, de frondosidad verbal y gesticulante en ambas. No es el momento de estudiar la totalidad de su obra, completada por una serie de fuertes dramas, sino de ver su posible relación con la renovación de la escena española. Gual fue muy traducido al castellano: *Misteri de dolor,* por Luis Morote; *Don Juan, Hores d'amor i de tristesa,* Eduardo Marquina; *El fals Albert,* María Luz Morales, etc.

Y, por lo que se refiere a influencia, hay un dato de interés: la evidente relación de precedencias entre el *Misteri de dolor* de Gual frente a *La Malquerida* de Benavente. Veamos. En *La Malquerida,* Esteban tiene amores culpables con su hijastra Acacia, matando a su novio, Faustino, y a su propia mujer, Raimunda, en el momento en que descubre su pasión criminal. En la obra de Gual —de análogo ambiente rural—, Silvestre, enamorado también de su hijastra, se niega a que contraiga matrimonio con Labast, con el cual se pelea, recibiendo heridas que Mariagneta le cuida, escena en la cual estalla la pasión de ambos, que es descubierta por la esposa, que finge no verlo, y —en el acto siguiente— se arroja a un precipicio para simular un accidente. «No... nos vio», exclama el marido. *Misteri de dolor* es de 1899 y fue traducido al castellano; *La Malquerida* se estrenó en 1913.

El ejemplo de Gual, fervoroso del teatro, sigue en pie. Desde el primer momento aleccionó a los jóvenes. En un raro opúsculo de

---

(43) El público no respondió a esta labor formidable; Adrián Gual publicaba sus obras con la orgullosa indicación de «estrenada *amb fracàs*». Menudeaban las caricaturas y las chanzas del peor gusto. En *La Publicidad,* de 8 de abril de 1899, leemos, por ejemplo: «El drama fenomenal — que va a soltar sin espera — el eximio Adrián Gual — se llama *La Primavera.* — Porque Gual es una flor, — un lila muy delicado, — un perfume embriagador, — un *parnasien,* un chiflado.»

Federico García Sanchiz, titulado *Pío Baroja* (Valencia, 1905), leemos: «Somos jóvenes y lo podemos todo. Acordaos de la juventud barcelonesa: de Ignacio Iglesias, de Eduardo Marquina, de Adrián Gual... Acordaos principalmente de Adrián Gual...»

3. La repercusión en Madrid

A través de las páginas anteriores hemos intentado no un esquema histórico de la inquietud espiritual del fin de siglo en Cataluña, que en su amplia complejidad exigiría más ancho espacio, sino de sus relaciones con la literatura española. Estrechemos nuestro asedio en este sentido. Veamos cuál era la impresión de los círculos literarios de Madrid, a los que llegaban cada día nuevas noticias de una literatura nueva cada vez más pujante, que había dado ya dos figuras ciclópeas: Verdaguer y Guimerá. Recordemos únicamente que la figura más insigne del momento, don José Echegaray, se constituye en amigo, introductor y aun traductor del teatro guimeraniano.

Por lo que se refiere a los valores posteriores, veremos en seguida nuevos signos de comunicación. Las revistas jóvenes, las nuevas actitudes, repercuten en la capital española. Amigos del grupo catalán en Madrid son, fundamentalmente, Ignacio Zuloaga, Eduardo Marquina, Enrique Díez-Canedo y Gregorio Martínez Sierra. Todos ellos tienen un importante papel de relación e introducción de las inquietudes finiseculares de Cataluña en Madrid, y su papel transmisor ha sido señalado ya en algún caso.

Las revistas más alertadas se percatan ya de ello. Así leemos en la revista *Vida Nueva* (19 de junio de 1898): «Barcelona tiene iniciativas, energías, entusiasmo, virilidad, y de allí nos vendrá la vida nueva, ya que en Madrid no se piensa sino en hacer política, hablar de la mar y acudir a los toros.

Barcelona es la ciudad moderna por excelencia en España. Es un pueblo de trabajadores altos y bajos, y por eso es próspera, rica, seria, y el porvenir es suyo.»

El desnivel entre las inquietudes de la Cataluña de 1900 y el resto de España es todavía más notable si se tiene en cuenta que en su segundo viaje Darío encuentra las cosas de Madrid tal como estaban, con la diferencia de que ahora advierte el avance del grupo barcelonés. En sus crónicas para *La Nación*, que constituyeron después su interesantísimo volumen *España Contemporánea* (1901), escribe: «Esa evolución que se ha manifestado en el mundo en estos últimos años, y que constituye lo que se dice propiamente el pensamiento "moderno" o nuevo, ha tenido aquí su aparición y su triunfo más que en ningún otro punto de la Península, más que en Madrid mismo; y aunque se tache a los promotores de este movimiento de industrialistas, catalanistas o egoístas, es el caso que ellos, permaneciendo catalanes, son universales» (44). «No existe en Madrid, ni en el resto de España, con excepción de Cataluña, ninguna agrupación, *brotherhood*, en que el arte puro —o impuro, señores preceptistas— se cultive siguiendo el movimiento que en estos últimos tiempos ha sido tratado con tanta dureza por unos, con tanto entusiasmo por otros. El formalismo tradicional por una parte, la concepción de una moral y de una estética especiales por otra, han arraigado el españolismo que, según don Juan Valera, no puede arrancarse "ni a veinticinco tirones". Esto impide la influencia de todo soplo cosmopolita, como asimismo la expansión individual, la libertad, digámoslo con la palabra consagrada, el anarquismo en el arte, base de lo que constituye la evolución moderna o modernista» (45). Por el contrario, un ambiente de chabacanería castiza lo invade todo. Esfuerzos como el de Salvador Rueda, que con tanto entusiasmo apadrinó en su anterior viaje (recuérdese el «Pórtico» a *En tropel*, 1893), se malogran por la falta de exigencia del ambiente (46). Los valores en boga nada dicen. Los valores nuevos apenas tienen perfil: cierto que habla del «amable cosmopolita Benavente», de Valle-Inclán, de Villaespesa, de las primeras revistas que se interesan por lo nuevo; pero lo que no encuentra Rubén Darío en Madrid, y sí en Barcelona, es la curiosidad organizada, el grupo artístico-literario que se propone conscientemente un objetivo general de renovación. «Los catala-

---

(44) Ob. cit., ed. Bibl. R. D.; vol. XXI, pág. 24.

(45) Ídem íd. El panorama español es desolador para Darío. «Cánovas, muerto; Ruiz Zorrilla, muerto; Castelar, desilusionado y enfermo; Valera, ciego; Campoamor, mudo. No está, por cierto, España para literaturas: amputada, doliente, vencida» (pág. 32). Indiferencia, chulería, frivolidad en el ambiente. La crítica en manos de «los *Clarines* y Valbuenas»; el esfuerzo de Hispanoamérica, desconocido; las gentes preocupadas sólo por el chiste, la política menuda y los toros. Rubén Darío insiste, una y otra vez, en el contraste con la Cataluña dinámica y artística de Rusiñol, Maragall y Guimerá, de *Pel i Ploma* y de *Els Quatre Gats*.

(46) Recuérdese el cambio de actitud de Darío frente a Rueda.

nes sí han hecho posible, con exceso quizá, por dar su nota en el progreso artístico moderno. Desde su literatura, que cuenta, entre otros, con Rusiñol, Maragall, Utrillo, hasta su pintura y artes decorativas, que cuentan con el mismo Rusiñol, Casas, de un ingenio digno de todo encomio y atención, y otros que como Nonell-Monturiol se hacen notar no solamente en Barcelona, sino en París y otras ciudades de arte y de ideas» (47).

Tenemos, pues, que observador tan interesado como Rubén no encuentra en el ambiente madrileño eco suficiente de su propia labor renovadora, y aun halla dificultad para publicar sus propios versos (48). Cierto que las cosas han de cambiar rápidamente. Pero, por de pronto, el movimiento al que se llama «Modernismo» —con un aire despectivo y burlón— padece, como ya hemos visto, todos los ataques de la crítica y de la caricatura.

Veamos ahora cómo este contraste entre el tradicionalismo madrileño y la inquietud barcelonesa va adquiriendo constancia en las más finas antenas de la capital.

En *La Vida Literaria*, de Madrid, a 4 de marzo de 1899, escribía Ramiro de Maeztu unas luminosas palabras que se recogen después en su libro *Hacia otra España* (49) y que reflejan bien cuanto estamos afirmando:

«Si de alguna parte puede venir la renovación literaria será de allende el Ebro. En cabezas como la de Unamuno caben los embriones de un centenar de literaturas y filosofías nuevas.

Otro tanto debo decir de ese lucido alarde literario que muestra orgullosa la Cataluña de hoy. Hay en el Ateneo barcelonés, en la joven revista *Catalonia*, en el catalanismo clásico de Barcelona y de Mallorca, toda una pléyade de talentos de primera fila —y no he de citar hombres, porque saldrían de mi pluma a centenares— que han tomado la literatura en serio. Acaso pueda reprochárseles el *diletantismo* con que siguen las oscilaciones de las Bolsas literarias extranjeras. De todos modos, en Cataluña la

---

(47) Ídem, pág. 283.

(48) Si atendemos a Silva Uzcátegui, «los grandes periódicos madrileños no quisieron (en su segundo viaje) los versos del Darío revolucionario de *Prosas profanas* y *Los raros*» (*Historia crítica del Modernismo*, Barcelona, 1925; pág. 19). Rueda imponía su colaboración poética en *El Liberal* (GONZÁLEZ BLANCO: *Salvador Rueda y Darío*, página 112), y BENAVENTE, en *Madrid Cómico* (*Hombres de España. Rubén Darío*, pág. 44). Todo esto era resultado de tercas luchas.

(49) Bilbao-Madrid, 1899; págs. 208 y sigs.

gente moza piensa como la época en que vive —cosa que en Madrid no ocurre—, en parte, porque se educa en las lecturas nuevas, pero principalmente, porque vive la vida de nuestro tiempo.»

A continuación, Maeztu plantea un tema interesantísimo:

«Existe una empresa por realizar que debe sonreirles y tentarles. Por viejos, por rutinarios, por clásicos, han perdido los literatos españoles el mercado de América (50). Aún se conserva para España el público de abajo, el que asiste a los teatros; el público de libros se surte en París. La reconquista de este público pueden realizarla, mejor que nadie, los catalanes y los vascongados por el moderno ambiente en que respiran... ¡A la obra!... Mas no será desempolvando mamotretos de los heroicos tiempos de Roger de Flor o de don Diego López de Haro como pueda realizarse, sino apropiándose, para ropaje de sus ideas, la majestuosa sonoridad de los escritores castellanos y el fascinador colorido de los prosistas andaluces.

Y no los literatos solamente, sino todos cuantos sientan en su espíritu fuerzas expansivas, están interesados en mostrarlas, no encerrándose en su concha como los moluscos, sino apercibiéndose a la conquista de Madrid.»

Inevitablemente surge el ademán suficiente, agresivo de la conciencia de esta superioridad. En 1897 leemos en la revista *Luz*, de Barcelona: «Hemos dudado un momento si debíamos publicar *Luz* en Madrid o en Barcelona; pero siendo esta última ciudad la verdadera capital artística, en el sentido moderno y universal de esta palabra, por esto reaparecemos en la capital de Cataluña, que consideramos artísticamente como la verdadera capital de España, ya que un miembro lozano en un cuerpo medio consumido representa lo mejor, así sea en un individuo como en una nación. Por esto, y por creer que le conviene a la joven España apartarse de los amaneramientos que han derrumbado todas cuantas esperanzas se podían cifrar en un porvenir intelectual digno de los demás países; por esto, decimos, hemos procurado olvidar la Historia de España; porque creemos que con la experiencia sólo pueden componerse músicas celestiales, y nuestro país lo que necesita es hacerse vida nueva sin directores viejos y, por lo tanto, ya gas-

(50) En *España Contemporánea*, Darío se lamenta una y otra vez del desinterés que tiene España por América: «No se escribe una noticia por criterio competente de obras americanas que en París o en Londres son juzgadas por autores universales» (pág. 40).

tados; además, como están en nuestra misma esencia el simpatizar con todo cuanto nuevo se haga en Arte, nunca atacaremos despiadadamente a los que dentro o fuera de España nos hayan iluminado con algún nuevo destello por tenue que sea; y como lo que antecede podría parecer oscuro, claramente añadimos que nos lo ha sugerido la lectura de unas palabras contra Mallarmé y Verlaine, precisamente salidas de plumas que pretenden vivir con las migajas importadas de lo que aquéllos produjeron.

Conviene añadir nuestra poca fe en palabrerías hueras, siéndonos indiferente el lenguaje empleado, mientras los que profesen ideales análogos se comprendan suficientemente; por esto escribiremos generalmente en castellano, por mera galantería, como suele suceder en reuniones donde hay extranjeros, en las cuales, si se puede, se habla la lengua de éstos, y de este modo todos podrán comprender de qué parte está la razón.»

Poco después, en la revista *Els Quatre Gats* (23 de febrero de 1899), análogo desplante, firmado por P. Romeu:

«Fa quant temps que alguns diaris de Madrid publican llarchs articles sobre lo qu'ells dihuen —sense saber ben bé lo qu'es— *Modernismo,* y sempre que d'aixó parlan no saben retreure mes que noms d'artistes y cosas catalanas, *a la cuenta* es que per ells de *modernismo* no hi ha més que a Catalunya, lo mes salat es que després de llegir tals articles un queda tan enterat com abans; no tenen ni tan sols la més petita idea del moviment artistich català.»

Los dimes y diretes menudeaban en este sentido. A la vanidad, muchas veces imprudente, de algunos escritores catalanes, respondía el orgullo de la vieja tradición castellana. J. Martínez Ruiz escribía:

«Yo lo declaro con toda mi alma: entre el ginovés rico, opulento, laborioso, repletas sus arcas de doblones, y el hidalgo pobre, altivo, sufridor de sus hambres en silencio, sereno ante la muerte, yo, ahora y siempre, me quedo con el hidalgo miserable. En la vida el corazón lo es todo, y todo lo es el corazón en el arte. Los pueblos no son grandes por sus fábricas y por sus bancos; son grandes por su generosidad y por su fe. Frente a Cataluña burguesa, regateadora del céntimo, sórdida, sin ideales, sin robustas tradiciones artísticas, está Castilla, pobre, dadivosa, soñadora, artística; frente al noble descuidado, el mercader cuidadoso; frente al hidalgo desprendido, el ginovés que lo explota y vilipendia.

La antinomia es irreductible; la burguesía catalana no podrá nunca comprender y admirar el espíritu de Castilla; el bolsista no admirará ni comprenderá jamás la despreocupación del poeta. Y es lo triste que la juventud catalana, artista, fervorosamente artista —Rusiñol, el más grande de los pintores españoles, autor del estupendo y maravilloso retrato de la última Exposición, que para honra suya pasó la prensa madrileña en silencio; Ramón Casas, el más genial de nuestros dibujantes; Pompeyo Gener; Adrián Gual, autor de *Silenci;* Eduardo Marquina—, lo triste es, repito, que toda esta briosa juventud haga coro en sus improperios a la banda de industriales y mercaderes.» (*Hidalgos y ginoveses,* en *Madrid Cómico,* 19 de mayo de 1900.)

Finalmente, traigamos la opinión de un joven escritor malogrado, a quien nos referimos en otro lugar de este trabajo. José María Llanas Aguilaniedo escribía en su libro *Alma contemporánea* (51).

«La literatura regional tiene en Cataluña un carácter particular, eminentemente simpático, gracias a las corrientes modernísimas que, en punto a arte y ciencia, se han establecido en Barcelona, el activo, intelectualísimo centro.»

Repetiré aquí lo que decía hace dos años en un periódico de Andalucía:

«Barcelona es, a mi ver (y conste que no soy catalán), mucho más modernista que Madrid (por lo menos modernista de acción) en cuanto a literatura y demás artes; es una sucursal de París en España. Sus literatos y artistas, jóvenes en su mayoría "de buena familia", en vez de consumir juventud y capital en tonterías infecundas, como por lo general acontece en el resto de la Península, los gastan en la consecución de más altos ideales; viven para el progreso, se instruyen, viajan, recogen, asimilan y expresan lo más nuevo que en estas materias da de sí el espíritu humano y forman parte de esa sociedad "superior, excéntrica, entre fija y nómada, a la cual pertenecen los príncipes del Saber, del Arte, del Sprit, de la Belleza...", de ese *Cosmopolytan* Club de que habla Gener...

El Salón Parés se llena semanalmente con sus cuadros... *L'Avenç* se nutre con su savia literaria, y *La Vanguardia* y su simpático Salón se convierten en portavoz de esos modernistas,

---

(51) Huesca, tipografía de Leandro Pérez, 1899.

por cuyo intermedio recibe Barcelona cuanto de nuevo y original produce el cerebro del mundo...; se quejaba *Clarín* de que no tuviéramos en el resto de España un grupo de jóvenes de tantos alientos como los que colaboran en *L'Avenç*. Casi estoy por asegurar que no los tendremos nunca, y no precisamente porque falten esos jóvenes; pero los que hay están por ahí desperdigados en medio de públicos que miran como el fin supremo del hombre admirar al *Bomba* o al *Guerra*, faltos, además, del entusiasmo y del espíritu de unión que el sentimiento de la "patria chica" comunica a los modernistas catalanes.

Éstos son los únicos que han trabajado en regla por la introducción del modernismo en su país; en el resto de España, los que más, nos hemos dado por satisfechos con sentir hacia él cierto platonismo, ya que no lo hayamos tomado a broma, como hacen los espíritus superiores si también risueños» (52).

Pero el acontecimiento culminante de esta proyección de Cataluña hacia Castilla se produce en 1904, cuando Enrique Borrás decide, con su fe y con su entusiasmo, presentarse en el teatro de la Comedia de Madrid con su compañía de teatro catalán. La mejor prensa de Madrid recibe gentilmente al gran actor. «Saludamos cordialmente a este insigne artista, que viene a interpretar en su lengua las producciones de un teatro tan español como el escrito en lengua catalana», dice *El País* (26 de mayo). «En las obras catalanas verá Madrid al pueblo de Cataluña tal como es, al natural, y, desde luego, auguramos que simpatizará con él», escribe en la misma fecha *El Globo*.

El interés despertado fue, al principio, limitado. En una «Critiquilla» publicada en el mismo periódico, firmada por *Zis-Zas*, se refiere al emocionante y espontáneo homenaje tributado por los actores madrileños a Borrás en su camerino. «Madrid mundano (53), Madrid intelectual, Madrid público, conmovido, deliran-

---

(52) Páginas 93 y sigs.

(53) *El País*, al publicar la reseña de la representación, escribía, sin embargo: «En los palcos no figuraban los habituales de la Comedia; no se veían en las butacas las blancas pecheras de nuestros *smarts*...» Las reseñas sucesivas demuestran con todo que, a medida que avanzaba la temporada, el éxito se iba acentuando hasta el clamor apoteósico. «Con un actor así —decía *La Correspondencia de España*— no se necesita la limosna aristocrática de los días de moda... Tardará más o menos en ir el verdadero público, pero al fin irá.» Los periódicos hacían constar que el público —en un principio— era, en su mayor parte, el de la colonia catalana de Madrid. El éxito fue creciendo hasta la

te, saludó con ovación frenética, unánime, clamorosa, como yo no he visto otra, al gran artista, proclamándole el primero de España», escribía Luis París en *España* el día 27.

Es emocionante de veras recoger el ambiente de comprensión, admiración y de simpatía sembrado por Enrique Borrás en esta memorable campaña, para espejo de épocas posteriores en las que, desgraciadamente, esta noble convivencia dejó paso a la ignorancia, al desdén y —naturalmente— al odio. Al polarizar la emoción amiga de Madrid en un homenaje, *La Época* sugería que, además de una fiesta de arte en la que la Sociedad de Autores y la de Actores ofrecerían una representación en honor de los huéspedes, se pensaba erigir una estatua a *Serafí Pitarra* en una de las plazas madrileñas. «El pensamiento —escribe— merece el aplauso sincero de cuantos aman a la Patria. Es necesario que las corrientes de simpatía y confraternidad se acentúen para que toda diferencia se borre y no haya en España más que españoles, admiradores de cuanto vale y triunfa en España» (6 de mayo de 1904). En cuanto a Borrás, puede decirse que de esta campaña arranca el pleno reconocimiento de su categoría genial y de un afecto que todavía el pueblo de Madrid conserva hacia el gran actor de Cataluña. Anotemos, finalmente, como dato curioso, que en la fiesta de homenaje se leyeron unas cuartillas de Leopoldo Cano, que publicó el *Heraldo de Madrid*. He aquí unas muestras:

Ese aplauso, esa explosión
de entusiasta admiración
y noble sinceridad,
¿no os ha sonado a verdad
que sale del corazón?
No era necesaria lid,
ni batallar con el Cid,
ni vencer a Calderón
para tomar posesión
de vuestra gloria en Madrid,

y al que lo quiso dudar
ahora le podéis contar
que, ante vosotros abiertas,
hallasteis hasta las puertas
del alma de par en par.
... Llámese Ruiz o Querol,
o Pérez o Rusiñol;
sea de Vich o Teruel,
que donde crezca un laurel,
lo recoja un español.

---

apoteosis. Como dato curioso e importante a la vez, léanse estas gacetillas de *España:* «Casi todo lo más distinguido y selecto de Madrid estaba anoche en el teatro de la Comedia. Llenos los palcos, ocupadas las butacas, rebosante la galería. Era una fiesta espléndida»; en *El Liberal:* «La sala estaba completamente llena y el público henchido del más ferviente entusiasmo»; en *El País:* «ni una localidad desocupada»; en *El Imparcial:* «más que lleno, archilleno, con gente hacinada hasta puertas y pasillos», y *El Globo:* «pocas veces compañía alguna ha obtenido éxito más unánime».

La obra elegida para la representación fue *Terra baixa*. El entusiasmo fue indescriptible. *El Globo*, por boca de Ángel Guerra, opinaba: «Tiene *Tierra baja* una novedad prodigiosa de la realidad, un trozo caliente de vida. Hay hombres allí que penan, que aman, que matan. Un aliento potente de pasión estremece todo el drama» (27 de mayo). El triunfo personal de Borrás fue extraordinario: de un golpe se puso a la cabeza del teatro peninsular. José de la Serna, en *El Imparcial;* J. Arimón, en *El Globo;* Mario, en *El Universo*, señalaron con justeza la magnitud del acontecimiento.

Las críticas posteriores, todas respetuosas y entusiastas, supieron distinguir en seguida las obras de carácter tradicional y popular, como las de *Serafí Pitarra* o Alberto Llanas, de las que representaban un avance en la historia del teatro. *Els vells*, de Ignacio Iglesias, por ejemplo, emocionó profundamente: «Es Ignacio Iglesias, además de dramaturgo y observador sutilísimo, tierno y delicado poeta», escribió José Juan Cadenas (54). Manuel Bueno saludó con un emocionante artículo la presencia de esta obra (55).

El éxito apoteósico de la temporada catalana del teatro de la Comedia motivó y acrecentó el de la inmediata, ya en castellano, en el mismo teatro y en el otoño subsiguiente. Traía Borrás en su nuevo repertorio la traducción de *Tierra baja*, con la que debutó (56); *La cena de los cardenales*, de Dantas; una refundición de Danvila de *El mercader de Venecia*, etc. La expectación fue extraordinaria, y el éxito esperado. «Manelich» habló un castellano rotundo. «¡Decididamente ya es nuestro!», exclamaba J. Arimón en *El Liberal*.

Dejando aparte el programa que después ha sido el habitual

(54) *La Correspondencia de España*, 27 de mayo de 1904.

(55) *Heraldo de Madrid*, ídem íd. La crítica, en general, fue favorable: Arimón, Zozaya, Manuel Bueno, Ángel Guerra hicieron siempre reflexiones entusiastas y afirmativas. Sin llegar a la crítica negativa, el más reservón y reticente —empezando por afirmar que no entendía las obras— fue *Alejandro Miquis*.

(56) La traducción fue debida a la pluma nada menos que de José Echegaray, a quien hay que considerar como un valor de primera fuerza, en este grupo de escritores, ya gloriosos, que, fraternalmente, traen a Madrid los valores de Cataluña. Tradujo Echegaray, también de Guimerá, *María Rosa* (1894). Del papel de Marta se encargó una actriz que los años habían de llenar de gloria: Concha Catalá.

en este artista (57), continuamos buscando la repercusión del modernismo catalán en Madrid. Aparte del éxito en lectura de *La nit de l'amor*, de Rusiñol, traducida con el título de *La noche de las hogueras* por J. Jurado de la Parra, el éxito apoteósico de Borrás fue *El místico*, traducido por Joaquín Dicenta.

El éxito de *El místico* fue inenarrable (58) y destacó una polémica, muy en su momento, respecto del «misticismo» y de sus formas de proyección social. Otra obra que ya había interesado profundamente en su versión original, y que ahora apasionó vivamente, fue *La muerta*, revelación de un joven escritor de veinticuatro años, Pompeyo Crehuet, traducida al castellano por José Pablo Rivas. Es una obra muy típica de la melancolía del momento; el drama del niño mentalmente retrasado sobre el que cae la muerte de su madre y la presencia de una madrastra. Drama «interior», de tristeza ambiental, llevado por vía «menor», obtuvo también un éxito resonante de crítica y de público.

La crítica más exigente —*Alejandro Miquis, Zeda,* Manuel Bueno— se rinde.

Un ambiente de arte y de renovación se abre paso. Los periódicos se ocupan de los autores jóvenes de Madrid que todavía no pueden estrenar. En *El Globo* (11 de diciembre de 1904), Ángel Guerra habla de dos valores todavía inéditos: Francisco Acebal y Gregorio Martínez Sierra. «Hay que abrir las puertas del teatro a los jóvenes o echarles abajo.» «Mi pluma queda al servicio de esa revolución teatral, necesaria y urgente.» Pocos meses más tarde Borrás presenta un drama de Acebal, *Nunca*, con éxito

(57) Es decir, *El abuelo*, *Realidad*, *El alcalde de Zalamea*, etcétera. Hay —en este repertorio— una obra y un autor que convendría estudiar: *Las personas decentes* y Enrique Gaspar. «Fue Gaspar —leemos en *El Imparcial*— un verdadero innovador de nuestro teatro cómico, y su descarnado realismo y su despiadada y punzante sátira parecieron en su tiempo atrevimientos y enormidades que casi resultan *hoy inocentes*.» Enrique Gaspar, nacido en Madrid, 1842, triunfó con una obra de ambiente: *Las circunstancias*, a los veinticinco años. Vivió casi siempre en el extranjero. Su vena fundamental es la satírica. Murió en 1902.

(58) «Rusiñol —leemos en la reseña de *El Imparcial*— quiso que Dicenta compartiera su triunfo, y el autor de *Juan José* fue sacado contra su voluntad y casi a viva fuerza al escenario. A tal grado de intensidad llegó la emoción en el último acto, que algunas señoras se desmayaron y no faltaron hombres de temple que no pudieron contener las lágrimas, y éstos fueron los aplausos más elocuentes.» El papel femenino corrió a cargo de Rosario Pino.

relativo. La crítica de una obra demasiado «literaria» sólo el nervio de Borrás podía salvarla, y Borrás quería hacerlo. Precisamente por estas fechas, *Heraldo de Madrid* inicia una encuesta acerca de la «juventud intelectual» española. Borrás es llamado a opinar. «Mis aficiones —dice— me llevan al lado de la juventud intelectual cuando de aquel lado están el combate por lo nuevo y la lucha por la vida.»

A continuación estrena Borrás *La madre eterna,* de Ignacio Iglesias, traducción de José Jerique y Rafael Roca; *Juventud,* del mismo autor, en versión de J. Jurado de la Parra; así como *Los viejos,* del mismo autor y traductor (59). Anotemos, finalmente, el estreno de *La noche de las hogueras,* ya citado. Y, como término de la actuación, *El alcalde de Zalamea,* en la noche de su beneficio, en la que acuñó para siempre una creación dramática que ha sido uno de los puntales de su gloria. La temporada —agravada por un sonado conflicto promovido por los autores— fue, pues, de una brillantez extraordinaria.

Mayor interés tienen, a los fines de este trabajo, los estrenos —también apoteósicos— de *El místico, Lo pati blau* y *L'alegria que passa,* de Rusiñol, saludados por la mejor crítica de la época; el valor poemático de estos dos últimos es subrayado convenientemente. Los estrenos posteriores, *Mar i cel,* de Guimerá; *La mare eterna,* de Iglesias, y *La muerta,* de Pompeyo Crehuet, fueron debidamente subrayados.

De todo el repertorio: *Lo pati blau, L'alegria que passa* y acaso *La morta,* poseen la melancolía poética más típicamente modernista. Y en este sentido fueron recogidos por la crítica, que vio en la actuación conjunta una lección de progreso y de novedad en el arte escénico. «El teatro convencional —escribía Antonio Zozaya en *El liberal*—, aparatoso, con sus héroes declamatorios, sus figuras de trapo, sus situaciones forzadas y sus largas tiradas de versos ha muerto definitivamente. He aquí lo que debemos a Rusiñol, a Iglesias, a Crehuet, a Gual, a Guimerá, a Torrendell. Llega un teatro nuevo, verificado por ambientes de realidad, henchido de savia jugosa, inspirado en las alegrías y dolores humanos.»

---

(59) Por cierto que el día del estreno, el poeta Antonio de Zayas promovió un regular alboroto con sus gritos de desaprobación.

RESUMEN.

Es evidente, pues:

1.° Que en Cataluña madruga un interés por el fenómeno finisecular cuya traducción estética entre nosotros constituye el modernismo.

2.° Que estos atisbos influyen en Madrid a través de un grupo de escritores-puente interesados en la vibración espiritual de Cataluña.

3.° Que Rubén Darío se beneficia de esta preparación espiritual para hacer triunfar el Modernismo en la literatura española.

ÍNDICE ALFABÉTICO GENERAL

E NOMBRES ONOMÁSTICOS, GEOGRÁFICOS, SEUDÓNIMOS, REVISTAS, DIARIOS Y OBRAS TEATRALES CITADOS EN EL TEXTO Y NOTAS DE LA OBRA

Ch

D

E

F

G

H

I

J

Ll

M

N

O

P

Q

R

W

Z

ÍNDICE DE MATERIAS

SEGUNDA PARTE

POSIBILIDAD DE UNA DISCRIMINACIÓN SISTEMÁTICA

SELECCIONES AUSTRAL

TÍTULOS PUBLICADOS

ANTONIO MACHADO
1. POESÍAS COMPLETAS
Prólogo de Manuel Alvar
424 págs. ISBN 84 239 2001-1 ∩∩∩∩

RAMÓN DEL VALLE-INCLÁN
2. TIRANO BANDERAS
Introducción de Antonio Valencia
240 págs. ISBN 84 239 2002-X ∩∩

ANTONIO BUERO VALLEJO
3. HISTORIA DE UNA ESCALERA. LAS MENINAS
Prólogo de Ricardo Doménech
238 págs. ISBN 84 239 2003-8 ∩∩

JOSÉ BOTELLA LLUSIÁ
4. ESQUEMA DE LA VIDA DE LA MUJER
Introducción de Ramón de Garciasol
245 págs. ISBN 84 239 2004-6 ∩∩∩

MIGUEL DE CERVANTES
5. ENTREMESES
Prólogo de Francisco Ynduráin
184 págs. ISBN 84 239 2005-4 ∩

JUAN RAMÓN JIMÉNEZ
6. SEGUNDA ANTOLOJÍA POÉTICA (1898-1918)
Prólogo de Leopoldo de Luis
294 págs. ISBN 84 239 2006-2 ∩∩∩

JOSÉ ORTEGA Y GASSET
7. LA REBELIÓN DE LAS MASAS
Introducción de Julián Marías
264 págs. ISBN 84 239 2007-0 ∩∩∩

JUAN JACOBO ROUSSEAU
8. CONTRATO SOCIAL
Traducción de Fernando de los Ríos
Prólogo de Manuel Tuñón de Lara
168 págs. ISBN 84 239 2008-9 ∩

AZORÍN
9. LAS CONFESIONES DE UN PEQUEÑO FILÓSOFO
Prólogo de José María Martínez Cachero
181 págs. ISBN 84 239 2009-7 ∩

RAMÓN MENÉNDEZ PIDAL
10. FLOR NUEVA DE ROMANCES VIEJOS
262 págs. ISBN 84 239 2010-0 ∩∩∩

RAINER MARIA RILKE
11. EPISTOLARIO ESPAÑOL
Traducción y prólogo de Jaime Ferreiro Alemparte
344 págs. ISBN 84 239 2011-9 ∩∩∩

12. CANTAR DEL CID
Texto antiguo de Ramón Menéndez Pidal
Prosificación moderna de Alfonso Reyes
Prólogo de Martín de Riquer
335 págs. ISBN 84 239 2012-7

MIGUEL DE UNAMUNO
13. DEL SENTIMIENTO TRÁGICO DE LA VIDA
Prólogo del P. Félix García
271 págs. ISBN 84 239 2013-5

SALVADOR DE MADARIAGA
14. GUÍA DEL LECTOR DEL «QUIJOTE»
Prólogo de Luis María Ansón
215 págs. ISBN 84 239 2014-3

ANTONIO BUERO VALLEJO
15. LA DOBLE HISTORIA DEL DOCTOR VALMY. MITO
Prólogo de Francisco García Pavón
243 págs. ISBN 84 239 2015-1

EUGENIO D'ORS
16. ARTE VIVO
Prólogo de Cesáreo Rodríguez Aguilera
215 págs. ISBN 84 239 2016-X

CLAUDIO SÁNCHEZ-ALBORNOZ
17. SOBRE LA LIBERTAD HUMANA EN EL REINO ASTURLEONÉS HACE MIL AÑOS
Prólogo de Julio González González
199 págs. ISBN 84 239 2017-8

JULIÁN MARÍAS
18. MIGUEL DE UNAMUNO
Introducción de Juan López-Morillas
262 págs. ISBN 84 239 2018-6

PLATÓN
19. DIÁLOGOS
Traducción de Luis Roig de Lluis
Prólogo de Luis Castro Nogueira
295 págs. ISBN 84 239 2019-4

RAFAEL ALBERTI
20. POEMAS DEL DESTIERRO Y DE LA ESPERA
Selección y prólogo de J. Corredor-Matheos
312 págs. ISBN 84 239 2020-8

RENÉ DESCARTES
21. EL DISCURSO DEL MÉTODO. MEDITACIONES METAFÍSICAS
Traducción, prólogo y notas de Manuel García Morente
182 págs. ISBN 84 239 2021-6

RAMÓN GÓMEZ DE LA SERNA
22. GREGUERÍAS (Selección 1910-1960)
Prólogo de Santiago Prieto Delgado
213 págs. ISBN 84 239 2022-4

PEDRO CALDERÓN DE LA BARCA
23. LA VIDA ES SUEÑO. EL ALCALDE DE ZALAMEA
Introducción de Alberto Porqueras-Mayo
219 págs. ISBN 84 239 2023-2

FRANCISCO DE QUEVEDO
24. HISTORIA DE LA VIDA DEL BUSCÓN
Prólogo de Domingo Ynduráin
189 págs. ISBN 84 239 2024-0

LEÓN FELIPE
25. OBRA POÉTICA ESCOGIDA
Selección y prólogo de Gerardo Diego
262 págs. ISBN 84 239 2025-9

HAROLD RALEY
26. LA VISIÓN RESPONSABLE
Traducción de César Armando Gómez
Prólogo de José Luis Pinillos
365 págs. ISBN 84 239 2026-7

GUSTAVO ADOLFO BÉCQUER
27. RIMAS Y DECLARACIONES POÉTICAS
Anotador Francisco López Estrada
272 págs. ISBN 84 239 2027-5

KARL JASPERS
28. INICIACIÓN AL MÉTODO FILOSÓFICO
Traducción de María Luisa Pérez Torres
184 págs. ISBN 84 239 2028-3

RAMÓN DEL VALLE-INCLÁN
29. FEMENINAS. EPITALAMIO
Introducción de Antonio de Zubiaurre
206 págs. ISBN 84 239 2029-1

ANTONIO GALA
30. LAS CÍTARAS COLGADAS DE LOS ÁRBOLES.
¿POR QUÉ CORRES, ULISES?
Prólogo de Enrique Llovet
212 págs. ISBN 84 239 2030-5

LEOPOLDO DE LUIS
31. VIDA Y OBRA DE VICENTE ALEIXANDRE
Prólogo de Ramón de Garciasol
237 págs. ISBN 84 239 2031-3

JOSÉ LUIS ABELLÁN
32. PANORAMA DE LA FILOSOFÍA ESPAÑOLA ACTUAL
Prólogo de Vicente Llorens
222 págs. ISBN 84 239 2032-1

JOSÉ MANUEL MINER OTAMENDI
33. LOS PUEBLOS MALDITOS
Introducción de Florencio Martínez Ruiz
160 págs. ISBN 84 239 2033-X

CARLOS SECO SERRANO
34. GODOY. EL HOMBRE Y EL POLÍTICO
Prólogo de Miguel Artola
222 págs. ISBN 84 239 2034-8

ALEJANDRO CASONA
35. FLOR DE LEYENDAS. VIDA DE FRANCISCO PIZARRO
Prólogo de Federico Carlos Sainz de Robles
242 págs. ISBN 84 239 2035-6

FERNANDO NAMORA
36. DOMINGO POR LA TARDE
Traducción y prólogo de Sol Burguete
210 págs. ISBN 84 239 2036-4

ARISTÓTELES
37. MORAL, A NICÓMACO
Traducción de Patricio de Azcárate
Prólogo de Luis Castro Nogueira
340 págs. ISBN 84 239 2037-2

ANTONIO DÍAZ-CAÑABATE
38. HISTORIA DE UNA TERTULIA
Prólogo de Francisco Umbral
286 págs. ISBN 84 239 2038-0

FEDERICO GARCÍA LORCA
39. ROMANCERO GITANO. POEMA DEL CANTE JONDO
Prólogo de José Luis Cano
220 págs. ISBN 84 239 2039-9

JOSÉ ANTONIO JÁUREGUI
40. LAS REGLAS DEL JUEGO
Prólogo de José Luis Pinillos
343 págs. ISBN 84 239 2040-2

FRANCISCO AYALA
41. LOS USURPADORES. LA CABEZA DEL CORDERO
Introducción de Andrés Amorós
340 págs. ISBN 84 239 2041-0

BALTASAR PORCEL
42. DIFUNTOS BAJO LOS ALMENDROS EN FLOR
Prólogo de José Luis L. Aranguren
244 págs. ISBN 84 239 2042-9

LOPE DE VEGA
43. EL MEJOR ALCALDE, EL REY. FUENTE OVEJUNA
Introducción de Alonso Zamora Vicente
174 págs. ISBN 84 239 2043-7

WENCESLAO FERNÁNDEZ FLÓREZ
44. EL MALVADO CARABEL
Prólogo de Santiago Prieto Delgado
238 págs. ISBN 84 239 2044-5

BERTRAND RUSSELL
45. LA CONQUISTA DE LA FELICIDAD
Introducción de José Luis L. Aranguren
226 págs. ISBN 84 239 2045-3

ÁNGEL PALOMINO
46. PLAN MARSHALL PARA CINCUENTA MINUTOS
Prólogo de José Luis Vázquez Dodero
253 págs. ISBN 84 239 2046-1

47. LOS LAIS DE MARÍA DE FRANCIA
Introducción y traducción de Ana María Valero de Holzbacher
239 págs. ISBN 84 239 2047-X

FRANCISCO AYALA
48. EL JARDÍN DE LAS DELICIAS. EL TIEMPO Y YO
Prólogo de Carolyn Richmond
338 págs. ISBN 84 239 2048-8

ALFONSO GROSSO
49. LA ZANJA. UN CIELO DIFÍCILMENTE AZUL
Prólogo de Eduardo Mendicutti
346 págs. ISBN 84 239 2049-6

FRANCISCO UMBRAL
50. RAMÓN Y LAS VANGUARDIAS
Prólogo de Gonzalo Torrente Ballester
246 págs. ISBN 84 239 2050-X

DANTE ALIGHIERI
51. LA DIVINA COMEDIA
Prólogo de Ángel Chiclana Cardona
382 págs. ISBN 84 239 2051-8

ANTONIO BUERO VALLEJO
52. LA DETONACIÓN. LAS PALABRAS EN LA ARENA
Prólogo de Luciano García Lorenzo
217 págs. ISBN 84 239 2052-6

MARÍA TERESA LEÓN
53. UNA ESTRELLA ROJA
Prólogo de Joaquín Marco
192 págs. ISBN 84 239 2053-4

SALVADOR DE MADARIAGA
54. RETRATO DE UN HOMBRE DE PIE
Prólogo de Juan Rof Carballo
178 págs. ISBN 84 239 2054-2

RICARDO GÜIRALDES
55. DON SEGUNDO SOMBRA
Prólogo de Juan José Güiraldes
254 págs. ISBN 84 239 2055-0

LUIS MOURE-MARIÑO
56. TEMAS GALLEGOS
Prólogo de José María Castroviejo
246 págs. ISBN 84 239 2056-9

LUIS ROSALES
57. RIMAS. LA CASA ENCENDIDA
Prólogos de Dámaso Alonso y Julián Marías
200 págs. ISBN 84 239 2057-7

FÉLIX GRANDE
58. MEMORIA DEL FLAMENCO
tomo I. (Raíces y Prehistoria del Cante)
Prólogo de José Manuel Caballero Bonald
356 págs. ISBN 84 239 2058-5

FÉLIX GRANDE

59. MEMORIA DEL FLAMENCO
tomo II. (Desde el café cantante a nuestros días)
438 págs. ISBN 84 239 2059-3
Obra completa: ISBN 84 239 1999-4

JUAN JACOBO ROUSSEAU

60. LAS CONFESIONES
Traducción de Pedro Vances
Introducción de Juan del Agua
548 págs. ISBN 84 239 2060-7